财务报表编制、合并与分析

从入门到实践

王鹰武◎著

人民邮电出版社

北京

图书在版编目（CIP）数据

财务报表编制、合并与分析从入门到实践 / 王鹰武
著. — 北京：人民邮电出版社，2021.7（2022.1重印）
ISBN 978-7-115-56588-4

Ⅰ. ①财… Ⅱ. ①王… Ⅲ. ①会计报表－编制②会计
报表－会计分析 Ⅳ. ①F231.5

中国版本图书馆CIP数据核字(2021)第103768号

内 容 提 要

合并财务报表是指由母公司编制的包括所有控股子公司财务报表的有关数据的报表，该报表
可向报表使用者提供集团的财务状况和经营成果。合并财务报表的编制一直是财务工作中的难
点，本书立足于合并财务报表的编制工作，根据合并财务报表编制过程中各科目的重点难点问题，
如长期股权投资、内部交易事项、所得税会计有关的合并等，逐项进行讲解；在完成合并财务报
表的编制以后，引导读者学习财务报表分析和企业绩效评价的知识。本书主要针对合并财务报表
编制和财务报表分析这两方面的内容，从理论基础和实务操作两个角度进行深入浅出的讲解，内
容翔实，满足了读者对合并财务报表实务中合并难点讲解的需求。

◆ 著　　　　王鹰武
　　责任编辑　李士振
　　责任印制　彭志环
◆ 人民邮电出版社出版发行　　北京市丰台区成寿寺路 11 号
　　邮编　100164　　电子邮件　315@ptpress.com.cn
　　网址　https://www.ptpress.com.cn
　　涿州市京南印刷厂印刷
◆ 开本：700×1000　1/16
　　印张：31.5　　　　　　　　2021 年 7 月第 1 版
　　字数：586 千字　　　　　　2022 年 1 月河北第 2 次印刷

定价：128.00 元

读者服务热线：(010)81055296　印装质量热线：(010)81055316
反盗版热线：(010)81055315
广告经营许可证：京东市监广登字 20170147 号

前言
PREFACE

本书写作目的

合并财务报表是以母公司及其子公司组成的会计主体，以控股公司及其子公司单独编制的个别财务报表为基础，由控股公司编制的反映抵销集团内部往来账项后的集团合并财务状况和经营成果的财务报表。合并财务报表包括合并资产负债表、合并利润表、合并现金流量表和合并财务状况变动表等。合并财务报表相关工作在会计核算业务中相对较为复杂。由于历史原因，机构设置、投资行为的不规范，给会计核算带来了很大的麻烦。

本书结合新的企业会计准则对企业财务实际尤其财务报表编制及分析工作的新要求，重点论述财务报表编制和财务报表分析的各种技术和方法。本书以5张主要报表及1张附表的编制为主线，单一项目与综合分析相结合，由简单到复杂地进行讲解，适合各类读者阅读和学习。

本书内容

本书内容分为以下几个部分。第1章至第4章主要介绍财务报表编制以及合并财务报表编制的理论基础和合并范围。第5章至第13章按照业务分类讲解编制合并财务报表过程中的重难点内容，如长期股权投资、内部交易事项、所得税会计有关的合并等。第14章至第19章为读者全面、翔实地讲解各类财务报表的分析方法，并通过案例进一步进行说明，同时还囊括了与企业绩效评价相关的知识，引导读者从学习财务报表分析到运用分析对企业绩效进行评价。

本书特色

合并财务报表可以说是会计工作者必须掌握的内容，它决定了财务人员工作的质量和效率，也决定了企业财务管理的水平，从一定程度上影响着企业的高效运转。同相关品类的书相比较，本书主要有以下几方面的特色。

第一，综合全面，主线清晰。本书内容契合读者的需求，以 5 张主要报表及 1 张附表的编制为主线，单一项目与综合分析相结合，由简单到复杂地进行讲解，内容全面。

第二，重点详细，专业性强。本书作者团队对现行企业会计准则、财务报表的编制、财务报表合并和分析有着较为深入、系统的研究。本书重点论述了合并财务报表编制的基础理论和技术方法，并广泛运用上市公司财务报告进行分析与评价，通俗易懂，具有很强的实用性。

第三，图表、案例丰富，深入实操。本书结构清晰、论述严谨、案例分析深入且全面，在详细论述财务报表各列报项目分析逻辑的基础上，以上市公司财务报表为案例进行分析，着力培养读者分析问题、解决问题和动手操作的能力，可操作性强。

第四，与时俱进，适用新准则。本书以财政部新修订并施行的企业会计准则为基础，结合新准则对企业财务工作实际，尤其是对企业财务报表编报及分析工作的新要求，重点论述了财务报表编制和财务报表分析的各种技术和方法。

本书能带给读者什么

1. 准确学习如何编制财务报表

本书严格按照新企业会计准则的要求编写而成，采用了新的会计业务处理方法，充分反映财务报表相关会计处理改革发展的新成果，确保读者能够学习新的会计知识，更新知识储备。

2. 系统且深入地掌握财务报表合并处理

本书系统且深入地讲解企业如何进行财务报表合并处理，即便是会计初学者也能很快掌握财务报表合并的会计处理流程。

3. 深刻理解财务报表

本书引入了大量实务案例详解，针对财务报表编制过程中所出现的各种实际问题，依据企业会计准则及相关配套文件的具体要求，进行准确会计处理，加深读者对财务报表的理解。

本书的编写，得到了多位财务会计方面的专家、学者的热情支持，在此一并表示感谢。本书所有例题、图表都经过了专业人士的复核。如有不足之处，恳请广大读者不吝指正。

编　者

目录
CONTENTS

第1章
财务报表编制

　　财务报表是对企业财务状况、经营成果和现金流量的结构性表述。一套完整的财务报表至少应当包括资产负债表、利润表、现金流量表、所有者权益（或股东权益）变动表以及附注。本章重点介绍一般企业资产负债表、利润表、所有者权益（或股东权益）变动表以及附注的有关内容。

1.1　财务报表概述

　　财务报告，是指企业对外提供的反映企业某一特定日期的财务状况和某一会计期间的经营成果、现金流量等会计信息的文件。财务报告包括财务报表和其他应当在财务报告中披露的相关信息和资料。

1.1.1　财务报表的定义和构成

　　财务报表是对企业财务状况、经营成果和现金流量的结构性表述。财务报表至少应当包括下列组成部分。

　　（1）资产负债表。

　　（2）利润表。

　　（3）现金流量表。

　　（4）所有者权益（或股东权益，下同）变动表。

　　（5）附注。

　　财务报表的这些组成部分具有同等的重要程度。财务报表可以按照不同的标准进行分类。

（1）按财务报表编报期间的不同，财务报表可以分为中期财务报表和年度财务报表。中期财务报表是以短于一个完整会计年度的报告期间为基础编制的财务报表，包括月报、季报和半年报等。

（2）按财务报表编报主体的不同，财务报表可以分为个别财务报表和合并财务报表。个别财务报表是由企业在自身会计核算基础上对账簿记录进行加工而编制的财务报表，它主要用以反映企业自身的财务状况、经营成果和现金流量情况。合并财务报表是以母公司和子公司组成的企业集团为会计主体，根据母公司和所属子公司的财务报表，由母公司编制的综合反映企业集团财务状况、经营成果及现金流量的财务报表。

1.1.2　财务报表列报的基本要求

（一）依据各项企业会计准则确认、计量的结果编制财务报表

企业应当根据实际发生的交易和事项，遵循《企业会计准则——基本准则》、各项具体企业会计准则的规定进行确认和计量，并在此基础上编制财务报表。企业应当在附注中对这一情况作出声明，只有遵循了企业会计准则的所有规定时，财务报表才应当被称为"遵循了企业会计准则"。同时，企业不应以在附注中披露而代替对交易和事项的确认和计量，不恰当的确认和计量也不能通过充分披露相关会计政策而得以纠正。

此外，如果按照各项企业会计准则规定披露的信息不足以让报表使用者了解特定交易或事项对企业财务状况和经营成果的影响时，企业还应当披露其他的必要信息。

（二）列报基础

持续经营是会计的基本前提，也是会计确认、计量及编制财务报表的基础。在编制财务报表的过程中，企业管理层应当利用其所有可获得信息来评价企业自报告期末起至少 12 个月的持续经营能力。评价时需要考虑的因素包括宏观政策风险、市场经营风险、企业目前或长期的盈利能力、偿债能力、财务弹性以及企业管理层改变经营政策的意向等。评价结果表明对持续经营能力产生重大怀疑的，企业应当在附注中披露导致对持续经营能力产生重大怀疑的因素以及企业拟采取的改善措施。

企业在评估持续经营能力时应当结合企业的具体情况考虑。通常情况下，如

果企业过去每年都有可观的净利润，并且易于获取所需的财务资源，则往往表明以持续经营为基础编制财务报表是合理的，而无须进行详细的分析即可得出企业持续经营的结论。反之，如果企业过去多年有亏损的记录等情况，则需要通过考虑更加广泛的相关因素来进行评价，比如目前和预期未来的获利能力、债务清偿计划、替代融资的潜在来源等。

非持续经营是企业在极端情况下呈现的一种状态。企业存在以下情况之一的，通常表明企业处于非持续经营状态。

（1）企业已在当期进行清算或停止营业。

（2）企业已经正式决定在下一个会计期间进行清算或停止营业。

（3）企业已确定在当期或下一个会计期间没有其他可供选择的方案而将被迫进行清算或停止营业。

企业处于非持续经营状态时，应当采用其他基础编制财务报表。比如，企业处于破产状态时，其资产应当采用可变现净值计量，负债应当按照其预计的结算金额计量等。在非持续经营情况下，企业应当在附注中声明财务报表未以持续经营为基础列报，披露未以持续经营为基础的原因以及财务报表的编制基础。

（三）权责发生制

除现金流量表按照收付实现制编制外，企业应当按照权责发生制编制其他财务报表。

权责发生制又称"应收应付制"。它是以本会计期间发生的费用和收入是否应计入本期损益为标准，处理有关经济业务的一种制度。凡在本期发生应从本期收入中获得补偿的费用，不论是否在本期已实际支付，均应作为本期的费用处理；凡在本期发生应归属于本期的收入，不论是否在本期已实际收到，均应作为本期的收入处理。实行这种制度，有利于正确反映各期的费用水平和盈亏状况。

权责发生制和收付实现制在处理收入和费用时的原则是不同的，所以同一会计事项按不同的会计处理基础进行处理，其结果可能是相同的，也可能是不同的。例如，本期销售一批价值为 5 000 元的产品，货款已收存银行。这项经济业务不管采用应计基础还是现金收付基础，5 000 元货款均应作为本期收入。因为一方面它是本期获得的收入，应当列作本期收入；另一方面款项也已收到，亦应当列作本期收入。这种情况下就表现为两者的一致性。但在有的情况下两者是不一致的。例如，本期收到上月销售产品的货款存入银行；在这种情况下，如果采用现金收付基础，这笔货款应当作为本期的收入，因为款项是本期收到的；如果采用应计基础，则此款项不能作为本期收入，因为它不是本期获得的。

综上所述，采用应计基础和现金收付基础有以下不同。

（1）因为在应计基础上存在费用的待摊和预提问题等，而在现金收付基础上不存在这些问题，所以在进行核算时两种方式下所设置的会计科目不完全相同。

（2）因为应计基础和现金收付基础确定收入和费用的原则不同，因此，两种方式下即使是同一时期的同一业务，计算的收入和费用总额也可能不同。

（3）在应计基础上是以应收应付为标准来确定收入和费用的归属、配比，因此，计算出来的盈亏较为准确。而在现金收付基础上是以款项的实际收付为标准来确定收入和费用的归属、配比，因此，计算出来的盈亏不够准确。

（4）在应计基础上期末对账簿记录进行调整之后才能计算盈亏，所以手续比较麻烦；而在现金收付基础上期末不需要对账簿记录进行调整即可计算盈亏，所以手续比较简单。

（四）列报的一致性

可比性是会计信息的一项重要质量要求，目的是使同一企业不同期间和同一期间不同企业的财务报表相互可比。为此，财务报表项目的列报应当在各个会计期间保持一致，不得随意变更。这一要求不仅针对财务报表中的项目名称，还包括财务报表项目的分类、排列顺序等方面。

在以下特殊情况下，财务报表项目的列报是可以改变的。

（1）企业会计准则要求改变。

（2）企业经营业务的性质发生重大变化或对企业经营产生较大影响的交易或事项发生后，变更财务报表项目的列报能够提供更可靠、更相关的会计信息。

（五）依据重要性原则单独或汇总列报项目

关于项目在财务报表中是单独列报还是合并列报，应当依据重要性原则来判断。总的原则是：如果某项目单个看不具有重要性，则可将其与其他项目汇总列报；如果某项目具有重要性，则应当单独列报。

企业在进行重要性判断时，应当根据企业所处的具体环境，从项目的性质和金额两方面予以判断：一方面，应当考虑该项目的性质是否属于企业日常活动，是否显著影响企业的财务状况、经营成果和现金流量等因素；另一方面，判断项目金额的重要性，应当通过单项金额占资产总额、负债总额、所有者权益总额、营业收入总额、营业成本总额、净利润、综合收益总额等直接相关项目金额的比重或所属报表单列项目金额的比重加以确定。同时，企业对于各个项目重要性的判断标准一经确定，不得随意变更。具体要求如下。

（1）性质或功能不同的项目，一般应当在财务报表中单独列报。比如存货和固定资产在性质上和功能上都有本质差别，则必须分别在资产负债表上单独列报。但是不具有重要性的项目可以合并列报。

（2）性质或功能类似的项目，一般可以合并列报，但是具有重要性的类别应该单独列报。比如原材料、在产品等项目在性质上类似，均通过生产过程形成企业的产品存货，因此可以合并列报，合并之后的类别统称为"存货"，在资产负债表上列报。

（3）项目单独列报的原则不仅适用于报表，还适用于附注。某些项目的重要性程度不足以在资产负债表、利润表、现金流量表或所有者权益变动表中单独列报，但对附注而言可能具有重要性，在这种情况下则应在附注中单独披露。

（4）无论是《企业会计准则第 30 号——财务报表列报》规定的单独列报项目，还是其他具体企业会计准则规定单独列报的项目，企业都应予以单独列报。

（六）财务报表项目金额间的相互抵销

财务报表项目应当以总额列报，资产和负债、收入和费用、直接计入当期利润的利得和损失项目的金额不能相互抵销，即不得以净额列报，但企业会计准则另有规定的除外。比如企业欠客户的应付款不得与其他客户欠本企业的应收款相抵销，如果相互抵销就掩盖了交易的实质。

下列三种情况不属于抵销，可以以净额列示。

（1）一组类似交易形成的利得和损失以净额列示的，不属于抵销。比如，汇兑损益应当以净额列报，为交易目的而持有的金融工具形成的利得和损失应当以净额列报等。但是，如果相关利得和损失具有重要性，则应当单独列报。

（2）资产或负债项目按扣除备抵项目后的净额列示，不属于抵销。比如，对资产计提减值准备，表明资产的价值确实已经发生减损，按扣除减值准备后的净额列示，才反映了资产当时的真实价值。

（3）非日常活动产生的利得和损失，以同一交易形成的收益扣减相关费用后的净额列示更能反映交易实质的，不属于抵销。非日常活动并非企业主要的业务，非日常活动产生的损益以收入扣减费用后的净额列示，更有利于报表使用者的理解。比如，非流动资产处置形成的利得和损失，应当按处置收入扣除该资产的账面金额和相关销售费用后的净额列报。

（七）比较信息的列报

企业在列报当期财务报表时，至少应当提供所有列报项目上一个可比会计期间的比较数据，以及与理解当期财务报表相关的说明，目的是向报表使用者提供对比数据，提高信息在会计期间的可比性，以反映企业财务状况、经营成果和现金流量的发展趋势，提高报表使用者的判断与决策能力。列报比较信息的这一要求适用于财务报表的所有组成部分，即既适用于报表，又适用于附注。

通常情况下，企业列报的所有列报项目上一个可比会计期间的比较数据，至少包括两期各报表及相关附注。当企业追溯应用会计政策或追溯重述，或者重新分类财务报表项目时，按照《企业会计准则第 28 号——会计政策、会计估计变更和差错更正》等的规定，企业应当在一套完整的财务报表中列报最早可比期间期初的财务报表，即应当至少列报三期资产负债表、两期其他各报表（利润表、现金流量表和所有者权益变动表）及相关附注。其中，列报的三期资产负债表分别指当期期末的资产负债表、上期期末（即当期期初）的资产负债表以及上期期初的资产负债表。

在财务报表项目的列报确需发生变更的情况下，应当至少对可比期间的数据按照当期的列报要求进行调整，并在附注中披露调整的原因、性质以及调整的各项目金额。但是，在某些情况下，对可比期间比较数据进行调整不切实可行，则应当在附注中披露不能调整的原因以及假设金额重新分类可能进行的调整的性质。关于企业变更会计政策或更正差错时要求的对比较信息的调整，还应遵循《企业会计准则第 28 号——会计政策、会计估计变更和差错更正》。

（八）财务报表表首的列报要求

财务报表通常与其他信息（如企业年度报告等）一起公布，企业应当将按照企业会计准则编制的财务报告与一起公布的同一文件中的其他信息相区分。

财务报表一般分为表首、正表两部分，其中，在表首部分企业应当概括地说明下列基本信息。

（1）编报企业的名称。企业名称在所属当期发生了变更的，还应明确标明。

（2）对资产负债表而言，须披露资产负债表日；而对利润表、现金流量表、所有者权益变动表而言，须披露报表涵盖的会计期间。

（3）货币名称和单位。按照我国企业会计准则的规定，企业应当以人民币作为记账本位币列报，并标明金额单位，如人民币元、人民币万元等。

（4）财务报表是合并财务报表的，应当予以标明。

（九）报告期间

企业至少应当编制年度财务报表。根据《中华人民共和国会计法》的规定，会计年度自公历 1 月 1 日起至 12 月 31 日止。因此，在编制年度财务报表时，可能存在年度财务报表涵盖的期间短于一年的情况，比如企业在年度中间（如 3 月 1 日）开始设立等，在这种情况下，企业应当披露年度财务报表的实际涵盖期间及其短于一年的原因，并说明由此引起财务报表项目与比较数据不具可比性这一事实。

1.2　资产负债表

资产负债表是反映企业在某一特定日期的财务状况的报表，是企业经营活动的静态反映。资产负债表是根据"资产＝负债＋所有者权益"这一平衡公式，依照一定的分类标准和一定的次序，将某一特定日期的资产、负债、所有者权益的具体项目适当地排列编制而成的。资产负债表主要反映资产、负债和所有者权益三方面的内容。

资产负债表可以反映企业在某一特定日期所拥有或控制的经济资源、所承担的现时义务和所有者对净资产的要求权，帮助财务报表使用者全面了解企业的财务状况、分析企业的偿债能力等情况，从而为其做出经济决策提供依据。

1.2.1　资产负债表的结构

资产负债表一般由表头、表体两部分组成。表头部分应列明报表名称、编制单位名称、资产负债表日、报表编号和计量单位；表体部分是资产负债表的主体，应列示用以说明企业财务状况的各个项目。资产负债表的表体格式一般有两种：报告式和账户式。报告式资产负债表是上下结构，上半部分列示资产各项目，下半部分列示负债和所有者权益各项目。账户式资产负债表是左右结构：左边列示资产各项目，反映全部资产的分布及存在状态；右边列示负债和所有者权益各项目，反映全部负债和所有者权益的内容及构成情况。不管采取什么格式，资产各项目的合计一定等于负债和所有者权益各项目的合计。

我国企业的资产负债表采用账户式结构，分为左右两方。左方为资产项目，大体按资产的流动性大小排列，流动性大的资产如"货币资金""交易性金融资产"等排在前面，流动性小的资产如"长期股权投资""固定资产"等排在后面。右方为负债及所有者权益项目，一般按要求清偿时间的先后顺序排列，"短期借款""应付票据""应付账款"等需要在一年以内或者长于一年的一个正常营业周期内偿还的流动负债排在前面，"长期借款"等在一年以上才需偿还的非流动负债排在中间，在企业清算之前不需要偿还的所有者权益项目排在后面。

账户式资产负债表中的资产各项目的合计等于负债和所有者权益各项目的合计，即资产负债表左方和右方平衡。账户式资产负债表可以反映资产、负债、所有者权益之间的内在关系，即"资产 = 负债 + 所有者权益"。我国一般企业资产负债表格式如表 1-1 所示。

表 1-1　资产负债表

会企 01 表

编制单位：　　　　　　　　　年　　月　　日　　　　　　　单位：元

资产	期末余额	上年年末余额	负债和所有者权益（或股东权益）	期末余额	上年年末余额
流动资产：			流动负债：		
货币资金			短期借款		
交易性金融资产			交易性金融负债		
衍生金融资产			衍生金融负债		
应收票据			应付票据		
应收账款			应付账款		
应收款项融资			预收款项		
预付款项			合同负债		
其他应收款			应付职工薪酬		
存货			应交税费		
合同资产			其他应付款		
持有待售资产			持有待售负债		
一年内到期的非流动资产			一年内到期的非流动负债		

续表

资产	期末余额	上年年末余额	负债和所有者权益（或股东权益）	期末余额	上年年末余额
其他流动资产			其他流动负债		
流动资产合计			流动负债合计		
非流动资产：			非流动负债：		
债权投资			长期借款		
其他债权投资			应付债券		
长期应收款			其中：优先股		
长期股权投资			永续债		
其他权益工具投资			租赁负债		
其他非流动金融资产			长期应付款		
投资性房地产			预计负债		
固定资产			递延收益		
在建工程			递延所得税负债		
生产性生物资产			其他非流动负债		
油气资产			非流动负债合计		
使用权资产			负债合计		
无形资产			所有者权益（或股东权益）：		
开发支出			实收资本（或股本）		
商誉			其他权益工具		
长期待摊费用			其中：优先股		
递延所得税资产			永续债		
其他非流动资产			资本公积		
非流动资产合计			减：库存股		
			其他综合收益		
			专项储备		
			盈余公积		
			未分配利润		
			所有者权益（或股东权益）合计		
资产总计			负债和所有者权益（或股东权益）总计		

1.2.2　资产负债表的编制

（一）资产负债表项目的填列方法

资产负债表各项目均需填列"期末余额"和"上年年末余额"两栏。

资产负债表的"上年年末余额"栏内各项数字，应根据上年年末资产负债表的"期末余额"栏内所列数字填列。如果上年度资产负债表规定的各个项目的名称和内容与本年度不一致，应按照本年度的规定对上年年末资产负债表各项目的名称和数字进行调整，填入本表"上年年末余额"栏内。

资产负债表的"期末余额"栏主要有以下几种填列方法。

（1）根据总账科目余额填列。如"短期借款""资本公积"等项目，根据"短期借款""资本公积"各总账科目的余额直接填列；有些项目则需根据几个总账科目的期末余额计算填列，如"货币资金"项目，需根据"库存现金""银行存款""其他货币资金"三个总账科目的期末余额的合计数填列。

（2）根据明细账科目余额计算填列。如"应付账款"项目，需要根据"应付账款"和"预付账款"两个科目所属的相关明细科目的期末贷方余额计算填列；"预付款项"项目，需要根据"应付账款"科目和"预付账款"科目所属的相关明细科目的期末借方余额减去与"预付账款"有关的坏账准备贷方余额计算填列；"预收款项"项目，需要根据"应收账款"科目和"预收账款"科目所属相关明细科目的期末贷方余额合计填列；"开发支出"项目，需要根据"研发支出"科目中所属的"资本化支出"明细科目期末余额计算填列；"应付职工薪酬"项目，需要根据"应付职工薪酬"科目的明细科目期末余额计算填列；"一年内到期的非流动资产""一年内到期的非流动负债"项目，需要根据相关非流动资产和非流动负债项目的明细科目余额计算填列；"未分配利润"项目，需要根据"利润分配"科目中所属的"未分配利润"明细科目期末余额填列。

（3）根据总账科目和明细账科目余额分析计算填列。如"长期借款"项目，需要根据"长期借款"总账科目余额扣除"长期借款"科目所属的明细科目中将在一年内到期且企业不能自主地将清偿义务展期的长期借款后的金额计算填列；"其他非流动资产"项目，应根据有关科目的期末余额减去将于一年内（含一年）收回数后的金额计算填列；"其他非流动负债"项目，应根据有关科目的期末余额减去将于一年内（含一年）到期偿还数后的金额计算填列。

（4）根据有关科目余额减去其备抵科目余额后的净额填列。如"应收票据""长期股权投资""在建工程"等项目，应当根据"应收票据""长期股权投资""在建工程"等科目的期末余额减去"坏账准备""长期股权投资减值准备""在建工程减值准备"等备抵科目余额后的净额填列。"投资性房地产"（采用成本模式计量）、"固定资产"项目，应当根据"投资性房地产""固定资产"科目的期末余额，减去"投资性房地产累计折旧""投资性房地产减值准备""累计折旧""固定资产减值准备"等备抵科目的期末余额，以及"固定资产清理"科目期末余额后的净额填列；"无形资产"项目，应当根据"无形资产"科目的期末余额，减去"累计摊销""无形资产减值准备"等备抵科目余额后的净额填列。

（5）综合运用上述填列方法分析填列。如"存货"项目，需要根据"原材料""库存商品""委托加工物资""周转材料""材料采购""在途物资""发出商品""材料成本差异"等总账科目期末余额的分析汇总数，再减去"存货跌价准备"科目余额后的净额填列。

（二）资产负债表项目的填列说明

1. 资产项目的填列说明

（1）"货币资金"项目，反映企业库存现金、银行结算户存款、外埠存款、银行汇票存款、银行本票存款、信用卡存款、信用证保证金存款等的合计数。该项目应根据"库存现金""银行存款""其他货币资金"科目期末余额的合计数填列。

（2）"交易性金融资产"项目，反映资产负债表日企业分类为以公允价值计量且其变动计入当期损益的金融资产，以及企业持有的指定为以公允价值计量且其变动计入当期损益的金融资产的期末账面价值。该项目应根据"交易性金融资产"科目的相关明细科目期末余额分析填列。自资产负债表日起超过一年到期且预期持有超过一年的以公允价值计量且其变动计入当期损益的非流动金融资产的期末账面价值，在"其他非流动金融资产"项目反映。

（3）"衍生金融资产"项目，指建立在基础产品或基础变量之上，其价格随基础金融产品的价格（或数值）变动的派生金融产品。其核算与"交易性金融资产"项目相同。

（4）"应收票据"项目，反映资产负债表日以摊余成本计量的，企业因销售商品、提供服务等收到的商业汇票，包括银行承兑汇票和商业承兑汇票。该项目应根据"应收票据"科目的期末余额，减去"坏账准备"科目中相关坏账准备期末余额后的金额分析填列。

（5）"应收账款"项目，反映资产负债表日以摊余成本计量的、企业因销售商品、提供服务等经营活动应收取的款项。该项目应根据"应收账款"科目的期末余额，减去"坏账准备"科目中相关坏账准备期末余额后的金额分析填列。

（6）"应收款项融资"项目，反映资产负债表日以公允价值计量且其变动计入其他综合收益的应收票据和应收账款等。

（7）"预付款项"项目，反映企业按照购货合同规定预付给供应单位的款项等。该项目应根据"预付账款"和"应付账款"科目所属各明细科目的期末借方余额合计数，减去"坏账准备"科目中有关预付账款计提的坏账准备期末余额后的净额填列。如"预付账款"科目所属明细科目期末为贷方余额，应在资产负债表"应付账款"项目内填列。

（8）"其他应收款"项目，反映企业除应收票据、应收账款、预付账款等经营活动以外的其他各种应收、暂付的款项。该项目应根据"应收利息""应收股利"和"其他应收款"科目的期末余额合计数，减去"坏账准备"科目中相关坏账准备期末余额后的金额填列。其中的"应收利息"仅反映相关金融工具已到期可收取但于资产负债表日尚未收到的利息。基于实际利率法计提的金融工具的利息应包含在相应金融工具的账面余额中。

（9）"存货"项目，反映企业期末在库、在途和在加工中的各种存货的可变现净值或成本（成本与可变现净值孰低）。存货包括各种材料、商品、在产品、半成品、包装物、低值易耗品、发出商品等。该项目应根据"材料采购""原材料""库存商品""周转材料""委托加工物资""发出商品""生产成本""受托代销商品"等科目的期末余额合计数，减去"受托代销商品款""存货跌价准备"科目期末余额后的净额填列。材料采用计划成本核算，以及库存商品采用计划成本核算或售价核算的企业，还应按加减材料成本差异、商品进销差价后的金额填列。

（10）"合同资产"项目，反映企业按照《企业会计准则第14号——收入》（财会〔2017〕22号）的相关规定，根据本企业履行履约义务与客户付款之间的关系在资产负债表中列示的合同资产。"合同资产"项目应根据"合同资产"科目的相关明细科目期末余额分析填列。同一合同下的合同资产和合同负债应当以净额列示，其中净额为借方余额的，应当根据其流动性在"合同资产"或"其他非流动资产"项目中填列，已计提减值准备的，还应以减去"合同资产减值准备"科目中相关的期末余额后的金额填列;其中净额为贷方余额的,应当根据其流动性在"合同负债"或"其他非流动负债"项目中填列。

(11)"持有待售资产"项目,反映资产负债表日划分为持有待售类别的非流动资产及划分为持有待售类别的处置组中的流动资产和非流动资产的期末账面价值。该项目应根据"持有待售资产"科目的期末余额,减去"持有待售资产减值准备"科目的期末余额后的金额填列。

(12)"一年内到期的非流动资产"项目,反映企业预计自资产负债表日起一年内变现的非流动资产。该项目应根据有关科目的期末余额分析填列。对于按照相关会计准则采用折旧(或摊销、折耗)方法进行后续计量的固定资产、使用权资产、无形资产和长期待摊费用等非流动资产,折旧(或摊销、折耗)年限(或期限)只剩一年或不足一年的,或预计在一年内(含一年)进行折旧(或摊销、折耗)的部分,不得归类为流动资产,仍在各该非流动资产项目中填列,不转入"一年内到期的非流动资产"项目。

(13)"其他流动资产"项目,是指除货币资金、短期投资、应收票据、应收账款、其他应收款、存货等流动资产以外的流动资产。一般企业"待处理流动资产净损益"科目未处理转账,报表时挂在"其他流动资产"项目中。

(14)"债权投资"项目,反映资产负债表日企业以摊余成本计量的长期债权投资的期末账面价值。该项目应根据"债权投资"科目的相关明细科目期末余额,减去"债权投资减值准备"科目中相关减值准备的期末余额后的金额分析填列。自资产负债表日起一年内到期的长期债权投资的期末账面价值,在"一年内到期的非流动资产"项目反映。企业购入的以摊余成本计量的一年内到期的债权投资的期末账面价值,在"其他流动资产"项目反映。

(15)"其他债权投资"项目,反映资产负债表日企业分类为以公允价值计量且其变动计入其他综合收益的长期债权投资的期末账面价值。该项目应根据"其他债权投资"科目的相关明细科目期末余额分析填列。自资产负债表日起一年内到期的长期债权投资的期末账面价值,在"一年内到期的非流动资产"项目反映。企业购入的以公允价值计量且其变动计入其他综合收益的一年内到期的债权投资的期末账面价值,在"其他流动资产"项目反映。

(16)"长期应收款"项目,反映企业租赁产生的应收款项和采用递延方式分期收款、实质上具有融资性质的销售商品和提供劳务等经营活动产生的应收款项。该项目应根据"长期应收款"科目的期末余额,减去相应的"未实现融资收益"科目和"坏账准备"科目所属相关明细科目期末余额后的金额填列。

（17）"长期股权投资"项目，反映投资方对被投资单位实施控制、重大影响的权益性投资，以及对其合营企业的权益性投资。该项目应根据"长期股权投资"科目的期末余额，减去"长期股权投资减值准备"科目的期末余额后的净额填列。

（18）"其他非流动金融资产"，本项目应根据有关科目的期末余额填列。

（19）"投资性房地产"是指为赚取租金或资本增值（房地产买卖的差价），或两者兼有而持有的房地产。投资性房地产应当能够单独计量和出售。该项目应根据"投资性房地产"科目的期末余额，减去"投资性房地产累计折旧（摊销）"和"投资性房地产减值准备"科目期末余额后的净额填列。

（20）"其他权益工具投资"项目，反映资产负债表日企业指定为以公允价值计量且其变动计入其他综合收益的非交易性权益工具投资的期末账面价值。该项目应根据"其他权益工具投资"科目的期末余额填列。

（21）"固定资产"项目，反映资产负债表日企业固定资产的期末账面价值和企业尚未清理完毕的固定资产清理净损益。该项目应根据"固定资产"科目的期末余额，减去"累计折旧"和"固定资产减值准备"科目的期末余额后的金额，以及"固定资产清理"科目的期末余额填列。

（22）"在建工程"项目，反映资产负债表日企业尚未达到预定可使用状态的在建工程的期末账面价值和企业为在建工程准备的各种物资的期末账面价值。该项目应根据"在建工程"科目的期末余额，减去"在建工程减值准备"科目的期末余额后的金额，以及"工程物资"科目的期末余额，减去"工程物资减值准备"科目的期末余额后的金额填列。

（23）"生产性生物资产"项目，根据"生产性生物资产"科目期末余额减去折旧与减值后的余额填列。

（24）"油气资产"项目，根据"油气资产"科目期末余额减去相应减值准备后的余额填列。

（25）"使用权资产"项目，反映资产负债表日承租人企业持有的使用权资产的期末账面价值。该项目应根据"使用权资产"科目的期末余额，减去"使用权资产累计折旧"和"使用权资产减值准备"科目的期末余额后的金额填列。

（26）"无形资产"项目，反映企业持有的专利权、非专利技术、商标权、著作权、土地使用权等无形资产的成本减去累计摊销和减值准备后的净值。该项目应根据"无形资产"科目的期末余额，减去"累计摊销"和"无形资产减值准备"科目期末余额后的净额填列。

（27）"开发支出"项目，反映企业开发无形资产过程中能够资本化形成无形资产成本的支出部分。该项目应当根据"研发支出"科目中所属的"资本化支出"明细科目期末余额填列。

（28）"商誉"项目，根据"商誉"科目期末余额减去减值准备后的余额填列。

（29）"长期待摊费用"项目，反映企业已经发生但应由本期和以后各期负担的分摊期限在一年以上的各项费用。长期待摊费用中在一年内（含一年）摊销的部分，在资产负债表"一年内到期的非流动资产"项目填列。该项目应根据"长期待摊费用"科目的期末余额，减去将于一年内（含一年）摊销的数额后的金额分析填列。

（30）"递延所得税资产"项目，反映企业根据《企业会计准则第 18 号——所得税》（以下简称"所得税准则"）确认的可抵扣暂时性差异产生的所得税资产。该项目应根据"递延所得税资产"科目的期末余额填列。

（31）"其他非流动资产"项目，反映企业除上述非流动资产以外的其他非流动资产。该项目应根据有关科目的期末余额填列。

2. 负债项目的填列说明

（1）"短期借款"项目，反映企业向银行或其他金融机构等借入的期限在一年以下（含一年）的各种借款。该项目应根据"短期借款"科目的期末余额填列。

（2）"交易性金融负债"项目，反映企业资产负债表日承担的交易性金融负债，以及企业持有的直接指定为以公允价值计量且其变动计入当期损益的金融负债的期末账面价值；该项目应根据"交易性金融负债"科目的相关明细科目期末余额填列。

（3）"衍生金融负债"项目，根据"衍生工具""套期工具""被套期项目"科目的期末贷方余额填列。

（4）"应付票据"项目，反映资产负债表日以摊余成本计量的，企业因购买材料、商品和接受服务等开出、承兑的商业汇票，包括银行承兑汇票和商业承兑汇票。该项目应根据"应付票据"科目的期末余额填列。

（5）"应付账款"项目，反映资产负债表日以摊余成本计量的，企业因购买材料、商品和接受服务等经营活动应支付的款项。该项目应根据"应付账款"和

"预付账款"科目所属的相关明细科目的期末贷方余额合计数填列。

（6）"预收款项"项目，反映企业按照购货合同规定预收供应单位的款项。该项目应根据"预收账款"和"应收账款"科目所属各明细科目的期末贷方余额合计数填列。如"预收账款"科目所属明细科目期末为借方余额的，应在资产负债表"应收账款"项目内填列。

（7）"合同负债"项目，反映企业按照《企业会计准则第14号——收入》（财会〔2017〕22号）的相关规定，根据本企业履行履约义务与客户付款之间的关系在资产负债表中列示的合同负债。"合同负债"项目应根据"合同负债"的相关明细科目期末余额分析填列。

（8）"应付职工薪酬"项目，反映企业为获得职工提供的服务或解除劳动关系而给予的各种形式的报酬或补偿。企业提供给职工配偶、子女、受赡养人、已故员工遗属及其他受益人等的福利，也属于职工薪酬。职工薪酬主要包括短期薪酬、离职后福利、辞退福利和其他长期职工福利。该项目应根据"应付职工薪酬"科目所属各明细科目的期末贷方余额分析填列。外商投资企业按规定从净利润中提取的职工奖励及福利基金，也在该项目列示。

（9）"应交税费"项目，反映企业按照税法规定计算应交纳的各种税费，包括增值税、消费税、城市维护建设税、教育费附加、企业所得税、资源税、土地增值税、房产税、城镇土地使用税、车船税、矿产资源补偿费等。企业代扣代缴的个人所得税，也通过该项目列示。企业所交纳的税金不需要预计应交数的，如印花税、耕地占用税等，不在该项目列示。该项目应根据"应交税费"科目的期末贷方余额填列，如"应交税费"科目期末为借方余额，应以"－"号填列。需要说明的是，"应交税费"科目下的"应交增值税""未交增值税""待抵扣进项税额""待认证进项税额""增值税留抵税额"等明细科目期末借方余额应根据情况，在资产负债表中的"其他流动资产"或"其他非流动资产"项目列示；"应交税费——待转销项税额"等科目期末贷方余额应根据情况，在资产负债表中的"其他流动负债"或"其他非流动负债"项目列示；"应交税费"科目下的"未交增值税""简易计税""转让金融商品应交增值税""代扣代交增值税"等科目期末贷方余额应在资产负债表中的"应交税费"项目列示。

（10）"其他应付款"项目，反映企业除应付票据、应付账款、预收账款、应付职工薪酬、应交税费等经营活动以外的其他各项应付、暂收的款项。该项目应根据"应付利息""应付股利""其他应付款"科目的期末余额合计数填列。

其中，"应付利息"科目仅反映相关金融工具已到期应支付但于资产负债表日尚未支付的利息。基于实际利率法计提的金融工具的利息应包含在相应金融工具的账面余额中。

（11）"持有待售负债"项目，反映资产负债表日处置组中与划分为持有待售类别的资产直接相关的负债的期末账面价值。该项目应根据"持有待售负债"科目的期末余额填列。

（12）"一年内到期的非流动负债"项目，反映企业非流动负债中将于资产负债表日后一年内到期部分的金额，如将于一年内偿还的长期借款。该项目应根据有关科目的期末余额分析填列。

（13）"其他流动负债"项目，应根据有关科目的期末余额填列。

（14）"长期借款"项目，反映企业向银行或其他金融机构借入的期限在一年以上（不含一年）的各项借款。该项目应根据"长期借款"科目的期末余额，扣除"长期借款"科目所属的明细科目中将在资产负债表日起一年内到期且企业不能自主地将清偿义务展期的长期借款后的金额计算填列。

（15）"应付债券"项目，反映企业为筹集长期资金而发行的债券本金及应付的利息。该项目应根据"应付债券"科目的期末余额分析填列。对于资产负债表日企业发行的金融工具，分类为金融负债的，应在该项目填列，对于优先股和永续债还应在该项目下的"优先股"项目和"永续债"项目分别填列。

（16）"租赁负债"项目，反映资产负债表日承租人企业尚未支付的租赁付款额的期末账面价值。该项目应根据"租赁负债"科目的期末余额填列。自资产负债表日起一年内到期应予以清偿的租赁负债的期末账面价值，在"一年内到期的非流动负债"项目反映。

（17）"长期应付款"项目，反映资产负债表日企业除长期借款和应付债券以外的其他各种长期应付款项的期末账面价值。该项目应根据"长期应付款"科目的期末余额，减去相关的"未确认融资费用"科目的期末余额后的金额，以及"专项应付款"科目的期末余额填列。

（18）"预计负债"项目，反映企业根据《企业会计准则第 13 号——或有事项》等相关准则确认的各项预计负债，包括对外提供担保、未决诉讼、产品质量保证、重组义务以及固定资产和矿区权益弃置义务等产生的预计负债。该项目应根据"预计负债"科目的期末余额填列。企业按照《企业会计准则第 22 号——金融工具确认和计量》（财会〔2017〕7 号）的相关规定，对贷款承诺等项目计提的损失准备，应当在该项目中填列。

（19）"递延收益"项目，反映尚待确认的收入或收益。该项目核算包括企业根据《企业会计准则第 16 号——政府补助》确认的应在以后期间计入当期损益的政府补助金额、售后租回形成融资租赁的售价与资产账面价值差额等其他递延性收入。该项目应根据"递延收益"科目的期末余额填列。该项目中摊销期限只剩一年或不足一年的，或预计在一年内（含一年）进行摊销的部分，不得归类为流动负债，仍在该项目中填列，不转入"一年内到期的非流动负债"项目。

（20）"递延所得税负债"项目，反映企业根据所得税准则确认的应纳税暂时性差异产生的所得税负债。该项目应根据"递延所得税负债"科目的期末余额填列。

（21）"其他非流动负债"项目，反映企业除以上非流动负债以外的其他非流动负债。该项目应根据有关科目期末余额，减去将于一年内（含一年）到期偿还数后的余额分析填列。非流动负债各项目中将于一年内（含一年）到期的非流动负债，应在"一年内到期的非流动负债"项目内反映。

3. 所有者权益项目的填列说明

（1）"实收资本（或股本）"项目，反映企业各投资者实际投入的资本（或股本）总额。该项目应根据"实收资本（或股本）"科目的期末余额填列。

（2）"其他权益工具"项目，反映资产负债表日企业发行在外的除普通股以外分类为权益工具的金融工具的期末账面价值，并下设"优先股"和"永续债"两个项目，分别反映企业发行的分类为权益工具的优先股和永续债的账面价值。

（3）"资本公积"项目，反映企业收到投资者出资超出其在注册资本或股本中所占的份额以及直接计入所有者权益的利得和损失等。该项目应根据"资本公积"科目的期末余额填列。

（4）"其他综合收益"项目，反映企业其他综合收益的期末余额。该项目应根据"其他综合收益"科目的期末余额填列。

（5）"专项储备"项目，反映高危行业企业按国家规定提取的安全生产费的期末账面价值。该项目应根据"专项储备"科目的期末余额填列。

（6）"盈余公积"项目，反映企业盈余公积的期末余额。该项目应根据"盈余公积"科目的期末余额填列。

（7）"未分配利润"项目，反映企业尚未分配的利润。该项目应根据"本年利润"科目和"利润分配"科目的余额计算填列。未弥补的亏损在该项目内以"－"号填列。

【**例 1-1**】2019 年 12 月 31 日，甲公司的资产负债情况如下。

（1）"库存现金"科目余额为 0.1 万元，"银行存款"科目余额为 100.9 万元，"其他货币资金"科目余额为 99 万元。

（2）"应收票据"科目余额为 1 300 万元，"坏账准备"科目中有关应收票据计提的坏账准备余额为 45 万元。

（3）"发出商品"科目借方余额为 800 万元，"生产成本"科目借方余额为 300 万元，"原材料"科目借方余额为 100 万元，"委托加工物资"科目借方余额为 200 万元，"材料成本差异"科目贷方余额为 25 万元，"存货跌价准备"科目贷方余额为 100 万元，"受托代销商品"科目借方余额为 400 万元，"受托代销商品款"科目贷方余额为 400 万元。

（4）甲公司计划出售一项固定资产，该固定资产于 2019 年 12 月 31 日被划分为持有待售固定资产，其账面价值为 315 万元，从划归为持有待售的下个月起停止计提折旧，不考虑其他因素。

（5）"固定资产"科目借方余额为 4 000 万元，"累计折旧"科目贷方余额为 2 000 万元，"固定资产减值准备"科目贷方余额为 500 万元，"固定资产清理"科目借方余额为 500 万元。

（6）"无形资产"科目借方余额为 800 万元，"累计摊销"科目贷方余额为 200 万元，"无形资产减值准备"科目贷方余额为 100 万元。

（7）"短期借款"科目的余额如下：银行质押借款 10 万元，信用借款 40 万元。

（8）"应付票据"科目的余额如下：25 万元的银行承兑汇票，10 万元的商业承兑汇票。

（9）"应付职工薪酬"科目明细项目为：工资、奖金、津贴和补贴 70 万元，社会保险费（含医疗保险、工伤保险）5 万元，设定提存计划（含基本养老保险费）2.5 万元，住房公积金 2 万元，工会经费和职工教育经费 0.5 万元。

（10）"长期借款"科目余额为 155 万元，其中自乙银行借入的 5 万元借款将于一年内到期，甲公司不具有自主展期清偿的权利。

（11）甲公司是由 A 公司于 2001 年 3 月 1 日注册成立的有限责任公司，注册资本为人民币 5 000 万元，A 公司以货币资金人民币 5 000 万元出资，占注册资本的 100%，持有甲公司 100% 的权益。上述实收资本已于 2001 年 3 月 1 日经相关会计师事务所出具验资报告验证。该资本投入自 2001 年至 2019 年年末未发生变动。

（12）"未分配利润"科目余额为225万元。

本例中，2019年12月31日甲公司资产负债表项目计算如下。

（1）"货币资金"项目"期末余额"栏的列报金额 = 0.1 + 100.9 + 99 = 200（万元）。

（2）"应收票据"项目"期末余额"栏的列报金额 = 1 300 - 45 = 1 255（万元）。

（3）"存货"项目"期末余额"栏的列报金额 = 800 + 300 + 100 + 200 - 25 - 100 + 400 - 400 = 1 275（万元）。

（4）"持有待售资产"项目"期末余额"栏的列报金额为315万元。

（5）"固定资产"项目"期末余额"栏的列报金额 = 4 000 - 2 000 - 500 + 500 = 2 000（万元）。

（6）"无形资产"项目"期末余额"栏的列报金额 = 800 - 200 - 100 = 500（万元）。

（7）"短期借款"项目"期末余额"栏的列报金额 = 10 + 40 = 50（万元）。

（8）"应付票据"项目"期末余额"栏的列报金额 = 25 + 10 = 35（万元）。

（9）"应付职工薪酬"项目"期末余额"栏的列报金额 = 70 + 5 + 2.5 + 2 + 0.5 = 80（万元）。

（10）"长期借款"项目"期末余额"栏的列报金额 = 155 - 5 = 150（万元），"一年内到期的非流动负债"项目"期末余额"栏的列报金额为5万元。

（11）"实收资本（或股本）"项目"期末余额"栏的列报金额为5 000万元。

（12）"未分配利润"项目"期末余额"栏的列报金额为225万元。

据此，甲公司编制的2019年12月31日的资产负债表如表1-2所示。

表1-2 资产负债表

会企01表

编制单位：甲公司　　　　　　2019年12月31日　　　　　　单位：元

资产	期末余额	上年年末余额	负债和所有者权益（或股东权益）	期末余额	上年年末余额
流动资产：			流动负债：		
货币资金	2 000 000		短期借款	500 000	
交易性金融资产			交易性金融负债		
衍生金融资产			衍生金融负债		

资产	期末余额	上年年末余额	负债和所有者权益（或股东权益）	期末余额	上年年末余额
应收票据	12 550 000		应付票据	350 000	
应收账款			应付账款		
应收款项融资			预收款项		
预付款项			合同负债		
其他应收款			应付职工薪酬	800 000	
存货	12 750 000		应交税费		
合同资产			其他应付款		
持有待售资产	3 150 000		持有待售负债		
一年内到期的非流动资产			一年内到期的非流动负债	50 000	
其他流动资产			其他流动负债		
流动资产合计	30 450 000		流动负债合计	1 700 000	
非流动资产：			非流动负债：		
债权投资			长期借款	1 500 000	
其他债权投资			应付债券		
长期应收款			其中：优先股		
长期股权投资			永续债		
其他权益工具投资			租赁负债		
其他非流动金融资产			长期应付款		
投资性房地产			预计负债		
固定资产	20 000 000		递延收益		
在建工程			递延所得税负债		
生产性生物资产			其他非流动负债		
油气资产			非流动负债合计	1 500 000	
使用权资产			负债合计	3 200 000	

资产	期末余额	上年年末余额	负债和所有者权益（或股东权益）	期末余额	上年年末余额
无形资产	5 000 000		所有者权益（或股东权益）：		
开发支出			实收资本（或股本）	50 000 000	
商誉			其他权益工具		
长期待摊费用			其中：优先股		
递延所得税资产			永续债		
其他非流动资产			资本公积		
非流动资产合计	25 000 000		减：库存股		
			其他综合收益		
			专项储备		
			盈余公积		
			未分配利润	2 250 000	
			所有者权益（或股东权益）合计	52 250 000	
资产总计	55 450 000		负债和所有者权益（或股东权益）总计	55 450 000	

1.3 利润表

利润表，又称损益表，是反映企业在一定会计期间的经营成果的报表。

利润表可以反映企业在一定会计期间收入、费用、利润（或亏损）的金额和构成情况，为财务报表使用者全面了解企业的经营成果、分析企业的获利能力及盈利增长趋势、做出经济决策提供依据。

1.3.1　利润表的结构

利润表的结构有单步式和多步式两种。单步式利润表是将当期所有的收入列在一起，所有的费用列在一起，然后将两者相减得出当期净损益。我国企业的利润表采用多步式格式，即通过对当期的收入、费用等项目按性质加以归类，按利润形成的主要环节列示一些中间性利润指标，分步计算当期净损益，以便财务报表使用者理解企业经营成果的不同来源。

利润表一般由表头、表体两部分组成。表头部分应列明报表名称、编制单位名称、编制日期、报表编号和计量单位。表体部分为利润表的主体，列示形成经营成果的各个项目和计算过程。

为了使财务报表使用者通过比较不同期间利润的实现情况，判断企业经营成果的未来发展趋势，企业需要提供比较利润表。为此，利润表金额栏分为"本期金额"和"上期金额"两栏分别填列。我国一般企业利润表的格式如表 1-3 所示。

表 1-3　利润表

会企 02 表

编制单位：　　　　　　　　　　　　年　月　　　　　　　　　　单位：元

项目	本期金额	上期金额
一、营业收入		
减：营业成本		
税金及附加		
销售费用		
管理费用		
研发费用		
财务费用		
其中：利息费用		
利息收入		
加：其他收益		
投资收益（损失以"-"号填列）		
其中：对联营企业和合营企业的投资收益		

续表

项目	本期金额	上期金额
以摊余成本计量的金融资产终止确认收益（损失以"－"号填列）		
净敞口套期收益（损失以"－"号填列）		
公允价值变动收益（损失以"－"号填列）		
信用减值损失（损失以"－"号填列）		
资产减值损失（损失以"－"号填列）		
资产处置收益（损失以"－"号填列）		
二、营业利润（亏损以"－"号填列）		
加：营业外收入		
减：营业外支出		
三、利润总额（亏损总额以"－"号填列）		
减：所得税费用		
四、净利润（净亏损以"－"号填列）		
（一）持续经营净利润（净亏损以"－"号填列）		
（二）终止经营净利润（净亏损以"－"号填列）		
五、其他综合收益的税后净额		
（一）不能重分类进损益的其他综合收益		
1. 重新计量设定受益计划变动额		
2. 权益法下不能转损益的其他综合收益		
3. 其他权益工具投资公允价值变动		
4. 企业自身信用风险公允价值变动		
……		
（二）将重分类进损益的其他综合收益		
1. 权益法下可转损益的其他综合收益		
2. 其他债权投资公允价值变动		
3. 金融资产重分类计入其他综合收益的金额		

续表

项目	本期金额	上期金额
4. 其他债权投资信用减值准备		
5. 现金流量套期储备		
6. 外币财务报表折算差额		
……		
六、综合收益总额		
七、每股收益：		
（一）基本每股收益		
（二）稀释每股收益		

1.3.2　利润表的编制

利润表编制的原理是"收入－费用＝利润"的会计平衡公式和收入与费用的配比原则。企业在生产经营中不断地取得各项收入，同时发生各种费用，收入减去费用剩余部分为企业的利润。如果企业经营不善，发生的生产经营费用超过取得的收入，超过部分为企业的亏损。将取得的收入和发生的相关费用进行对比，对比结果表现为企业的经营成果。企业将经营成果的核算过程和结果编成报表，即利润表。

（一）利润表项目的填列方法

我国一般企业利润表的主要编制步骤和内容如下。

第一步，以营业收入为基础，减去营业成本、税金及附加、销售费用、管理费用、研发费用、财务费用，加上其他收益、投资收益（或减去投资损失）、净敞口套期收益（或减去净敞口套期损失）、公允价值变动收益（或减去公允价值变动损失）、资产减值损失、信用减值损失、资产处置收益（或减去资产处置损失），计算出营业利润。

第二步，以营业利润为基础，加上营业外收入，减去营业外支出，计算出利润总额。

第三步，以利润总额为基础，减去所得税费用，计算出净利润（或净亏损）。

第四步，以净利润（或净亏损）为基础，计算出每股收益。

第五步，以净利润（或净亏损）和其他综合收益为基础，计算出综合收益总额。

利润表各项目均需填列"本期金额"和"上期金额"两栏。其中"上期金额"栏内各项数字，应根据上年该期利润表的"本期金额"栏内所列数字填列。"本期金额"栏内各期数字，除"基本每股收益"和"稀释每股收益"项目外，应当按照相关科目的发生额分析填列。如"营业收入"项目，根据"主营业务收入""其他业务收入"科目的发生额分析计算填列；"营业成本"项目，根据"主营业务成本""其他业务成本"科目的发生额分析计算填列。

（二）利润表主要项目的填列说明

（1）"营业收入"项目，反映企业经营主要业务和其他业务所确认的收入总额。本项目应根据"主营业务收入"和"其他业务收入"科目的发生额分析填列。

（2）"营业成本"项目，反映企业经营主要业务和其他业务所发生的成本总额。本项目应根据"主营业务成本"和"其他业务成本"科目的发生额分析填列。

（3）"税金及附加"项目，反映企业经营业务应负担的消费税、城市维护建设税、教育费附加、资源税、土地增值税、房产税、车船税、城镇土地使用税、印花税等相关税费。本项目应根据"税金及附加"科目的发生额分析填列。

（4）"销售费用"项目，反映企业在销售商品过程中发生的包装费、广告费等费用和为销售本企业商品而专设的销售机构的职工薪酬、业务费等经营费用。本项目应根据"销售费用"科目的发生额分析填列。

（5）"管理费用"项目，反映企业为组织和管理生产经营发生的管理费用。本项目应根据"管理费用"科目的发生额分析填列。

（6）"研发费用"项目，反映企业进行研究与开发过程中发生的费用化支出以及计入管理费用的自行开发无形资产的摊销。本项目应根据"管理费用"科目下的"研发费用"明细科目的发生额以及"管理费用"科目下"无形资产摊销"明细科目的发生额分析填列。

（7）"财务费用"项目，反映企业为筹集生产经营所需资金等而发生的应予费用化的利息支出。本项目应根据"财务费用"科目的相关明细科目发生额分析填列。其中："利息费用"项目，反映企业为筹集生产经营所需资金等而发生的应予费用化的利息支出，本项目应根据"财务费用"科目的相关明细科目的发生额分析填列。"利息收入"项目，反映企业应冲减财务费用的利息收入，本项目应根据"财务费用"科目的相关明细科目的发生额分析填列。

（8）"其他收益"项目，反映计入其他收益的政府补助，以及其他与日常活动相关且计入其他收益的项目。本项目应根据"其他收益"科目的发生额分析填列。企业作为个人所得税的扣缴义务人，根据《中华人民共和国个人所得税法》收到的扣缴税款手续费，应作为其他与日常活动相关的收益在本项目中填列。

（9）"投资收益"项目，反映企业以各种方式对外投资所取得的收益。本项目应根据"投资收益"科目的发生额分析填列。如为投资损失，本项目以"－"号填列。

（10）"净敞口套期收益"项目，反映净敞口套期下被套期项目累计公允价值变动转入当期损益的金额或现金流量套期储备转入当期损益的金额。本项目应根据"净敞口套期损益"科目的发生额分析填列；如为套期损失，本项目以"－"号填列。

（11）"公允价值变动收益"项目，反映企业应当计入当期损益的资产或负债公允价值变动收益。本项目应根据"公允价值变动损益"科目的发生额分析填列；如为净损失，本项目以"－"号填列。

（12）"信用减值损失"项目，反映企业按照《企业会计准则第22号——金融工具确认和计量》（财会〔2017〕7号）的要求计提的各项金融工具信用减值准备所确认的信用损失。本项目应根据"信用减值损失"科目的发生额分析填列。

（13）"资产减值损失"项目，反映企业有关资产发生的减值损失。本项目应根据"资产减值损失"科目的发生额分析填列。

（14）"资产处置收益"项目，反映企业出售划分为持有待售的非流动资产（金融工具、长期股权投资和投资性房地产除外）或处置组（子公司和业务除外）时确认的处置利得或损失，以及处置未划分为持有待售的固定资产、在建工程、生产性生物资产及无形资产而产生的处置利得或损失。债务重组中因处置非流动资产（金融工具、长期股权投资和投资性房地产除外）产生的利得或损失和非货币性资产交换中换出非流动资产（金融工具、长期股权投资和投资性房地产除外）产生的利得或损失也包括在本项目内。本项目应根据"资产处置损益"科目的发生额分析填列；如为处置损失，本项目以"－"号填列。

（15）"营业利润"项目，反映企业实现的营业利润。如为亏损，本项目以"－"号填列。

（16）"营业外收入"项目，反映企业发生的除营业利润以外的收益，主要包括与企业日常活动无关的政府补助、盘盈利得、捐赠利得（企业接受股东或股东的子公司直接或间接的捐赠，经济实质属于股东对企业的资本性投入的除外）等。本项目应根据"营业外收入"科目的发生额分析填列。

（17）"营业外支出"项目，反映企业发生的除营业利润以外的支出，主要包括公益性捐赠支出、非常损失、盘亏损失、非流动资产毁损报废损失等。本项目应根据"营业外支出"科目的发生额分析填列。"非流动资产毁损报废损失"通常包括因自然灾害发生毁损、已丧失使用功能等原因而报废清理产生的损失。企业在不同交易中形成的非流动资产毁损报废利得和损失不得相互抵销，应分别在"营业外收入"项目和"营业外支出"项目进行填列。

（18）"利润总额"项目，反映企业实现的利润。如为亏损，本项目以"－"号填列。

（19）"所得税费用"项目，反映企业应从当期利润总额中扣除的所得税费用。本项目应根据"所得税费用"科目的发生额分析填列。

（20）"净利润"项目，反映企业实现的净利润。如为亏损，本项目以"－"号填列。

（21）"其他综合收益的税后净额"项目，反映企业根据企业会计准则规定未在损益中确认的各项利得和损失扣除所得税影响后的净额。

（22）"综合收益总额"项目，反映企业净利润与其他综合收益的税后净额的合计金额。

（23）"每股收益"项目，包括基本每股收益和稀释每股收益两项指标，反映普通股或潜在普通股已公开交易的企业，以及正处在公开发行普通股或潜在普通股过程中的企业的每股收益信息。

（24）"（一）持续经营净利润"和"（二）终止经营净利润"项目，分别反映净利润中与持续经营相关的净利润和与终止经营相关的净利润；如为净亏损，以"－"号填列。这两个项目应按照《企业会计准则第 42 号——持有待售的非流动资产、处置组和终止经营》的相关规定分别列报。

（25）"重新计量设定受益计划变动额"包括下列部分：一是精算利得或损

失，即由于精算假设和经验调整导致之前所计量的设定受益计划义务现值的增加或减少；二是计划资产回报，扣除包括在设定受益计划净负债或净资产的利息净额中的金额；三是资产上限影响的变动，扣除包括在设定受益计划净负债或净资产的利息净额中的金额。

（26）"其他权益工具投资公允价值变动"项目，反映企业指定为以公允价值计量且其变动计入其他综合收益的非交易性权益工具投资发生的公允价值变动。本项目应根据"其他综合收益"科目的相关明细科目的发生额分析填列。

（27）"企业自身信用风险公允价值变动"项目，反映企业指定为以公允价值计量且其变动计入当期损益的金融负债，由企业自身信用风险变动引起的公允价值变动而计入其他综合收益的金额。本项目应根据"其他综合收益"科目的相关明细科目的发生额分析填列。

（28）"其他债权投资公允价值变动"项目，反映企业分类为以公允价值计量且其变动计入其他综合收益的债权投资发生的公允价值变动。企业将一项以公允价值计量且其变动计入其他综合收益的金融资产重分类为以摊余成本计量的金融资产，或重分类为以公允价值计量且其变动计入当期损益的金融资产时，之前计入其他综合收益的累计利得或损失从其他综合收益中转出的金额作为本项目的减项。本项目应根据"其他综合收益"科目下的相关明细科目的发生额分析填列。

（29）"金融资产重分类计入其他综合收益的金额"项目，反映企业将一项以摊余成本计量的金融资产重分类为以公允价值计量且其变动计入其他综合收益的金融资产时，计入其他综合收益的原账面价值与公允价值之间的差额。本项目应根据"其他综合收益"科目下的相关明细科目的发生额分析填列。

（30）"其他债权投资信用减值准备"项目，反映企业按照《企业会计准则第 22 号——金融工具确认和计量》（财会〔2017〕7 号）第十八条分类为以公允价值计量且其变动计入其他综合收益的金融资产的损失准备。本项目应根据"其他综合收益"科目下的"信用减值准备"明细科目的发生额分析填列。

（31）"现金流量套期储备"项目，反映企业套期工具产生的利得或损失中属于套期有效的部分。本项目应根据"其他综合收益"科目下的"套期储备"明细科目的发生额分析填列。

（32）"外币财务报表折算差额"项目，资产负债项目是按照资产负债表日的即期汇率进行折算，而所有者权益除未分配利润外，按照发生时的即期汇率进行折算。外币报表折算差额为以记账本位币反映的净资产减去以记账本位币反映的股本、资本公积、累计盈余公积及累计未分配利润后的余额。产生的外币报表折算差额，应在合并资产负债表中"其他综合收益"项目列示。

【例1-2】乙公司为热电企业，其经营范围包括电、热的生产和销售，发电、输变电工程的技术咨询，电力设备及相关产品的采购、开发、生产和销售等。其2019年度经营情况如下。

(1)"主营业务收入"科目发生额明细如下：电力销售收入合计8 000万元，热力销售收入合计1 400万元，"其他业务收入"科目发生额合计600万元。

(2)"主营业务成本"科目发生额合计7 500万元，"其他业务成本"科目发生额合计500万元。

(3)"税金及附加"科目的发生额如下：城市维护建设税合计50万元，教育费附加合计30万元，房产税合计400万元，城镇土地使用税合计20万元。

(4)"管理费用"科目发生额合计600万元。

(5)"财务费用"科目的发生额如下：银行长期借款利息费用合计400万元，银行短期借款利息费用合计90万元，银行存款利息收入合计8万元，银行手续费支出合计18万元。

(6)"投资收益"科目的发生额如下：按权益法核算的长期股权投资收益合计290万元，按成本法核算的长期股权投资收益合计200万元，处置长期股权投资发生的投资损失合计500万元。

(7)"资产减值损失"科目的发生额如下：存货减值损失合计85万元，固定资产减值损失合计189万元，无形资产减值损失合计26万元。

(8)"营业外收入"科目的发生额如下：接受无偿捐赠利得合计68万元，现金盘盈利得合计2万元。

(9)"营业外支出"科目的发生额如下：固定资产盘亏损失合计14万元，罚没支出合计10万元，捐赠支出合计4万元，其他支出合计2万元。

(10)乙公司2019年度"所得税费用"科目的发生额合计36万元。

本例中，2019年乙公司利润表项目计算如下。

(1)"营业收入"项目"本期金额"栏的列报金额 = 8 000 + 1 400 + 600 = 10 000（万元）。

（2）"营业成本"项目"本期金额"栏的列报金额 = 7 500 + 500 = 8 000（万元）。

（3）"税金及附加"项目"本期金额"栏的列报金额 = 50 + 30 + 400 + 20 = 500（万元）。

（4）"管理费用"项目"本期金额"栏的列报金额为 600 万元。

（5）"财务费用"项目"本期金额"栏的列报金额 = 400 + 90 - 8 + 18 = 500（万元）。

（6）"投资收益"项目"本期金额"栏的列报金额 = 290 + 200 - 500 = -10（万元）。

（7）"资产减值损失"项目"本期金额"栏的列报金额 = 85 + 189 + 26 = 300（万元）。

（8）"营业外收入"项目"本期金额"栏的列报金额 = 68 + 2 = 70（万元）。

（9）"营业外支出"项目"本期金额"栏的列报金额 = 14 + 10 + 4 + 2 = 30（万元）。

（10）"所得税费用"项目"本期金额"栏的列报金额为 36 万元。

据此，乙公司编制的 2019 年度利润表如表 1-4 所示。

表 1-4　利润表

会企 02 表

编制单位：乙公司　　　　　　　　　2019 年　　　　　　　　　单位：元

项目	本期金额	上期金额
一、营业收入	100 000 000	
减：营业成本	80 000 000	
税金及附加	5 000 000	
销售费用		
管理费用	6 000 000	
研发费用		
财务费用	5 000 000	
其中：利息费用	5 080 000	
利息收入	80 000	
加：其他收益		
投资收益（损失以"-"号填列）	-100 000	

续表

项目	本期金额	上期金额
其中：对联营企业和合营企业的投资收益	2 900 000	
以摊余成本计量的金融资产终止确认收益（损失以"－"号填列）		
净敞口套期收益（损失以"－"号填列）		
公允价值变动收益（损失以"－"号填列）		
信用减值损失（损失以"－"号填列）		
资产减值损失（损失以"－"号填列）	－3 000 000	
资产处置收益（损失以"－"号填列）		
二、营业利润（亏损以"－"号填列）	900 000	
加：营业外收入	700 000	
减：营业外支出	300 000	
三、利润总额（亏损总额以"－"号填列）	1 300 000	
减：所得税费用	360 000	
四、净利润（净亏损以"－"号填列）	940 000	
（一）持续经营净利润（净亏损以"－"号填列）	940 000	
（二）终止经营净利润（净亏损以"－"号填列）		
五、其他综合收益的税后净额		
（一）不能重分类进损益的其他综合收益		
1. 重新计量设定受益计划变动额		
2. 权益法下不能转损益的其他综合收益		
3. 其他权益工具投资公允价值变动		
4. 企业自身信用风险公允价值变动		
……		
（二）将重分类进损益的其他综合收益		
1. 权益法下可转损益的其他综合收益		
2. 其他债权投资公允价值变动		
3. 金融资产重分类计入其他综合收益的金额		
4. 其他债权投资信用减值准备		
5. 现金流量套期		
6. 外币财务报表折算差额		
……		
六、综合收益总额	940 000	
七、每股收益：		
（一）基本每股收益		
（二）稀释每股收益		

1.4 现金流量表

现金流量表是反映企业在一定会计期间现金和现金等价物流入和流出的报表。

现金流量表可以为报表使用者提供企业一定会计期间内现金和现金等价物流入和流出的信息，便于使用者了解和评价企业获取现金和现金等价物的能力，据以预测企业未来现金流量。

1.4.1 现金流量表的结构

我国企业现金流量表采用报告式结构，将现金流量按企业业务活动的性质和现金流量的来源分为经营活动产生的现金流量、投资活动产生的现金流量和筹资活动产生的现金流量，分别反映，最后汇总反映企业某一期间现金及现金等价物的净增加额。

现金流量表涉及现金流量、现金、现金等价物的概念。现金流量是指一定会计期间内企业现金和现金等价物的流入和流出，但是现金和现金等价物之间的转换不属于现金流量。现金是指企业库存现金以及可以随时用于支付的存款，包括库存现金、银行存款和其他货币资金（如外埠存款、银行汇票存款、银行本票存款等）等，但是不能随时用于支付的存款不属于现金。现金等价物是指企业持有的期限短、流动性强、易于转换为已知金额现金、价值变动风险很小的投资。其中，期限短一般是指从购买日起三个月内到期，通常包括三个月内到期的债券投资等。需要注意的是，权益性投资变现的金额通常不确定，因而不属于现金等价物。企业应当根据具体情况，确定现金等价物的范围，一经确定不得随意变更。

经营活动产生的现金流量，是指来源于企业经营活动的现金流量，包括企业投资活动和筹资活动以外的所有交易和事项产生的现金流量，如销售商品或提供劳务、购买商品、接受劳务、支付工资和交纳税款等流入和流出的现金和现金等价物等。

投资活动产生的现金流量，是指来源于企业投资活动的现金流量，包括企业长期资产的购建和不包括在现金等价物范围内的投资及其处置活动产生的现金流量，如购建固定资产、处置子公司及其他营业单位等流入和流出的现金和现金等价物等。

筹资活动产生的现金流量，是指来源于企业筹资活动的现金流量，包括导致企业资本及债务规模和构成发生变化的活动产生的现金流量，如吸收投资、发行股票、分配利润、发行债券、偿还债务等流入和流出的现金和现金等价物等。偿付应付账款、应付票据等商业应付款等属于经营活动，不属于筹资活动。我国一般企业现金流量表的格式如表1-5所示。

表1-5 现金流量表

会企03表

编制单位： 年 月 单位：元

项目	本期金额	上期金额
一、经营活动产生的现金流量：		
销售商品、提供劳务收到的现金		
收到的税费返还		
收到其他与经营活动有关的现金		
经营活动现金流入小计		
购买商品、接受劳务支付的现金		
支付给职工以及为职工支付的现金		
支付的各项税费		
支付其他与经营活动有关的现金		
经营活动现金流出小计		
经营活动产生的现金流量净额		
二、投资活动产生的现金流量：		
收回投资收到的现金		
取得投资收益收到的现金		
处置固定资产、无形资产和其他长期资产收回的现金净额		
处置子公司及其他营业单位收到的现金净额		
收到其他与投资活动有关的现金		
投资活动现金流入小计		

续表

项目	本期金额	上期金额
购建固定资产、无形资产和其他长期资产支付的现金		
投资支付的现金		
取得子公司及其他营业单位支付的现金净额		
支付其他与投资活动有关的现金		
投资活动现金流出小计		
投资活动产生的现金流量净额		
三、筹资活动产生的现金流量：		
吸收投资收到的现金		
取得借款收到的现金		
收到其他与筹资活动有关的现金		
筹资活动现金流入小计		
偿还债务支付的现金		
分配股利、利润或偿付利息支付的现金		
支付其他与筹资活动有关的现金		
筹资活动现金流出小计		
筹资活动产生的现金流量净额		
四、汇率变动对现金及现金等价物的影响		
五、现金及现金等价物净增加额		
加：期初现金及现金等价物余额		
六、期末现金及现金等价物余额		

1.4.2　现金流量表的编制

（一）现金流量表项目的填列方法

企业应当采用直接法列示经营活动产生的现金流量，并通过现金收入和现金支出的主要类别列示经营活动的现金流量。采用直接法编制经营活动的现金流量时，一般以利润表中的营业收入为起算点，调整与经营活动有关的项目的增减变动，然后计算出经营活动的现金流量。采用直接法具体编制现金流量表时，可以采用工作底稿法或 T 型账户法，也可以根据有关科目记录分析填列。

1. 工作底稿法

工作底稿法是以工作底稿为手段，以资产负债表和利润表数据为基础，对每一项目进行分析并编制调整分录，从而编制现金流量表。

2. T 型账户法

T 型账户法是以 T 型账户为手段，以资产负债表和利润表数据为基础，对每一项目进行分析并编制调整分录，从而编制现金流量表。

3. 分析填列法

分析填列法是直接根据资产负债表、利润表和有关会计科目明细账的记录，分析计算出现金流量表各项目的金额，并据以编制现金流量表的一种方法。

（二）现金流量表项目的填列说明

1. 经营活动产生的现金流量的项目说明

（1）"销售商品、提供劳务收到的现金"项目，反映企业本年销售商品、提供劳务收到的现金，以及以前年度销售商品、提供劳务本年收到的现金（包括应向购买者收取的增值税销项税额）和本年预收的款项，减去本年销售本年退回商品和以前年度销售本年退回商品支付的现金。企业销售材料和代购代销业务收到的现金，也在本项目反映。

（2）"收到的税费返还"项目，反映企业收到返还的所得税、增值税、消费税、关税和教育费附加等各种税费返还款。

（3）"收到其他与经营活动有关的现金"项目，反映企业经营租赁收到的租金等其他与经营活动有关的现金流入，金额较大的应当单独列示。企业实际收到的政府补助，无论是与资产相关还是与收益相关，均在"收到其他与经营活动有关的现金"项目填列。

（4）"购买商品、接受劳务支付的现金"项目，反映企业本年购买商品、接受劳务实际支付的现金（包括增值税进项税额），以及本年支付以前年度购买商品、接受劳务的未付款项和本年预付款项，减去本年发生的购货退回收到的现金。企业购买材料和代购代销业务支付的现金，也在本项目反映。

（5）"支付给职工以及为职工支付的现金"项目，反映企业本年实际支付给职工的工资、奖金、各种津贴和补贴等职工薪酬（包括代扣代缴的职工个人所得税）。

（6）"支付的各项税费"项目，反映企业本年发生并支付、以前各年发生本年支付以及预交的各项税费，包括所得税、增值税、消费税、印花税、房产税、土地增值税、车船税、教育费附加等。

（7）"支付其他与经营活动有关的现金"项目，反映企业经营租赁支付的租金，以及支付的差旅费、业务招待费、保险费、罚款支出等其他与经营活动有关的现金流出，金额较大的应当单独列示。

2. 投资活动产生的现金流量的项目说明

（1）"收回投资收到的现金"项目，反映企业出售、转让或到期收回除现金等价物以外的对其他企业长期股权投资而收到的现金，但处置子公司及其他营业单位收到的现金净额除外。

（2）"取得投资收益收到的现金"项目，反映企业除现金等价物以外的对其他企业的长期股权投资等分回的现金股利和利息等。

（3）"处置固定资产、无形资产和其他长期资产收回的现金净额"项目，反映企业出售、报废固定资产、无形资产和其他长期资产所取得的现金（包括因资产毁损而收到的保险赔偿收入），减去为处置这些资产而支付的有关费用后的净额。

（4）"处置子公司及其他营业单位收到的现金净额"项目，反映企业处置子公司及其他营业单位所取得的现金，减去相关处置费用以及子公司及其他营业单位持有的现金和现金等价物后的净额。

（5）"购建固定资产、无形资产和其他长期资产支付的现金"项目，反映企业购买、建造固定资产、取得无形资产和其他长期资产所支付的现金（含增值税税款等），以及用现金支付的应由在建工程和无形资产负担的职工薪酬。

（6）"投资支付的现金"项目，反映企业取得除现金等价物以外的对其他企业的长期股权投资所支付的现金以及支付的佣金、手续费等附加费用，但取得子公司及其他营业单位支付的现金净额除外。

（7）"取得子公司及其他营业单位支付的现金净额"项目，反映企业购买子公司及其他营业单位购买出价中以现金支付的部分，减去子公司及其他营业单位持有的现金和现金等价物后的净额。

（8）"收到其他与投资活动有关的现金"与"支付其他与投资活动有关的现金"项目，反映企业除上述（1）至（7）项目外收到或支付的其他与投资活动有关的现金，金额较大的应当单独列示。

3. 筹资活动产生的现金流量的项目说明

（1）"吸收投资收到的现金"项目，反映企业以发行股票、债券等方式筹集资金实际收到的款项，减去直接支付的佣金、手续费、宣传费、咨询费、印刷费等发行费用后的净额。

（2）"取得借款收到的现金"项目，反映企业举借各种短期、长期借款而收到的现金。

（3）"偿还债务支付的现金"项目，反映企业为偿还债务本金而支付的现金。

（4）"分配股利、利润或偿付利息支付的现金"项目，反映企业实际支付的现金股利、支付给其他投资单位的利润或用现金支付的借款利息、债券利息。

（5）"收到其他与筹资活动有关的现金""支付其他与筹资活动有关的现金"项目，反映企业除上述（1）至（4）项目外收到或支付的其他与筹资活动有关的现金，金额较大的应当单独列示。

4."汇率变动对现金及现金等价物的影响"项目说明

本项目反映下列项目之间的差额。

（1）企业外币现金流量折算为记账本位币时，采用现金流量发生日的即期汇率或按照系统合理的方法确定的与现金流量发生日即期汇率近似的汇率折算的金额（编制合并现金流量表时折算境外子公司的现金流量，应当比照处理）。

（2）企业外币现金及现金等价物净增加额按年末汇率折算的金额填列。

【例1-3】丙公司相关资料如下。

1. 2019年度丙公司利润表有关项目的资料如表1-6所示。

表1-6 利润表

会企02表

编制单位：丙公司　　　　　　　　2019年度　　　　　　　　单位：元

项目	本期金额	上期金额
一、营业收入	2 470 000	
减：营业成本	732 000	
税金及附加	20 000	
销售费用	180 000	
管理费用	153 100	
研发费用		
财务费用	40 500	

项目	本期金额	上期金额
其中：利息费用		
利息收入		
加：其他收益		
投资收益（损失以"-"号填列）	95 000	
其中：对联营企业和合营企业的投资收益	0	
以摊余成本计量的金融资产终止确认收益（损失以"-"号填列）		
净敞口套期收益（损失以"-"号填列）		
公允价值变动收益（损失以"-"号填列）	0	
信用减值损失（损失以"-"号填列）		
资产减值损失（损失以"-"号填列）	-30 800	
资产处置收益（损失以"-"号填列）		
二、营业利润（亏损以"-"号填列）	1 408 600	
加：营业外收入	150 000	
减：营业外支出	18 500	
三、利润总额（亏损总额以"-"号填列）	1 540 100	
减：所得税费用	205 000	
四、净利润（净亏损以"-"号填列）	1 335 100	
（一）持续经营净利润（净亏损以"-"号填列）	1 335 100	
（二）终止经营净利润（净亏损以"-"号填列）		
五、其他综合收益的税后净额		
（一）不能重分类进损益的其他综合收益		
1. 重新计量设定受益计划变动额		
2. 权益法下不能转损益的其他综合收益		
3. 其他权益工具投资公允价值变动		
4. 企业自身信用风险公允价值变动		
……		
（二）将重分类进损益的其他综合收益		
1. 权益法下可转损益的其他综合收益		

续表

项目	本期金额	上期金额
2. 其他债券投资公允价值变动		
3. 金融资产重分类计入其他综合收益的金额		
4. 其他债券投资信用减值准备		
5. 现金流量套期储备		
6. 外币财务报表折算差额		
……		
六、综合收益总额		
七、每股收益		
（一）基本每股收益		
（二）稀释每股收益		

（1）管理费用的组成：职工薪酬 80 000 元，无形资产摊销 30 000 元，折旧费 20 000 元，支付其他费用 23 100 元。

（2）财务费用的组成：计提借款利息 10 500 元，支付应收票据（银行承兑汇票）贴现利息 30 000 元。

（3）资产减值损失的组成：计提坏账准备 800 元，计提固定资产减值准备 30 000 元。上年年末坏账准备余额为 800 元。

（4）投资收益的组成：收到股息收入 90 500 元，与本金一起收回的交易性股票投资收益 500 元，自公允价值变动损益结转投资收益 4 000 元。

（5）营业外收入的组成：处置固定资产净收益 150 000 元（所处置固定资产原价为 400 000 元，累计折旧为 250 000 元，收到处置收入 300 000 元）。假定不考虑与固定资产处置有关的税费。

（6）营业外支出的组成：报废固定资产净损失 18 500 元（所报废固定资产原价为 200 000 元，累计折旧为 180 000 元，支付清理费用 300 元，收到残值收入 1 800 元）。

（7）所得税费用的组成：当期所得税费用 212 500 元，递延所得税收益 7 500 元。

除上述项目外，利润表中的销售费用 180 000 元至期末已经支付。

2. 2019 年度丙公司资产负债表有关项目的资料如表 1-7 所示。

表 1-7　资产负债表

会企 01 表

编制单位：丙公司　　　　　　　2019 年 12 月 31 日　　　　　　　单位：元

资产	期末余额	上年年末余额	负债和所有者权益（或股东权益）	期末余额	上年年末余额
流动资产：			流动负债：		
货币资金	712 200	1 406 300	短期借款	50 000	300 000
交易性金融资产	0	15 000	交易性金融负债	0	0
衍生金融资产	0	0	衍生金融负债	0	0
应收票据	46 000	246 000	应付票据	100 000	200 000
应收账款	598 500	299 100	应付账款	603 800	953 800
应收款项融资	0	0	预收款项	350 000	500 000
预付款项	100 000	100 000	合同负债	0	0
其他应收款	5 000	5 000	应付职工薪酬	180 000	110 000
存货	2 574 700	2 580 000	应交税费	100 000	36 600
合同资产	0	0	其他应付款	150 000	50 000
持有待售资产	0	0	持有待售负债	0	0
一年内到期的非流动资产	0	0	一年内到期的非流动负债	0	501 000
其他流动资产	7 125	100 000	其他流动负债	0	0
流动资产合计	4 043 525	4 751 400	流动负债合计	1 533 800	2 651 400
非流动资产：			非流动负债：		
债权投资	0	0	长期借款	1 160 000	600 000
其他债权投资	0	0	应付债券	0	0
长期应收款	0	0	其中：优先股	0	0
长期股权投资	250 000	250 000	永续债	0	0
其他权益工具投资	0	0	租赁负债	0	0
其他非流动金融资产	0	0	长期应付款	0	0
投资性房地产	0	0	预计负债	0	0
固定资产	2 231 000	1 100 000	递延收益	0	0

续表

资产	期末余额	上年年末余额	负债和所有者权益（或股东权益）	期末余额	上年年末余额
在建工程	703 933.2	1 500 000	递延所得税负债	0	0
生产性生物资产	0	0	其他非流动负债	0	0
油气资产	0	0	非流动负债合计	1 160 000	600 000
使用权资产	0	0	负债合计	2 693 800	3 251 400
无形资产	570 000	600 000	所有者权益（或股东权益）：		
开发支出	0	0	实收资本（或股本）	5 000 000	5 000 000
商誉	0	0	其他权益工具	0	0
长期待摊费用	0	0	其中： 优先股	0	0
递延所得税资产	7 500	0	永续债	0	0
其他非流动资产	162 500	200 000	资本公积	0	0
非流动资产合计	3 924 933.2	3 650 000	减：库存股	0	0
			其他综合收益	0	0
			专项储备	0	0
			盈余公积	166 621.1	100 000
			未分配利润	108 037.1	50 000
			所有者权益（或股东权益）合计	5 274 658.2	5 150 000
资产总计	7 968 458.2	8 401 400	负债和所有者权益（或股东权益）总计	7 968 458.2	8 401 400

（1）本期收回交易性股票投资本金 15 000 元、公允价值变动 4 000 元，同时实现投资收益 500 元。

（2）存货中生产成本、制造费用的组成：职工薪酬 353 800 元，折旧费 90 000 元。

（3）应交税费的组成：本期增值税进项税额 165 512 元，增值税销项税额

207 536 元，已交增值税 10 000 元；应交所得税期末余额为 21 376 元，应交所得税期初余额为 0；应交税费期末数中应由在建工程负担的部分为 100 000 元。

（4）应付职工薪酬的期初数无应付在建工程人员的部分，本期支付在建工程人员职工薪酬 200 000 元。应付职工薪酬的期末数中应付在建工程人员的部分为 25 000 元。

（5）应付利息均为短期借款利息，其中本期计提利息 10 500 元，支付利息 10 500 元。

（6）本期用现金购买固定资产 1 200 000 元、工程物资 100 000 元。

（7）本期用现金偿还短期借款 250 000 元，偿还一年内到期的长期借款 501 000 元；借入长期借款 560 000 元。

根据以上资料，采用分析填列的方法，编制丙公司 2019 年度的现金流量表。

1. 丙公司 2019 年度现金流量表各项目金额分析确定如下。

（1）销售商品、提供劳务收到的现金 = 营业收入 + 应交税费（应交增值税——销项税额）+（应收账款年初余额 - 应收账款期末余额）+（应收票据年初余额 - 应收票据期末余额）- 当期计提的坏账准备 - 票据贴现的利息 +（预收款项期末余额 - 预收款项年初余额）= 2 470 000 + 207 536 +（299 100 - 598 500）+（246 000 - 46 000）- 800 - 30 000 +（350 000 - 500 000）= 2 397 336（元）

（2）购买商品、接受劳务支付的现金 = 营业成本 + 应交税费（应交增值税——进项税额）-（存货年初余额 - 存货期末余额）+（应付账款年初余额 - 应付账款期末余额）+（应付票据年初余额 - 应付票据期末余额）+（预付款项期末余额 - 预付款项年初余额）- 当期列入生产成本、制造费用的职工薪酬 - 当期列入生产成本、制造费用的折旧费和固定资产修理费 = 732 000 + 165 512 -（2 580 000 - 2 574 700）+（953 800 - 603 800）+（200 000 - 100 000）+（100 000 - 100 000）- 353 800 - 90 000 = 898 412（元）

（3）支付给职工以及为职工支付的现金 = 生产成本、制造费用、管理费用中的职工薪酬 +（应付职工薪酬年初余额 - 应付职工薪酬期末余额）-［应付职工薪酬（在建工程）年初余额 - 应付职工薪酬（在建工程）期末余额］= 353 800 + 80 000 +（110 000 - 180 000）-（0 - 25 000）= 388 800（元）

（4）支付的各项税费 = 当期所得税费用 + 税金及附加 + 应交税费（应交增值税——已交税金）-（应交所得税期末余额 - 应交所得税期初余额）= 212 500 +

20 000 + 100 000 − (21 376 − 0) = 311 124（元）

（5）支付其他与经营活动有关的现金 = 其他管理费用 + 销售费用 = 23 100 + 180 000 = 203 100（元）

（6）收回投资收到的现金 = 交易性金融资产贷方发生额 + 与交易性金融资产一起收回的投资收益 = （15 000 + 4 000） + 500 = 19 500（元）

（7）取得投资收益收到的现金 = 收到的股息收入 = 90 500（元）

（8）处置固定资产收回的现金净额 = 300 000 + （1 800 − 300） = 301 500（元）

（9）购建固定资产支付的现金 = 用现金购买的固定资产、工程物资 + 支付给在建工程人员的薪酬 = 1 200 000 + 100 000 + 200 000 = 1 500 000（元）

（10）取得借款收到的现金 = 560 000（元）

（11）偿还债务支付的现金 = 250 000 + 501 000 = 751 000（元）

（12）偿还利息支付的现金 = 10 500（元）

2. 根据上述数据，编制现金流量表，如表 1-8 所示。

表 1-8　现金流量表

会企 03 表

编制单位：丙公司　　　　　　　　　　2019 年　　　　　　　　　　单位：元

项目	本期金额	上期金额
一、经营活动产生的现金流量：		
销售商品、提供劳务收到的现金	2 397 336	
收到的税费返还	0	
收到其他与经营活动有关的现金	0	
经营活动现金流入小计	2 397 336	
购买商品、接受劳务支付的现金	898 412	
支付给职工以及为职工支付的现金	388 800	
支付的各项税费	311 124	
支付其他与经营活动有关的现金	203 100	

续表

项目	本期金额	上期金额
经营活动现金流出小计	1 801 436	
经营活动产生的现金流量净额	595 900	
二、投资活动产生的现金流量：		
收回投资收到的现金	19 500	
取得投资收益收到的现金	90 500	
处置固定资产、无形资产和其他长期资产收回的现金净额	301 500	
处置子公司及其他营业单位收到的现金净额	0	
收到其他与投资活动有关的现金	0	
投资活动现金流入小计	411 500	
购建固定资产、无形资产和其他长期资产支付的现金	1 500 000	
投资支付的现金	0	
取得子公司及其他营业单位支付的现金净额	0	
支付其他与投资活动有关的现金	0	
投资活动现金流出小计	1 500 000	
投资活动产生的现金流量净额	- 1 088 500	
三、筹资活动产生的现金流量：		
吸收投资收到的现金	0	
取得借款收到的现金	560 000	
收到其他与筹资活动有关的现金	0	
筹资活动现金流入小计	560 000	
偿还债务支付的现金	751 000	
分配股利、利润或偿付利息支付的现金	10 500	
支付其他与筹资活动有关的现金	0	
筹资活动现金流出小计	761 500	
筹资活动产生的现金流量净额	- 201 500	

项目	本期金额	上期金额
四、汇率变动对现金及现金等价物的影响	0	
五、现金及现金等价物净增加额	−694 100	
加：期初现金及现金等价物余额	1 406 300	
六、期末现金及现金等价物余额	712 200	

1.5　所有者权益变动表

所有者权益变动表是指反映构成所有者权益各组成部分当期增减变动情况的报表。

所有者权益变动表既可以为财务报表使用者提供所有者权益总量增减变动的信息，也能为其提供所有者权益增减变动的结构性信息，特别是能够让财务报表使用者理解所有者权益增减变动的根源。

1.5.1　所有者权益变动表的结构

在所有者权益变动表上，企业至少应当单独列示反映下列信息的项目。

（1）综合收益总额。

（2）会计政策变更和差错更正的累积影响金额。

（3）所有者投入资本和向所有者分配利润等。

（4）提取的盈余公积。

（5）实收资本、其他权益工具、资本公积、其他综合收益、专项储备、盈余公积、未分配利润的期初和期末余额及其调节情况。

所有者权益变动表以矩阵的形式列示：一方面，列示导致所有者权益变动的交易或事项，即所有者权益变动的来源，对一定时期所有者权益的变动情况进行全面反映；另一方面，按照所有者权益各组成部分（即实收资本、其他权益工具、资本公积、库存股、其他综合收益、专项储备、盈余公积、未分配利润）列示交易或事项对所有者权益各部分的影响。

我国一般企业所有者权益变动表的格式如表1-9所示。

1.5.2 所有者权益变动表的编制

（一）所有者权益变动表项目的填列方法

所有者权益变动表各项目均需填列"本年金额"和"上年金额"两栏。

所有者权益变动表"上年金额"栏内各项数字，应根据上年度所有者权益变动表"本年金额"栏内所列数字填列。上年度所有者权益变动表规定的各个项目的名称和内容同本年度不一致的，应对上年度所有者权益变动表各项目的名称和数字按照本年度的规定进行调整，填入所有者权益变动表的"上年金额"栏内。

所有者权益变动表"本年金额"栏内各项数字一般应根据"实收资本（或股本）""其他权益工具""资本公积""库存股""其他综合收益""专项储备""盈余公积"科目的发生额分析填列。

企业的净利润及其分配情况作为所有者权益变动的组成部分，不需要单独编制利润分配表列示。

（二）所有者权益变动表的主要项目说明

（1）"上年年末余额"项目，反映企业上年资产负债表中实收资本（或股本）、其他权益工具、资本公积、库存股、其他综合收益、专项储备、盈余公积、未分配利润的年末余额。

（2）"会计政策变更""前期差错更正"项目，分别反映企业采用追溯调整法处理的会计政策变更的累积影响金额和采用追溯重述法处理的会计差错更正的累积影响金额。

（3）"本年增减变动金额"项目。

①"综合收益总额"项目，反映净利润和其他综合收益扣除所得税影响后的净额相加后的合计金额。

②"所有者投入和减少资本"项目，反映企业当年所有者投入的资本和减少的资本。

a. "所有者投入的普通股"项目，反映企业接受投资者投入形成的实收资本（或股本）和资本溢价或股本溢价。

b. "其他权益工具持有者投入资本"项目，反映企业发行的除普通股以外分类为权益工具的金融工具的持有者投入资本的金额。

c. "股份支付计入所有者权益的金额"项目，反映企业处于等待期中的权益结算的股份支付当年计入资本公积的金额。

③ "利润分配"项目，反映企业当年的利润分配金额。

④ "所有者权益内部结转"项目，反映企业构成所有者权益的组成部分之间当年的增减变动情况。

a. "资本公积转增资本（或股本）"项目，反映企业当年以资本公积转增资本或股本的金额。

b. "盈余公积转增资本（或股本）"项目，反映企业当年以盈余公积转增资本或股本的金额。

c. "盈余公积弥补亏损"项目，反映企业当年以盈余公积弥补亏损的金额。

d. "设定受益计划变动额结转留存收益"项目，反映企业因重新计量设定受益计划净负债或净资产所产生的变动计入其他综合收益，结转至留存收益的金额。

e. "其他综合收益结转留存收益"项目，主要反映：第一，企业指定为以公允价值计量且其变动计入其他综合收益的非交易性权益工具投资终止确认时，之前计入其他综合收益的累计利得或损失从其他综合收益中转入留存收益的金额；第二，企业指定为以公允价值计量且其变动计入当期损益的金融负债终止确认时，之前由企业自身信用风险变动引起而计入其他综合收益的累计利得或损失从其他综合收益中转入留存收益的金额等。

【例1-4】丁股份有限公司2018年12月31日所有者权益各项目余额如下：股本5 000 000元，盈余公积100 000元，未分配利润50 000元。2019年，丁股份有限公司获得综合收益总额为280 000元（其中，净利润为200 000元），提取盈余公积20 000元，分配现金股利100 000元，丁股份有限公司2019年度所有者权益变动表如表1-9所示。

表1-9　所有者权益变动表

2019年度

编制单位：丁股份有限公司

会企04表

单位：元

项目	本年金额											上年金额										
	实收资本（或股本）	其他权益工具-优先股	其他权益工具-永续债	其他权益工具-其他	资本公积	减：库存股	其他综合收益	专项储备	盈余公积	未分配利润	所有者权益合计	实收资本（或股本）	其他权益工具-优先股	其他权益工具-永续债	其他权益工具-其他	资本公积	减：库存股	其他综合收益	专项储备	盈余公积	未分配利润	所有者权益合计
一、上年末余额	5 000 000								100 000	50 000	5 150 000											
加：会计政策变更																						
前期差错更正																						
其他																						
二、本年初余额	5 000 000								100 000	50 000	5 150 000											
三、本年增减变动金额（减少以"-"号填列）							80 000			200 000	280 000											
（一）综合收益总额							80 000			200 000	280 000											
（二）所有者投入和减少资本																						

续表

项目	本年金额 实收资本（或股本）	其他权益工具 优先股	其他权益工具 永续债	其他权益工具 其他	资本公积	减：库存股	其他综合收益	专项储备	盈余公积	未分配利润	所有者权益合计	上年金额 实收资本（或股本）	其他权益工具 优先股	其他权益工具 永续债	其他权益工具 其他	资本公积	减：库存股	其他综合收益	专项储备	盈余公积	未分配利润	所有者权益合计
1. 所有者投入的普通股																						
2. 其他权益工具持有者投入资本																						
3. 股份支付计入所有者权益的金额																						
4. 其他																						
（三）利润分配									20 000	−120 000	−100 000											
1. 提取盈余公积									20 000	−20 000	0									—		
2. 对所有者（或股东）的分配										−100 000	−100 000											
3. 其他																						

续表

项目	本年金额										上年金额										
	实收资本（或股本）	其他权益工具			资本公积	减：库存股	其他综合收益	专项储备	盈余公积	未分配利润	所有者权益合计	实收资本（或股本）	其他权益工具			资本公积	减：库存股	其他综合收益	专项储备	盈余公积	未分配利润	所有者权益合计
		优先股	永续债	其他									优先股	永续债	其他							
（四）所有者权益内部结转																						
1. 资本公积转增资本（或股本）																						
2. 盈余公积转增资本（或股本）																						
3. 盈余公积弥补亏损																						
4. 设定受益计划变动额结转留存收益																						
5. 其他综合收益结转留存收益																						
6. 其他																						
四、本年年末余额	5 000 000						80 000		120 000	130 000	5 330 000	5 000 000								100 000	50 000	5 150 000

1.6 附注

附注是对资产负债表、利润表、现金流量表和所有者权益变动表等报表中列示项目的文字描述或明细资料，以及对未能在这些报表中列示项目的说明等。

附注主要起到两方面的作用。第一，附注的披露，是对资产负债表、利润表、现金流量表和所有者权益变动表列示项目含义的补充说明，以帮助财务报表使用者更准确地把握其含义。例如，通过阅读附注中披露的固定资产折旧政策的说明，使用者可以掌握报告企业与其他企业在固定资产折旧政策上的异同，以便进行更准确的比较。第二，附注提供了对资产负债表、利润表、现金流量表和所有者权益变动表中未列示项目的详细或明细说明。例如，通过阅读附注中披露的存货增减变动情况，财务报表使用者可以了解资产负债表中未单列的存货分类信息。

通过附注与资产负债表、利润表、现金流量表和所有者权益变动表列示项目的相互参照关系，以及附注中对未能在财务报表中列示项目的说明，财务报表使用者可以全面了解企业的财务状况、经营成果和现金流量以及所有者权益的情况。

附注是财务报表的重要组成部分。根据企业会计准则的规定，企业应当按照以下顺序披露附注的内容。

1.6.1 企业的基本情况

（1）企业注册地、组织形式和总部地址。

（2）企业的业务性质和主要经营活动。

（3）母公司以及集团最终母公司的名称。

（4）财务报告的批准报出者和财务报告的批准报出日，或者以签字人及其签字日期为准。

（5）营业期限有限的企业，还应当披露有关营业期限的信息。

1.6.2 财务报表的编制基础

财务报表的编制基础是指财务报表是在持续经营基础上还是非持续经营基础

上编制的。企业一般是在持续经营基础上编制财务报表，清算、破产属于非持续经营基础。

1.6.3　遵循企业会计准则的声明

企业应当声明编制的财务报表符合企业会计准则的要求，真实、完整地反映了企业的财务状况、经营成果和现金流量等有关信息，以此明确企业编制财务报表所依据的制度基础。

如果企业编制的财务报表只是部分地遵循了企业会计准则，附注中不得做出这种表述。

1.6.4　重要会计政策和会计估计

企业应当披露采用的重要会计政策和会计估计，不重要的会计政策和会计估计可以不披露。在披露重要会计政策和会计估计时，企业应当披露重要会计政策的确定依据和财务报表项目的计量基础，以及会计估计中所采用的关键假设和不确定因素。

会计政策的确定依据，主要是指企业在运用会计政策过程中所作的对报表中确认的项目金额最具影响的判断，有助于财务报表使用者理解企业选择和运用会计政策的背景，增加财务报表的可理解性。财务报表项目的计量基础，是指企业计量该项目采用的是历史成本、重置成本、可变现净值、现值还是公允价值，这直接影响财务报表使用者对财务报表的理解和分析。

在确定财务报表中确认的资产和负债的账面价值过程中，企业需要对不确定的未来事项在资产负债表日对这些资产和负债的影响加以估计，如企业预计固定资产未来现金流量采用的折现率和假设。这类假设的变动对这些资产和负债项目金额的确定影响很大，有可能会在下一个会计年度内有重大调整，因此，强调这一披露要求，有助于提高财务报表的可理解性。

1.6.5　会计政策和会计估计变更以及差错更正的说明

企业应当按照《企业会计准则第 28 号——会计政策、会计估计变更和差错更正》的规定，披露会计政策和会计估计变更以及差错更正的有关情况。

1.6.6　报表重要项目的说明

企业对报表重要项目的说明，应当按照资产负债表、利润表、现金流量表、所有者权益变动表及其项目列示的顺序，采用文字和数字描述相结合的方式进行披露。报表重要项目的明细金额合计应当与报表项目金额相衔接，主要包括以下重要项目：货币资金、应收款项、存货、其他流动资产、金融资产、长期股权投资、投资性房地产、固定资产、生产性生物资产和公益性生物资产、油气资产、无形资产、商誉、递延所得税资产和递延所得税负债、资产减值准备、所有权受到限制的资产、职工薪酬、应交税费、其他流动负债、短期借款和长期借款、应付债券、长期应付款、营业收入、公允价值变动收益、投资收益、资产减值损失、营业外收入、营业外支出、所得税费用、其他综合收益、政府补助、每股收益、非货币性资产交换、股份支付、债务重组、借款费用、外币折算、企业合并、租赁、终止经营、分部报告、费用按照性质分类的利润表补充资料、其他综合收益。

（1）货币资金的披露格式如表 1-10 所示。

表 1-10　货币资金的披露格式

项目	原币	折算汇率	折合人民币
1. 现金			
2. 银行存款			
3. 其他货币资金			
合计			

（2）应收款项。

①应收账款按账龄结构披露的格式如表 1-11 所示。

表 1-11　应收账款按账龄结构披露的格式

账龄结构	期末账面余额	年初账面余额
1 年以内（含 1 年）		
1 年至 2 年（含 2 年）		
2 年至 3 年（含 3 年）		
3 年以上		
合计		

注：有应收票据、预付账款、长期应收款、其他应收款的，比照应收账款进行披露。

②应收账款按客户类别披露的格式如表 1-12 所示。

表1-12　应收账款按客户类别披露的格式

客户类别	期末账面余额	年初账面余额
客户1		
……		
其他客户		
合计		

注：有应收票据、预付账款、长期应收款、其他应收款的，比照应收账款进行披露。

（3）存货。

①存货需要披露确定发出存货成本采用的方法，其披露格式如表1-13所示。

表1-13　存货的披露格式

存货种类	年初账面余额	本期增加额	本期减少额	期末账面余额
1. 原材料				
2. 在产品				
3. 库存商品				
4. 周转材料				
5. 消耗性生物资产				
……				
合计				

②说明消耗性生物资产的期末实物数量，并按表1-14的格式披露金额信息。

表1-14　消耗性生物资产的披露格式

项目	年初账面余额	本期增加额	本期减少额	期末账面余额
一、种植业				
1.				
……				
二、畜牧养殖业				
1.				
……				

续表

项目	年初账面余额	本期增加额	本期减少额	期末账面余额
三、林业				
1.				
……				
四、水产业				
1.				
……				
合计				

③存货跌价准备的披露格式如表 1-15 所示。

表 1-15　存货跌价准备的披露格式

存货种类	年初账面余额	本期计提额	本期减少额		期末账面余额
			转回	转销	
1. 原材料					
2. 在产品					
3. 库存商品					
4. 周转材料					
5. 消耗性生物资产					
6. 建造合同形成的资产					
……					
合计					

（4）其他流动资产的披露格式如表 1-16 所示。

表 1-16　其他流动资产的披露格式

项目	期末账面价值	年初账面价值
1.		
……		
合计		

注：有长期待摊费用、其他非流动资产的，比照其他流动资产进行披露。

（5）金融资产（债权投资、其他债权投资、交易性金融资产、其他权益工具投资）。

①首次执行《企业会计准则第22号——金融工具确认和计量》（以下简称"金融工具确认和计量准则"）、《企业会计准则第23号——金融资产转移》和《企业会计准则第24号——套期会计》的，应当用表格形式对每一类别的金融资产和金融负债披露下列信息。

a. 执行金融工具确认和计量准则之前存在的金融工具的原计量类别和账面价值。

b. 根据金融工具确认和计量准则确定的新计量类别和账面价值。

c. 资产负债表中之前被指定为以公允价值计量且其变动计入当期损益，但不再作出这一指定的所有金融资产和金融负债，应分别根据《企业会计准则第22号——金融工具确认和计量》规定作出重分类，以及企业选择在首次执行日进行重分类两种情况进行披露，并说明原因。

②其他债权投资的披露格式如表1-17所示。

表1-17　其他债权投资的披露格式

项目	期末公允价值	年初公允价值
1. 其他债权投资		
2. 其他债权投资减值准备		
3. 其他		
合计		

③债权投资的披露格式如表1-18所示。

表1-18　债权投资的披露格式

项目	期末账面余额	年初账面余额
1. 债权投资		
2. 债权投资减值准备		
……		
合计		

（6）长期股权投资。

①长期股权投资的披露格式如表1-19所示。

表1-19 长期股权投资的披露格式

被投资单位	期末账面余额	年初账面余额
1. 对合营企业的投资		
2. 对联营企业的投资		
合计		

②被投资单位由于所在国家或地区及其他方面的影响，其向投资企业转移资金的能力受到限制的，应当披露受限制的具体情况。

③当期及累计未确认的投资损失金额。

（7）投资性房地产。

①企业采用成本模式进行后续计量的，应当披露的信息如表1-20所示。

表1-20 投资性房地产的披露格式

项目	年初账面余额	本期增加额	本期减少额	期末账面余额
一、原价合计				
1. 房屋、建筑物				
2. 土地使用权				
二、累计折旧和累计摊销合计				
1. 房屋、建筑物				
2. 土地使用权				
三、投资性房地产减值准备累计金额合计				
1. 房屋、建筑物				
2. 土地使用权				
四、投资性房地产账面价值合计				
1. 房屋、建筑物				
2. 土地使用权				

②企业采用公允价值模式进行后续计量的，应当披露投资性房地产公允价值的确定依据及公允价值金额的增减变动情况。

③如有房地产转换的，应当说明房地产转换的原因及其影响。

④当期处置的投资性房地产及其对损益的影响。

（8）固定资产。

①固定资产的披露格式如表 1－21 所示。

表 1－21　固定资产的披露格式

项目	年初账面余额	本期增加额	本期减少额	期末账面余额
一、原价合计				
其中：房屋、建筑物				
机器设备				
运输工具				
……				
二、累计折旧合计				
其中：房屋、建筑物				
机器设备				
运输工具				
……				
三、固定资产减值准备累计金额合计				
其中：房屋、建筑物				
机器设备				
运输工具				
……				
四、固定资产账面价值合计				
其中：房屋、建筑物				
机器设备				
运输工具				
……				

②企业确有准备处置固定资产的，应当说明准备处置的固定资产名称、账面价值、公允价值、预计处置费用和预计处置时间等。

（9）生产性生物资产和公益性生物资产。

①说明各类生物资产的期末实物数量，并按表 1－22 的格式披露金额信息。

表1-22　生物资产的披露格式

项目	年初账面价值	本期增加额	本期减少额	期末账面价值
一、种植业				
1.				
……				
二、畜牧养殖业				
1.				
……				
三、林业				
1.				
……				
四、水产业				
1.				
……				
合计				

如有天然起源的生物资产，还应披露该资产的类别、取得方式和数量等。

②各类生产性生物资产的预计使用寿命、预计净残值、折旧方法、累计折旧和减值准备累计金额。

③用于担保的生物资产的账面价值。

④与生物资产相关的风险情况与管理措施。

⑤与生物资产增减变动有关的下列信息。

a. 因购买而增加的生物资产。

b. 因自行培育而增加的生物资产。

c. 因出售而减少的生物资产。

d. 因盘亏或死亡、毁损而减少的生物资产。

e. 计提的折旧及计提的跌价准备或减值准备。

f. 其他变动。

（10）油气资产。

①当期在国内和国外发生的取得矿区权益、油气勘探和油气开发各项支出的总额。

60

②油气资产的披露格式如表 1-23 所示。

表 1-23　油气资产的披露格式

项目	年初 账面余额	本期 增加额	本期 减少额	期末 账面余额
一、原价合计				
1. 探明矿区权益				
2. 未探明矿区权益				
3. 井及相关设施				
二、累计折耗合计				
1. 探明矿区权益				
2. 井及相关设施				
三、油气资产减值准备累计金额合计				
1. 探明矿区权益				
2. 未探明矿区权益				
3. 井及相关设施				
四、油气资产账面价值合计				
1. 探明矿区权益				
2. 未探明矿区权益				
3. 井及相关设施				

（11）无形资产。

①各类无形资产的披露格式如表 1-24 所示。

表 1-24　无形资产的披露格式

项目	年初 账面余额	本期 增加额	本期 减少额	期末 账面余额
一、原价合计				
1.				
……				
二、累计摊销额合计				
1.				

续表

项目	年初 账面余额	本期 增加额	本期 减少额	期末 账面余额
……				
三、无形资产减值准备累计金额合计				
1.				
……				
四、无形资产账面价值合计				
1.				
……				

②使用寿命有限的无形资产，其使用寿命的估计情况；使用寿命不确定的无形资产，其使用寿命不确定的判断依据。

③无形资产的摊销方法。

④用于担保的无形资产账面价值、当期摊销额等情况。

⑤计入当期损益和确认为无形资产的研究开发支出金额。

⑥当期确认为费用的研究开发支出总额。

（12）递延所得税资产和递延所得税负债。

①已确认递延所得税资产和递延所得税负债的披露格式如表1-25所示。

表1-25　递延所得税资产和递延所得税负债的披露格式

项目	期末账面余额	年初账面余额
一、递延所得税资产		
1.		
……		
合计		
二、递延所得税负债		
1.		
……		
合计		

②未确认递延所得税资产的可抵扣暂时性差异、可抵扣亏损等的金额（存在到期日的，还应披露到期日）。

（13）资产减值准备的披露格式如表 1-26 所示。

表 1-26　资产减值准备的披露格式

项目	年初账面余额	本期计提额	本期减少额		期末账面余额
			转回	转销	
一、坏账准备					
二、存货跌价准备					
三、其他综合收益——信用减值准备					
四、债权投资减值准备					
五、长期股权投资减值准备					
六、投资性房地产减值准备					
七、固定资产减值准备					
八、工程物资减值准备					
九、在建工程减值准备					
十、生产性生物资产减值准备					
其中：成熟生产性生物资产减值准备					
十一、油气资产减值准备					
十二、无形资产减值准备					
十三、商誉减值准备					
十四、其他					
合计					

（14）所有权受到限制的资产。

①资产所有权受到限制的原因。

②所有权受到限制的资产的披露格式如表 1-27 所示。

表 1-27　所有权受到限制的资产的披露格式

所有权受到限制的资产类别	年初账面价值	本期增加额	本期减少额	期末账面价值
一、用于担保的资产				
1.				
……				

续表

所有权受到限制的资产类别	年初账面价值	本期增加额	本期减少额	期末账面价值
二、其他原因造成所有权受到限制的资产				
1.				
……				
合计				

（15）职工薪酬。

①应付职工薪酬的披露格式如表1-28所示。

表1-28　应付职工薪酬的披露格式

项目	年初账面余额	本期增加额	本期支付额	期末账面余额
短期薪酬				
离职后福利				
——设定提存计划				
辞退福利				
合计				

②短期薪酬的披露格式如表1-29所示。

表1-29　短期薪酬的披露格式

项目	年初账面余额	本期增加额	本期支付额	期末账面余额
一、工资、奖金、津贴和补贴				
二、职工福利费				
三、社会保险费				
其中：1. 医疗保险费				
2. 工伤保险费				
3. 生育保险费				
四、住房公积金				
五、其他				
其中：工会经费和职工教育经费				
合计				

企业本期为职工提供的各项非货币性福利形式、金额及其计算依据。

③离职后福利——设定提存计划的披露格式如表 1-30 所示。

表 1-30　设定提存计划的披露格式

项目	年初账面余额	本期增加额	本期支付额	期末账面余额
基本养老保险				
失业保险				
合计				

④企业应当披露与设定受益计划有关的下列信息。

a. 设定受益计划的特征及与之相关的风险。

b. 设定受益计划在财务报表中确认的金额及其变动。

c. 设定受益计划对企业未来现金流量金额、时间和不确定性的影响。

d. 设定受益计划义务现值所依赖的重大精算假设及有关敏感性分析的结果。

⑤企业应当披露支付的因解除劳动关系所提供辞退福利及其期末应付未付金额。

⑥企业应当披露提供的其他长期职工福利的性质、金额及其计算依据。

（16）应交税费的披露格式如表 1-31 所示。

表 1-31　应交税费的披露格式

税费项目	期末账面余额	年初账面余额
1. 增值税		
……		
合计		

（17）其他流动负债的披露格式如表 1-32 所示。

表 1-32　其他流动负债的披露格式

项目	期末账面余额	年初账面余额
1.		
……		
合计		

注：有预计负债、其他非流动负债的，比照其他流动负债进行披露。

（18）短期借款和长期借款。

①借款的披露格式如表 1－33 所示。

表 1－33　借款的披露格式

项目	短期借款		长期借款	
	期末账面余额	年初账面余额	期末账面余额	年初账面余额
信用借款				
抵押借款				
质押借款				
保证借款				
合计				

②对于期末逾期借款，应分别贷款单位、借款金额、逾期时间、年利率、逾期未偿还原因和预期还款期等进行披露。

（19）应付债券的披露格式如表 1－34 所示。

表 1－34　应付债券的披露格式

项目	年初账面余额	本期增加额	本期减少额	期末账面余额
1.				
……				
合计				

（20）长期应付款的披露格式如表 1－35 所示。

表 1－35　长期应付款的披露格式

项目	期末账面价值	年初账面价值
1.		
……		
合计		

（21）营业收入。

①营业收入的披露格式如表 1－36 所示。

表 1-36　营业收入的披露格式

项目	本期发生额	上期发生额
1. 主营业务收入		
2. 其他业务收入		
合计		

企业根据《企业会计准则第 14 号——收入》第十七条规定因预计客户取得商品控制权与客户支付价款间隔未超过一年而未考虑合同中存在的重大融资成分，或者根据《企业会计准则第 14 号——收入》第二十八条规定因合同取得成本的摊销期限未超过一年而将其在发生时计入当期损益的，应当披露该事实。

②披露建造合同当期预计损失的原因和金额，同时按下列格式披露如表 1-37 所示。

表 1-37　建造合同的披露格式

合同项目		总金额	累计已发生成本	累计已确认毛利（亏损以"-"号表示）	已办理结算的价款金额
固定造价合同	1.				
	……				
	合计				
成本加成合同	1.				
	……				
	合计				

应披露以下与合同相关的信息。

a. 本期确认收入相关的信息，包括与客户之间的合同产生的收入。

b. 与应收款项、合同资产和合同负债的账面价值相关的信息。

c. 与履约义务相关的信息。

d. 与分摊至剩余履约义务的交易价格相关的信息。

（22）公允价值变动收益的披露格式如表 1-38 所示。

表 1-38　公允价值变动收益的披露格式

产生公允价值变动收益的来源	本期发生额	上期发生额
1.		
……		
合计		

（23）投资收益。

①投资收益的披露格式如表 1-39 所示。

表 1-39　投资收益的披露格式

产生投资收益的来源	本期发生额	上期发生额
1.		
……		
合计		

②按照权益法核算的长期股权投资，直接以被投资单位的账面净损益计算确认投资损益的事实及原因。

（24）资产减值损失的披露格式如表 1-40 所示。

表 1-40　资产减值损失的披露格式

项目	本期发生额	上期发生额
一、信用减值损失		
二、存货跌价损失		
三、长期股权投资减值损失		
四、投资性房地产减值损失		
五、固定资产减值损失		
六、工程物资减值损失		
七、在建工程减值损失		
八、生产性生物资产减值损失		
九、油气资产减值损失		
十、无形资产减值损失		

续表

项目	本期发生额	上期发生额
十一、商誉减值损失		
十二、其他		
合计		

（25）营业外收入的披露格式如表 1-41 所示。

表 1-41 营业外收入的披露格式

项目	本期发生额	上期发生额
1. 非流动资产处置利得合计		
其中：固定资产处置利得		
无形资产处置利得		
……		
合计		

（26）营业外支出的披露格式如表 1-42 所示。

表 1-42 营业外支出的披露格式

项目	本期发生额	上期发生额
1. 非流动资产处置利得合计		
其中：固定资产处置损失		
无形资产处置损失		
……		
合计		

（27）所得税费用。

①所得税费用（收益）的组成，包括当期所得税、递延所得税。

②所得税费用（收益）与会计利润的关系。

（28）每股收益。

①基本每股收益和稀释每股收益分子、分母的计算过程。

②列报期间不具有稀释性但以后期间很可能具有稀释性的潜在普通股。

③在资产负债表日至财务报告批准报出日之间，企业发行在外普通股或潜在普通股股数发生重大变化的情况，如股份发行、股份回购、潜在普通股发行、潜

在普通股转换或行权等。

（29）企业可以按照费用的性质分类披露利润表。

（30）非货币性资产交换。

①非货币性资产交换是否具有商业实质及其原因。

②换入资产、换出资产的类别。

③换入资产成本的确定方式。

④换入资产、换出资产的公允价值及换出资产的账面价值。

（31）股份支付。

①当期授予、行权和失效的各项权益工具总额。

②期末发行在外股份期权或其他权益工具行权价的范围和合同剩余期限。

③当期行权的股份期权或其他权益工具以其行权日价格计算的加权平均价格。

④权益工具公允价值的确定方法。企业对性质相似的股份支付信息可以合并披露。

⑤股份支付交易对当期财务状况和经营成果的影响。

a. 当期因以权益结算的股份支付而确认的费用总额。

b. 当期因以现金结算的股份支付而确认的费用总额。

c. 当期以股份支付换取的职工服务总额及其他方服务总额。

（32）债务重组。

①债权人应当根据债务重组方式，分组披露债权账面价值和债务重组相关损益；债务重组导致的对联营企业或合营企业的权益性投资增加额，以及该投资占联营企业或合营企业股份总额的比例。

②债务人应当根据债务重组方式，分组披露债务账面价值和债务重组相关损益；债务重组导致的股本等所有者权益的增加额。

（33）借款费用。

①当期资本化的借款费用金额。

②当期用于计算确定借款费用资本化金额的资本化率。

（34）外币折算。

①企业及其境外经营选定的记账本位币及选定的原因，记账本位币发生变更的，说明变更理由。

②采用近似汇率的，近似汇率的确定方法。

③计入当期损益的汇兑差额。

④处置境外经营对外币财务报表折算差额的影响。

（35）企业合并。

①企业合并发生当期的期末，合并方应当在附注中披露与同一控制下企业合并有关的下列信息：参与合并企业的基本情况；属于同一控制下企业合并的判断依据；合并日的确定依据；以支付现金、转让非现金资产以及承担债务作为合并对价的，所支付对价在合并日的账面价值；以发行权益性证券作为合并对价的，合并中发行权益性证券的数量及定价原则，以及参与合并各方交换有表决权股份的比例；被合并方的资产、负债在上一会计期间资产负债表日及合并日的账面价值；被合并方自合并当期期初至合并日的收入、净利润、现金流量等情况；合并合同或协议约定将承担被合并方或有负债的情况；被合并方采用的会计政策与合并方不一致所作调整情况的说明；合并后已处置或准备处置被合并方资产、负债的账面价值、处置价格等。

②企业合并发生当期的期末，购买方应当在附注中披露与非同一控制下企业合并有关的下列信息：参与合并企业的基本情况；购买日的确定依据；合并成本的构成及其账面价值、公允价值及公允价值的确定方法；被购买方各项可辨认资产、负债在上一会计期间资产负债表日及购买日的账面价值和公允价值；合并合同或协议约定将承担被购买方或有负债的情况；被购买方自购买日起至报告期期末的收入、净利润和现金流量等情况；商誉的金额及其确定方法；因合并成本小于合并中取得的被购买方可辨认净资产公允价值的份额计入当期损益的金额；合并后已处置或准备处置被购买方资产、负债的账面价值、处置价格等。

（36）租赁。

①租赁出租人应当披露下列信息。

a. 与融资租赁有关的信息，包括销售损益、租赁投资净额的融资收益以及与未纳入租赁投资净额的可变租赁付款额相关的收入；资产负债表日后连续五个会计年度每年将收到的未折现租赁收款额，以及剩余年度将收到的未折现租赁收款额总额；未折现租赁收款额与租赁投资净额的调节表。

b. 与经营租赁有关的信息，包括租赁收入，并单独披露与未计入租赁收款额的可变租赁付款额相关的收入；将经营租赁固定资产与出租人持有自用的固定资产分开，并按经营租赁固定资产的类别提供《企业会计准则第 4 号——固定资产》要求披露的信息；资产负债表日后连续五个会计年度每年将收到的未折现租赁收款额，以及剩余年度将收到的未折现租赁收款额总额。

c. 有关租赁活动的其他定性和定量信息，包括租赁活动的性质，如对租赁活动基本情况的描述；对其在租赁资产中保留的权利进行风险管理的情况；其他相关信息。

与融资租赁有关的披露格式如表1-43所示。

表1-43   与融资租赁有关的披露格式

剩余租赁期	最低租赁收款额
1年以内（含1年）	
1年以上2年以内（含2年）	
2年以上3年以内（含3年）	
3年以上	
合计	

经营租赁出租人各类租出资产的披露格式如表1-44所示。

表1-44   经营租赁出租人各类租出资产的披露格式

经营租赁租出资产类别	期末账面价值	年初账面价值
1. 机器设备		
2. 运输工具		
……		
合计		

②租赁承租人应当披露以下信息。

a. 各类使用权资产的期初余额、本期增加额、期末余额以及累计折旧额和减值金额；租赁负债的利息费用；计入当期损益的按《企业会计准则第21号——租赁》第三十二条简化处理的短期租赁费用和低价值资产租赁费用；未纳入租赁负债计量的可变租赁付款额；转租使用权资产取得的收入；与租赁相关的总现金流出；售后租回交易产生的相关损益；其他按照《企业会计准则第37号——金融工具列报》应当披露的有关租赁负债的信息。

对短期租赁和低价值资产租赁进行简化处理的，应当披露这一事实。

b. 有关租赁活动的其他定性和定量信息，包括租赁活动的性质，如对租赁活动基本情况的描述；未纳入租赁负债计量的未来潜在现金流出；租赁导致的限制或承诺；其他相关信息。

融资租赁承租人披露以后年度将支付的最低租赁付款额的格式如表 1-45
所示。

表 1-45　融资租赁承租人对最低租赁付款额的披露格式

剩余租赁期	最低租赁付款额
1 年以内（含 1 年）	
1 年以上 2 年以内（含 2 年）	
2 年以上 3 年以内（含 3 年）	
3 年以上	
合计	

对于重大经营租赁，经营租赁承租人应当披露下列信息，如表 1-46 所示。

表 1-46　经营租赁承租人对于重大经营租赁的披露格式

剩余租赁期	最低租赁付款额
1 年以内（含 1 年）	
1 年以上 2 年以内（含 2 年）	
2 年以上 3 年以内（含 3 年）	
3 年以上	
合计	

（37）终止经营的披露格式如表 1-47 所示。

表 1-47　终止经营的披露格式

项目	本期发生额	上期发生额
一、终止经营收入		
减：终止经营费用		
二、终止经营利润总额		
减：终止经营所得税费用		
三、终止经营净利润		

（38）分部报告。

①主要报告形式是业务分部的披露格式如表 1-48 所示。

表 1-48　主要报告形式是业务分部的披露格式

项目	×× 业务		×× 业务		……	其他		抵销		合计	
	本期	上期	本期	上期	……	本期	上期	本期	上期	本期	上期
一、营业收入											
其中：对外交易收入											
分部间交易收入											
二、营业费用											
三、营业利润（亏损）											
四、资产总额											
五、负债总额											
六、补充信息											
1. 折旧和摊销费用											
2. 资本性支出											
3. 折旧和摊销以外的非现金费用											

注：主要报告形式是地区分部的，比照业务分部格式进行披露。

分部的日常活动是金融性质的，利息收入和利息费用应当作为分部收入和分部费用进行披露。

②在主要报告形式的基础上，对于次要报告形式，企业还应披露对外交易收入、分部资产总额、对主要客户的依赖程度，还要注意分部信息总额与企业信息总额的衔接以及比较信息。

（39）费用按照性质分类的利润表补充资料，可将费用分为耗用的原材料、产成品及在产品存货变动、职工薪酬费用、折旧费和摊销费用等。具体的披露格式如表 1-49 所示。

表 1-49　费用按照性质分类的利润表补充资料的披露格式

项目	本期金额	上期金额
耗用的原材料		
产成品及在产品存货变动		
职工薪酬费用		
折旧费和摊销费用		

续表

项目	本期金额	上期金额
非流动资产减值损失		
支付的租金		
财务费用		
其他费用		
……		
合计		

（40）关于其他综合收益各项目的信息，包括：

①其他综合收益各项目及其所得税影响；

②其他综合收益各项目原计入其他综合收益、当期转出计入当期损益的金额；

③其他综合收益各项目的期初和期末余额及其调节情况。

上述①和②的具体披露格式如表 1-50 所示，③的具体披露格式如表 1-51 所示。

表 1-50　其他综合收益各项目的披露格式 1

项目	本期发生额			上期发生额		
资产	税前金额	所得税	税后净额	税前金额	所得税	税后净额
（一）以后不能重分类进损益的其他综合收益						
1. 重新计量设定受益计划净负债或净资产的变动						
2. 权益法下在被投资单位不能重分类进损益的其他综合收益中享有的份额						
……						
（二）以后将重分类进损益的其他综合收益						
1. 权益法下在被投资单位以后将重分类进损益的其他综合收益中享有的份额						

项目	本期发生额			上期发生额		
资产	税前金额	所得税	税后净额	税前金额	所得税	税后净额
减：前期计入其他综合收益当期转入损益						
小计						
2. 以公允价值计量且其变动计入其他综合收益的金融资产公允价值变动损益						
减：前期计入其他综合收益当期转入损益						
小计						
3. 以摊余成本计量的金融资产重分类为可供出售金融资产损益以公允价值计量且其变动计入其他综合收益的金融资产						
减：前期计入其他综合收益当期转入损益						
小计						
4. 现金流量套期损益的有效部分						
减：前期计入其他综合收益当期转入损益						
转为被套期项目初始金额的调整额						
小计						
5. 外币财务报表折算差额						
减：前期计入其他综合收益当期转入损益						
小计						
……						
（三）其他综合收益合计						

表 1-51 其他综合收益各项目的披露格式 2

项目	重新计量设定受益计划净负债或净资产的变动	权益法下在被投资单位不能重分类进损益的其他综合收益中享有的份额	权益法下在被投资单位以后将重分类进损益的其他综合收益中享有的份额	以公允价值计量且其变动计入其他综合收益的金融资产公允价值变动损益	以摊余成本计量的金融资产重分类为以公允价值计量且其变动计入其他综合收益的金融资产损益	现金流量套期损益的有效部分	……	其他综合收益合计
一、上年年初余额								
二、上年增减变动金额（减少以"-"号填列）								
三、本年年初余额								
四、本年变动金额（减少以"-"号填列）								
五、本年年末余额								

（41）在资产负债表日后、财务报告批准报出日前提议或宣布发放的股利总额和每股股利金额（或向投资者分配的利润总额）。

（42）终止经营的收入、费用、利润总额、所得税费用和净利润，以及归属于母公司所有者的终止经营利润。企业披露的上述数据应当是针对终止经营在整个报告期间的经营成果。

其中，终止经营，是指满足下列条件之一的已被企业处置或被企业划归为持有待售的、在经营和编制财务报表时能够单独区分的组成部分：①该组成部分代表一项独立的主要业务或一个主要经营地区；②该组成部分是拟对一项独立的主要业务或一个主要经营地区进行处置计划的一部分；③该组成部分仅仅是为了再出售而取得的子公司。其中，企业的组成部分，是指企业的一个部分，其经营和现金流量无论从经营上或从财务报告目的上考虑，均能与企业内其他部分清楚划分。企业组成部分在其经营期间是一个现金产出单元或一组现金产出单元，通常可能是一个子公司、一个事业部或事业群，拥有经营的资产，也可能承担负债，由企业高管负责。

企业组成部分（或非流动资产，下同），同时满足下列条件的，应当确认为持有待售：①该组成部分必须在其当前状况下仅根据出售此类组成部分的通常和惯用条款即可立即出售；②企业已经就处置该组成部分作出决议，如按规定需得到股东批准的，应当已经取得股东大会或相应权力机构的批准；③企业已经与受让方签订了不可撤销的转让协议；④该项转让将在一年内完成。上述条件①强调，被划分为持有待售的企业组成部分必须是在当前状态下可立即出售，因此企业应当具有在当前状态下出售该资产或处置的意图和能力，而出售此类组成部分的通常和惯用条款不应当包括出售方所提出的条件；上述条件②至④强调，被划分为持有待售的企业组成部分其出售必须是极可能发生的，实务中需要结合具体情况进行判断。

第 2 章
合并财务报表概述

2.1 合并财务报表的产生

2.1.1 合并财务报表的产生与发展

合并财务报表是指由母公司编制的包括所有控股子公司财务报表的有关数据的报表。该报表可向报表使用者提供集团的财务状况和经营成果。

也可以说,合并财务报表是以母公司及其子公司组成会计主体,以控股公司和其子公司单独编制的个别财务报表为基础,由控股公司编制的反映抵销集团内部往来账项后的集团合并财务状况和经营成果的财务报表。合并财务报表包括合并资产负债表、合并利润表、合并现金流量表和合并财务状况变动表等。

为协调各国合并财务报表的编制,国际会计准则委员会(国际会计准则理事会的前身)制定发布《国际会计准则第 3 号——合并财务报表》,就合并财务报表的维编制作出规定。1989 年 4 月,国际会计准则委员会在对原准则进行修订的基础上,发布了《国际会计准则第 27 号——合并财务报表和对子公司投资的会计》,取代原《国际会计准则第 3 号——合并财务报表》。目前在合并财务报表方面仍有效的国际准则为国际会计准则理事会于 2011 年 5 月制定发布的《国际财务报告准则第 10 号——合并财务报表》。

2.1.2　合并财务报表的特点及其作用

（一）合并财务报表的特点

合并财务报表是以整个企业集团为一个会计主体，以组成企业集团的母公司和子公司的个别财务报表（指企业单独编制的财务报表，为了与合并财务报表相区别，将其称为个别财务报表）为基础，抵销内部交易或事项对个别财务报表的影响后编制而成的。与个别财务报表比较，它具有以下特点。

（1）合并财务报表反映的是母公司和子公司所组成的企业集团整体的财务状况、经营成果及现金流量的情况，反映的对象是由若干个法人组成的会计主体，是经济意义上的会计主体，而不是法律意义上的主体。个别财务报表反映的则是单个企业法人的财务状况、经营成果及现金流量的情况，反映的对象是企业法人。对于由母公司和若干个子公司组成的企业集团来说，母公司或子公司编制的个别财务报表分别反映母公司本身或子公司本身各自的财务状况、经营成果及现金流量的情况；而合并财务报表则反映母公司和子公司组成的集团这一会计主体综合的财务状况、经营成果及现金流量的情况。

（2）合并财务报表由企业集团中的母公司编制。个别财务报表是由独立的法人企业编制，通常情况下企业都需要编制个别财务报表；而合并财务报表仅由拥有子公司的母公司编制。也就是说，并不是企业集团中所有企业都要编制合并财务报表，更不是社会上所有企业都需要编制合并财务报表。

（3）合并财务报表以个别财务报表为基础编制。就个别财务报表而言，企业从设置账簿、审核原始凭证、编制记账凭证、登记会计账簿到编制财务报表，都有一套完整的会计核算方法体系。而合并财务报表不同，它是以纳入合并范围的企业个别财务报表为基础，根据其他有关资料，抵销有关交易或事项对个别财务报表的影响编制的。编制合并财务报表并不需要在现行会计核算方法体系之外单独设置一套账簿体系。合并财务报表是在对纳入合并范围的个别财务报表的数据进行加总的基础上，通过编制抵销分录将企业集团内部的经济业务对个别财务报表的影响予以抵销，然后合并财务报表各项目的数额编制。

（二）合并财务报表的作用

作为财务报表，合并财务报表具有普通财务报表或个别财务报表所具有的功能和作用。但作为反映企业集团整体情况的财务报表，与个别财务报表相比，合并财务报表还具有其特有的功能和作用，主要表现在以下两个方面。

第一，合并财务报表能够对外提供反映由母子公司组成的企业集团整体经营情况的会计信息。在控股经营的情况下，母公司和子公司都是独立的法人实体，分别编报自身的财务报表，分别反映企业本身的生产经营情况，这些财务报表并不能够有效地提供反映整个企业集团的会计信息。为此，要了解控股公司整体经营情况，就需要将控股公司与被控股子公司的财务报表进行合并，通过编制合并财务报表提供反映企业集团整体经营的会计信息，以满足企业集团管理当局强化对被控股企业管理的需要。

第二，编制合并财务报表有利于避免一些企业集团利用内部控股关系，人为粉饰财务报表情况的发生。编制合并财务报表，可以将企业集团内部交易所产生的收入及利润予以抵销，使财务报表反映企业集团客观、真实的财务和经营情况，有利于防止和避免控股公司人为操纵利润、粉饰财务报表现象的发生。

2.2　合并财务报表与企业合并

2.2.1　企业合并的概念

企业合并是指为了达到某种经营目的，通过兼并、控股等形式控制和操纵其他企业生产经营活动等的行为。

按合并企业与被合并企业从事的业务关联程度，企业合并可以分为横向合并、纵向合并和混合合并三种类型。

横向合并是指生产同类产品的企业之间发生的合并。横向合并在一定的范围内能实现规模经济。横向合并一方面可以迅速扩大生产规模，便于在更大范围内、更高水平上实现专业化分工协作，采用技术先进的专用设备和工艺装备，从而提高产品质量，降低产品成本，增强市场竞争能力；另一方面，通过横向合并可以统筹安排产品销售和材料采购，节约固定费用，增强企业的盈利能力。在19世纪后期和20世纪初期，企业合并更多采用的是横向合并。

纵向合并是指生产过程或经营环节相互衔接、密切联系的企业之间或者具有纵向协作关系的专业化企业之间发生的合并。纵向合并包括前向合并和后向合并。前向合并是向其产品的下游加工流程方向所发生的合并，如生产零件或原材料的企业合并加工企业或装配企业。后向合并是向其产品的上游加工流程方向合并，如装配或制造企业合并零件或原材料生产企业。纵向合并可以缩短生产周期，节约运输、仓储费用，保证原材料及零部件及时供应，降低交易成本。纵向合并是 20 世纪 20 年代西方企业第二次合并高潮的主要合并类型。

混合合并是指生产经营的产品或服务彼此没有关联的企业之间发生的合并。混合合并包括产品扩张型混合合并、市场扩张型混合合并以及纯粹混合合并。产品扩张型混合合并是指产品生产技术或工艺相似企业间发生的合并，其目的是利用本技术优势，扩大产品门类，通常以本企业产品生产技术或工艺为圆心，从圆心向外扩张，如汽车制造企业合并农用拖拉机或收割机制造企业。市场扩张型混合合并是指具有相同产品销售市场的企业间发生的合并，其目的是利用本企业或被合并企业的市场优势，扩大市场销售额，通常以产品市场为圆心，从圆心向外扩张。如化肥制造企业合并农药生产企业就是利用化肥和农药面对的是同一农资市场，一家企业可利用另一家企业的市场销售网络优势迅速扩大销售量。纯粹混合合并是指产品和市场都无关联企业间的合并，如汽车制造企业合并旅游、餐饮等行业的企业。混合合并可实现技术或市场共享，增加产品门类，扩大市场销售量，同时可实现多角化经营战略分散企业经营风险。混合合并是西方企业 20 世纪 50 年代前后第三次合并高潮中的主要合并类型。

2.2.2　企业合并的形式

企业合并从法律形式上来说，主要有吸收合并、新设合并以及控股合并三种形式。

吸收合并是指两家或两家以上的企业合并成为一家企业，其中一家企业保留原来的法人资格，而其他参与合并的企业法人资格随着合并而注销，成为原法人资格保留企业的一部分。前者称为合并企业，后者称为被合并企业。在合并后，合并企业对所有被合并企业的资产实施直接管理和控制。在吸收合并的情况下，被合并企业清算解散，其资产和负债转入合并企业，成为合并企业资产和负债的一个组成部分。

新设合并是指两家或两家以上的企业协议合并组成一家企业。在新设合并的情况下，原来企业均清算解散，不复存在，原来企业的资产和负债均转入新成立的企业，由新设立的企业直接控制和管理。

控股合并是指企业通过购买、收购其他企业的股份或相互交换股份取得对方股份等方式，达到对其他企业控制的一种合并形式。在控股合并的情况下，合并企业与被合并企业的法人资格仍然存在，均作为独立的法律主体，各自从事生产经营活动，分别编制各自的财务报表。从法律角度来讲，控股合并并不是法律意义上的合并，不属于法定合并的范畴。但由于控股企业通过控制对方的股份，能够对被控股企业的经营活动和财务政策实施控制、施加影响，使被控股企业的经营活动处于控股企业的实际控制下进行，从经济意义上讲，控股合并属于合并范畴。

2.2.3　企业合并与合并财务报表的关系

说到合并财务报表，往往与企业合并联系起来。企业合并与合并财务报表之间存在着一定的联系，企业合并有可能导致合并财务报表问题的产生，但企业合并并不必然导致合并财务报表编制问题。如前所述，合并财务报表是由母公司编制的反映母公司与其子公司组成的企业集团财务情况的报表，只有在存在由母公司和子公司组成的企业集团的情况下，才涉及合并财务报表的编制问题。

在发生吸收合并的情况下，合并后合并企业与被合并企业组成一个单一的法律主体和会计主体，并且在合并后仍然以合并企业原来的法人资格而存在，其合并后编制的财务报表与原来单个企业编制的财务报表相同，仍然是反映单一法律主体的财务报表，只不过合并后编制的财务报表反映的对象有所改变，反映的范围有所扩大而已，其编制的财务报表并不属于合并财务报表的范畴。在新设合并的情况下，合并完成后，原参与合并的企业组成一个新的法人企业，合并后组成的企业以新的法人资格从事经营活动，其编制的财务报表仍然是单一法人企业编制的财务报表，仍属于个别财务报表的范畴。对于新设立企业本身来讲，不涉及合并财务报表的编制问题。

在控股合并的情况下，合并企业通过收购被合并企业发行在外的股权，达到对其控制。控股合并完成后，从法律上来说，合并企业与被合并企业各自原来的法人资格并未发生变更，仍保留原有的法人资格，各自从事经营活动。但从经济意义上来说，在控股合并完成后，合并企业成为母公司，被合并企业成为子公司，被合并企业在合并企业的直接控制下从事经营活动，其经营活动实质上成为控股企业经营活动的一部分。也就是说，在控股合并后，合并企业与被合并企业经营活动成为事实上的一个整体，合并企业从经济意义上通过取得被合并企业的股份，实现合并企业与被合并企业经营活动的一体化。为了全面反映控股合并所形成的控股企业与被控股企业所组成的企业集团整体的财务状况和经营成果，则需要在控股企业与被控股企业各自编制财务报表的基础上，以控股企业与被控股企业组成的企业集团作为一个会计主体，编制合并财务报表。

2.2.4 合并财务报表与投资

如上所述，只有在控股合并的情况下，才存在着合并财务报表的编制问题。控股合并是通过收购或购买被合并企业发行在外的股权，取得对被合并企业控制权后实现的。对于购买取得的被购买企业或被合并企业的股权，在会计核算上则是将取得的股权作为长期股权投资核算。此外，企业通过直接对外投资，或与其他投资者合资举办企业，或独资举办企业的形式，设立子公司，使其在本企业的控制下从事经营活动，这种情况也涉及合并财务报表的编制问题。对于这些直接对外投资，如果能由此对被投资企业实施控制或具有重大影响，在会计核算上也是将其作为长期股权投资核算。可以说，合并财务报表总是与股权投资相联系的，由于相互之间的股权投资或接受投资，在通过股权投资达到对被投资企业控制的程度时，则使股权投资企业与被投资企业形成母公司与子公司关系，并结成母子公司集团。此时，为全面、综合反映母公司和子公司财务状况和经营成果，则需要编制合并财务报表。可以说，没有对外投资，就不会使两个企业形成母公司与子公司的关系，就没有母公司和子公司组成的企业集团，也就不存在合并财务报表的问题。

2.3 合并财务报表的合并理论

合并财务报表是以企业集团为会计主体编制的财务报表，编制合并财务报表首先就涉及如何界定企业集团范围的问题，确定哪些被投资企业需要纳入其投资企业的合并范围，确定编制合并财务报表时所采用的合并方法。企业集团的界定、合并范围的确定以及合并方法的选择，直接关系到合并财务报表提供什么样的信息、为谁提供信息等一系列问题，对合并财务报表的编制具有重要的意义。这些问题的解决，在很大程度上取决于编制合并财务报表所采用的合并理论。依据不同的合并理论，确定的合并范围和选择的合并方法也各不相同。

编制合并财务报表的合并理论，到目前为止主要有母公司理论、实体理论（或主体理论）以及所有权理论等。绝大部分国家在其合并财务报表准则制度中或编制合并财务报表时，并不是完全按照某一合并理论，而是以某一合并理论为主，参考其他合并理论，结合自身的实际情况来考虑。

2.3.1　母公司理论

所谓母公司理论，是将合并财务报表视为母公司本身的财务报表反映的范围扩大来看待，从母公司角度来考虑合并财务报表的合并范围、选择合并处理方法。母公司理论认为合并财务报表主要是为母公司的股东和债权人服务的，为母公司现实的和潜在的投资者服务的，强调的是母公司股东的利益。

在采用母公司理论的情况下，在确定合并范围时，通常更多的是以法定控制为基础，以持有多数股权或表决权作为是否将某一被投资企业纳入合并范围的依据，或者通过一家公司处于另一家公司法定支配下的控制协议来确定合并财务报表的合并范围。在采用母公司理论编制合并财务报表的情况下，所采用的合并处理方法都是从母公司本身的股东利益来考虑的。如对于子公司少数股东的权益，在合并资产负债表中通常视为一项负债来处理；对于企业集团内部销售收入的抵销，需要考虑销售的顺销（母公司将商品销售给子公司）和逆销（子公司将商品销售给母公司）两种情况，对于顺销，编制合并财务报表时只抵销子公司中母公司持有股权相对的份额，即多数股东股权的份额，而对于少数股东股权相对应的份额，则视为实现销售处理，不需要进行抵销处理。这一理论忽视了母公司股东以外的少数股东的利润和信息需要。

美国现行财务会计准则以及国际会计准则理事会，其合并财务报表相关的理论采用的主要是母公司理论。美国财务会计准则规定其合并财务报表只合并拥有多数股权的子公司。美国《会计研究公告》明确提出合并财务报表的目的是为母公司的股东和债权人服务，认为持有另一企业 50% 以上股份是编制合并财务报表的前提条件。英国会计准则在很大程度上采用的也是母公司理论，英国会计准则将企业集团定义为母公司及其子公司，认为一家公司成为母公司的条件是持有另一家公司半数以上股权。

国际会计准则理事会有关合并财务报表的规定，也更多的是采用母公司理论。

2.3.2　实体理论

实体理论认为合并财务报表是企业集团各成员企业构成的经济联合体的财务报表，编制合并财务报表是为整个经济体服务的，它强调的是企业集团中所有成员企业所构成的经济实体，它对构成企业集团的持有多数股权的股东和拥有少数股权的股东一视同仁，认为只要是企业集团成员股东，不论是拥有多数股权，还是拥有少数股权，都是共同组成的经济实体的股东。

在运用实体理论的情况下，对于少数股东权益，通常视为股东权益的一部分，在合并资产负债表中股东权益部分列示和反映。由于对构成企业集团的成员企业的所有股东均视为企业集团的股东，对于企业集团内部各成员企业相互之间发生的销售行为，其内部销售商品或提供劳务过程中所实现的销售损益，均属于未实现内部销售损益，应当予以抵销。无论是顺销还是逆销，其实现的内部销售损益，对于由成员企业全体股东构成的企业集团来说都是未实现内部销售损益，均属于抵销范围。

采用实体理论编制的合并财务报表，有利于企业集团内部管理人员从整体上把握企业集团经营活动的情况，相对来说更能够满足企业集团内部管理人员对财务信息的需要。

2.3.3　所有权理论

所有权理论运用于合并财务报表编制时，既不强调企业集团中存在的法定控制关系，也不强调企业集团各成员企业所构成的经济实体，而是强调编制合并财务报表的企业对另一企业的经济活动和财务决策具有重大影响的所有权。所有权理论认为，母公司理论和实体理论都不能解决隶属于两个或两个以上企业集团的合并财务报表编制问题。如某一企业的全部股权由两个投资企业投资形成，其各拥有50%的股权，即共同控制企业。在这种情况下，其中任何一个投资企业都不能对该投资实施控制，根据母公司理论和实体理论都很难确定该企业的财务报表由哪一投资企业合并。因为在这种情况下，既没有单一的母公司，也没有只有少数股权的股东；既不存在法定支配权，也不存在单一的经济主体。为了弥补母公司理论和实体理论的不足，有的国家在编制合并财务报表时，就提出了所有权理论，以期解决共同控制下的合并财务报表的编制问题。

在采用所有权理论的情况下，对于拥有所有权的企业的资产、负债和当期实现的净损益，均按照一定的比例合并计入合并财务报表。这也是一些国家合并财务报表相关准则规定采用比例合并法的理论基础。

3.1 合并财务报表的编制主体

3.1.1 编制合并财务报表的主体

合并财务报表的编制，首先要确定哪些企业和主体需要编制合并财务报表，以及由谁来编制合并财务报表的问题，即需要确定合并财务报表的编制主体。合并财务报表是反映企业集团的财务状况和经营成果的报表，编制合并财务报表的主体是企业集团。也就是说，只有企业集团才涉及合并财务报表的编制问题。对于一般企业来说，如果不属于企业集团，则不涉及合并财务报表的编制。企业集团是由若干个相互联系的企业组成的企业群体，具体承担编制合并财务报表的是组成某一企业集团中的母公司。根据我国现行企业会计准则的规定，对其他企业拥有控制权，即拥有子公司的企业，为了综合反映由企业与其子公司组成的企业集团的财务状况、经营成果和现金流量的变动情况，都必须编制合并财务报表。也就是说，由母公司和子公司组成的企业集团要编制合并财务报表，并且由企业集团中的母公司具体编制合并财务报表。

我国现行企业会计准则对于投资性主体编制合并财务报表的义务，作出特殊的豁免性规定。所谓投资性主体，是指以提供投资服务为目的而设立的特殊性实体，如投资性基金、风险投资基金等。对于投资性主体，除其持有为其投资活动提供相关服务的子公司，需要将其持有的这些为其投资活动提供服务的子公司纳入合并范围编制合并财务报表外，如果未持有这些为其投资活动提供服务的子公司，则不需要编制合并财务报表。也就是说，对于投资性主体，因投资活动而持有某一被投资企业的权益性资本，即使达到能对其实施控制的程度，该被投资企业达到子公司的标准，也不需要将其纳入合并范围。如果投资性主体仅持有这样的子公司，则不需要编制合并财务报表。

之所以将投资性主体排除在编制合并财务报表主体之外，是因为投资性主体对被投资企业进行投资，并不是以取得对被投资企业的控制为目的，也并不是准备长期持有，而是为了从被投资企业中赚取更多的收益，或从被投资企业股票（或股权）价值的升值中取得收益，或从转让被投资企业中获取收益。投资性主体认为某一被投资企业很有投资价值时，有可能增持其股权而达到对该被投资企业控制的程度，但其目的并不在于取得该被投资企业的控制权。如风险投资基金，当发现某一企业处于新兴产业，极具投资价值，由此对该企业进行大量投资，其目的在于未来该企业价值升值后予以转让，获取转让收益，并不准备长期持有该被投资企业。因此，投资性主体即使持有此类被投资企业半数以上股权或股份，拥有控制权，也没有必要将其纳入合并范围。作为投资性主体的投资者，并不需要了解被投资企业的资产、负债和损益情况，而更多关心被投资企业的股权或股票的价值，关心其持有的投资性主体份额的投资价值。

3.1.2　投资性主体的判断

作为投资性主体，必须满足和符合以下三个条件。一是该主体以向投资者提供投资管理服务为目的，从一个或多个投资者获取资金。这是投资性主体与其他主体的显著区别。二是该主体的唯一经营目的是通过资本增值、投资收益或两者兼有使投资者获得回报。投资性主体的经营目的一般可能通过其设立目的、投资管理方式、投资期限、投资退出战略等表现出来。如某一个基金在募集说明书中说明其投资的目的是实现资本增值，一般情况下其投资期限较长，制定了比较清晰的投资退出战略等，则表明这一基金与投资性主体的经营目的相符。三是该主体按照公允价值对几乎所有投资的业绩进行计量。

根据企业会计准则的规定，投资性主体通常具有以下四个特征。

1. 拥有一个以上投资

一个投资性主体通常会同时持有多项投资以分散风险、最大化回报。当主体刚设立尚未寻找到多个符合要求的投资项目，或者刚处置了部分投资尚未进行新的投资，或者该主体正处于清算过程中时，该投资性主体也可能仅持有一项投资，此时该主体仍然属于投资性主体。

2. 拥有一个以上投资者

投资性主体通常拥有多个投资者，当投资性主体刚刚设立正在积极识别合格投资者，或者原持有的权益已经赎回正在寻找新的投资者，或者处于清算过程中时，其投资者可以只有一个，但其是为了代表或支持一个较大的投资者集合的利益而设立的。如某企业设立一个年金基金，其目的是支持该企业职工退休后福利，该基金的投资者虽然只有一个，但却代表了一个较大的投资者集合的利益，仍属于投资性主体。

3. 投资者不是该主体的关联方

投资性主体通常拥有若干投资者，这些投资者不是其关联方，投资性主体只能获取资本增值和投资收益所形成的收益。关联方一定不是投资性主体。如某基金的投资方之一可能是该基金的关键管理人员出资设立的企业，其目的是更好地激励基金的关键管理人员，这一安排并不影响该基金属于投资性主体。

4. 该主体的所有者权益以股权或类似权益存在

投资性主体通常是单独的法律主体，但并不是说投资性主体必须是单独的法律主体；其所有者权益通常采取股权或者类似权益的形式（如合伙权益），且净资产按照所有者权益比例份额享有。但有的投资性主体可以拥有不同类型的投资者，并且其中一些投资者可能仅对某类或某组特定投资拥有权力，或者不同类型的投资者对净资产享有不同比例的分配权。

3.1.3 投资性主体的持续判断

当投资性主体相关的事实和情况变化表明投资性主体的某一方面或几个方面已经发生变化，应当重新评估该投资性主体是否继续符合投资性主体的定义和特征。在有些情况下，作为非投资性主体的母公司可能转变为投资性主体；作为投资性主体的母公司也可能转变为非投资性主体的母公司。作为投资性主体，应根据投资性主体的三个条件及其变化情况持续进行评估。

在对投资性主体进行持续评估时，确定某一非投资性主体已转变为投资性主体的，其编制合并财务报表只需要将为其投资活动提供相关服务的子公司纳入合并财务报表范围编制合并财务报表。对于原持有的对外投资，包括对原来作为投资核算的对外投资，应自转变为投资性主体之日起，不再对原作为用于公用子公司的被投资企业进行合并处理，同时自转变之日起对不再纳入合并财务报表范围的原子公司，按对该子公司投资在转变日的公允价值确认一项以公允价值计量且其变动计入当期损益的金额资产，同时将对该子公司投资在转变日的公允价值与其原账面价值的差额计入当期投资收益。

在投资性主体持续评估中，确定投资性主体转变为非投资性主体的，应将已达到控制标准的原被投资企业作为子公司，将其纳入合并财务报表的合并范围；同时将转变日视为购买日，以原被投资企业在转变日的公允价值作为成本法核算的初始投资成本，自转变日起将纳入合并财务报表合并范围的子公司采用成本法进行后续计量。

3.2　合并范围确定的基础与控制的概念

3.2.1　合并财务报表合并范围确定的基础

合并财务报表的合并范围，是指纳入合并财务报表编报的子公司的范围，主要明确哪些被投资企业应当包括在其母公司合并财务报表的编报范围之内，哪些被投资企业应当排除在合并财务报表编报范围之外。确定合并财务报表合并范围是编制合并财务报表的前提。合并财务报表合并范围的确定，在很大程度上取决于编制合并财务报表所运用的合并理论，还取决于各国会计所处的法律环境，受历史上惯例的影响。对于某一特定的国家或地区来说，其发布的会计准则已对所运用的会计理论进行选定。

国际财务报告准则是以控制作为确定合并财务报表合并范围的基础。目前大部分国家或地区的合并财务报表均是以控制作为确定合并范围的基础，我国合并财务报表的合并范围也是以控制为基础进行确定的。

3.2.2　控制的概念

控制，是指投资企业拥有对被投资企业的权力，借此权力参与被投资企业的相关活动而享有可变回报，并且有能力运用对被投资企业的权力影响其回报金额。控制的定义包含三项基本要素：一是拥有对被投资企业的权力；二是运用权力参与被投资企业的相关活动而享有可变回报；三是有能力运用对被投资企业的权力影响其回报金额。在判断投资企业是否能够控制被投资企业时，当且仅当具备上述三要素时，才能判明投资企业能够控制被投资企业。

1. 拥有对被投资企业的权力

所谓权力是指投资企业对被投资企业拥有现时权力。投资方能够主导被投资方的相关活动时，称投资方对被投资方享有"权力"。在这里，相关活动是指对被投资企业的回报产生重大影响的活动。被投资企业的相关活动应当根据具体情况进行判断，通常包括商品或劳务的销售和购买、金融资产的管理、资产的购买和处置、研究与开发活动以及融资活动等。

权力最为直接的表现就是拥有被投资企业发行的权益工具（如股票、股份）。持有被投资企业的权益工具，从而持有来自该权益工具（如股份）所赋予的表决权，则能够通过计算持有股份中的表决权数评估其持有的权力。通常情况下，投资企业通过持有表决权或其他类似的权利而拥有主导被投资企业相关活动的现时能力。

投资企业拥有对被投资企业的权力是判断控制的第一要素。投资企业是否对被投资企业拥有权力，往往与被投资企业的设立目的及筹划的架构相关，与被投资企业相关活动的决策机制相关。对是否控制被投资企业进行判断时，投资企业必须对被投资企业的设立目的和筹划进行评估，对被投资企业的相关活动以及对相关活动进行决策的机制进行识别，确定投资企业及涉入被投资企业的其他方拥有的与被投资企业相关的权利，以确定投资企业当前是否有能力主导被投资企业的相关活动。

2. 运用权力参与被投资企业的相关活动而享有可变回报

所谓可变回报，是指投资企业因参与被投资企业而获得的回报随着被投资企业的业绩变动而变动。可变回报这一特征，使其与对其他被投资企业的一般性债券投资相区别。可变回报可以只是正的，也可以只是负的。所谓正的可变回报，如被投资企业实现盈利，投资企业因投资而享有相应的盈利金额，形成正的可变回报；所谓负的可变回报，如被投资企业经营发生亏损，投资企业因投资而相应承担其中一定的份额，从而形成负的可变回报。获取可变回报是对被投资企业拥有权力的表现，投资企业对被投资企业拥有权力应通过获取可变回报表现出来。

在判断其享有被投资企业的回报是否变动以及如何变动时，投资企业应当根据合同安排的实质，而不是法律形式。如投资企业持有固定利率的交易性债券投资，虽然利率是固定的，但当利率取决于债券违约风险及债券发行方的信用风险时，由于某些特殊情况受违约风险和信用风险的影响，固定利率也可能导致可变回报情况的发生。再如管理被投资企业资产获得的固定管理费也属于可变回报，因为管理者是否能获得此回报依赖于被投资企业是否能够产生足够的收益用于支付该固定管理费。回报的情形包括：①股利、被投资企业其他经济利益的分配以及投资企业对被投资企业投资的价值变动；②因向被投资企业的资产或负债提供服务而得到的补偿、因提供信用支持或流动性支持产生的费用或损失风险、清算被投资企业时对被投资企业资产与负债的剩余利益、税收回报，以及因参与被投资企业而获得的未来流动性；③其他利益持有者无法得到的回报。投资企业的可变回报通常体现为从被投资企业获取股利或利润。但被投资企业不进行利润分配并不必然表明投资企业不能获取可变回报。

3. 有能力运用对被投资企业的权力影响其回报金额

所谓影响回报金额，是指投资企业通过对被投资企业权力的行使，可以使其从被投资企业取得回报的金额发生增减变动。要能影响回报金额，必须对被投资企业经营决策特别是财务决策具有相当的影响力。只有当投资企业不仅拥有对被投资企业的权力、通过参与被投资企业的相关活动而享有可变回报，并且有能力运用对被投资企业的权力来影响其回报的金额时，投资企业才控制被投资企业。这种权力必须是现实的权力、当前的权力，其是否行使并不影响其影响回报金额的能力，并不影响其控制的存在。只要投资企业存在这种能够影响其在被投资企业的可变回报的权力，就意味对被投资企业存在控制。

上述控制的三大要素是相互联系的一个整体，必须从以上三个要素的整体来理解控制的概念，而不是仅仅从某一要素，单独将其割裂开来理解控制的概念。拥有对被投资企业的权力是形成对被投资企业控制的基础。如果不对被投资企业拥有权力，则不会导致控制的产生和存在。企业拥有对被投资企业的权力，通过参与和主导被投资企业的相关活动才能享有可变回报。而企业所拥有的对被投资企业的权力达到一定程度时，才可能达到影响其在被投资企业的可变回报，从而影响其从被投资企业取得回报的金额。拥有并运用其对被投资企业的权力影响其回报金额，是投资企业拥有对被投资企业控制权最明显、最直接的表现。

3.3 控制的评估

确定合并范围，首先需要判断投资企业是否控制被投资企业。为确定是否控制被投资企业，企业应全面评估控制的三要素。对于符合上述三个要素的被投资企业，应当将其作为子公司，纳入其合并财务报表的合并范围。

企业在对是否控制被投资企业进行评估时，应当在综合考虑所有相关事实和情况的基础上，对是否控制被投资企业进行判断。一旦相关事实和情况的变化导致对控制定义所涉及的相关要素发生变化，应当进行重新评估。企业对被投资企业进行控制评估时，主要应综合考虑以下相关事实和情况。

（1）被投资方的设立目的。

（2）被投资方的相关活动以及如何对相关活动做出决策。

（3）投资方享有的权利是否使其目前有能力主导被投资方的相关活动。

（4）投资方是否通过参与被投资方的相关活动而享有可变回报。

（5）投资方是否有能力运用对被投资方的权力影响其回报金额。

（6）投资方与其他方的关系。

3.3.1 对被投资企业设立目的的评估

不同的企业可能有不同的设立目的。有的企业可能作为一般的工商企业而设立，而某些企业则可能为特殊目的而设立，如有的企业可能是作为承担某一特定项目设立的项目公司，也可能是为融资目的而设立的特殊企业。企业的设立目的往往涉及企业相关权力的安排、决策机制的构建以及利润分配的安排等事项。对是否控制被投资企业进行判断，首先应当对被投资企业的设立目的和筹划进行评估，以明确被投资企业的哪些活动是相关活动、相关活动的决策机制、谁拥有权力主导被投资企业的相关活动，以及谁能从被投资企业相关活动中获得回报。

在评估被投资企业设立目的和筹划时，首先应对被投资企业设立所依据的法律法规进行研究和评估。被投资企业可能是一个有限责任公司、股份有限公司，也可能是一个合伙企业、信托机构、专项资产管理计划等。在我国，不同形式的企业依据不同的法律法规设立，其设立的目的和组织架构应符合国家相关法律的规定。对于根据不同法律设立的被投资企业，投资企业是否对其拥有权力、是否对其拥有控制权，应根据被投资企业设立所依据的相关法律进行评估。其次，还应根据被投资企业的章程、协议或类似文件的内容进行评估。一般说来，公司章程等类似文件中，在遵循相关法律的前提下，就公司运作的一些具体问题（如公司的组织架构、利润分配等）又进一步明确。被投资企业的投资者为设立企业签订的相关协议条款，也可能对企业运作方式等内容进行规定。在判断是否控制被投资企业时，应当对这些章程和协议条款的内容进行评估。

在评估被投资企业的目的与筹划时，应当考虑被投资企业设立时参与筹划做出的决策，并评估投资的条件和特点，确定是否向投资企业提供了足以获得权力的权利。参与设计可能表明投资企业有机会获得足以赋予其对被投资企业权力的权利。在评估是否控制被投资企业时，投资企业应确定自身是否因参与被投资企业而承担或获得其可变回报相关的风险或权利。

在被投资企业，通常赋予持有者一定比例表决权的普通股，但也可能存在着表决权不是确定控制被投资企业的决定性要素的情况，如表决权仅与行政事务相关，相关活动通过合同安排而决定。当对被投资企业的控制是通过持有其一定比例表决权或是潜在表决权实现时，在不存在其他改变决策安排的情况下，应主要根据通过行使表决权来决定被投资企业的财务和经营政策的情况判断控制。如不存在其他因素，通常持有半数以上表决权的企业对被投资企业拥有权力，能控制被投资企业。

但在被投资企业的章程或其他协议规定有某些特殊约定时，拥有半数以上但未达到约定比例的，并不一定表明对被投资企业拥有控制权。当表决权仅仅与被投资企业的日常行政管理活动有关，不能作为判断控制被投资企业的决定因素时，应当评估被投资企业设计用以承担的风险、被投资企业设计用以向投资企业传递的风险，以及投资企业是否承担上述部分或者全部风险。当被投资企业的相关活动由其他合同安排规定时，投资企业应结合被投资企业的设计所产生的风险和收益，以及投资企业面临的风险和收益判断对被投资企业的控制。

例如，A 企业为一有限合伙企业，其全部资金用于对非关联方 B 公司的子公司 C 公司增资，经营期限为 3 年。C 公司为专门建造某大型资产并用于租赁的项目公司，该大型资产的建造期为 5 年，A 企业增资时，该大型资产已经建造 2 年。增资完成后，A 企业持有 C 公司 60% 有表决权的股份；B 公司持有 C 公司

40%有表决权的股份。A企业相关的增资协议规定，B公司将在3年后以固定价格回购A企业持有的C公司股份。在本例中，被投资方C公司的业务活动是用5年的时间建造某大型资产，增资时C公司的资产建造已经开始，与该资产建造有关的重要事项的决策大多已完成；C公司作为项目公司承担的大型资产完成建造活动时，A企业的经营期限将结束并将持有的C公司股份以固定价格出售给B公司。在这种情况下，A企业并不能主导C公司的相关活动，A企业通过B公司回购C公司股份的方式收回其投资成本并取得收益，A企业并不是通过参与C公司取得可变回报。因此本例中，A企业即使拥有C公司半数以上的股份，也不能控制被投资方C公司。

3.3.2　对被投资企业的相关活动及其决策机制的识别

根据控制概念，对被投资企业的权力表现为有能力主导被投资企业的相关活动，能够主导被投资企业的相关活动，则表现为对被投资企业拥有权力。为了判断对被投资企业的控制，需要对被投资企业的相关活动及其决策机制进行识别。为了获得对被投资企业的权力，投资企业必须拥有当前能够主导被投资企业相关活动的现时权利。相关活动是对被投资企业的回报产生重大影响的活动。不同企业的相关活动可能是不完全相同的，应当根据企业的行业特征、业务特点、发展阶段、市场环境等具体情况来进行判断，这些活动一般包括下列活动：①商品或劳务的销售和购买；②金融资产的管理；③资产的购买和处置；④研究与开发；⑤融资活动。

对大多数企业而言，经营和财务活动通常对其回报产生重大影响。

被投资企业通常从事若干相关活动，并且这些活动可能不是同时进行的。当两个或两个以上投资企业能够分别单方面主导被投资企业的不同相关活动时，能够主导对被投资企业回报产生最重大影响的相关活动的一方，拥有对被投资企业的权力。此时，需要考虑的因素通常包括：①被投资企业的设立目的和设计；②影响被投资企业利润率、收入和企业价值的决定因素；③每一投资企业有关上述因素的决策职权范围及其对被投资企业回报的影响程度；④投资企业承担可变回报风险的大小。

判断对被投资企业是否控制，还应对被投资企业决策机制进行识别和评估。确定是否对被投资企业拥有权力，还取决于对相关活动的决策机制，如对被投资企业的经营、融资等活动做出决策的方式，任命被投资企业的关键管理人员、给付薪酬及终止劳动合同关系的决策方式等。相关活动一般由企业章程及协议中约定的权力机构（如股东会、董事会）来决策，特殊情况下相关活动也可能根据合同或协议约定等由其他主体决策，如专门设置的管理委员会等。有限合伙企业的相关活动，则可能由合伙人大会决策，也可能由普通合伙人或者投资管理公司等决策。

3.3.3　对投资企业拥有被投资企业相关权力的评估

确定是否拥有权力，还应当考虑投资企业和其他企业持有的与被投资企业相关权利的性质。权力来源于权利。对于被投资企业而言，赋予投资企业权力的权利的性质可能有所不同。为拥有对被投资企业的权力，投资企业必须拥有现时权利，该权利赋予投资企业现时能力以主导被投资企业的相关活动。通常情况下，赋予投资企业权力的权利至少包括：①以被投资企业表决权（或潜在表决权）形式的权利；②任命、调整或辞退被投资企业关键管理人员的权利（关键管理人员是指有能力主导被投资企业相关活动的人员）；③任命和解除可以主导被投资企业相关活动的其他企业的权利；④为了投资企业自身的利益，指示被投资企业进行某项交易或否决某项交易的权利；⑤其他赋予持有者主导被投资企业相关活动的权利（如在管理合同中明确的决策权）。

投资企业在判断是否拥有对被投资企业的权力时，应当仅考虑与被投资企业相关的实质性权利，包括自身所享有的实质性权利以及其他方所享有的实质性权利。

1. 实质性权利与保护性权利

（1）实质性权利。实质性权利是持有人在对被投资企业相关活动进行决策时有实际能力行使的可执行权利。判断一项权利是否为实质性权利，应当综合考虑所有相关因素，包括权利持有人行使该项权利是否存在财务、价格、条款、机制、信息、运营、法律法规等方面的障碍；当权利由多方持有或者行使权利需要多方同意时，是否存在实际可行的机制使这些权利持有人在其愿意的情况下能够一致行使权利；权利持有人是否可从行使权利中获利等。实质性权利通常是当前可执行的权利，但某些情况下当前不可行使的权利也可能是实质性权利。

对于投资企业拥有的实质性权利，即使投资企业并未实际行使，在评估投资企业对被投资企业是否拥有权力时，也必须予以考虑。有时其他投资企业也可能拥有可行使的实质性权利，使得投资企业不能控制被投资企业，如提出议案的主动性权利和对议案予以批准或否定的被动性权利。当这些权利不属于保护性权利时，其他方拥有的这些权利可能导致投资企业不能控制被投资企业。

（2）保护性权利。在评估权利是否赋予投资企业拥有对被投资企业的权力时，投资企业应评估自身持有的权利以及其他各方持有的权利是否为保护性权利。保护性权利是设计用于保护权利持有者的利益，而不赋予持有者对与这些权利相关的被投资企业的权力。保护性权利主要适用于特殊情况，是基于特定情况而设定的。投资企业如只持有对被投资企业的保护性权利，不能阻止其他利益方持有对被投资企业的权力。保护性权利包括以下情形：①贷款人限制借款人从事某些活动的权利，这些活动能够显著改变借款人的信用风险并损害贷款人的权利；②被投资企业非控制权益持有方有权批准超出正常经营所需的资本支出或发行权益工具或债务工具的权利；③当借款人难以满足特定的贷款偿付条件时，贷款人持有的可以得到借款人资产的权利。

保护性权利通常只能在被投资企业发生根本性改变或某些例外情况发生时才能够行使，它既没有赋予其持有人对被投资企业拥有权力，也不能阻止被投资企业的其他投资企业对被投资企业拥有权力。仅享有保护性权利的投资企业不拥有对被投资企业的权力。保护性权利通常只能在被投资企业发生根本性改变或某些例外情况发生时才能够行使，但并不是所有在例外情况下行使的权利或在不确定事项发生时才能行使的权利都是保护性权利。如当被投资企业的活动和回报已被预先设定，只有在发生某些特定事项时才需要进行决策，且这些决策对被投资企业的回报产生重大影响时，该特定事项引发的活动属于相关活动，就此行使的权利就不是保护性权利。对于有权主导这些相关活动的投资者，在判断其对被投资企业是否拥有权力时，不需要考虑这些特定事项是否已经发生。

2. 投资企业代理人和主要责任人

在有些情况下，投资企业可能将其决策权授予其他方行使，或其他方持有的对被投资企业的决策权也可能授予本企业代为行使。在此，对于拥有决策权的投资企业在判断是否控制被投资企业时，则需要考虑其决策行为是以主要责任人（即实际决策人）的身份进行还是以代理人的身份进行；在其他方拥有决策权时，投资企业还需要考虑其他方是否是以代理人的身份代表该投资企业行使决策权。

（1）投资企业的代理人。作为主要责任人的投资企业可能将其对被投资企业的某些或全部决策权授予代理人。代理人是相对于主要责任人而言的，代理人代表主要责任人行动并服务于该主要责任人的利益。代理人代表主要责任人行使决策权时，代理人并不对被投资企业拥有控制。在判断控制时，作为主要责任人的代理人的决策权应被视为由主要责任人直接持有，权力属于主要责任人，投资企业应当将其授予代理人的决策权视为自己直接持有的决策权。

在确定决策者是否为代理人时，应全面考虑其自身、被投资企业以及其他方相互之间的关系，特别需要考虑下列内容。①决策者对被投资企业的决策权范围。在评估决策权范围时，应考虑相关协议或法规允许决策者决策的活动，以及决策者对这些活动进行决策时的自主程度。与这一评估相关的因素包括：被投资企业的设立目的与筹划、被投资企业面临的风险及转移给其他投资企业的风险，以及决策者在筹划被投资企业过程中的参与程度。决策者参与被投资企业筹划的程度越深，则可能表明决策者有机会也有动机获得使其有能力主导被投资企业相关活动的权利；允许决策者主导被投资企业相关活动的决策权范围越广，越能表明决策者拥有权力，但这并不意味着该决策者一定是主要责任人。②其他方对被投资企业享有的实质性权利。其他方享有的实质性权利可能会影响决策者主导被投资企业相关活动的能力。其他方持有实质性罢免权或其他权利并不一定表明决策者是代理人，但存在其他方单独拥有实质性罢免权并能够无理由罢免决策者的事实，则足以表明决策者是代理人。在判断决策者是否是代理人时，应考虑其他方对被投资企业所拥有的限制决策者决策的实质性权利。与考虑上述罢免权的方法相似，如决策者决策所需取得认可的其他方的数量越少，该决策者越有可能是代理人。③决策者的薪酬。相对于被投资企业活动的预期回报，决策者薪酬的比重和变动性越大，则决策者越有可能不是代理人。当同时满足下列条件时，决策者则有可能是代理人：一是决策者的薪酬与其所提供的服务相称；二是薪酬协议仅包括在公平交易基础上相关类似服务和技能水平商定的安排中常见的条款、条件或金额。决策者不能同时满足上述两个条件的，则不可能是代理人。④决策者因持有被投资企业的其他利益而承担可变回报的风险。持有被投资企业其他利益表明该决策者可能是主要责任人。对于在被投资企业持有其他利益的决策者，在判断其是否为代理人时，应评估决策者因该利益所面临的可变回报的风险。评估时，一是应考虑决策者享有的经济利益（包括薪酬和其他利益）的比重和变动性，决策者享有的经济利益的比重和变动性越大，该决策者越有可能是主要责任人；二是决策者面临的可变回报风险是否与其他投资企业不同，如不同是否会影响其行为。还应评估决策者所承担的可变回报风险相对于被投资企业回报总体变动的风险而言的程度。该评估主要应根据预期从被投资企业的活动中得到的回报，但也应考虑决策者通过持有其他利益而承担的被投资企业可变回报的最大风险。

当存在单独一方持有实质性罢免权并能无理由地罢免决策者时，决策者属于代理人。除此以外，则需综合考虑上述四项因素以判断决策者是否作为代理人行使决策权。

（2）实质代理人。在对控制进行判断时，投资企业还应当考虑与被投资企业所有其他方之间的关系、他们是否代表投资企业行动，以及其他方之间、其他方与投资企业之间如何互动的情况。当投资企业能够主导某一其他方代表投资企业行动时，被主导方为投资企业的实质代理人。在这种情况下，投资企业在判断是否控制被投资企业时，应将其实质代理人的决策权以及通过实质代理人而间接承担（或享有）的可变回报风险（或权利）与其自身的权利一并考虑。

根据各方之间的关系，表明其他方可能是投资企业的实质代理人的情况至少包括以下情况：投资企业的关联方；在投资企业出资或提供贷款取得的被投资企业中持有权益的一方；未经投资企业同意不得出售、转让或抵押其持有的被投资企业权益的一方；没有投资企业的财务支持难以获得资金支持其经营的一方；与投资企业的权力机构的多数成员或关键管理人员相同的被投资企业；与投资企业具有紧密业务往来的一方，如专业服务的提供者与其一家重要客户的关系。

3.3.4　对参与被投资企业相关活动而享有可变回报的评估

可变回报是其金额不固定并可能随被投资企业业绩的变动而变动的回报。投资企业在判断其享有被投资企业的回报是否变动以及如何变动时，应当根据合同安排的实质，而不是法律形式。如投资企业持有固定利率的交易性债券投资时，虽然利率是固定的，但该利率取决于债券违约风险及债券发行方的信用风险，因此固定利率也可能属于可变回报。再如管理被投资企业资产获得的固定管理费也属于可变回报。这是因为管理者是否能获得此回报依赖于被投资企业是否能够产生足够的收益用于支付该固定管理费。

受法律法规的限制，投资企业有时无法通过分配被投资企业利润或盈余的形式获得回报，如当被投资企业的法律形式为信托机构时，其盈利可能不是以股利形式分配给投资者。此时，则需要根据具体情况，以投资企业的投资目的为基础，对投资企业是否获得除股利以外的其他可变回报进行综合分析确定。被投资企业不能进行利润分配并不必然表明投资企业不能获取可变回报。

3.3.5　对有能力运用对被投资企业的权力影响其回报金额的评估

如前所述，只有当投资企业不仅对被投资企业拥有权力、通过参与被投资企业的相关活动而享有可变回报，并且有能力运用其对被投资企业持有的权力影响其回报的金额时，投资企业才控制被投资企业。

3.4　合并范围的确定

根据被投资企业的不同情况，在具体确定合并财务报表合并范围时，可以将被投资企业分为投资企业持有其半数以上表决权的被投资企业、投资企业持有其半数或半数以下表决权的被投资企业，以及对被投资企业控制权来自表决权之外的其他权利的被投资企业。投资企业在具体确定合并财务报表合并范围时，可以按照上述分类，根据控制概念的三要素以及控制评估应综合考虑的相关事实和情况，对各被投资企业进行评估，确定是否将其纳入合并财务报表合并范围。

3.4.1　投资企业持有其半数以上表决权的被投资企业

（一）纳入合并范围的被投资企业

表决权是对被投资企业经营计划、投资企业案、年度财务预算方案和决算方案、利润分配方案和弥补亏损方案、内部管理机构的设置、聘任或解聘企业经理及确定其报酬、企业的基本管理制度等事项进行表决而持有的权利。通常情况下，投资企业通过表决权或其他类似权利拥有主导被投资企业相关活动的现时能力。在被投资企业的相关活动由多数表决权持有者的投票决定，或者多数表决权持有者任命管理层的大多数成员且管理层主导相关活动的情况下，投资企业对持有其半数以上表决权的被投资企业拥有控制权，应当将其纳入合并范围。

1. 持有其半数以上表决权的被投资企业

根据《中华人民共和国公司法》（以下简称《公司法》）的规定，公司制企业（包括股份有限公司和有限责任公司）的表决权比例通常与其出资比例或持股比例是一致的，持有被投资企业半数以上股权，则通常可以认为投资企业持有被投资企业多数表决权，能够对该被投资企业拥有控制权，应当将其纳入合并财务报表的合并范围。

投资企业持有被投资企业半数以上表决权包括以下三种情况。一是投资企业直接持有被投资企业半数以上表决权。如投资企业直接持有被投资企业50%以上股权，从而取得其半数以上表决权。二是投资企业间接持有被投资企业半数以上表决权。如企业虽然不直接持有某一企业的股权，但其控制的子公司持有该企业50%以上的股权，从而通过其子公司间接持有该企业半数以上表决权。三是投资企业以直接和间接方式合计持有被投资企业半数以上表决权。如投资企业自身持有某一被投资企业一定比例（低于50%）的股权，虽不能对该被投资企业拥有控制权，但其控制的子公司同时持有该企业一定比例的股权，自身持有的股权加上其子公司持有的股权合计持有该被投资企业50%以上的股权，从而持有其半数以上的表决权。在上述三种情况下，持有其半数以上表决权的被投资企业应纳入合并范围。

2. 通过与其他表决权持有人的协议能够控制其半数以上表决权的被投资企业

投资企业自身持有被投资企业的表决权虽然未达到半数，但通过与其他表决权持有人之间签订的协议使其可以控制足以主导被投资企业相关活动的表决权，即投资企业通过协议控制被投资企业半数以上表决权，从而拥有对被投资企业的控制权，也应当将其纳入合并财务报表的合并范围。也就是说，对于持有其表决权半数以下的被投资企业，投资企业不能仅就其持有的表决权来确定将该被投资企业排除在合并范围之外，还应当考虑是否存在与该被投资企业的其他投资者之间签订的协议或合同等情况。

这里的关键是与其他表决权的持有人签订有协议，并且这类协议安排能够确保投资企业能够主导其他表决权持有人的表决，即其他表决权持有人按照投资企业的意愿进行表决，而不是投资企业与其他表决权持有人协商根据双方协商一致的结果进行表决。

（二）不纳入合并范围的被投资企业

上述两种情况下的表决权必须是实质性权利，必须是向投资企业提供主导相关活动的现时能力。这种现时能力通常是指当前决定被投资企业经营政策与财务政策的能力。如果另一企业拥有现时权利使其可以主导某一被投资企业的相关活动，而该企业并不是投资企业的代理人，则投资企业对该被投资企业不拥有控制权。也就是说，某一企业对被投资企业拥有控制权，另一企业对该被投资企业则不拥有控制权，对被投资企业的控制权具有排他性。当表决权不是实质性权利时，即使投资企业持有被投资企业多数表决权，投资企业也不拥有对被投资企业的控制权。如投资企业持有被投资企业多数表决权，但被投资企业相关活动是由政府、法院、管理部门、破产受益人、清算人或监管部门主导时，投资企业则对该投资企业不拥有控制权。

确定持有被投资企业半数以上表决权的投资企业是否拥有控制权，关键在于投资企业现时是否有能力主导被投资企业的相关活动。在以下两种情况下，投资企业虽然持有被投资企业半数以上表决权，但对被投资企业并不拥有控制权，不能将其纳入合并范围。

（1）存在其他协议等安排而赋予被投资企业的其他投资企业拥有其控制权的情况。如存在赋予其他企业拥有表决权或实质性潜在表决权的合同安排，且该其他企业不是投资企业的代理人时，投资企业则不拥有对被投资企业的控制权。

（2）投资企业拥有对被投资企业非实质性权利的表决权的情况。如有确凿证据表明，由于客观原因无法获得必要的信息或存在法律法规的障碍，投资企业虽持有半数以上表决权但无法行使该表决权时，该投资企业不拥有对被投资企业的控制权。如上述所说的，投资企业持有其半数以上表决权的被投资企业的相关活动由政府、法院、管理部门、破产受益人、清算人或监管部门主导的情况下，投资企业对其不拥有控制的权力。

3.4.2　投资企业持有其半数或半数以下表决权的被投资企业

持有被投资企业半数以上表决权，是投资企业能够控制被投资企业最为明显的标志。对于持有其半数及半数以下表决权的被投资企业，或虽持有其半数以上表决权但表决权比例仍不足以主导被投资企业相关活动的被投资企业，从持有和控制半数以上表决权进行判断，不应将其包括在投资企业的控制范围内。对于这种情况下的被投资企业，也不能简单地以不持有其半数以上表决权而将其排除在合并范围之外。对于这种情况下的被投资企业，投资企业应综合考虑下列事实和情况，判断其持有的表决权与相关事实和情况相结合是否赋予投资企业拥有对被投资企业的控制权。如果判断认定为被赋予对被投资企业的控制权，投资企业则应当将该被投资企业纳入合并范围。

（1）投资企业持有的表决权份额相对于其他投资企业持有的表决权份额的大小，以及其他投资企业持有表决权的分散程度。投资企业持有的绝对表决权比例或相对于其他投资企业持有的表决权比例越高，其现时能够主导被投资企业相关活动的可能性越大，拥有控制权的可能性越大；为否决投资企业意见而需要联合的其他投资者越多，投资企业现时能够主导被投资企业相关活动的可能性越大，拥有控制权的可能性越大。

（2）投资企业和其他投资企业持有的潜在表决权。潜在表决权是获得被投资企业表决权的权利，如可转换工具、可执行认股权证、股票买入期权或其他期权所产生的权利。确定潜在表决权是否赋予其持有者权力时需要考虑三方面。①潜在表决权工具的设立目的和设计，以及投资企业涉入被投资企业其他方式的目的和设计。②潜在表决权是否为实质性权利。在判断控制时仅考虑属于实质性权利要求的潜在表决权。③投资企业是否持有其他表决权或其他与被投资企业相关的表决权，这些权利与投资企业持有的潜在表决权结合后是否赋予投资企业拥有对被投资企业的控制权。

（3）其他合同或协议安排产生的权利。投资企业可能通过持有表决权和其他决策权相结合的方式使其当前能够主导被投资企业的相关活动。如投资合同或协议安排赋予投资企业能够聘任被投资企业董事会或类似权力机构多数成员，这些成员能够主导董事会或类似权力机构对相关活动的决策，从而对被投资企业拥有控制权。但是在不存在其他权利时，仅仅是被投资企业对投资企业的经济依赖（如供应商和其主要客户的关系）不能认为会导致投资企业对被投资企业拥有权力。

（4）其他相关事实或情况。投资企业根据上述第（1）至（3）项所列情况尚不足以判断投资企业是否控制被投资企业时，则应综合考虑投资企业自身享有的权利、被投资企业以往表决权行使情况及下列事实或情况进行判断。一是投资企业是否能够任命或批准被投资企业的关键管理人员。这些关键管理人员应是能够主导被投资企业的相关活动的人员。二是投资企业是否能够出于自身利益决定或者否决被投资企业的重大交易。三是投资企业是否能够控制被投资企业董事会等类似权力机构成员的任命程序，或从其他表决权持有人手中获得代理表决权。四是投资企业与被投资企业的关键管理人员或董事会等类似权力机构中的多数成员是否存在关联关系（如被投资企业首席执行官与投资企业首席执行官为同一人）。五是投资企业与被投资企业之间是否存在特殊关系。这种特殊关系可能为投资企业享有权力提供证据。这种特殊关系通常包括：被投资企业的关键管理人员是投资企业的现任或前任职工；被投资企业的经营活动依赖于投资企业（如被投资企业依赖于投资企业提供经营活动所需的大部分资金，投资企业为被投资企业的大部分债务提供担保；被投资企业在关键服务、技术、供应或原材料方面依赖于投资企业；投资企业掌握诸如专利权、商标等对被投资企业经营至关重要的资产；被投资企业依赖于投资企业为其提供具备与被投资企业经营活动相关专业知识等的关键管理人员等）；被投资企业活动的重大部分有投资企业参与其中或者是以投资企业的名义进行；投资企业承担被投资企业可变回报风险（或享有可变回报的收益）的程度远超过持有的表决权或其他类似权利的比例（如投资企业承担或有权获得被投资企业回报的比例为 70%，但仅持有不到半数的表决权）等。

投资企业持有被投资企业表决权比例越低，否决投资企业提出的关于相关活动的议案所需一致行动的其他投资者数量越少，投资者就越需要在更大程度上运用上述证据，以判断是否拥有主导被投资企业相关活动的权利。在被投资企业的相关活动是通过表决权进行决策的情况下，当投资企业持有被投资企业的表决权比例不超过半数时，投资企业在考虑所有相关情况和事实后，能够判定投资企业对被投资企业拥有控制时，则应将其纳入合并范围。反之仍不能确定是否拥有被投资企业的控制权的，投资企业则不能控制该被投资企业，不应将其纳入合并财务报表的合并范围。

3.4.3　对被投资企业控制权来自表决权之外的其他权利的被投资企业

投资企业对被投资企业的权力通常来自表决权，但在有些情况下，投资企业对此主体的控制权不是来自表决权，而是由一项或多项合同安排决定，如证券化产品、资产支持融资工具、部分投资基金等结构化主体。结构化主体，是指在确定其控制方时没有将表决权或类似权利作为决定因素而设计的主体。主导该主体相关活动的依据通常是合同安排或其他安排形式。

由于某些被投资企业的相关活动并不是由表决权（或类似权利）所主导，投资企业在进行判断时通常应考虑下列内容。①设立被投资企业时的决策及投资企业的参与度。在评估被投资企业的设立目的和筹划时，投资企业应考虑设立被投资企业时的决策及投资企业的参与度，以判断相关交易条款与参与特点是否为投资企业提供了足以获得控制权的权利。参与被投资企业的设立本身，并不足以表明投资企业控制被投资企业，但可能使投资企业有机会获得使其拥有对被投资企业控制权的权利。②其他相关合同安排。投资企业需考虑结构化主体设立之初的合同安排是否赋予投资企业主导结构化主体相关活动的权利，如看涨期权、看跌期权、清算权等可能为投资企业提供控制权的合同安排。在评估对结构化主体是否拥有控制权时，应当考虑投资企业在这些合同安排中享有的决策权。③仅在特定情况或事项发生时开展的相关活动。结构化主体的活动及其回报在其筹划时就已经明确，当特定情况或事项发生时，只有对结构化主体回报产生重大影响的活动才属于相关活动。在这种情况下，对这些相关活动具有决策权的投资企业享有控制权，但应当注意的是决策权依赖于特定情况或特定事件的发生这一事实本身并不表示该权利为保护性权利。④投资企业对被投资企业做出的承诺。为确保结构化主体持续按照原定设计和筹划开展活动，投资企业可能会做出一些承诺（包括明确的承诺和暗示性的承诺），可能会扩大投资企业承担的可变回报风险，由此促使投资企业更有动机获取足够多的权利，使其能够主导结构化主体的相关活动，即对其拥有控制权。

投资企业根据上述内容，判定能够对包括结构化主体在内的被投资企业拥有控制权时，则应将其纳入合并财务报表的合并范围。

3.5　对被投资企业可分割部分控制的评估与控制的持续评估

3.5.1　对被投资企业可分割部分控制的评估

投资企业对是否控制被投资企业进行判断，通常是以某一被投资企业的整体进行的，本书前文论述的，也就是对被投资企业整体的控制如何进行判断的内容。投资企业按照上述对控制判断的要求，当判定对某一被投资企业不具有控制时，在某些情况下可能还需要对被投资企业的可分割部分进行控制判断。根据我国现行企业会计准则，当投资企业能够对不纳入合并范围的被投资企业的某一可分割部分判定为具有控制权的，也应将这一可分割部分作为一个单独主体，纳入投资企业合并财务报表的合并范围。

　　如果有确凿证据表明同时满足下列条件并且符合相关法律法规规定时，投资企业应当将被投资企业的一部分视为被投资企业可分割的部分（单独主体），进而判断是否控制该可分割的部分：①该部分的资产是偿付该部分负债或该部分权益的唯一来源，不能用于偿还该部分以外的被投资企业的其他负债；②除与该部分相关的各方外，其他方不享有与该部分资产相关的权利，也不享有与该部分资产剩余现金流量相关的权利。

　　该可分割部分的所有资产、负债及相关权益，实质上均与被投资企业的其他部分相分离，即该可分割部分的资产产生的回报不能由该可分割部分以外的被投资企业其他部分所享有，该可分割部分的负债也不能以该可分割部分以外的被投资企业资产偿还。如果被投资企业的一部分资产和负债及相关权益满足上述条件，则构成单独主体，投资企业则应当基于控制的判断标准，确定是否能够控制该单独主体。如果投资企业能控制该单独主体，则应将其纳入合并范围。此时，其他方在考虑是否控制并合并被投资企业时，应仅对被投资企业的剩余部分进行评估，不包括该单独主体。

3.5.2　控制的持续评估

　　当被投资企业环境或情况发生变化时，投资企业在确定合并范围时需要对被投资企业的控制进行重新评估，评估控制的三项基本要素中的一项或多项是否发生了变化。当相关事实和情况的变化导致对控制定义所涉及的相关要素发生变化时，投资企业应重新评估对被投资企业是否具有控制。

　　（1）对被投资企业权力的行使方式是否发生变化。如决策机制的变化可能意味着投资企业不再通过表决权主导相关活动，而是由其他方通过协议或者合同赋予的其他权利来主导相关活动。

　　（2）某些事件即使不涉及投资企业，也可能导致该投资企业获得或丧失对被投资企业的权力。如其他方以前拥有的能阻止投资企业控制被投资企业的决策权到期失效，则可能使投资企业由此而获得权力。

　　（3）因其参与被投资企业相关活动而承担的可变回报的风险敞口是否发生变化。如果拥有权力的投资企业不再享有可变回报（如与业绩相关的管理费合同到期），则该投资企业将由于不满足控制要素中的第二要素而丧失对被投资企业的控制。

　　（4）投资企业作为代理人或主要责任人的判断是否发生变化。投资企业与其他方之间整体关系的变化可能意味着原为代理人的投资企业不再是代理人；反之亦然。例如，如果投资企业或其他方的权利发生了变化，投资企业应重新评估其代理人或主要责任人的身份。投资企业有关控制的判断结论，或者初始评估其是主要责任人或代理人的结果，不会仅因为市场情况的变化（如因市场情况的变化导致被投资企业的可变回报发生变化）而发生变化，但非市场情况的变化可能会导致控制三要素的一项或多项发生变化，或可能会导致主要责任人与代理人之间的关系发生变化。

第 4 章
合并财务报表的基础工作

4.1 合并财务报表的内容和编制原则

4.1.1 合并财务报表的内容

根据《企业会计准则第 33 号——合并财务报表》，合并财务报表至少包括合并资产负债表、合并利润表、合并现金流量表和合并所有者权益变动表（或合并股东权益变动表），它们分别从不同的方面反映企业集团财务状况、经营成果及现金流量情况，构成一套完整的合并财务报表体系。此外，还包括附注。

1. 合并资产负债表

合并资产负债表是以母公司和纳入合并范围的子公司的个别资产负债表为基础编制的，反映母公司和子公司所形成的企业集团某一特定日期财务状况的报表。

2. 合并利润表

合并利润表是以母公司和纳入合并范围的子公司的利润表为基础编制的，反映母公司和子公司所形成的企业集团整体在一定期间内经营成果的报表。

3. 合并现金流量表

合并现金流量表是反映母公司和子公司所形成的企业集团在一定期间内现金流入量、流出量以及现金净增减变动情况的报表。

4. 合并所有者权益变动表（或合并股东权益变动表）

合并所有者权益变动表（或合并股东权益变动表）是以母公司和纳入合并范围的子公司的个别财务报表为基础编制的，反映母公司在一定期间内，包括经营成果分配在内的所有者（或股东）权益增减变动情况的报表。它是从母公司的角度，站在母公司所有者的立场反映企业所有者（或股东）在母公司中的权益增减变动情况。

4.1.2 合并财务报表的编制原则

合并财务报表作为财务报表，必须符合财务报表编制的一般原则和基本要求。这些基本要求包括真实可靠、内容完整。合并财务报表又与个别财务报表不同，它反映母公司和子公司组成的企业集团整体财务情况，反映的是若干个法人共同形成的会计主体的财务情况。因此，合并财务报表的编制除要遵循财务报表编制的一般原则和要求外，还应当遵循以下原则和要求。

1. 以个别财务报表为基础编制

合并财务报表并不是直接根据母公司和子公司账簿编制的，而是利用母公司和子公司编制的反映各自财务状况和经营成果的财务报表提供的数据，通过合并财务报表的特有方法进行编制的。以纳入合并范围的个别财务报表为基础，可以说是客观性原则在合并财务报表编制时的具体体现。个别财务报表，是单个独立企业编制的反映该企业财务状况、经营成果及现金流量的财务报表，与国际财务报告准则中所使用的单独财务报表并不是完全等同的概念。

2. 一体性原则

合并财务报表反映的是企业集团的财务状况和经营成果，反映的是由多个法人企业组成的一个会计主体的财务情况，在编制合并财务报表时应当将母公司和所有子公司作为整体来看待，视为一个会计主体，母公司和子公司发生的经营活动都应当从企业集团这一整体的角度进行考虑。因此，在编制合并财务报表时，对于母公司与子公司、子公司相互之间发生的交易和事项，应当视同同一会计主体内的内部交易和事项进行处理，视同同一会计主体之下的不同核算单位的内部业务处理。

3. 重要性原则

与个别财务报表相比，合并财务报表涉及多个法人主体，涉及的经营活动范围很广，母公司与子公司经营活动往往跨越不同行业界限，有时母公司与子公司经营活动甚至相差很大。这样，合并财务报表要综合反映这样的会计主体的财务情况，必然要涉及重要性的判断问题。特别是在拥有众多子公司的情况下，根据重要性的要求对财务报表项目进行取舍，则具有重要的意义。此外，母公司与子公司、子公司相互之间发生的交易，对整个企业集团状况和经营成果影响不大时，为简化合并手续也应根据重要性原则进行取舍，可以不编制抵销分录而直接编制合并财务报表。

4.2　合并财务报表编制的前期准备事项

编制财务报表之前，企业必须进行必要的前期准备工作，以使编制的财务报表符合财务报表编制的一般要求。而合并财务报表的编制涉及多个子公司，有的合并财务报表的合并范围甚至包括数百个子公司，为了使编制的合并财务报表准确、全面反映企业集团的真实情况，则更需要做好一系列的前期准备工作。合并财务报表编制的前期准备事项至少包括统一母公司和子公司的会计政策、统一母公司和子公司的资产负债表日和会计期间、对子公司用外币表示的财务报表进行折算、收集编制合并财务报表所必需的其他信息和资料。

4.2.1　统一母公司和子公司的会计政策

会计政策是指企业进行会计核算和编制财务报表时所采用的会计原则、会计程序和会计处理方法，是编制财务报表的基础。会计政策一般体现在企业所采用的会计制度、会计准则以及相关法规之中。但具体到某一企业来说，其所采用的会计政策则表现为其内部制定的会计制度或会计规程。在企业会计制度、企业会计准则中对同一交易或事项存在有两种以上可供选择的会计处理方法的情况下，企业则涉及确定企业会计制度或企业会计准则所规定的某一具体会计处理方法，形成其特定会计政策。由于会计政策是进行会计处理和编制财务报表的基础，对于同一交易或事项，如果采用不同的会计处理方法，即采用不同的会计政策，则可能形成不同的核算结果，最终形成不同的财务报表。

统一母公司和子公司的会计政策是保证母子公司财务报表各项目反映内容一

致的基础。在财务报表各项目所反映的内容一致的情况下,才能对其进行加总,编制合并财务报表。为此,在编制合并财务报表前,母公司应当对纳入合并范围的子公司的会计政策提出统一要求,子公司所采用的会计政策与母公司保持一致。从我国的情况来看,对于境内的子公司,要求子公司的会计政策与母公司的会计政策保持一致,可以说是一个不是问题的问题。母公司对子公司拥有控制权,可以对其相关活动施加影响和控制,完全可以要求子公司采用与母公司相一致的会计政策。

对一些境外子公司,出于编制合并财务报表的目的,也应当尽可能要求其采用与母公司会计政策相一致的会计政策,但由于其所在国或地区法律、会计准则等方面的原因,一些境外子公司可能难以做到与其母公司所采用的会计政策保持一致。在这种情况下,对于确实无法做到与母公司会计政策相一致的境外子公司,为了将其纳入合并财务报表,母公司应当要求该境外子公司按照与母公司相一致的会计政策,对其个别财务报表进行调整,重新编报财务报表,也可以由母公司根据自身所采用的会计政策对境外子公司报送的财务报表进行调整,重编或调整编制的境外子公司财务报表,以作为编制合并财务报表的基础。

4.2.2 统一母公司和子公司的资产负债表日和会计期间

财务报表总是反映一定日期的财务状况和一定会计期间经营成果的,母公司和子公司的个别财务报表只有在反映财务状况的日期和反映经营成果的会计期间一致的情况下,才能进行合并。为了编制合并财务报表,必须统一企业集团内所有的子公司的资产负债表日和会计期间,使子公司的资产负债表日和会计期间与母公司的资产负债表日和会计期间保持一致,以便于子公司提供相同资产负债表日和会计期间的财务报表。

出于编制合并财务报表目的,对于境外子公司,母公司应当要求其境外子公司采用与其相同的资产负债表日和会计期间,但由于境外子公司所在地当地法律等的限制确实不能与母公司的资产负债表日和会计期间一致的,母公司应当按照自身的资产负债表日和会计期间对子公司的财务报表进行调整,以调整后的子公司财务报表为基础编制合并财务报表,也可以要求子公司按照母公司的资产负债表日和会计期间另行编制报送其个别财务报表。

4.2.3 对子公司用外币表示的财务报表进行折算

对母公司和子公司的财务报表进行合并,其前提必须是母子公司个别财务报表所采用的货币计量单位一致。在我国允许外币业务比较多的企业采用某一外币作为记账本位币，境外企业一般也是采用其所在国或地区的货币作为其记账本位币。在将这些企业的财务报表纳入合并范围时，则必须将其折算为母公司所采用的记账本位币表示的财务报表。我国《企业会计准则第 19 号——外币折算》对外币财务报表的折算规定具体的折算方法。为编制合并财务报表，母公司在取得子公司用外币表示的财务报表后，应按照《企业会计准则第 19 号——外币折算》中规定的方法进行折算，将其子公司用外币表示的财务报表折算为用人民币表示的财务报表。

根据《企业会计准则第 19 号——外币折算》的规定，我国外币财务报表的折算方法采用的是现行汇率法。企业对外币表示的财务报表进行折算时，对于资产负债表中的资产和负债项目，采用资产负债表日的即期汇率折算；对于除"未分配利润"项目外的所有者权益其他项目，采用发生时的即期汇率折算；对于利润表中的收入和费用项目，采用交易发生日的即期汇率折算，也可以采用按照系统合理的方法确定的、与交易发生日即期汇率近似的汇率折算；折算产生的外币财务报表折算差额，在资产负债表中所有者权益项目下单独列示。

4.2.4　收集编制合并财务报表所必需的其他信息和资料

合并财务报表以母公司和纳入合并范围的子公司的个别财务报表为基础，通过内部交易的抵销处理等一些特有的合并处理方法编制。编制合并财务报表除需要取得母子公司当期个别财务报表外，还需要取得母子公司、子公司相互之间的内部交易相关的资料。这些资料，有的需要从母公司内部收集取得，有的需要从子公司收集取得。大致来说，母公司为编制合并财务报表应当收集的有关资料主要包括以下内容。

（1）母公司本身和纳入合并范围的子公司当期的个别财务报表。其中境外子公司的财务报表应是折算后以人民币表示的财务报表。

（2）母公司对子公司长期股权投资与子公司所有者权益相关的资料信息。这些资料信息应包括自取得该子公司控制时资产和负债的公允价值、相关资产的折旧（摊销）年限和已折旧（摊销）年限等的相关资料；自取得控制权以来该子公司实现净利润、利润分配以及其他综合收益等情况的资料；以前年度长期股权投资与所有者权益抵销处理情况的相关资料等。

（3）母公司与子公司、子公司相互之间发生的内部购销交易、债权债务相关资料，包括当期发生的内部购销交易及内部债权债务的情况，以及以前年度内部交易及其产生的现金流量和未实现内部销售损益的期初、期末余额及变动情况等资料。

（4）子公司所有者权益变动和利润分配的有关资料。这些资料包括自母公司取得其控制权以来所有者权益的变动情况，以及利润分配情况等资料。

（5）编制合并财务报表需要的其他资料。

4.3 合并财务报表的编制程序

4.3.1 编制合并财务报表的程序

合并财务报表的编制是一项极为复杂的工作，不仅涉及本企业会计业务和财务报表，还涉及纳入合并范围的子公司的会计业务和财务报表。为了使合并财务报表的编制工作有条不紊地进行，必须按照一定的程序，有步骤地进行。合并财务报表编制程序大致如下。

1. 设置合并工作底稿

合并工作底稿的作用是为合并财务报表的编制提供基础。在合并工作底稿中，对母公司和纳入合并范围的子公司的个别财务报表各项目的数额进行汇总和抵销处理，最终计算得出合并财务报表各项目的合并数。

2. 将个别财务报表的数据过入合并工作底稿

将母公司、纳入合并范围的子公司的个别资产负债表、利润表及所有者权益变动表等各项目的数据过入合并工作底稿，并在合并工作底稿中对母公司和子公司个别财务报表各项目的数据进行加总，计算得出个别资产负债表、个别利润表及个别所有者权益变动表等各项目合计数额。

3. 编制抵销分录与调整分录

通过抵销分录与调整分录将母公司与子公司、子公司相互之间发生的交易或事项对个别财务报表有关项目的影响予以抵销、调整。编制调整分录与抵销分录，进行调整与抵销处理是合并财务报表编制的关键和主要内容，其目的在于将因会计政策及计量基础的差异对个别财务报表的影响进行调整，以及将个别财务报表各项目的加总数据中重复的因素等予以抵销。

4. 计算合并财务报表各项目的合并数额

在母公司和纳入合并范围的子公司个别财务报表各项目加总数额的基础上，分别计算财务报表中的资产类项目、负债类项目和所有者权益类项目、有关收益类项目和相关利润分配项目和有关成本费用类项目和相关利润分配项目的合并数。其计算方法如下。

（1）资产类项目，其合并数根据该项目加总的数额，加上该项目调整分录与抵销分录的借方发生额，减去该项目调整分录与抵销分录的贷方发生额计算确定。

（2）负债类项目和所有者权益类项目，其合并数根据该项目加总的数额，减去该项目调整分录与抵销分录的借方发生额，加上该项目调整分录与抵销分录的贷方发生额计算确定。

（3）有关收益类项目和相关利润分配项目，其合并数根据该项目加总的数额，减去该项目调整分录与抵销分录的借方发生额，加上该项目调整分录与抵销分录的贷方发生额计算确定。

（4）有关成本费用类项目和相关利润分配项目，其合并数根据该项目加总的数额，加上该项目调整分录与抵销分录的借方发生额，减去该项目调整分录与抵销分录的贷方发生额计算确定。

5. 填列合并财务报表

根据合并工作底稿中计算出的资产、负债、所有者权益、收入、成本费用类各项目的合并数，填列正式的合并财务报表。

4.3.2　编制合并财务报表需要抵销与调整的项目

1. 编制合并资产负债表需要抵销与调整的项目

合并资产负债表是以母公司和纳入合并范围的子公司的个别资产负债表为基础编制的。个别资产负债表则是以单个企业为会计主体进行会计核算的结果，它从母公司本身或从子公司本身的角度对自身发生的交易或事项进行核算，反映的是其自身的财务状况。对于企业集团内部发生的交易，从发生内部交易的企业来看，发生交易的双方都在其个别资产负债表中进行了反映。如集团内部母公司与子公司之间发生的赊购赊销业务，对于赊销企业来说，一方面确认营业收入、结转营业成本、计算营业利润，并在其个别资产负债表中反映为应收账款；而对于赊购企业来说，在内部购入的存货期末未实现对外销售的情况下，则在其个别资产负债表中反映为存货和应付账款。在这种情况下，如果将资产、负债和所有者权益类各项目进行加总，加总数中必然包含有重复计算的因素，具体表现为应收账款和应付账款的虚增，同时由于内部交易形成的存货是以购入成本，即销货方的销售收入的金额作为其取得成本，其中则包含销货方高于其销售成本而实现的利润，造成存货金额虚增。作为反映企业集团整体财务状况的合并资产负债表，必须将这些重复计算的因素予以扣除。扣除这些重复的因素，则需要对这些重复的因素进行抵销与调整处理。这些涉及需要扣除重复因素的项目就是合并财务报表编制时需要进行抵销处理的项目。

编制合并资产负债表时需要进行抵销处理的项目主要包括：①母公司对子公司长期股权投资项目与子公司所有者权益（或股东权益）项目；②母公司与子公司、子公司相互之间发生的内部债权债务项目，具体包括内部应收应付账款、内部应收应付票据、债权投资与应付债券等项目；③存货项目，即内部购进存货金额中包含的未实现内部销售损益；④固定资产项目（包括固定资产原价和累计折旧项目），即内部购进固定资产金额中包含的未实现内部销售损益；⑤无形资产项目，即内部购进无形资产金额中包含的未实现内部销售损益。

2. 编制合并利润表和合并所有者权益变动表需要抵销与调整的项目

合并利润表和合并所有者权益变动表是以母公司和纳入合并范围的子公司的个别利润表和个别所有者权益变动表为基础编制的。利润表和所有者权益变动表作为以单个企业为会计主体进行会计核算的结果，从母公司本身或从子公司本身反映一定会计期间取得收入、发生成本费用等经营成果的形成及其分配情况。编制合并财务报表，在以个别利润表及个别所有者权益变动表为基础计算收益变动时，也需要将这些重复的因素予以扣除。

在编制合并利润表和合并所有者权益变动表时需要进行抵销处理的项目主要包括：①内部销售收入和内部销售成本项目；②内部投资收益项目，包括内部利息收入与利息支出项目、长期股权投资产生的投资收益等项目；③资产减值损失项目，即与内部交易相关的内部应收账款、存货、固定资产、无形资产等项目的资产减值损失；④纳入合并范围的子公司利润分配项目；⑤其他综合收益项目等。

3. 编制合并现金流量表需要抵销的项目

合并现金流量表是综合反映母公司及其子公司组成的企业集团，在一定会计期间现金流入、现金流出以及现金流量增减变动情况的财务报表。合并现金流量表以母公司和子公司的现金流量表为基础，在抵销母公司与子公司、子公司相互之间发生内部交易对合并现金流量表的影响后，由母公司编制。

在以母公司和子公司个别现金流量表为基础编制合并现金流量表时，需要进行抵销的内容主要包括：①母公司与子公司、子公司相互之间当期以现金投资或收购股权增加的投资所产生的现金流量相互抵销；②母公司与子公司、子公司相互之间当期取得投资收益收到的现金与分配股利、利润或偿付利息支付的现金相互抵销；③母公司与子公司、子公司相互之间以现金结算债权与债务所产生的现金流量相互抵销；④母公司与子公司、子公司相互之间当期销售商品所产生的现金流量相互抵销；⑤母公司与子公司、子公司相互之间处置固定资产、无形资产和其他长期资产收回的现金净额与购建固定资产、无形资产和其他长期资产支付的现金相互抵销；⑥母公司与子公司、子公司相互之间当期发生的其他内部交易所产生的现金流量相互抵销。

5.1　长期股权投资概述

5.1.1　长期股权投资的特征

　　长期股权投资是指购买其他企业股权或股份，或者直接投资组建合资企业，以享有被投资企业的可变回报为目的，并且准备长期持有的权益性投资。长期股权投资的第一个特征是企业准备长期持有，持有时间在一年以上。这一特征，使长期股权投资与短期投资相区别。如果持有某项股票仅仅是为了短期持有，是为了通过转让获取交易差价，则应将其归为交易性金融资产，而不属于长期股权投资。

　　长期股权投资的第二特征是权益性，其投资对象为其他企业的股权或股份。这一特征，使长期股权投资与债权投资相区别。债权投资只能按投资时约定的条件从被投资企业收取相对固定的利息收入。而作为权益性投资的长期股权投资，其投资回报包括股利或股息，持有权益性投资可以参与被投资企业实现的净利润的分配，其投资回报是可变的。当被投资企业宣告发放股利或当被投资企业实现净利润时，持有长期股权投资可获得被投资企业净利润中相应的回报。

5.1.2　长期股权投资的分类

　　长期股权投资可以按不同的方法进行分类，如按长期股权投资的取得方式进行分类、按取得投资后对被投资企业的影响程度进行分类等。不同的分类有不同的目的,满足不同的需要。

(一) 长期股权投资按取得方式进行分类

长期股权投资按其取得方式,可以分为以支付现金和存款方式取得的长期股权投资、以发行有价证券方式取得的长期股权投资、以非货币性资产交换取得的长期股权投资、以债务重组方式取得的长期股权投资、以承担对方债务方式取得的长期股权投资等。

按长期股权投资的取得方式进行分类,主要原因在于不同方式取得的长期股权投资,其初始投资成本的计量方法不同。不同方式取得的长期股权投资初始成本的计量,原则上是以作为对价放弃的资产价值对其进行计价。要对长期股权投资的初始投资成本进行计量,首先需要解决作为取得长期股权投资的对价的计价问题。如以非货币性资产交换取得的长期股权投资,则涉及是采用放弃资产的公允价值进行计价,还是采用其账面价值进行计价问题;如采用公允价值进行计价,则还涉及公允价值的确定,以及公允价值与账面价值之间差额的处理问题。

(二) 长期股权投资按对被投资企业的影响程度进行分类

长期股权投资表现为持有被投资企业一定份额的股权。持有被投资企业股权的份额不同,投资企业对被投资企业的影响程度也不相同,持有的某些长期股权投资,可能对被投资企业有较大的影响力,甚至能借此控制被投资企业的经营活动。按持有的长期股权投资对被投资企业的经营活动的影响程度,可以将长期股权投资划分为对子公司投资、对联营企业投资和对合营企业投资等。按对被投资企业影响程度进行分类,主要涉及对不同类别的长期股权投资采用不同的后续计量方法。取得长期股权投资后,投资企业对被投资企业的影响程度不同,对被投资企业经营活动的参与程度也不同,投资所达到的目的也不相同,为了反映这些不同类别的长期股权投资在被投资企业中的权益情况及其影响程度,则要求对其采用不同的核算方法进行后续计量。

1. 对子公司投资

子公司是指为投资企业所控制的被投资企业。当通过长期股权投资对被投资企业拥有权力,借此权力参与被投资企业的相关活动而享有可变回报,并且有能力运用对被投资企业的权力影响其回报金额时,则表明投资企业对被投资企业拥有控制权。投资企业成为母公司,而被投资企业则成为其投资企业即母公司的子公司。这里的相关活动,是指对被投资企业的回报产生重大影响的活动,通常包括商品或劳务的销售和购买、金融资产的管理、资产的购买和处置、研究与开发活动以及融资活动等。企业应当在综合考虑被投资企业所有相关事实和情况的基础上，对是否控制被投资企业进行判断。一般来说，通过长期股权投资持有某一被投资企业 50% 以上的股权，该被投资企业则应归类为子公司。

当某一长期股权投资被划分为对子公司投资时，根据现行会计政策，对该长期股权投资进行后续计量时要求采用成本法，并且在一般的情况下还需要将其纳入合并财务报表的合并范围，编制合并财务报表。

2. 对联营企业投资

对联营企业投资，是指投资企业能够对被投资企业施加重大影响的股权投资。重大影响，是指投资企业对被投资企业的财务和生产经营决策有参与决策的权力，但并不能控制或与其他方一起共同控制这些政策的制定。

这里所谓"重大影响"，其实对于投资企业只要能够参与被投资企业的生产经营决策即可，在此基础上不再衡量影响的重大程度如何，即投资企业有关提议的接受程度或是在被投资企业的财务和生产经营决策过程中发言权的比重等。实务中，较为常见的重大影响体现为在被投资企业的董事会或类似权力机构中派有代表，通过在被投资企业财务和经营决策制定过程中的发言权实施重大影响。从股权比例来看，投资企业直接或是通过子公司间接持有被投资企业 20% 以上但低于 50% 的表决权股份时，一般认为对被投资企业具有重大影响，除非有明确的证据表明该种情况下不能参与被投资企业的生产经营决策，不形成重大影响。在确定能否对被投资企业施加重大影响时，一方面应考虑投资企业直接或间接持有被投资企业的表决权股份，另一方面要考虑投资企业及其他方持有的当期可执行潜在表决权在假定转换为对被投资企业的股权后产生的影响，如被投资企业发行的当期可转换的认股权证、股份期权及可转换公司债券等的影响。

在以持有股权来判断投资企业对被投资企业的影响程度时，应综合考虑投资企业自身持有的股权、通过子公司间接持有的股权以及投资企业或其他方持有的可转换为对被投资企业股权的其他潜在因素影响，该类潜在因素通常包括被投资企业发行的当期可转换的认股权证、股份期权及可转换公司债券等的影响。上述因素中，以投资企业自身直接或通过子公司间接持有的股权来分析和判断，且在判断中注重的是投资企业现时施加重大影响的权力。理论上来讲，重大影响的判断应当基于现时实际持有股权及被投资企业发行的其他当期可转换为普通股的认股权证、股份期权等的影响。但实际执行中，投资企业往往难以获得充分有效的信息用以评估有关潜在表决权因素对其自身及被投资企业其他投资者可能施加表决权的影响。

投资企业通常可以通过以下一种或几种情形来判断是否对被投资企业具有重大影响。

（1）在被投资企业的董事会或类似权力机构中派有代表。这种情况下，由于在被投资企业的董事会或类似权力机构中派有代表，并享有实质性的参与决策权，投资企业可以通过该代表参与被投资企业经营决策的制定，达到对被投资企业施加重大影响的目的。

（2）参与被投资企业财务和经营政策制定过程，包括股利分配政策等的制定。这种情况下，因可以参与被投资企业的政策制定过程，在政策制定过程中可以为其自身利益提出建议和意见，从而对被投资企业施加重大影响。

（3）与被投资企业之间发生重要交易。有关的交易因对被投资企业的日常经营具有重要性，一定程度上可以影响被投资企业的生产经营决策。

（4）向被投资企业派出管理人员。这种情况下，投资企业通过向被投资企业派出管理人员，管理人员有权力并负责被投资企业的财务和经营活动，从而能够对被投资企业施加重大影响。

（5）向被投资企业提供关键技术资料。因被投资企业的生产经营需要依赖投资企业的技术或技术资料，表明投资企业对被投资企业具有重大影响。

【例 5-1】 2×19 年 2 月，甲公司取得乙公司 15% 股权。按照投资协议约定，甲公司在成为乙公司股东后，向乙公司董事会派出 1 名成员。乙公司章程规定：（1）公司的财务和生产经营决策由董事会制定，董事会由 7 名成员组成，有关决策在提交董事会讨论后，以简单多数表决通过；（2）公司的合并、分立，股东增减资等事项需要经股东会表决通过方可付诸实施。

甲公司自 2×19 年取得乙公司股权后，其认为对乙公司持股比例仅为 15%，且乙公司 7 名董事会成员中，其仅能派出 1 名，在乙公司董事会中有发言权和 1 票表决权，能够施加的影响有限，因此将该投资作为以公允价值计量且其变动计入其他综合收益的金融资产核算。

从乙公司董事会实际运行情况来看，甲公司派出的董事会成员除有为数不多的几次提出供董事会讨论和决策的议案外，其他情况下较少提出供董事会决策的意见和建议，仅在其他方提出有关议案进行表决时代表甲公司提供表决意见。

本例中，甲公司在取得对乙公司股权后，根据投资协议约定，能够向乙公司董事会派出1名成员，参与乙公司的财务和生产经营决策，其所派出成员虽然只有发言权和1票表决权，但按照准则规定应当认为甲公司对乙公司具有重大影响，该投资应作为长期股权投资核算。

【例5-2】甲公司于2×19年取得A公司20%的股权，并在取得该股权后向A公司董事会派出1名成员。A公司董事会由5名成员组成，除甲公司外，A公司另有2名其他投资者，并各持有A公司40%的股权并分别向A公司董事会派出2名成员。

A公司章程规定：其财务和生产经营决策由参加董事会成员简单多数通过后即可实施。

从实际运行情况来看，除甲公司所派董事会成员外，其他董事会成员经常提议召开董事会，并且在甲公司派出董事会成员缺席情况下作出决议。为财务核算及管理需要，甲公司曾向A公司索要财务报表，但该要求未得到满足。甲公司派出的董事会成员对于A公司生产经营的提议基本上未提交到董事会正式议案中，且在董事会讨论过程中，甲公司派出董事会成员的意见和建议均被否决。

问题：甲公司向其被投资单位A公司派出董事会成员，是否对A公司构成重大影响？

本例中，虽然甲公司拥有A公司有表决权股份的比例为20%，且向被投资单位派出董事会成员参与其生产经营决策，但从实际运行情况来看，其提议未实际被讨论、意见和建议被否决、提出获取A公司财务报表的要求被拒绝，甲公司向A公司董事会派出的成员无法对A公司生产决策施加影响，该项投资不能对A公司构成重大影响。

3. 对合营企业投资

对合营企业投资，是指投资企业持有的对构成合营企业的合营安排的投资。投资企业判断持有的对合营企业的投资，应当首先看是否构成合营安排，其次再看有关合营安排是否构成合营企业。投资企业通过与其他方共同出资设立被投资企业或是通过购买等方式取得对被投资企业的投资，能够与其他方一并对被投资企业实施共同控制的，虽然从法律形式上体现为投资，但是否能够作为会计意义上对合营企业的投资还是仅构成对合营安排中的投资，并最终体现为投资企业财务报表中占合营安排中有关资产、负债、收入、费用的份额，要依有关判断确定。

5.2　长期股权投资的初始计量

5.2.1　长期股权投资的确认

长期股权投资的确认，是指投资方能够在自身账簿和报表中确认对被投资单位股权投资的时点。企业会计准则体系中对于联营企业、合营企业投资的确认没有非常明确的规定，原则上其确认应当遵从《企业会计准则——基本准则》中关于资产的界定，即有关股权投资在属于投资方的资产时确认。企业会计准则体系中仅就对子公司投资的确认时点进行了明确规定，即合并方（或购买方）应于合并日（或购买日）确认对子公司的长期股权投资。实务中，对于联营企业、合营企业等投资的持有一般会参照对子公司长期股权投资的确认条件进行。

对子公司投资应当在企业合并的合并日（或购买日）确认。其中合并日（或购买日）是指合并方（或购买方）实际取得对被合并方（或被购买方）控制权的日期，即投资方拥有对被投资方的权力，通过参与被投资方的相关活动而享有可变回报，且有能力运用对被投资方的权力影响其回报金额时。对于合并日（或购买日）的判断，满足以下有关条件的，通常可认为实现了控制权的转移：（1）企业合并合同或协议已获股东大会通过；（2）企业合并事项需要经过国家有关主管部门审批的，已获得批准；（3）参与合并各方已办理了必要的财产权转移手续；（4）合并方或购买方已支付了合并价款的大部分（一般应超过50%），并且有能力、有计划支付剩余款项；（5）合并方或购买方实际上已经控制了被合并方或被购买方的财务和经营政策，并享有相应的利益、承担相应的风险。实务操作中，应结合具体交易情况进行综合判断，关键在于确定控制权的转移时点。

【例 5-3】甲上市公司（以下简称"甲公司"）2×18 年 7 月 20 日对外公告，拟以定向发行本公司普通股的方式自独立的非关联方乙公司、丙公司收购其持有的 A 公司 80% 股权。双方签订的并购合同中约定对标的资产 A 公司的评估基准日为 2×18 年 6 月 30 日，以评估确定的该时点标的资产价值为基础，甲公司拟以 6 元/股（公告日前 60 天甲公司普通股的平均市场价格）的价格购买 A 公司原股东所持其全部股份。合同中同时约定，在评估基准日至甲公司取得 A 公司股权之日期间内 A 公司实现的净损益归甲公司所有。该并购重组事项的具体执行情况如下。

（1）2×18 年 7 月 16 日经甲公司、乙公司、丙公司各自决策机构批准。

（2）2×18 年 7 月 20 日对外公告。

（3）2×18 年 10 月 22 日向有关监管机构提交并购重组申请材料。

（4）2×18 年 12 月 20 日，该重组事项获监管部门批准。

（5）2×18 年 12 月 31 日，甲公司取得监管部门批文。当日，甲公司对 A 公司董事会进行改组，在 A 公司 7 名董事会成员中，派出 5 名。同时，买卖双方于当日办理了 A 公司有关财产的交接手续。

A 公司章程规定：公司的生产经营活动由董事会决策，重大生产经营决策需经参加董事会成员半数以上通过后实施；涉及公司合并、分立、解散、清算等事项需经董事会全体成员一致通过。

（6）2×19 年 1 月 6 日，注册会计师完成对 A 公司注册资本验资程序。A 公司于当日向工商部门申请变更股东并获批准。

（7）2×19 年 1 月 28 日，甲公司在有关股权登记部门完成股东登记手续。

问题：在甲公司购买 A 公司 80% 股权交易中，在哪一时点可以确认对 A 公司长期股权投资？

本例中，确定甲公司对 A 公司长期股权投资的确认时点，实际上需要根据交易进行过程中的相关情况，判断该项非同一控制下企业合并的购买日。

该项交易中，甲公司并购重组交易取得内、外部机构批准的时点为 2×18 年 12 月 20 日，至 12 月 31 日，甲公司已经通过派出 A 公司董事会成员，对其生产经营决策进行控制。虽然 2×18 年 12 月 31 日，该项交易并未完全完成，但后续在 2×19 年 1 月完成的工商登记及甲公司股东登记程序原则上在前期条件均已具备的情况下，有关程序应为程序性的，对交易本身不构成实质性障碍，亦不会因 2×19 年有关程序未完成而发生交易逆转的情况，因此可以认为 2×18 年 12 月 31 日为该项交易的购买日。

本交易中，在确定购买日时，应关注以下两个问题。

一是在对标的资产的评估基准日至股权转移日之间标的资产的净损益归属问

题是否影响购买日的确定。购买日的确定基础是对标的股权控制权于何时转移。本交易中虽然购买方与出售方签订的协议中约定评估基准日至股权转移日之间被购买企业实现的净损益归属于购买方所有，但在评估基准日，该项交易尚未实质性进行，有关审批程序、资产转移、对被购买企业生产经营决策权的主导等均未实际发生，因此，未形成控制权的转移，不能将评估基准日确定为企业合并的购买日。双方对过渡期间损益归属的协议约定原则上是对购买方企业合并成本的调整，即被购买企业在此期间实现盈利且归属于购买方的，该盈利应被视为对购买方支付的企业合并成本的抵减；被购买企业在此期间发生亏损的，如该亏损应由购买方负担，则应认为是购买方实际付出企业合并成本的增加。

二是对 A 公司控制权的理解问题，即何种情况下甲公司能够控制 A 公司。本交易中甲公司的章程规定：公司的生产经营活动由董事会决策，重大生产经营决策需经参加董事会成员半数以上通过后实施；涉及公司合并、分立、解散、清算等事项需经董事会全体成员一致通过。在甲公司向 A 公司派出 5 名董事会成员且享有 A 公司生产经营产生的损益后，是否即形成对 A 公司的控制，章程中规定需要由董事会全体成员一致通过的事项是否说明即使甲公司向 A 公司派出 5 名董事，也不能实际控制 A 公司呢？判断控制是要看对被投资方的回报产生重大影响的活动（如商品或劳务的销售及购买、资产的购买与处置、研究开发活动、投资与融资等日常经营活动）的权力。企业在持续经营过程中，涉及合并、分立、解散、清算等均为相对较为特殊事项，这些事项发生时，有关决策需董事会一致通过，并不影响投资方对被投资方日常经营相关活动的控制能力。

应予说明的是，对联营企业、合营企业投资的初始确认时点虽然现行企业会计准则中未予明确规定，但原则上可比照上述关于子公司的确认条件进行。同时，在以原则为基础的会计准则体系下，某一具体事项的会计处理规定未通过准则进行明确规定时，应当按照《企业会计准则——基本准则》中关于资产、负债的确认条件进行。

5.2.2　长期股权投资取得时的会计处理

长期股权投资取得时，应当按其初始投资成本进行计量。总体来说，长期股权投资的初始投资成本为取得长期股权投资而放弃资产的价值，或者说取得长期股权投资所支付的各种形式的对价。

在取得长期股权投资时，支付的对价中包含的被投资企业已经宣告但尚未发放的现金股利或利润，由于该现金股利或利润在不久的将来将为持有长期股权投资者所收到，支付的对价中该现金股利或利润相应的金额属于预付性质，属于应收债权，在确定长期股权投资的初始投资成本时，不应将其包括在长期股权投资的初始投资成本之中。对于取得长期股权投资而支付的价款中包含的被投资企业已经宣告但尚未发放的现金股利或利润，应作为预付款或应收款项处理。

（1）对于以支付现金和银行存款取得的长期股权投资，应当按照实际支付的购买价款作为长期股权投资的初始投资成本。其初始投资成本具体包括与取得长期股权投资直接相关的费用、税金及其他必要的支出。但支付价款中包含的被投资企业已宣告但尚未发放的现金股利或利润，应当作为应收项目处理，不得将其计入取得长期股权投资的初始投资成本。

【例5-4】2×18年2月10日，甲公司从乙公司原投资人处购买其20%的股份，购买后甲公司对乙公司具有重大影响，并准备长期持有。甲公司为取得乙公司20%的股权，实际购买价款为8 100万元，另外发生手续费、评估咨询费用等有关费用200万元。上述款项已于当日以银行存款支付，并于当日办理完毕相关的股权转让手续。甲公司支付的购买价款中包含有乙公司已宣告但尚未发放的现金股利100万元。该现金股利按公告将于近期发放。

本例中，甲公司取得乙公司20%股权的初始投资成本为8 200（8 100 + 200 - 100）万元，甲公司应当按照初始投资成本将该长期股权投资确认入账。

借：长期股权投资——投资成本　　　　　　　　　　　　　8 200
　　贷：银行存款　　　　　　　　　　　　　　　　　　　　　8 200
借：应收股利　　　　　　　　　　　　　　　　　　　　　　100
　　贷：银行存款　　　　　　　　　　　　　　　　　　　　　　100

（2）所谓以发行权益性证券方式取得的长期股权投资，也就是通过发行本企业的股票，以发行的股票作为对价，从被投资企业的原所有者手中换取被投资企业的股权所进行的长期股权投资。以发行权益性证券取得的长期股权投资，应以该权益性证券发行时的公允价值确定其初始投资成本。对于发行权益性证券取得的长期股权投资，实际上可以理解为企业先发行权益性证券筹措资金，然后再以筹措的资金购买取得长期股权投资。权益性证券按公允价值发行时，以收到的发行价款作为取得长期股权投资的初始投资成本，也就是以公允价值作为其初始投资成本。发行权益性证券支付给证券承销机构等的手续费、佣金等与权益性证券发行直接相关的费用，从理论上来说属于权益性证券发行本身所发生的费用，不属于取得长期股权投资必须发生的成本。对于这一部分费用，应当按照《企业会计准则第37号——金融工具列报》的规定，将该费用从发行权益性证券所发生溢价发行收入中扣除；发行权益性证券的溢价收入不足以抵补发行权益性证券发生的相关费用时，应当依次冲减盈余公积和未分配利润。

通过发行债务性证券（债务性工具）取得的长期股权投资，应比照通过发行权益性证券取得的长期股权投资的情况进行会计处理。

【例5-5】 2×18年3月5日，A公司通过增发9 000万股本公司普通股（每股面值1元）取得B公司20%的股权，该9 000万股股份的公允价值为15 600万元。为增发该部分股份，A公司向证券承销机构等支付了600万元的佣金和手续费。假定A公司取得该部分股权后，能够对B公司的财务和生产经营策施加重大影响。

本例中，A公司应当以所发行股份的公允价值作为取得长期股权投资的成本，账务处理如下。

```
借：长期股权投资                              156 000 000
    贷：股本                                     90 000 000
        资本公积——股本溢价                      66 000 000
```

发行权益性证券过程中支付的佣金和手续费，应冲减权益性证券的溢价发行收入，账务处理如下。

```
借：资本公积——股本溢价                         6 000 000
    贷：银行存款                                 6 000 000
```

（3）债务重组是指在不改变交易对手方的情况下，经债权人和债务人协定或法院裁定，就清偿债务的时间、金额或方式等重新达成协议的交易。债务重组主要包括以资产清偿债务、将债务转为资本、修改其他债务条件等形式。在采用以资产清偿债务进行债务重组的情况下，债权人可能收到债务人作为清偿债务的股份或股权等金融资产。在收到用于抵债的股份或股权时，作为债权人的企业将在债务重组中取得的股份或股权作为长期投资持有时，则取得了一项长期股权投资。对于该项在债务重组中取得的长期股权投资，企业应按收到的股份或股权的公允价值作为长期股权投资初始投资成本入账。由于债权人在债务重组中必须给予债务人某种程度上的让步，债务重组时其取得股份或股权的公允价值低于重组债权的账面价值，不能以重组债权的账面价值作为其取得的初始投资成本。

【例5-6】2×18年5月，甲公司与丁公司签订一项债务重组协议。根据债务重组协议，丁公司以其持有的A公司25%股份清偿所欠甲公司的账款5 000万元。丁公司用于债务重组的A公司25%的股权，账面价值为3 500万元，重组时公允价值为4 500万元。甲公司用于债务重组的应收账款的账面金额为5 000万元，当年4月30日计提坏账准备的余额为200万元。甲公司和丁公司在5月底已实施该债务重组协议，A公司25%股权的转移手续已办理完毕。甲公司取得A公司25%的股权后，准备长期持有。

本例中，甲公司通过该债务重组取得的A公司25%的股权公允价值为4 500万元，虽然甲公司用于该债务重组的应收账款账面价值为4 800（5 000−200）万元，但取得的A公司25%的股权的公允价值为4 500万元，甲公司取得的A公司股权应作为长期股权投资入账，其初始投资成本为4 500万元。至于应收账款账面价值与取得的长期股权投资的初始投资成本之间的差额300（4 800−4 500）万元，则应计入当期损益（债务重组损失）。

借：长期股权投资——投资成本　　　　　　　　　　　　　　4 500

　　　坏账准备　　　　　　　　　　　　　　　　　　　　　200

　　　投资收益　　　　　　　　　　　　　　　　　　　　　300

　　贷：应收账款　　　　　　　　　　　　　　　　　　　　　5 000

（4）以非货币性资产交换方式取得的长期股权投资。

非货币性资产交换，是指交易双方主要以存货、固定资产、无形资产和长期股权投资等非货币性资产进行的交换。非货币性资产交换不涉及或只涉及少量的货币性资产（即补价）。货币性资产是指企业持有的货币资金和将以固定或可确定的金额收取的资产，包括现金、银行存款、应收账款和应收票据以及准备持有至到期的债券投资等。在进行非货币性资产交换的情况下，作为非货币性资产交换方的企业，可能是为取得某一企业的股份或股权而进行的。作为交换方之一的企业如果准备将换入的其他企业的股份或股权长期持有，则形成企业的一项长期股权投资。对于以非货币性资产交换方式取得的长期股权投资，在该交换具有商业实质且其公允价值能够可靠计量时，应当以换出资产的公允价值作为取得的股份或股权的长期股权投资的初始投资成本入账。如果非货币性资产交换不具有商业实质，或者虽然具有商业实质但换入资产和换出资产的公允价值均不能可靠计量时，则以换出资产的账面价值为基础确定换入取得的长期股权投资的初始投资成本。非货币性资产交换中发生补价的，在以换出资产的公允价值作为换入取得的长期股权投资的初始投资成本的情况下，支付的补价或收到的补价应作为确定取得的长期股权投资初始投资成本的一个调整因素。支付补价的，应以换出资产的公允价值加上补价作为换入取得的长期股权投资的初始投资成本；而收到补价的，则应以换出资产的公允价值减去补价作为换入取得的长期股权投资的初始投资成本。

【例 5-7】甲公司与乙公司签订一项资产交换协议。协议规定甲公司以一项生产用厂房与乙公司持有的 W 公司 22% 的股份相交换，甲公司另向乙公司支付补价 150 万元。甲公司用于交换的厂房的原价为 9 000 万元，已累计提折旧为 4 000 万元，交换协议签订当日的公允价值为 8 000 万元。乙公司用于交换的 W 公司股权系作为长期股权投资持有的，其账面价值为 7 000 万元，公允价值为 8 200 万元。甲公司和乙公司在资产交换协议签订日后 20 天内办完资产移交和股权转移相关手续。甲公司已将补价 150 万元以银行存款向乙公司支付。

本例中，甲公司通过该资产交换取得 W 公司 22% 的股份，用于交换的厂房的账面价值为 5 000 万元，但其公允价值为 8 000 万元，另支付补价 150 万元，为取得该股权而支付的资产公允价值总额为 8 150 万元，即换入取得的该股份的初始投资成本为 8 150 万元。至于乙公司资产交换取得的厂房，则以换出的 W 公司 22% 的股份的公允价值 8 200 万元，减去收到的补价 150 万元后的金额 8 050 万元，作为该固定资产原价确认入账。甲公司的账务处理如下。

```
借：固定资产清理                          5 000
    累计折旧                              4 000
    贷：固定资产——厂房                          9 000
借：长期股权投资——投资成本                8 150
    贷：固定资产清理                            5 000
        银行存款                                150
        资产处置损益                          3 000
```

5.2.3　导致形成企业合并的长期股权投资

对于形成控股合并的长期股权投资，应分别形成同一控制下控股合并与非同一控制下控股合并两种情况确定长期股权投资的初始投资成本。

（一）同一控制下控股合并形成的对子公司长期股权投资

在同一控制下的企业合并中，交易发生前后合并方、被合并方均在相同的最终控制方控制之下，从能够对参与合并各方在合并前及合并后均实施最终控制的一方来看，最终控制方在企业合并前及合并后能够控制的资产并没有发生变化，只是由于合并方的加入，其所控制子公司相互的层级、直接或间接关系有所变化。控制的理念在会计核算中非常重要，从能够实施控制一方的角度，不管其在某些交易事项发生前后，对被投资方实施的是直接控制还是通过中间层次间接控制，只要能够实施控制，其所能够支配和运用的经济资源即是不变的，一般不能改记相关资产、负债的价值，这一理念原则上应体现在合并财务报表层面，即最终控制方的合并财务报表、合并方编制的以最终控制方作为最主要使用者的合并财务报表中均应体现从最终控制方角度自其实施控制开始，延续下来的至合并发生时有关资产、负债的应有价值。

同一控制下企业合并形成的合并方对被合并方的长期股权投资，是合并方在该项交易后在其个别财务报表中应当确认的资产，其成本代表的是在被合并方所有者权益中享有的份额。理论上来讲，该项资产是合并方通过支付相关的对价取得的，其初始入账价值应当按照合并方为获取该项资产所支付对价的公允价值计量，这是从单独的法律主体角度对合并方在交易中进行的真实价值交换的反映。但是，我国企业会计准则体系中未采用这一观点，而是从最终控制方的角度，将合并方取得被合并方股权的交易作为企业集团内资产和权益的重新整合处理——不管交易本身是否是按照公平的市场价格作价，也不管交易本身是否是在最终控制方的主导下进行，只要符合同一控制下企业合并的界定，合并方通过交易取得对被合并方的长期股权投资即应按照通过该项交易取得的被合并方账面净资产的份额确认。应予以关注的是，该账面净资产并非是指被合并方个别财务报表中体现的有关资产、负债的价值，而是从最终控制方的角度，被合并方自其被最终控制方开始控制时开始，其所持有的资产、负债确定对于最终控制方的价值持续计算至合并日的账面价值。具体如下。

（1）合并方以支付现金、转让非现金资产或承担债务方式作为合并对价的，应当在合并日按照取得被合并方所有者权益在最终控制方合并财务报表中的账面价值的份额作为长期股权投资的初始投资成本。被合并方在合并日的净资产账面价值为负数的，长期股权投资成本按零确定，同时在备查簿中予以登记。长期股权投资的初始投资成本与支付的现金、转让的非现金资产及所承担债务账面价值之间的差额，应当调整资本公积（资本溢价或股本溢价）；资本公积（资本溢价或股本溢价）的余额不足冲减的，依次冲减盈余公积和未分配利润。

具体进行会计处理时，合并方在合并日按取得被合并方所有者权益在最终控制方合并财务报表中账面价值的份额，借记"长期股权投资"科目；按应享有被投资单位已宣告但尚未发放的现金股利或利润，借记"应收股利"科目；按支付的合并对价的账面价值，贷记有关资产或负债科目；如为贷方差额，贷记"资本公积——资本溢价或股本溢价"科目；如为借方差额，应借记"资本公积——资本溢价或股本溢价"科目；资本公积（资本溢价或股本溢价）不足冲减的，借记"盈余公积""利润分配——未分配利润"科目。

（2）合并以发行权益性证券作为合并对价的，应按合并日取得被合并方所有者权益在最终控制方合并财务报表中的账面价值的份额确认长期股权投资：按发行权益性证券的面值总额作为股本，长期股权投资初始投资成本与所发行权益性证券面值总额之间的差额，应当调整资本公积（资本溢价或股本溢价）；资本公积（资本溢价或股本溢价）不足冲减的，依次冲减盈余公积和未分配利润。

具体进行会计处理时，在合并日应按取得被合并方所有者权益在最终控制方合并财务报表中的账面价值的份额，借记"长期股权投资"科目；按应享有被投资单位已宣告但尚未发放的现金股利或利润，借记"应收股利"科目；按发行权益性证券的面值，贷记"股本"科目；如为贷方差额，贷记"资本公积——资本溢价或股本溢价"科目；如为借方差额，应借记"资本公积——资本溢价或股本溢价"科目；资本公积（资本溢价或股本溢价）不足冲减的，借记"盈余公积""利润分配——未分配利润"科目。

在按照合并日应享有被合并方在最终控制方合并财务报表中的净资产的账面价值的份额确定长期股权投资的初始投资成本时，前提是合并前合并方与被合并方采用的会计政策应当一致。企业合并前合并方与被合并方采用的会计政策不同的，应基于重要性原则，统一合并方与被合并方的会计政策。在按照合并方的会计政策对被合并方在最终控制方合并财务报表中的净资产的账面价值进行调整的基础上，计算确定长期股权投资的初始投资成本。如果被合并方编制合并财务报表，则应当以合并日被合并方的合并财务报表为基础确认长期股权投资的初始投资成本。

【例5-8】2×19年6月30日，A公司向其母公司P发行10 000 000股普通股（每股面值为1元，每股公允价值为4.34元），取得母公司P拥有对S公司100%的股权，并于当日起能够对S公司实施控制。合并后S公司仍维持其独立法人地位继续经营。2×19年6月30日，P公司合并财务报表中的S公司净资产账面价值为40 000 000元。假定A公司和S公司都受P公司最终同一控制，在企业合并前采用的会计政策相同。不考虑相关税费等其他因素影响。

本例中，A公司在合并日应确认对S公司的长期股权投资，初始投资成本为应享有S公司在P公司合并财务报表中的净资产账面价值的份额，账务处理如下。

借：长期股权投资——S公司   40 000 000

贷：股本   10 000 000

资本公积——股本溢价   30 000 000

（3）形成同一控制下控股合并的长期股权投资，如果子公司按照改制时确定的资产、负债经评估确认的价值调整资产、负债账面价值的，合并方应当按照取得子公司经评估确认的净资产的份额，作为长期股权投资的初始投资成本。

（4）企业通过多次交易分步取得同一控制下被投资单位的股权，最终形成企业合并的，应当判断多次交易是否属于"一揽子交易"。多次交易的条款、条件以及经济影响符合以下一种或多种情况，通常表明应将多次交易事项作为"一揽子交易"进行会计处理：这些交易是同时或者在考虑了彼此影响的情况下订立的；这些交易整体才能达成一项完整的商业结果；一项交易的发生取决于其他至少一项交易的发生；一项交易单独看是不经济的，但和其他交易一并考虑时是经济的。

属于"一揽子交易"的，合并方应当将各项交易作为一项取得控制权的交易进行会计处理。不属于"一揽子交易"的，取得控制权日，应按照以下步骤进行会计处理。

①确定同一控制下企业合并形成的长期股权投资的初始投资成本。在合并日，根据合并后应享有被合并方净资产在最终控制方合并财务报表中的账面价值的份额，确定长期股权投资的初始投资成本。

②长期股权投资初始投资成本与合并对价账面价值之间的差额的处理。合并日长期股权投资的初始投资成本，与达到合并前的长期股权投资账面价值加上合

并日进一步取得股份新支付对价的账面价值之和的差额，调整资本公积（资本溢价或股本溢价），资本公积不足冲减的，冲减留存收益。

③合并日之前持有的股权投资，因采用权益法核算或按照本书第9章的相关内容核算而确认的其他综合收益，暂不进行会计处理，直至处置该项投资时采用与被投资单位直接处置相关资产或负债相同的基础进行会计处理；因采用权益法核算而确认的被投资单位净资产中除净损益、其他综合收益和利润分配以外的所有者权益其他变动，暂不进行会计处理，直至处置该项投资时转入当期损益。其中，处置后的剩余股权采用成本法或权益法核算的，其他综合收益和其他所有者权益应按比例结转，处置后的剩余股权不再属于长期股权投资核算范围的，改按金融工具的相关内容进行会计处理。

【例5-9】2×18年1月1日，A公司取得同一控制下的B公司25%的股份，实际支付款项90 000 000元，能够对B公司施加重大影响。相关手续于当日办理完毕。当日，B公司可辨认净资产账面价值为330 000 000元。2×18年度，B公司共实现净利润15 000 000元，无其他所有者权益变动。2×19年1月1日，A公司以定向增发30 000 000股普通股（每股面值为1元）的方式取得同一控制下另一企业所持有的B公司35%股权，相关手续于当日完成。进一步取得投资后，A公司能够对B公司实施控制。当日，B公司在最终控制方合并财务报表中的净资产的账面价值为345 000 000元。假定A公司和B公司采用的会计政策和会计期间相同，均按照10%的比例提取法定盈余公积。A公司和B公司一直受同一最终控制方控制。上述交易不属于"一揽子交易"。不考虑相关税费等其他因素影响。

本例有关会计处理如下。

（1）确定合并日长期股权投资的初始投资成本。

合并日追加投资后A公司持有B公司股权比例为60%（25%＋35%）。

合并日A公司享有B公司在最终控制方合并财务报表中净资产的账面价值份额为207 000 000（345 000 000×60%）元。

（2）长期股权投资初始投资成本与合并对价账面价值之间的差额的处理。

原25%的股权投资采用权益法核算，在合并日的原账面价值为93 750 000（90 000 000＋15 000 000×25%）元。

追加投资（35%）所支付对价的账面价值为30 000 000元。

合并对价账面价值为 123 750 000（93 750 000 + 30 000 000）元。

长期股权投资初始投资成本与合并对价账面价值之间的差额为 83 250 000（207 000 000 − 123 750 000）元。

合并日，A 公司应进行的账务处理如下。

借：长期股权投资——B 公司   207 000 000

    贷：长期股权投资——B 公司（投资成本）   90 000 000

        ——B 公司（损益调整）   3 750 000

    股本   30 000 000

    资本公积——股本溢价   83 250 000

（5）在企业合并中，合并方发生的审计、法律服务、评估咨询等中介费用以及其他相关管理费用，应当于发生时计入当期损益（管理费用）。

【例 5−10】甲公司于 2×18 年 4 月 1 日自其母公司（P 公司）取得 B 公司100% 股权并能够对 B 公司实施控制。该项交易中，以 2×17 年 12 月 31 日为评估基准日，B 公司全部股权经评估确定的价值为 15 亿元，其个别财务报表中净资产账面价值为 6.4 亿元，以 P 公司最初从独立第三方取得 B 公司时点确定的 B公司有关资产、负债价值为基础，考虑 B 公司后续有关交易事项的影响，2×18年 4 月 1 日，B 公司净资产价值为 9.2 亿元。甲公司用以支付购买 B 公司股权的对价为其账面持有的一项土地使用权，成本为 7 亿元，已摊销 1.5 亿元，评估价值为 10 亿元，同时该项交易中甲公司另支付现金 5 亿元。当日，甲公司账面所有者权益项目构成为：股本 6 亿元，资本公积 3.6 亿元，盈余公积 2.4 亿元，未分配利润 8 亿元。

问题：甲公司应如何确认对 B 公司长期股权投资的成本及其会计处理？

本例中，甲公司对 B 公司的合并属于同一控制下企业合并。按照企业会计准则规定，该类合并中投资方应当按照合并取得应享有被合并方账面净资产的份额确认对被合并方的长期股权投资。该长期股权投资与所支付对价账面价值之间的差额应当调整资本公积，资本公积余额不足的，应当依次调整盈余公积和未分配利润。

对 B 公司长期股权投资为 9.2 亿元，甲公司应进行的会计处理如下。

借：长期股权投资   920 000 000

    累计摊销   150 000 000

资本公积	130 000 000
贷：无形资产	700 000 000
银行存款	500 000 000

本例中应当注意以下问题。

一是甲公司取得对 B 公司长期股权投资，应以所取得 B 公司账面净资产的份额确认。该账面净资产并非 B 公司个别财务报表中体现的 6.4 亿元，而应以 B 公司有关资产、负债在最终控制方 P 公司的账面价值 9.2 亿元为基础确定。

二是在确认长期股权投资时，对于合并方为取得该项投资支付的对价原则上应以账面价值结转，无论其公允价值与账面价值是否相同，均不确认损益。取得长期股权投资的入账价值与所支付对价账面价值之间的差额应当全部调整所有者权益。本例中因甲公司资本公积的余额足够，相关差额均调整了资本公积。根据同一控制下企业合并作为企业集团内资产和权益整合的处理理念，该类交易确认时不应当产生损益。

三是如果本例中在确认甲公司对 B 公司长期股权投资时，因该长期股权投资按照企业会计准则规定确定的初始投资成本与支付对价账面价值之间的差额冲减资本公积（资本溢价）时，资本公积（资本溢价）的余额不足的，应当按照比例相应冲减甲公司的盈余公积和未分配利润。

（二）非同一控制下控股合并形成的对子公司长期股权投资

非同一控制下企业合并本质上为市场化购买，其处理原则与一般的单项资产购买有相同之处，同时亦有区别。相同之处在于因为交易本身是按照市场化原则进行的，购买方在支付有关对价后，对于该项交易中自被购买方取得的各项资产、负债应当按照其在购买日的公允价值计量；与单项资产购买的不同之处在于，企业合并是构成业务的多项资产及负债的整体购买，由于在交易价格形成过程中购买方与出售方之间议价等因素的影响，交易的最终价格与通过交易取得被购买方持有的有关单项资产、负债的公允价值之和一般会存在差异。该差异主要是源自两种情况：一是购买方支付的成本大于通过该项交易自被购买方取得的各单项可辨认资产、负债的公允价值之和，差额部分是交易各方在作价时出于对被购买业务整合获利能力等因素的考虑，即被购买业务中有关资产、负债整合在一起预期会产生高于其中单项资产、负债的价值，即为商誉的价值；二是购买方支付的成本小于通过该项交易自被购买方取得的各单项资产、负债的公允价值之和，差额部分是购买方在交易作价过程中通过自身的议价能力得到的折让。应予说明的是，按照我国企业会计准则规定，对子公司长期股权投资在取得以后，在母公司账簿及个别财务报表中均体现为单项资产——长期股权投资，且采用成本法计量，上述商誉因素包含在相关对子公司长期股权投资的初始投资成本中，仅在编制合并财务报表时才会体现；负商誉的因素不影响母公司账面及个别财务报表中持有的对子公司初始投资成本的确定，在编制合并财务报表时，体现为企业合并发生当期合并利润表的损益。具体如下。

（1）非同一控制下的控股合并中，购买方应当按照确定的企业合并成本作为长期股权投资的初始投资成本。企业合并成本包括购买方付出的资产、发生或承担的负债、发行的权益性证券的公允价值之和。

具体进行会计处理时，对于非同一控制下控股合并形成的长期股权投资，应在购买日按企业合并成本（不含应自被投资单位收取的现金股利或利润），借记"长期股权投资"科目；按享有被投资单位已宣告但尚未发放的现金股利或利润，借记"应收股利"科目；按支付合并对价的账面价值，贷记有关资产或负债科目；按其差额，贷记"资产处置损益""投资收益"等科目，或借记"资产处置损益""投资收益"等科目。购买方以发行权益性证券作为合并对价的，应在购买日按照发行的权益性证券的公允价值，借记"长期股权投资"科目；按照发行的权益性证券的面值总额，贷记"股本"科目；按其差额，贷记"资本公积——资本溢价或股本溢价"科目。

购买方为企业合并发生的审计、法律服务、评估咨询等中介费用以及其他相关管理费用，应于发生时计入当期损益，借记"管理费用"科目，贷记"银行存款"等科目；购买方作为合并对价发行的权益性工具或债务性工具的交易费用，应当计入权益性工具或债务性工具的初始确认金额。

非同一控制下控股合并涉及以库存商品等作为合并对价的，应按库存商品的公允价值，贷记"主营业务收入"或"其他业务收入"科目，并同时结转相关的成本。以公允价值计量且其变动计入其他综合收益的债权性金融资产作为合并对价的，原持有期间公允价值变动形成的其他综合收益应一并转入投资收益，借记或贷记"其他综合收益"科目，贷记或借记"投资收益"科目。

【例5-11】2×18年3月31日，A公司取得B公司70%的股权，并于当日起能够对B公司实施控制。合并中，A公司支付的有关资产在购买日的账面价值与公允价值如表 5-1 所示。合并中，A 公司为核实 B 公司的资产价值，聘请专业资产评估机构对 B 公司的资产进行评估，支付评估费用 1 000 000 元。假定合并前 A 公司与 B 公司不存在任何关联方关系。不考虑相关税费等其他因素影响。

表 5-1　A 公司支付的有关资产在购买日的账面价值与公允价值

2×18 年 3 月 31 日　　　　　　　　　　　　　　　　单位：元

项目	账面价值	公允价值
土地使用权（自用）	20 000 000（成本为 30 000 000，累计摊销 10 000 000）	32 000 000
专利技术	8 000 000（成本为 10 000 000，累计摊销 2 000 000）	10 000 000
银行存款	8 000 000	8 000 000
合计	36 000 000	50 000 000

本例中，因 A 公司与 B 公司在合并前不存在任何关联方关系，应作为非同一控制下的企业合并处理。A 公司对于合并形成的对 B 公司的长期股权投资，应按支付对价的公允价值确定其初始投资成本。A 公司应进行的账务处理如下。

借：长期股权投资——B 公司　　　　　　　　　　　50 000 000

　　累计摊销　　　　　　　　　　　　　　　　　　12 000 000

　　管理费用　　　　　　　　　　　　　　　　　　 1 000 000

　贷：无形资产　　　　　　　　　　　　　　　　　40 000 000

　　　银行存款　　　　　　　　　　　　　　　　　 9 000 000

　　　资产处置损益　　　　　　　　　　　　　　　14 000 000

（2）通过多次交换交易，分步取得股权最终形成非同一控制下控股合并的，购买方在个别财务报表中，应当以购买日之前所持被购买方的股权投资的账面价值与购买日新增投资成本之和，作为该项投资的初始投资成本。其中，形成控股合并前对长期股权投资采用权益法核算的，购买日长期股权投资的初始投资成本，为原权益法下的账面价值加上购买日为取得新的股份所支付对价的公允价值之和，购买日之前因权益法形成的其他综合收益或其他资本公积暂时不作处理，待处置该项投资时将与其相关的其他综合收益或其他资本公积采用与被购买方直接处置相关资产或负债相同的基础进行会计处理；形成控股合并前对股权投资采用金融工具准则以公允价值计量的（例如，原分类为以公允价值计量且其变动计入其他综合收益金融资产的非交易性权益工具投资），长期股权投资在购买日的初始投资成本为原公允价值计量的账面价值加上购买日取得新的股份所支付对价的公允价值之和，购买日之前持有的被购买方的股权涉及其他综合收益的，计入留存收益，不得转入当期损益。

【例5-12】A公司于2×18年3月以2 000万元取得B上市公司5%的股权，对B公司不具有重大影响。A公司将其分类为以公允价值计量且其变动计入其他综合收益的金融资产，按公允价值计量。2×19年4月1日，A公司又斥资25 000万元自C公司取得B公司另外50%股权。假定A公司在取得对B公司的长期股权投资后，B公司未宣告发放现金股利。A公司原持有B公司5%的股权于2×19年3月31日的公允价值为2 500万元（与2×19年4月1日的公允价值相等），累计计入其他综合收益的金额为500万元。A公司与C公司不存在任何关联方关系。

本例中，A公司是通过分步购买最终达到对B公司控制，因A公司与C公司不存在任何关联方关系，故形成非同一控制下控股合并。在购买日，A公司应进行如下账务处理。

借：长期股权投资 　　　　　　　　　　　　　275 000 000

　　贷：其他权益工具投资 　　　　　　　　　　　25 000 000

　　　　银行存款 　　　　　　　　　　　　　　250 000 000

借：其他综合收益 　　　　　　　　　　　　　　5 000 000

　　贷：盈余公积——法定盈余公积 　　　　　　　　500 000

　　　　利润分配——未分配利润 　　　　　　　　4 500 000

假定，A公司于2×18年3月以12 000万元取得B公司20%的股权，并能对B公司施加重大影响，采用权益法核算该项股权投资，当年度确认对B公司的投资收益450万元。2×19年1月，A公司又斥资15 000万元自C公司取得B公司另外30%的股权，自取得该股权起控制B公司。B公司除净利润外，无其他所有者权益变动，A公司按净利润的10%提取盈余公积。A公司对该项长期股权投资未计提任何减值准备。其他资料同上。购买日，A公司应进行以下账务处理。

借：长期股权投资 　　　　　　　　　　　　　150 000 000

　　贷：银行存款 　　　　　　　　　　　　　　150 000 000

购买日对B公司长期股权投资的账面价值＝（12 000+450）+15 000＝27 450（万元）

（三）投资成本中包含的已宣告但尚未发放的现金股利或利润的处理

企业无论以何种方式取得长期股权投资，取得投资时，对于投资成本中包含的被投资单位已经宣告但尚未发放的现金股利或利润，应作为应收项目单独核算，不构成取得长期股权投资的初始投资成本。企业在支付对价取得长期股权投资时，对于实际支付的价款中包含的对方已经宣告但尚未发放的现金股利或利润，应作为预付款，构成企业的一项债权，其与取得的对被投资单位的长期股权投资应作为两项金融资产。

（四）一项交易中同时涉及自最终控制方购买股权形成控制及自其他外部独立第三方购买股权的会计处理

某些股权交易中，合并方除自最终控制方取得集团内企业的股权外，还会涉及自外部独立第三方购买被合并方进一步的股权。该类交易中，一般认为自集团内取得的股权能够形成控制的，相关股权投资成本的确定按照同一控制下企业合并的有关规定处理，而自外部独立第三方取得的股权则视为在取得对被投资单位的控制权，形成同一控制下企业合并后少数股权的购买，该部分少数股权的购买不管与形成同一控制下企业合并的交易是否同时进行，在与同一控制下企业合并不构成一揽子交易的情况下，有关股权投资成本即应按照实际支付的购买价款确定。该种情况下，在合并方最终持有对同一被投资单位的股权中，不同部分的计量基础会存在差异。

5.3 长期股权投资后续会计处理

企业取得的长期股权投资，在确定其初始投资成本后，持续持有期间，视对被投资单位的影响程度等情况的不同，应分别采用成本法及权益法进行核算。对子公司的长期股权投资应当按成本法核算，对合营企业、联营企业的长期股权投资应当按权益法核算。

5.3.1 成本法

成本法，是指投资按成本计价的方法。长期股权投资的成本法适用于企业持有的、能够对被投资单位实施控制的长期股权投资。

长期股权投资本质上为一项金融资产，对其核算特别是在投资方个别财务报表中的核算视看待问题的角度不同，国际上有三种方法可供选择：如果将其作为金融资产，则投资方可选择在个别财务报表中对持有的股权投资采用公允价值计量，公允价值变动计入损益；对于具有重大影响以上的股权投资，作为长期股权投资处理的情况下，则可以选择采用成本法或是权益法。成本法是按照股权投资的取得成本计量，持有过程中除发生减值等情况外，对其账面价值不予调整。权益法下，长期股权投资是随着取得投资后被投资单位净资产的变动而变动。权益法的基本理念是投资方按照持股比例应当享有被投资单位因实现损益或其他原因导致的净资产变动的份额，投资方最终总会取得，因而应计入长期股权投资账面价值。一般认为长期股权投资的权益法是合并财务报表的另外一种表现形式，即将应享有被投资单位净资产的变动总括反映为长期股权投资账面价值的变动，而合并财务报表则是将该应享有被投资单位净资产的变动分解到被投资单位的每一项资产、负债账面价值的变动中。

在上述三种方法下，我国企业会计准则对应当作为长期股权投资核算的联营企业、合营企业和子公司投资的处理方法进行了选择并作出明确规定。对子公司的长期股权投资，在投资方的个别财务报表中采用成本法核算；对联营企业、合营企业的长期股权投资，在投资方的个别财务报表中应当采用权益法核算。实务中对于该种选择一直存在争议，即相较于对联营企业和合营企业投资，企业持有的对子公司投资，因能够控制被投资单位，影响程度更深一些，在个别财务报表中反而采用成本法，与联营企业、合营企业的核算理念不尽一致，也无法类比。

采用成本法核算的长期股权投资，核算方法如下。

（1）采用成本法核算的长期股权投资，应当按照初始投资成本计价。追加或收回投资应当调整长期股权投资的成本。在追加投资时，按照追加投资支付的成本的公允价值及发生的相关交易费用增加长期股权投资的账面价值。

（2）除取得投资时实际支付的价款或对价中包含的已宣告但尚未发放的现金股利或利润外，投资方应当按照享有被投资单位宣告发放的现金股利或利润确认投资收益，不管有关利润分配是属于对取得投资前还是取得投资后被投资单位实现净利润的分配。

投资方在确认自被投资单位应分得的现金股利或利润后，应当考虑有关长期股权投资是否发生减值。理论上来讲，如果投资方在取得投资以后，自被投资单位分得的现金股利或利润大于在其获取投资以后被投资单位实现的净利润，则超过部分是对被投资单位在投资方取得投资前被投资单位实现利润的分配，该部分利润原则上应当已经包含在长期股权投资的原取得成本中，因而可能涉及相关长期股权投资应当考虑减值的问题，但这只是判断有关长期股权投资可能存在减值的一个因素而已。在判断该类长期股权投资是否存在减值迹象时，一般应当关注长期股权投资的账面价值是否大于享有被投资单位净资产（包括相关商誉）账面价值的份额等情况。出现类似情况时，企业应当按照《企业会计准则第 8 号——资产减值》的规定对长期股权投资进行减值测试，可收回金额低于长期股权投资账面价值的，应当计提减值准备。

（3）子公司将未分配利润或盈余公积转增股本（实收资本），且未向投资方提供等值现金股利或利润的选择权时，投资方并没有获得收取现金或者利润的权力，该项交易通常属于子公司自身权益结构的重分类，企业会计准则规定投资方不应确认相关的投资收益。

该问题即为实务中讨论的成本法下的股票股利问题，对于企业会计准则规定的处理方法是否反映了交易的经济实质，存在不同的观点。一种观点认为因为投资方并未取得实际的现金流，该种被投资单位自身在净资产范围内所进行的权益调整，投资方按照持股比例计算享有的份额并未发生变化，被投资单位所有者权益内部资本性项目与留存收益的调整，可以认为是投资方投资成本的变化，因而无须进行会计处理。另一种观点则认为被投资单位发放股票股利与现金股利从经济实质上是相同的，或者可以将发放股票股利的事项分解为两个步骤：一是被投资单位向投资方发放现金股利或利润；二是投资方将取得的现金股利或利润进行再投资。该种情况下，则投资方对于取得的现金股利或利润应当确认投资收益，在将有关投资收益进行再投资时应当调整增加长期股权投资的账面价值。我国目前企业会计准则及实务处理采用了第一种观点。

【例 5-13】甲公司 2×19 年 1 月 1 日，以 28 600 万元的价格购买取得 A 公司 80% 的股权购买日 A 公司股东权益的账面价值为 320 000 万元。甲公司在购买 A 公司过程中发生审计、评估和法律服务等相关费用 120 万元。上述价款均以银行存款支付。甲公司与 A 公司均为同一控制下的企业。A 公司采用的会计政策与甲公司一致。

2×19 年 A 公司实现净利润 10 500 万元，经公司董事会提议并经股东会批准，2×19 年提取盈余公积 2 000 万元，向股东宣告分派现金股利 4 500 万元。

本例有关会计处理如下。

（1）2×19 年 1 月 1 日，甲公司应将对 A 公司长期股权投资确认入账。由于甲公司与 A 公司均为同一控制下的企业，按导致形成同一控制下企业合并的长期股权投资进行会计处理。甲公司在取得对 A 公司控制权日在 A 公司股东权益中拥有的份额为 25 600（320 000×80%）万元。甲公司对 A 公司长期股权投资的初始投资成本为 28 600 万元。至于购买该股权过程中发生的审计、评估等相关费用，则直接计入当期损益，即计入当期管理费用。

借：长期股权投资——A 公司　　　　　　　　　256 000 000

　　管理费用　　　　　　　　　　　　　　　　　1 200 000

　　资本公积　　　　　　　　　　　　　　　　　30 000 000

　　贷：银行存款　　　　　　　　　　　　　　　287 200 000

（2）2×19 年 1 月 1 日，由于 A 公司系甲公司拥有其 80% 股权的子公司，甲公司对该长期股权投资应采用成本法进行核算。A 公司宣告分派现金股利时，甲公司应将其在 A 公司宣告分派的现金股利中所享有的份额确认投资收益，并确认应收债权。

借：应收股利——A 公司　　　　　　　　　　　36 000 000

　　贷：投资收益　　　　　　　　　　　　　　　36 000 000

通过上述会计处理后，甲公司 2×19 年 12 月 31 日对 A 公司长期股权投资的账面价值为 25 600 万元，2×19 年度对 A 公司投资收益为 3 600 万元。

5.3.2　权益法

（一）权益法的定义及其适用范围

权益法是指投资以初始投资成本计量后，在持有期间内，根据被投资单位所有者权益的变动，投资企业按应享有（或应分担）被投资企业所有者权益的份额调整其投资账面价值的方法。

权益法的核算理念与合并财务报表的编制有类似之处，即将投资方在获取投资以后享有被投资单位净资产的变动反映在投资的账面上，原则上按照持股比例计算确定投资方享有或分担被投资单位净资产的变动，可以通过自被投资单位分回现金股利或利润的方式或者通过对外出售等方式予以实现。与合并财务报表的不同之处在于，合并财务报表的处理方式是母公司在取得投资以后，对子公司净资产的变动是全额合并，有关资产、负债、收入、费用等在抵销未实现内部交易损益的影响后，均全额反映在母公司的合并财务报表中，而权益法是按照投资方的持股比例将应享有被投资单位净资产变动的份额确认在长期股权投资账面价值中。

企业会计准则规定，投资企业持有的对合营企业投资及联营企业投资，应当采用权益法核算。投资方在判断对被投资单位是否具有共同控制、重大影响时，应综合考虑直接持有的股权和通过子公司间接持有的股权。在综合考虑直接持有的股权和通过子公司间接持有的股权后，如果认定投资方在被投资单位拥有共同控制或重大影响，在个别财务报表中，投资方进行权益法核算时，应仅考虑直接持有的股权份额；在合并财务报表中，投资方进行权益法核算时，应同时考虑直接持有和间接持有的份额。

（二）权益法的核算

权益法核算的长期股权投资账务处理如表 5-2 所示。

表 5-2　权益法核算的长期股权投资账务处理

	情况	账务处理
初始投资成本的调整	初始投资成本大于取得投资时应享有被投资单位可辨认净资产公允价值份额	不调整长期股权投资账面价值
	初始投资成本小于取得投资时应享有被投资单位可辨认净资产公允价值份额	按照两者之间的差额调增长期股权投资的账面价值，同时计入取得投资当期损益，即： 借：长期股权投资——投资成本 　　贷：营业外收入
持有投资期间	被投资单位实现净利润或发生净亏损而产生的所有者权益的变动	按照应享有或应分担的份额调整长期股权投资的账面价值，并确认为当期投资损益，即： 借：长期股权投资——损益调整 　　贷：投资收益 （或做相反分录）

续表

情况		账务处理
投资企业与其联营企业及合营企业之间发生的未实现内部交易损益应予抵销	逆流交易	借：长期股权投资——损益调整 　贷：投资收益 （或做相反分录）
	顺流交易	
被投资单位实现其他综合收益而产生的所有者权益的变动		投资方应当按照应享有的份额，增加或减少长期股权投资的账面价值，同时确认其他综合收益，即： 借：长期股权投资——其他综合收益 　贷：其他综合收益 （或做相反分录）
被投资单位宣告分派利润或现金股利		计算应分得的部分，相应减少长期股权投资的账面价值，即： 借：应收股利 　贷：长期股权投资——损益调整
超额亏损的确认		发生投资损失时： 借：投资收益 　贷：长期股权投资——损益调整 长期股权投资的账面价值减记至零以后： 借：投资收益 　贷：长期应收款等 因投资合同或协议约定导致投资企业需要承担额外义务的，按照《企业会计准则第13号——或有事项》（以下简称"或有事项准则"）的规定，对于符合确认条件的义务，应确认为当期损失，同时确认预计负债： 借：投资收益 　贷：预计负债
除上述情况以外的因素导致的其他所有者权益变动		调整长期股权投资的账面价值，同时确认资本公积（其他资本公积），即： 借：长期股权投资——其他权益变动 　贷：资本公积——其他资本公积 （或做相反分录）
被投资单位分派的股票股利		不进行账务处理

（持有投资期间）

1. 初始投资成本的调整

投资企业取得对联营企业或合营企业的投资以后，对于取得投资时投资成本与应享有被投资单位可辨认净资产公允价值份额之间的差额，应区别情况进行处理。

（1）初始投资成本大于取得投资时应享有被投资单位可辨认净资产公允价值份额的，该部分差额从本质上是投资企业在取得投资过程中通过购买作价体现出的与所取得股权份额相对应的商誉及被投资单位不符合确认条件的资产价值。长期股权投资在投资企业的个别财务报表中作为单项资产核算的情况下，商誉等不单独反映，初始投资成本大于投资时应享有被投资单位可辨认净资产公允价值的份额时，不要求对长期股权投资的成本进行调整。

（2）初始投资成本小于取得投资时应享有被投资单位可辨认净资产公允价值份额的，两者之间的差额体现为双方在交易作价过程中转让方的让步，该部分经济利益流入应作为收益处理，计入取得投资当期的营业外收入，同时调整增加长期股权投资的账面价值，即借记"长期股权投资"科目，贷记"营业外收入"科目。

【例5-14】A公司于2×19年1月2日取得B公司30%的股权，支付价款30 000 000元。取得投资时被投资单位账面所有者权益的构成如下（假定该时点被投资单位各项可辨认资产、负债的公允价值与其账面价值相同）。

实收资本为30 000 000元。

资本公积为24 000 000元。

盈余公积为6 000 000元。

未分配利润为15 000 000元。

所有者权益总额为75 000 000元。

假定在B公司的董事会中，所有股东均以其持股比例行使表决权。A公司在取得对B公司的股权后，派人参与了B公司的财务和生产经营决策，能够对B公司的生产经营决策施加重大影响，A公司对该项投资采用权益法核算。取得投资时，A公司应进行的账务处理如下。

借：长期股权投资——B公司（投资成本）　　　　　　　　30 000 000

　　贷：银行存款　　　　　　　　　　　　　　　　　　　　　　30 000 000

长期股权投资的初始投资成本30 000 000元大于取得投资时应享有B公司可

辨认净资产公允价值的份额 22 500 000（75 000 000×30%）元，不对其初始投资成本进行调整。

假定取得投资时 B 公司可辨认净资产公允价值为 120 000 000 元，A 公司按持股比例30%计算确定应享有36 000 000 元，则初始投资成本与应享有 B 公司可辨认净资产公允价值份额之间的差额6 000 000 元应计入取得投资当期的损益。

借：长期股权投资——B公司（投资成本）   36 000 000
  贷：银行存款   30 000 000
    营业外收入   6 000 000

2. 持有期间投资损益的确认

（1）投资企业取得长期股权投资后，应当按照应享有或应分担被投资单位实现净利润或发生净亏损的份额，调整长期股权投资的账面价值，并确认为当期投资损益，即借记"长期股权投资——损益调整"科目，贷记"投资收益"科目。

在确认应享有或应分担被投资单位的净利润或净亏损时，在被投资单位账面净利润的基础上，应考虑以下因素的影响进行适当调整。

①被投资单位采用的会计政策及会计期间与投资企业不一致的，应按投资企业的会计政策及会计期间对被投资单位的财务报表进行调整。

②以取得投资时被投资单位固定资产、无形资产的公允价值为基础计提的折旧额或摊销额，以及以投资企业取得投资时的公允价值为基础计算确定的资产减值准备金额等对被投资单位净利润的影响。

被投资单位个别利润表中的净利润是以其持有的资产、负债账面价值为基础持续计算的，而投资企业在取得投资时，是以被投资单位有关资产、负债的公允价值为基础确定投资成本，长期股权投资的投资收益所代表的是于投资日被投资单位资产、负债在公允价值计量的情况下在未来期间通过经营产生的损益中归属于投资企业的部分。取得投资时有关资产、负债的公允价值与其账面价值不同的，未来期间，在计算归属于投资企业应享有的净利润或应承担的净亏损时，应以投资时被投资单位有关资产对投资企业的成本即取得投资时的公允价值为基础计算确定，从而产生了需要对被投资单位账面净利润进行调整的情况。该调整从基本的会计理论来讲，是要落实资本保全原则。在有关股权性交易发生在股东之间，并未影响到被投资单位作为一个独立的会计主体日常核算的情况下，其自身原已持有的资产、负债在持续经营情况下应保持原有账面价值不变。而该账面价值如与新的投资方进入时所确定的相应资产、负债的公允价值不同，则对投资方来讲，其所获得的投资背后包含的被投资单位每一单项资产、负债的成本为投资取得时点的公允价值，如以被投资单位的资产、负债账面价值为基础计算确认投资损益，则可能产生投资方的有关成本未能得到完全补偿的情况，进而违背资本保全原则。也正是基于此，企业会计准则要求投资企业在采用权益法计算确认应享有被投资单位的净损益时，应当考虑投资时被投资单位有关资产、负债公允价值与其账面价值的差额对被投资单位实现净利润的影响，计算确定属于投资企业的净利润，并考虑持股比例确认有关的投资收益。

③在评估投资企业对被投资单位是否具有重大影响时，应当考虑潜在表决权的影响，但在确定应享有的被投资单位实现的净损益、其他综合收益和其他所有者权益变动的份额时，潜在表决权所对应的权益份额不应予以考虑。该处理方式与控制等的判断相一致，即在确定投资企业与被投资单位之间关系时，所有实际持有股权与其他影响对被投资单位影响程度的因素均应予以考虑，但在具体确定对被投资单位净资产的享有及收益、损失归属份额时，仍然应当以现行实际法律关系为基础。

④在确认应享有或应分担的被投资单位净利润（或亏损）额时，法规或章程规定不属于投资企业的净损益应当予以剔除后计算，例如，被投资单位发行了分类为权益的可累积优先股等类似的权益工具，无论被投资单位是否宣告分配优先股股利，投资企业计算应享有被投资单位的净利润时，均应将归属于其他投资企业的累积优先股股利予以扣除。

【例5-15】甲公司于2×19年1月10日购入乙公司30%的股份，购买价款为3 300万元，并自取得投资之日起派人参与乙公司的财务和生产经营决策。取得投资当日，乙公司可辨认净资产公允价值为9 000万元，除表5-3所列项目外，乙公司其他资产、负债的公允价值与账面价值相同。

假定乙公司于2×19年实现净利润900万元，其中，在甲公司取得投资时的账面存货有80%对外出售。甲公司与乙公司的会计年度及采用的会计政策相同。固定资产、无形资产均按年限平均法（直线法）提取折旧或摊销，预计净残值均为0。假定甲、乙公司间未发生任何内部交易。

表5-3 资产相关资料

单位：万元

项目	账面原价	已提折旧或摊销	公允价值	乙公司预计使用年限	甲公司取得投资后剩余使用年限
存货	750		1 050		
固定资产	1 800	360	2 400	20	16
无形资产	1 050	210	1 200	10	8
合计	3 600	570	4 650		

本例中，甲公司在确定因持有乙公司投资应享有的投资收益时，应在乙公司实现净利润的基础上，根据取得投资时乙公司有关资产的账面价值与其公允价值差额的影响进行调整（假定不考虑所得税影响）。

存货账面价值与公允价值的差额应调减的利润 = (1 050 - 750) × 80% = 240（万元）

固定资产公允价值与账面价值的差额应调整增加的折旧额 = 2 400 ÷ 16 - 1 800 ÷ 20 = 60（万元）

无形资产公允价值与账面价值的差额应调整增加的摊销额 = 1 200 ÷ 8 - 1 050 ÷ 10 = 45（万元）

调整后的净利润 = 900 - 240 - 60 - 45 = 555（万元）

甲公司应享有份额 = 555 × 30% = 166.50（万元）

确认投资收益的账务处理如下。

借：长期股权投资——损益调整   1 665 000

贷：投资收益   1 665 000

（2）在确认投资收益时，除考虑公允价值的调整外，对于投资企业与其联营企业及合营企业之间发生的未实现内部交易损益应予抵销。投资企业与联营企业及合营企业之间发生的未实现内部交易损益按照持股比例计算归属于投资企业的部分应当予以抵销，在此基础上确认投资损益。投资企业与被投资单位发生的内部交易损失，按照《企业会计准则第8号——资产减值》等规定属于资产减值损失的，应当全额确认。投资企业对于纳入其合并范围的子公司与其联营企业及合营企业之间发生的内部交易损益，也应当按照上述原则进行抵销，在此基础上确认投资损益。

上述抵销投资企业与其联营企业、合营企业之间未实现内部交易损益影响的处理与合并财务报表的理念相一致，即在编制合并财务报表时，是将母公司及其能够控制的所有子公司作为一个整体考虑，在母子公司间发生有关资产购销等交易时，从合并财务报表作为一个完整会计主体的角度，交易中涉及的有关资产并未实现流出该会计主体，相关的价值不应予以实现，因此需要对纳入合并范围的企业间发生的未实现内部交易损益予以抵销。该类抵销的处理可以看作有关资产在纳入合并范围的企业间实物资产的转移，但只要不涉及与外部独立第三方之间的交易，即有关资产等并未流出合并财务报表主体，相关的价值即未实现。长期股权投资的权益法，一定程度上可以理解为相对简化的合并财务报表处理，即将投资企业在取得投资以后按照持股比例计算享有被投资单位净资产的变动不是分解为被投资单位实际每一项资产、负债的变动，而是将其统一体现在长期股权投资这一单项资产中，但应根据被投资单位净资产的变动对长期股权投资的账面价值进行多少调整，则应将投资企业与其联营企业、合营企业作为一体来考虑问题。与合并财务报表不同的是，投资企业持有联营企业或合营企业的投资，其能够视为一体的主体是投资企业与联营或合营企业中自身持有的股权份额部分，该部分交易是内部交易，超越这个范围，即为投资企业与联营企业、合营企业其他投资方的交易，相关方面不存在特殊关系的情况下，这类交易即为投资企业与外部进行的交易，交易中进行的价值量转换是实现了的。因此，投资企业在计算确认应享有联营或合营企业的投资损益时，应予抵销的仅为与自身持股比例相对应的部分。

应当注意的是，未实现内部交易损益的抵销既包括顺流交易也包括逆流交易，其中，顺流交易是指投资企业向其联营企业或合营企业出售资产，逆流交易是指联营企业或合营企业向投资企业出售资产。当未实现内部交易损益体现在投资企业或其联营企业、合营企业持有的资产账面价值中时，相关的损益在计算确认投资损益时应予抵销。

①对于联营企业或合营企业向投资企业出售资产的逆流交易，在该交易存在未实现内部交易损益的情况下（即有关资产未对外部独立第三方出售），投资企业在采用权益法计算确认应享有联营企业或合营企业的投资损益时，应抵销该未实现内部交易损益的影响。当投资企业自其联营企业或合营企业购买资产时，在将该资产出售给外部独立的第三方之前，不应确认联营企业或合营企业因该交易产生的损益中本企业应享有的部分。

因逆流交易产生的未实现内部交易损益，在未对外部独立第三方出售之前，体现在投资企业持有资产的账面价值当中。投资企业对外编制合并财务报表的，应在合并财务报表中对长期股权投资及包含未实现内部交易损益的资产账面价值进行调整，抵销有关资产账面价值中包含的未实现内部交易损益，并相应调整对联营企业或合营企业的长期股权投资。

上述对逆流交易的处理在投资企业的个别财务报表及合并财务报表中的处理方式不同的原因在于，个别财务报表反映的法律主体的资产、负债、收入、费用情况，投资企业以支付既定的价款自其联营企业、合营企业取得有关资产后，在有关资产未对外部独立第三方出售的情况下，该资产的价值在其个别财务报表中应体现为按照实际支付的购买价款确定的成本，虽然有关未实现内部交易损益体现在该项资产的账面价值中，但从法律主体价值交换的角度，无法调整有关交易在个别财务报表中的价值。相比之下，合并财务报表更多体现的是会计主体的概念，从会计理念出发，投资企业与其在联营企业、合营企业中持有的股权作为一个整体反映的情况下，有关资产账面价值中包含的未实现内部交易损益可以在合并财务报表中予以抵销，相应恢复长期股权投资的账面价值。

【例5-16】甲公司持有乙公司20%有表决权的股份，能够对乙公司施加重大影响。2×18年8月，乙公司将其成本为9 000 000元的某商品以15 000 000元的价格出售给甲公司，甲公司将取得的商品作为存货。至2×18年12月31日，甲公司仍未对外出售该存货。乙公司2×18年实现净利润48 000 000元。假定甲公司取得该项投资时，乙公司各项可辨认资产、负债的公允价值与其账面价值相同，两者在以前期间未发生过内部交易。假定不考虑相关税费等其他因素影响。

甲公司在按照权益法确认应享有乙公司2×18年净损益时，应进行以下账务处理。

借：长期股权投资——乙公司（损益调整）[（48 000 000 - 6 000 000）×20%]

8 400 000

贷：投资收益　　　　　　　　　　　　　　　　　　　　　8 400 000

假定2×19年，甲公司将该商品以18 000 000元的价格出售给外部独立第三方，因该部分内部交易损益已经实现，甲公司在确认应享有乙公司2×19年净损益时，应考虑将原未确认的该部分内部交易损益计入投资损益，即应在考虑其他因素计算确定的投资损益基础上调整增加 1 200 000［(15 000 000 – 9 000 000) × 20%］元。假定乙公司 2 × 19 年实现的净利润为 30 000 000 元。甲公司的账务处理如下。

借：长期股权投资——乙公司（损益调整）［(30 000 000 + 6 000 000) × 20%］

　　　　　　　　　　　　　　　　　　　　　7 200 000

　　贷：投资收益　　　　　　　　　　　　　　7 200 000

②对于投资企业向联营企业或合营企业出售资产的顺流交易，在该交易存在未实现内部交易损益的情况下（即有关资产未向外部独立第三方出售），投资企业在采用权益法计算确认应享有联营企业或合营企业的投资损益时，应抵销该未实现内部交易损益的影响，同时调整对联营企业或合营企业长期股权投资的账面价值。当投资企业向联营企业或合营企业出售资产，同时有关资产由联营企业或合营企业持有时，投资企业因出售资产应确认的损益仅限于与联营企业或合营企业其他投资者交易的部分。即在顺流交易中，投资企业投出资产或出售资产给其联营企业或合营企业产生的损益中，按照持股比例计算确定归属于本企业的部分不予确认。

应予说明的是，对于投资企业与其联营企业、合营企业之间的顺流交易，相关抵销处理在投资企业的个别财务报表与合并财务报表中亦存在差异。在投资企业的个别财务报表中，因出售资产等体现为其个别利润表中的收入、成本等项目，考虑到个别财务报表反映的是独立的法律主体的经济利益变动情况，在有关资产流出投资企业且投资企业收取价款或取得收取价款等权利，满足收入确认条件时，因该未实现内部交易损益相应进行的调整无法调减上述收入和成本，在个别财务报表中仅能通过长期股权投资的损益确认予以体现。在投资企业编制合并财务报表时，因合并财务报表体现的是会计主体的理念，有关未实现的收入和成本可以在合并财务报表中予以抵销，相应地调整原权益法下确认的投资收益。

【例 5-17】甲企业持有乙公司 20% 有表决权股份，能够对乙公司的财务和生产经营决策施加重大影响。2 × 19 年，甲企业将其账面价值为 600 万元的商品以 1 000 万元的价格出售给乙公司。至 2 × 19 年资产负债表日，该批商品尚未对外部第三方出售。假定甲企业取得该项投资时，乙公司各项可辨认资产、负债的公允价值与其账面价值相同，两者在以前期间未发生过内部交易。乙公司 2 × 19 年净利润为 2 000 万元。假定不考虑所得税因素。

甲企业在该项交易中实现利润 400 万元，其中的 80（400×20%）万元是针对本企业持有的对联营企业的权益份额，在采用权益法计算确认投资损益时应予抵销，即甲企业应当进行的账务处理如下。

借：长期股权投资——乙公司（损益调整）[（20 000 000 − 4 000 000）× 20%] 3 200 000

  贷：投资收益 3 200 000

甲企业如需编制合并财务报表，在合并财务报表中对该未实现内部交易损益应在个别财务报表已确认投资损益的基础上进行以下调整。

借：营业收入（10 000 000×20%） 2 000 000

  贷：营业成本（6 000 000×20%） 1 200 000

    投资收益 800 000

应当说明的是：

第一，投资企业与其联营企业及合营企业之间发生的无论是顺流交易还是逆流交易产生的未实现内部交易损失，属于所转让资产发生减值损失的，有关的未实现内部交易损失不应予以抵销。原因是该损失原则上不因是否发生资产的内部转移而发生变化，即使有关资产未发生实际交易，有证据表明其可收回金额等低于账面价值的，无论资产持有方是哪个企业，均应按照企业会计准则规定确认相应的减值损失，即相关损失与转让交易无关。

第二，投资企业与联营、合营企业之间发生的投出或出售资产的交易构成业务的，应当按照《企业会计准则第 20 号——企业合并》（以下简称"企业合并准则"）、《企业会计准则第 33 号——合并财务报表》有关规定进行会计处理：联营企业、合营企业向投资企业出售业务的，投资企业应按企业合并准则的规定进行会计处理，投资企业应全额确认与交易相关的利得或损失；投资企业向联营企业、合营企业投出业务，并能对联营企业、合营企业实施重大影响或共同控制的，应以投出业务的公允价值作为新增长期股权投资的初始投资成本，初始投资成本与投出业务的账面价值之间的差额，全额计入当期损益。投资企业向联营企业、合营企业出售业务，取得的对价与业务的账面价值之间的差额，全额计入当期损益。

现行企业会计准则体系中对于购买或出售资产与购买或出售业务的会计处理理念很大程度上并不一致，这种不一致性一般不是体现为出售方的会计处理，而是体现为购买方会计处理的差异。作为资产的购买方与作为业务的购买方，其在进行会计处理过程中应当分别遵循不同的原则。购买资产的情况下，应当将购买成本按照相对公允价值的比例分配给所购入资产，但如有关交易是发生在投资企业与其联营或合营企业之间时，投资企业相关损益的确认仅限于除自身以外与联营或合营其他投资者之间的部分。购买业务的情况下，因构成企业合并，其会计处理遵从企业合并的处理原则，此时无论交易是否发生在投资企业与其联营或合营企业之间，有关损益均需全额确认，不再作为权益法下与长期股权投资相关投资损益的调整因素。

（3）其他综合收益的处理。在权益法核算下，被投资单位确认的其他综合收益及其变动，也会影响被投资单位所有者权益总额，进而影响投资企业应享有被投资单位所有者权益的份额。因此，当被投资单位其他综合收益发生变动时，投资企业应当按照归属于本企业的部分，相应调整长期股权投资的账面价值，同时增加或减少其他综合收益。

【例5-18】甲公司持有乙公司30%的股份，能够对乙公司施加重大影响。当期，乙公司因持有分类为以公允价值计量且其变动计入其他综合收益的金融资产（其他债权投资）的公允价值变动，计入其他综合收益的金额为20 000 000元，除该事项外，乙公司当期实现的净利润为80 000 000元。假定甲公司与乙公司适用的会计政策、会计期间相同，两者在当期及以前期间未发生任何内部交易，投资时乙公司各项可辨认资产、负债的公允价值与其账面价值相同。不考虑相关税费等其他因素影响。

甲公司应进行以下账务处理。

借：长期股权投资——乙公司（损益调整）　　　　24 000 000

　　　　　　　　　——乙公司（其他综合收益）　　6 000 000

　　贷：投资收益　　　　　　　　　　　　　　　24 000 000

　　　　其他综合收益　　　　　　　　　　　　　　6 000 000

（4）取得现金股利或利润的处理。按照权益法核算的长期股权投资，投资企业自被投资单位取得的现金股利或利润，应抵减长期股权投资的账面价值。在被投资单位宣告分派现金股利或利润时，借记"应收股利"科目，贷记"长期股权投资——损益调整"科目。

（5）超额亏损的确认。按照权益法核算的长期股权投资，投资企业确认应分担被投资单位发生的损失，原则上应以长期股权投资及其他实质上构成对被投资单位净投资的长期权益减记至零为限，投资企业负有承担额外损失义务的除外。这里所讲的"其他实质上构成对被投资单位净投资的长期权益"通常是指长期应收项目，比如，投资企业对被投资单位的长期债权，该债权没有明确的清偿计划，且在可预见的未来期间不准备收回的，实质上构成对被投资单位的净投资，但不包括投资企业与被投资单位之间因销售商品、提供劳务等日常活动所产生的长期债权。

投资企业在确认应分担被投资单位发生的亏损时，具体应按照以下顺序处理。

①减记长期股权投资的账面价值。

②在长期股权投资的账面价值减记至零的情况下，对于未确认的投资损失，需考虑除长期股权投资以外，投资企业的账面上是否有其他实质上构成对被投资单位净投资的长期权益项目，如果有，则应以其他长期权益的账面价值为限，继续确认投资损失，冲减长期应收项目等的账面价值。

③在其他实质上构成对被投资单位长期权益的价值也减记至零的情况下，如果按照投资合同或协议约定，投资企业需要履行其他额外的损失赔偿义务，则需按预计将承担责任的金额确认预计负债，计入当期投资损失。

投资企业在实务操作过程中，在发生投资损失时，应借记"投资收益"科目，贷记"长期股权投资——损益调整"科目。在长期股权投资的账面价值减记至零以后，考虑其他实质上构成对被投资单位净投资的长期权益，继续确认的投资损失，应借记"投资收益"科目，贷记"长期应收款"等科目；因投资合同或协议约定导致投资企业需要承担额外义务的，按照或有事项准则的规定，对于符合确认条件的义务，应确认为当期损失，同时确认预计负债，借记"投资收益"科目，贷记"预计负债"科目。除上述情况仍未确认的应分担被投资单位的损失，应在账外备查登记。

在确认了有关的投资损失以后，被投资单位于以后期间实现盈利的，应按以上相反顺序分别减记账外备查登记的金额、已确认的预计负债、恢复其他长期权益及长期股权投资的账面价值，同时确认投资收益。即应当按顺序分别借记"预计负债""长期应收款""长期股权投资"等科目，贷记"投资收益"科目。

【例5-19】甲企业持有乙企业40%的股权，能够对乙企业施加重大影响。

2×18 年 12 月 31 日，该项长期股权投资的账面价值为 6 000 万元。乙企业 2×19 年由于一项主营业务市场条件发生变化，当年度亏损 9 000 万元。假定甲企业在取得该投资时，乙企业各项可辨认资产、负债的公允价值与其账面价值相等，双方所采用的会计政策及会计期间也相同。甲企业当年度应确认的投资损失为 3 600 万元。确认上述投资损失后，长期股权投资的账面价值变为 2 400 万元。

如果乙企业当年度的亏损额为 18 000 万元，则甲企业按其持股比例确认应分担的损失为 7 200 万元，但长期股权投资的账面价值仅为 6 000 万元，如果没有其他实质上构成对被投资单位净投资的长期权益项目，则甲企业应确认的投资损失仅为 6 000 万元，超额损失在账外进行备查登记。在确认了 6 000 万元的投资损失，长期股权投资的账面价值减记至零以后，如果甲企业账上仍有应收乙企业的长期应收款 2 400 万元，该款项从目前情况看，没有明确的清偿计划（并非产生于商品购销等日常活动），则在长期应收款的账面价值大于 1 200 万元的情况下，应以长期应收款的账面价值为限进一步确认投资损失 1 200 万元。甲企业应进行的账务处理如下。

借：投资收益　　　　　　　　　　　　　　60 000 000
　　贷：长期股权投资——损益调整　　　　　　　60 000 000
借：投资收益　　　　　　　　　　　　　　12 000 000
　　贷：长期应收款　　　　　　　　　　　　　12 000 000

（6）被投资单位所有者权益其他变动的处理。采用权益法核算时，投资企业对于被投资单位除净损益、其他综合收益以及利润分配以外所有者权益的其他变动，应按照持股比例与被投资单位所有者权益的其他变动计算的归属于本企业的部分，相应调整长期股权投资的账面价值，同时增加或减少资本公积（其他资本公积）。被投资单位除净损益、其他综合收益以及利润分配以外的所有者权益的其他变动，主要包括：被投资单位接受其他股东的资本性投入、被投资单位发行可分离交易的可转换公司债券中包含的权益成分、以权益结算的股份支付等。

【例 5-20】A 企业持有 B 企业 30% 的股份，能够对 B 企业施加重大影响。B 企业为上市公司，当期 B 企业的母公司捐赠给 B 企业 1 000 万元，该捐赠实质上属于资本性投入，B 企业将其计入资本公积（股本溢价）。不考虑其他因素，A 企业按权益法进行以下会计处理。

A 企业确认应享有被投资单位所有者权益的其他变动 = 1 000 × 30% = 300

（万元）。

借：长期股权投资——其他权益变动   3 000 000

贷：资本公积——其他资本公积   3 000 000

（7）股票股利的处理。被投资单位分派的股票股利，不影响被投资单位所有者权益总额，投资企业不进行账务处理，但应于除权日注明所增加的股数，以反映股份的变化情况。

5.4　长期股权投资核算方法的转换

长期股权投资在持有期间，因各方面情况的变化，可能导致其核算需要由一种方法转换为另外一种方法，或者某些情况下因出售股权等原因对被投资单位丧失了控制、共同控制或重大影响时，会由长期股权投资转为金融资产核算。现行企业会计准则理念下，认为一项权益性投资由对被投资单位不具有控制、共同控制或重大影响转为能够施加重大影响或共同控制时，是一种实质性的转变，相应地，转换时点应以公允价值重新计量，公允价值与账面价值间的变动计入损益。另外，当投资方因增资等原因导致原持有的对联营企业、合营企业投资转变为对子公司投资，需要编制合并财务报表时，该转变亦为实质性的，有关投资在合并财务报表层面需要重新计量，因重新计量产生的价值调整视为原股权的处置计入损益。另外一个方向的转换是由于实际出售等原因导致对被投资单位的持股比例降低、影响程度下降带来的，如由对子公司的投资转换为对联营或合营企业投资、对联营或合营企业投资转换为不具有共同控制或重大影响，从而需要作为金融资产核算，因影响程度下降导致的不同类别股权投资之间的转换、股权投资转为金融资产等，亦作为原持有投资的处置，有关价值量变动计入变动当期损益。

5.4.1　成本法核算转换为采用权益法核算

因处置投资导致对被投资单位的影响能力下降，由控制转为具有重大影响，或是与其他投资方一起实施共同控制的情况下，在投资企业的个别财务报表中，首先应按处置投资的比例结转应终止确认的长期股权投资成本。在此基础上，将剩余的长期股权投资转为采用权益法核算，即应当比较剩余的长期股权投资成本与按照剩余持股比例计算原投资时应享有被投资单位可辨认净资产公允价值的份额：属于投资作价中体现的商誉部分，不调整长期股权投资的账面价值；属于投资成本小于应享有被投资单位可辨认净资产公允价值份额的，在调整长期股权投资成本的同时，应调整留存收益。对于原取得投资后至转变为权益法核算之间被投资单位实现的净损益中应享有的份额，一方面应调整长期股权投资的账面价值，另一方面对于原取得投资时至处置投资当期期初被投资单位实现的净损益（扣除已发放及已宣告发放的现金股利及利润）中应享有的份额，调整留存收益，对于处置投资当期期初至处置投资之日被投资单位实现的净损益中享有的份额，调整当期损益；其他原因导致被投资单位所有者权益变动中应享有的份额，在调整长期股权投资账面价值的同时，应当记入"其他综合收益"或"资本公积——其他资本公积"。

在合并财务报表中，对于剩余股权，应当按照其在丧失控制权日的公允价值进行重新计量。处置股权取得的对价与剩余股权公允价值之和，减去按原持股比例计算应享有原有子公司自购买日开始持续计算的净资产的份额之间的差额，计入丧失控制权当期的投资收益。与原有子公司股权投资相关的其他综合收益，应当采用与被投资单位直接处置相关资产或负债相同的基础进行会计处理。企业应当在附注中披露处置后的剩余股权在丧失控制权日的公允价值、按照公允价值重新计量产生的相关利得或损失的金额。

【例5-21】 2×17年1月1日，甲公司支付600万元取得乙公司100%的股权，投资当时乙公司可辨认净资产的公允价值为500万元，商誉为100万元。2×17年1月1日至2×18年12月31日，乙公司的净资产增加了75万元，其中按购买日公允价值计算实现的净利润为50万元，持有的非交易性权益工具投资以公允价值计量且其变动计入其他综合收益的金融资产的公允价值升值25万元。

2×19年1月8日，甲公司转让乙公司60%的股权，收取现金480万元存入银行，转让后甲公司对乙公司的持股比例为40%，能对其施加重大影响。2×19年1月8日，即甲公司丧失对乙公司的控制权日，乙公司剩余40%股权的公允价值为320万元。假定甲、乙公司提取盈余公积的比例均为10%。假定乙公司未分配现金股利，并不考虑其他因素。甲公司在其个别和合并财务报表中的处理分别如下。

（1）甲公司个别财务报表的处理。

①确认部分股权处置收益。

借：银行存款   4 800 000

  贷：长期股权投资（6 000 000×60%） 3 600 000

    投资收益   1 200 000

②对剩余股权改按权益法核算。

借：长期股权投资   300 000

 贷：盈余公积（500 000×40%×10%）   20 000

   未分配利润（500 000×40%×90%） 180 000

   其他综合收益（250 000×40%）   100 000

经上述调整后，在个别财务报表中，剩余股权的账面价值为270（600×40% + 30）万元。

（2）甲公司合并财务报表的处理。

合并财务报表中应确认的投资收益为125 [（480 + 320）- 675] 万元。由于个别财务报表中已经确认了120万元的投资收益，在合并财务报表中进行以下调整。

①对剩余股权按丧失控制权日的公允价值重新计量。

借：长期股权投资   3 200 000

 贷：长期股权投资（6 750 000×40%） 2 700 000

   投资收益   500 000

②对个别财务报表中的部分处置收益的归属期间进行调整。

借：投资收益（750 000×60%）   450 000

 贷：盈余公积（500 000×60%×10%）   30 000

   利润分配——未分配利润（500 000×60%×90%） 270 000

   其他综合收益（250 000×60%）   150 000

③由于与子公司股权投资相关的其他综合收益为其持有的非交易性权益工具投资的累计公允价值变动，在子公司终止确认时该其他综合收益应转入留存收益。

借：其他综合收益   250 000

 贷：盈余公积（250 000×10%）   25 000

利润分配——未分配利润（250 000×90%）　　　　　　225 000

5.4.2　成本法核算转换为以公允价值计量

投资企业原持有被投资单位的股份使得其能够对被投资单位实施控制，其后因部分处置等原因导致持股比例下降，不能再对被投资单位实施控制，同时对被投资单位亦不具有共同控制能力或重大影响的，应将剩余股权改按金融工具确认和计量准则的要求进行会计处理，并于丧失控制权日将剩余股权按公允价值重新计量，公允价值与其账面价值的差额计入当期损益。

【例5-22】甲公司持有乙公司60%有表决权的股份，能够对乙公司实施控制，对该股权投资采用成本法核算。2×19年8月，甲公司将该项投资中的80%出售给非关联方，取得价款90 000 000元，相关手续于当日完成。甲公司无法再对乙公司实施控制，也不能施加共同控制或重大影响，将剩余股权投资分类为以公允价值计量且其变动计入当期损益的金融资产。出售时，该项长期股权投资的账面价值为90 000 000元，剩余股权投资的公允价值为22 000 000元。不考虑相关税费等其他因素影响。

甲公司有关账务处理如下。

（1）确认有关股权投资的处置损益。

借：银行存款　　　　　　　　　　　　　　　　90 000 000
　　贷：长期股权投资——乙公司　　　　　　　　72 000 000
　　　　投资收益　　　　　　　　　　　　　　　18 000 000

（2）剩余股权投资转为以公允价值计量且其变动计入当期损益的金融资产，当天公允价值为22 000 000元，账面价值为18 000 000元，两者差异应计入当期投资收益。

借：交易性金融资产　　　　　　　　　　　　　22 000 000
　　贷：长期股权投资——乙公司　　　　　　　　18 000 000
　　　　投资收益　　　　　　　　　　　　　　　4 000 000

5.4.3　公允价值计量转换为采用权益法核算

对于按照金融工具确认和计量准则进行会计处理的对被投资企业股权投资，因追加投资等原因导致持股比例上升，对被投资企业具有重大影响或共同控制的，应转为采用权益法核算。在转为采用权益法核算时，企业应按照金融工具确认和计量准则确定的原股权投资的公允价值加上追加投资取得新增投资支付对价的公允价值，作为转为采用权益法核算的长期股权投资的初始投资成本。如持有股权投资分类为以公允价值计量且其变动计入其他综合收益的非交易性权益工具投资，在转为采用权益法核算时，其公允价值与账面价值之间的差额，以及原计入其他综合收益的累计公允价值变动，应在转为采用权益法时结转为留存收益。

在上述会计处理的基础上，对计算确定的初始投资成本与按追加投资后的持股比例计算的在被投资企业可辨认净资产公允价值中享有的份额进行比较。初始投资成本低于应享有份额时，应按其差额调整长期股权投资的账面价值，并同时将其确认为当期营业外收入。

【例5-23】甲公司于2×05年2月取得乙公司10%股权，对乙公司不具有控制、共同控制和重大影响，甲公司将其分类为以公允价值计量且其变动计入其他综合收益的非交易性权益工具投资的金融资产，投资成本为900万元。

2×06年3月1日，甲公司又以1 800万元取得乙公司12%的股权，当日乙公司可辨认净资产公允价值总额为12 000万元。取得该部分股权后，按照乙公司章程规定，甲公司能够派人参与乙公司的财务和生产经营决策，对该项长期股权投资转为采用权益法核算。假定甲公司在取得对乙公司10%的股权后，双方未发生任何内部交易，未派发现金股利或利润。除所实现净利润外，未发生其他所有者权益变动事项。2×06年3月1日，甲公司对乙公司投资原10%股权的公允价值为1 300万元，原计入其他综合收益的累计公允价值变动收益为400万元。

本例中，2×06年3月1日，甲公司对乙公司投资原10%股权的公允价值为1 300万元，因追加投资改按权益法核算，原计入其他综合收益的累计公允价值变动收益400万元转入留存收益。

甲公司对乙公司股权增持后，持股比例改为22%，初始投资成本为3 100（1 300+1 800）万元，应享有乙公司可辨认净资产公允价值份额为2 640（12 000×22%）万元，前者大于后者460万元，不调整长期股权投资的账面价值。

甲公司对上述交易的会计处理如下。

借：长期股权投资——投资成本　　　　　　　　　　　　31 000 000

　　贷：银行存款　　　　　　　　　　　　　　　　　　18 000 000

　　　　其他权益工具投资　　　　　　　　　　　　　　13 000 000

借：其他综合收益　　　　　　　　　　　　　　　4 000 000
　　贷：留存收益　　　　　　　　　　　　　　　　　4 000 000

5.4.4　公允价值计量转换为采用成本法核算

对于按照金融工具确认和计量准则进行会计处理的股权投资，因追加投资而取得对被投资企业控制权的，由此形成对被投资企业的控股合并，被投资企业成为投资企业的子公司，投资企业对于该被投资企业，即子公司的长期股权投资应转为采用成本法对其进行后续核算。对该股权投资转为采用成本法核算时，应以原股权投资的账面价值加上新增投资成本，作为转为采用成本法核算的长期股权投资的初始投资成本。

因追加投资而取得对被投资企业控制权，形成对被投资企业控股合并的，按照被投资企业与投资企业是否属于同一控制下的企业，对被投资企业的长期股权投资，可以划分为导致形成非同一控制下企业合并的长期股权投资和导致形成同一控制下企业合并的长期股权投资。对此，投资企业应分别导致形成非同一控制下企业合并的长期股权投资和导致形成同一控制下企业合并的长期股权投资，按企业会计准则中相应的规定进行会计处理。

对于原作为金融资产，转换为采用成本法核算的对子公司投资的，如有关金融资产分类为以公允价值计量且其变动计入当期损益的金融资产，应当按照转换时的公允价值确认为长期股权投资；如非交易性权益工具投资分类为以公允价值计量且其变动计入其他综合收益的金融资产，应按照转换时的公允价值确认长期股权投资，原确认计入其他综合收益的累计公允价值变动应结转计入留存收益，不得计入当期损益。

5.4.5　权益法核算转换为以公允价值计量

投资企业原持有的被投资单位的股权对其具有共同控制或重大影响，因部分处置等原因导致持股比例下降，不能再对被投资单位实施共同控制或重大影响的，应于失去共同控制或重大影响时，改按金融工具确认和计量准则的规定对剩余股权进行会计处理。对剩余股权在改按公允价值计量时，公允价值与其原账面价值之间的差额计入当期损益。同时，原采用权益法核算的相关其他综合收益应当在终止采用权益法核算时，采用与被投资单位直接处置相关资产或负债相同的基础进行会计处理；因被投资单位除净损益、其他综合收益和利润分配以外的其他所有者权益变动而确认的所有者权益，应当在终止采用权益法时全部转入当期损益。

【例5-24】甲公司持有乙公司30%有表决权的股份，能够对乙公司施加重大影响，对该股权投资采用权益法核算。2×18年10月，甲公司将该项投资中的60%出售给非关联方，取得价款32 000 000元。相关手续于当日完成。甲公司无法再对乙公司施加重大影响，将剩余股权投资转为以公允价值计量且其变动计入当期损益的金融资产。出售时，该项长期股权投资的账面价值为48 000 000元，其中投资成本为39 000 000元，损益调整为4 500 000元，其他综合收益为3 000 000元（为被投资单位其他债权投资的累计公允价值变动），除净损益、其他综合收益和利润分配外的其他所有者权益变动为1 500 000元。剩余股权的公允价值为21 000 000元。不考虑相关税费等其他因素影响。

甲公司的账务处理如下。

（1）确认有关股权投资的处置损益。

借：银行存款　　　　　　　　　　　　　　　　　　　32 000 000

　　贷：长期股权投资——乙公司（投资成本）（39 000 000×60%）

　　　　　　　　　　　　　　　　　　　　　　　　　23 400 000

　　　　　　　　——乙公司（损益调整）（4 500 000×60%）

　　　　　　　　　　　　　　　　　　　　　　　　　 2 700 000

　　　　　　　　——乙公司（其他综合收益）（3 000 000×60%）

　　　　　　　　　　　　　　　　　　　　　　　　　 1 800 000

　　　　　　　　——乙公司（其他权益变动）（1 500 000×60%）

　　　　　　　　　　　　　　　　　　　　　　　　　　 900 000

　　　　投资收益　　　　　　　　　　　　　　　　　　 3 200 000

（2）由于终止采用权益法核算，将原确认的相关其他综合收益全部转入留存收益。

借：其他综合收益　　　　　　　　　　　　　　　　　　3 000 000

　　贷：留存收益　　　　　　　　　　　　　　　　　　3 000 000

（3）由于终止采用权益法核算，将原计入资本公积的其他所有者权益变动全部转入当期损益。

借：资本公积——其他资本公积　　　　　　　　　　　　1 500 000

　　　　贷：投资收益　　　　　　　　　　　　　　　　　　1 500 000

　　（4）剩余股权投资转为交易性金融资产，当日公允价值为 21 000 000 元，账面价值为 19 200 000（48 000 000×40%）元，两者差异应计入当期投资收益。

　　　　借：交易性金融资产　　　　　　　　　　　　　21 000 000
　　　　　　贷：长期股权投资——乙公司（投资成本）　　　15 600 000
　　　　　　　　　　　　——乙公司（损益调整）　　　　　1 800 000
　　　　　　　　　　　　——乙公司（其他综合收益）　　　1 200 000
　　　　　　　　　　　　——乙公司（其他权益变动）　　　　600 000
　　　　　　　　投资收益　　　　　　　　　　　　　　　1 800 000

5.4.6　权益法核算转换为采用成本法核算

　　对于对联营企业、合营企业长期股权投资，因追加投资而取得对被投资企业控制权的，被投资企业由联营企业、合营企业转变为子公司，投资企业应对原联营企业、合营企业的股权投资转为采用成本法核算。对该股权投资转为采用成本法核算时，应以原股权的账面价值加上新增投资成本，作为转为采用成本法核算的长期股权投资的初始投资成本。

　　因追加投资而取得对被投资企业控制权，形成对被投资企业控股合并的，按照被投资企业与投资企业是否属于同一控制下的企业，对被投资企业的长期股权投资可以划分为导致形成非同一控制下企业合并的长期股权投资和导致形成同一控制下企业合并的长期股权投资。对此，投资企业应分别导致形成非同一控制下企业合并的长期股权投资和导致形成同一控制下企业合并的长期股权投资，按企业会计准则中相应的规定分别进行会计处理。

　　投资企业通过多次交易追加投资实现非同一控制下企业合并的，应当按照原持有的被投资企业股权投资的账面价值加上追加投资的新增投资成本，作为取得控制权日（购买日）对该被投资企业长期股权投资的初始投资成本。对于购买日前用权益法核算的长期股权投资，其账面价值反映其在被投资企业权益的增减变动情况。根据权益法核算的要求，采用权益法核算的长期股权投资的账面价值，包括长期股权投资的初始投资成本，持有后根据被投资企业实现净利润和股利或利润分配情况确认的损益调整，另外还包括被投资企业确认的其他综合收益中所拥有的份额。此时，应根据购买日前采用权益法核算的长期股权投资的账面价值，加上购买日追加投资新增的投资成本作为购买日对该被投资企业长期股权投资的初始投资成本，即作为对该子公司长期股权投资的初始投资成本。至于购买日前该股权投资确认的其他综合收益，在购买日前的长期股权投资采用权益法核算的情况下，在购买日对其不需要进行特别的处理。

【例5-25】甲公司2×18年1月1日，以13 100万元的价格购买取得B公司30%的股权。购买该股权的价款以银行存款支付。当日，B公司股东权益总额为32 000万元，其中股本为20 000万元，资本公积为8 000万元，盈余公积为1 200万元，未分配利润为2 800万元。甲公司与B公司为非同一控制下的企业，甲公司取得B公司30%的股权后，对其有重大影响。

B公司2×18年度实现净利润10 500万元。经公司董事会提议并经股东会批准，2×18年度提取盈余公积2 000万元，向股东分配现金股利4 500万元。

甲公司考虑到产业链的完整性和未来发展的需求，2×19年1月1日追加投资14 000万元，购买取得B公司25%的股权。甲公司购买该股权的价款已以银行存款支付。B公司当日股东权益总额（账面价值）为38 000万元，其中股本为20 000万元，资本公积为8 000万元，盈余公积为3 200万元，未分配利润为6 800万元；当日净资产（股东权益）的公允价值为44 000万元。

本例相关的会计处理如下。（单位：万元）

（1）2×18年1月1日，甲公司取得B公司30%股权的投资成本为13 100万元，在B公司股东权益中拥有的份额为9 600万元。甲公司应当以确定的投资成本，将对B公司的股权投资入账。

借：长期股权投资——投资成本　　　　　　　　　　13 100

　　贷：银行存款　　　　　　　　　　　　　　　　　　13 100

（2）2×18年12月31日，甲公司持有B公司30%的股权，对其有重大影响，应采用权益法对B公司长期股权投资进行核算。B公司2×18年度实现净利润10 500万元，甲公司应将其在其中所享有的份额3 150万元确认为投资收益；B公司2×18年度宣告分派现金股利4 500万元，甲公司应按其享有的份额1 350万元调整长期股权投资的账面价值。

借：长期股权投资——损益调整　　　　　　　　　　3 150

　　贷：投资收益　　　　　　　　　　　　　　　　　　3 150

借：应收股利　　　　　　　　　　　　　　　　　　1 350

　　贷：长期股权投资——损益调整　　　　　　　　　　1 350

经过上述会计处理后，甲公司 2×18 年 12 月 31 日对 B 公司长期股权投资的账面价值为 14 900（13 100 + 3 150 – 1 350）万元。而按其持有 B 公司 30% 的股权，甲公司在 B 公司股东权益中所拥有的份额为 11 400（38 000×30%）万元。

（3）2×19 年 1 月 1 日，甲公司追加投资取得 B 公司 25% 的股权后，甲公司累计持有 B 公司 55% 的股权，取得对 B 公司的控制权。此时，甲公司以 2×19 年 1 月 1 日为购买日，实现对 B 公司的控股合并。由于取得 B 公司控制权前甲公司与 B 公司不属于同一控制下的企业，甲公司取得对 B 公司的控制权，属于分步实现非同一控制下的企业合并。甲公司应将取得 B 公司 25% 的股权作为长期股权投资确认入账。

①确定合并成本。通过多次交易分步实现非同一控制下企业合并的，应以购买日前持有被合并企业的股权投资的账面价值与购买日新增投资成本之和，作为长期股权投资的初始投资成本。本例中，在追加投资取得该 B 公司 25% 的股权前，甲公司对 B 公司长期股权投资的账面价值为 14 900（13100 + 3 150 – 1 350）万元；此次追加投资取得 B 公司 25% 的股权发生的新增投资成本为 14 000 万元，取得 B 公司 55% 股权后对 B 公司长期股权投资的初始投资成本为 28 900 万元，即合并成本为 28 900 万元。

②将追加投资取得的 B 公司 25% 的股权，作为长期股权投资确认入账。

借：长期股权投资——投资成本　　　　　　　　　　　　14 000

　　贷：银行存款　　　　　　　　　　　　　　　　　　　　14 000

投资企业通过追加投资分步取得同一控制下被投资企业的股权投资，最终形成企业合并的，在取得控制权日（即合并日），首先应根据追加投资后对被投资企业取得控制权日在被投资企业所有者权益账面价值中应享有的份额，确定长期股权投资的初始投资成本；其次对于确定的长期股权投资初始投资成本与合并对价账面价值之间的差额，应调整资本公积（资本溢价或股本溢价），资本公积不足冲减的，冲减留存收益。在这里，合并对价的账面价值是指追加投资取得被投资企业控制权日之前股权投资的账面价值，加上追加投资取得被投资企业新增股权投资支付的对价后的金额。

至于投资企业追加投资过程中发生的审计、法律服务、评估咨询等中介费用以及其他相关费用，应在发生时计入当期损益。购买方作为合并对价发行权益性工具或债务性工具发生的发行费用，应当计入权益性工具或债务性工具的初始确认金额。

【例5-26】甲公司2×18年1月1日，以11 000万元的价格取得B公司30%的股权。甲公司购买该股权的价款以银行存款支付。当日，B公司股东权益总额为32 000万元，其中股本为20 000万元，资本公积为8 000万元，盈余公积为1 200万元，未分配利润为2 800万元。甲公司与B公司为同一控制下的企业。

B公司2×18年度实现净利润10 500万元。经公司董事会提议并经股东会批准，2×18年度提取盈余公积2 000万元，向股东分配现金股利4 500万元。2×19年1月1日，甲公司为实现对B公司的控制，追加投资购买取得B公司25%的股权，购买价款为10 000万元，款项已以银行存款支付。B公司当日股东权益总额为38 000万元，其中股本为20 000万元，资本公积为8 000万元，盈余公积为3 200万元，未分配利润为6 800万元。甲公司通过此次追加投资取得对B公司的控制权。购买B公司25%的股权后，甲公司累计持有B公司55%的股权。自2×18年1月1日起本例有关会计处理如下。（单位：万元）

（1）2×18年1月1日，甲公司取得B公司30%股权的初始投资成本为11 000万元，在B公司股东权益中拥有的份额为9 600万元，按照现行企业会计准则，甲公司应当将其作为一般的长期股权投资进行核算。

借：长期股权投资——投资成本　　　　　　　　　　　　　11 000

　　贷：银行存款　　　　　　　　　　　　　　　　　　　　　11 000

（2）2×18年12月31日，甲公司应按权益法核算的要求，将对B公司长期股权投资所实现的投资收益入账。B公司2×18年实现净利润10 500万元，向股东分配现金股利4 500万元。在采用权益法核算的情况下，甲公司应确认对B公司长期股权投资的投资收益3 150（10 500×30%）万元，并按B公司已宣告分配现金股利中享有的份额1 350（4 500×30%）万元，确认应收债权并调整长期股权投资的账面价值。

借：长期股权投资——损益调整　　　　　　　　　　　　　　3 150

　　贷：投资收益　　　　　　　　　　　　　　　　　　　　　3 150

借：应收股利　　　　　　　　　　　　　　　　　　　　　　1 350

　　贷：长期股权投资——损益调整　　　　　　　　　　　　　1 350

经过上述会计处理后，甲公司2×18年12月31日对B公司长期股权投资账面价值为12 800（11 000 + 3 150 - 1 350）万元，而其在B公司股东权益中所拥有的份额为 11 400（38 000×30%）万元，两者之间的差额为 1 400 万元。

（3）2×19 年 1 月 1 日，甲公司应将对 B 公司追加投资确认入账。

借：长期股权投资——投资成本　　　　　　　　　　　　　10 000

　　贷：银行存款　　　　　　　　　　　　　　　　　　　　　10 000

（4）甲公司追加对 B 公司投资后，持有 B 公司 55% 的股权，形成同一控制下企业合并。合并日的合并对价的账面价值总额为 22 800（12 800＋10 000）万元，而 B 公司当日股东权益总额为 38 000 万元。甲公司按持有 B 公司 55% 的股权计算，在 B 公司股东权益的账面价值中持有的份额为 20 900（38 000×55%）万元，即甲公司持有 B 公司 55% 股权的长期股权投资的投资成本为 20 900 万元。至于合并对价的账面价值与投资成本之间的差额 1 900（22 800－20 900）万元，应冲减资本公积。

借：资本公积　　　　　　　　　　　　　　　　　　　　　1 900

　　贷：长期股权投资——投资成本　　　　　　　　　　　　　1 900

通过上述会计处理后，甲公司对 B 公司长期股权投资的账面价值为 20 900（22 800－1 900）万元，与 B 公司股东权益中所拥有的份额相等。

5.5　长期股权投资减值和处置

5.5.1　长期股权投资减值

长期股权投资在按照规定进行核算确定其账面价值的基础上，如果存在减值迹象，应当按照相关准则的规定计提减值准备。对子公司、联营企业及合营企业的投资，长期股权投资的账面价值大于享有被投资单位所有者权益账面价值的份额等类似情况时，应当按照《企业会计准则第 8 号——资产减值》对长期股权投资进行减值测试，可收回金额低于长期股权投资账面价值的，应当计提减值准备。长期股权投资的减值准备在提取以后，不允许转回。

计提长期股权投资减值准备时，应借记"资产减值损失"科目，贷记"长期股权投资减值准备"科目。

【例5-27】新龙公司对大成公司的长期股权投资按成本法核算。有关资料及账务处理如下。

（1）2×18年1月新龙公司以银行存款100 000元购入大成公司股票，作为长期股权投资。投资时，新龙公司编制以下会计分录。

借：长期股权投资——大成公司   100 000

    贷：银行存款   100 000

（2）考虑到大成公司在2×19年度发生严重亏损，其股票市价已低于账面价值的情况，至2×19年12月31日，预计新龙公司对大成公司投资的可收回金额为70 000元，则新龙公司应计提长期股权投资减值准备30 000元。新龙公司应编制以下会计分录。

借：资产减值损失   30 000

    贷：长期股权投资减值准备   30 000

5.5.2　长期股权投资的处置

处置长期股权投资时，应相应结转与所售股权相对应的长期股权投资的账面价值。一般情况下，出售所得价款与处置长期股权投资账面价值之间的差额，应确认为处置损益。

采用权益法核算的长期股权投资，原计入其他综合收益（不能结转损益的除外）或资本公积（其他资本公积）中的金额，如处置后因具有重大影响或共同控制仍然采用权益法核算的，在处置时亦应进行结转，将与所出售股权相对应的部分在处置时自其他综合收益或资本公积转入当期损益。如处置后对有关投资终止采用权益法的，则原计入其他综合收益（不能结转损益的除外）或资本公积（其他资本公积）中的金额应全部结转。

【例5-28】甲公司持有乙公司40%的股权并采用权益法核算。2×18年7月1日，甲公司将乙公司20%的股权出售给非关联的第三方，对剩余20%的股权仍采用权益法核算。甲公司取得乙公司股权至2×18年7月1日期间，确认的相关其他综合收益为8 000 000元（为按比例享有的乙公司其他债权投资金融资产的公允价值变动），享有乙公司除净损益、其他综合收益和利润分配以外的其他所有者权益变动为2 000 000元。不考虑相关税费等其他因素影响。

本例中，由于甲公司处置后的剩余股权仍采用权益法核算，因此，相关的其他综合收益和其他所有者权益应按比例结转。甲公司有关账务处理如下。

借：其他综合收益 4 000 000

资本公积——其他资本公积 1 000 000

贷：投资收益 5 000 000

假设，2×18 年 7 月 1 日，甲公司将乙公司 35% 的股权出售给非关联的第三方，剩余 5% 股权作为以公允价值计量且其变动计入当期损益的金融资产核算。由于甲公司处置后的剩余股权按照本书第 9 章的相关内容进行会计处理，因此，相关的其他综合收益和其他所有者权益应全部结转。甲公司有关账务处理如下。

借：其他综合收益 8 000 000

资本公积——其他资本公积 2 000 000

贷：投资收益 10 000 000

企业通过多次交易分步处置对子公司股权投资直至丧失控制权，如果上述交易属于"一揽子交易"，应当将各项交易作为一项处置子公司股权投资并丧失控制权的交易进行会计处理；但是，在丧失控制权之前每一次处置价款与所处置的股权对应的长期股权投资账面价值之间的差额，在个别财务报表中，应当先确认为其他综合收益，到丧失控制权时再一并转入丧失控制权的当期损益。

5.6　合营安排

5.6.1　合营安排的概念及合营安排的认定

（一）合营安排

合营安排是指一项由两个或两个以上的参与方共同控制的安排，合营安排的主要特征如下。

一是各参与方均受到该安排的约束。合营安排通过相关约定对各参与方予以约束。相关约定是指据以判断是否存在共同控制的一系列具有执行力的合约，通常包括合营安排各参与方达成的合同安排，如合同、协议、会议纪要、契约等，也包括对该安排构成约束的法律形式本身。从内容来看，有关约定可能涵盖以下方面：对合营安排的目的、业务活动及期限的约定；对合营安排的治理机构（如董事会或类似机构）成员的任命方式的约定；对合营安排相关事项的决策方式的约定，包括哪些事项需要参与方决策、参与方的表决权情况、决策事项所需的表决权比例等内容，合营安排相关事项的决策方式是分析是否存在共同控制的重要因素；对参与方需要提供的资本或其他投入的约定；对合营安排的资产、负债、收入、费用、损益在参与方之间分配方式的约定。当合营安排通过单独主体达成时，该单独主体所制定的章程或其他法律文件有时会约定相关内容。

二是两个或两个以上的参与方对该安排实施共同控制。任何一个参与方都不能够单独控制该安排，对该安排具有共同控制的任何一个参与方均能够阻止其他参与方或参与方组合单独控制该安排。

（二）共同控制及其判断原则

合营安排的一个重要特征是共同控制。共同控制是指按照相关约定对某项安排所共有的控制，并且该安排的相关活动必须经过分享控制权的参与方一致同意后才能决策。共同控制不同于控制，共同控制是由两个或两个以上的参与方实施，而控制由单一参与方实施。共同控制也不同于重大影响，享有重大影响的参与方只拥有参与安排的财务和经营政策的决策权力，但并不能够控制或者与其他方一起共同控制这些政策的制定。

在判断是否具有共同控制时，首先判断是否所有参与方或参与方组合集体控制该安排，其次判断该安排相关活动的决策是否必须经过这些参与方一致同意。相关活动是指对某项安排的回报产生重大影响的活动，具体应视安排的情况而定，通常包括商品或劳务的销售和购买、资产的购买和处置、研究与开发活动及融资活动等。

（1）集体控制。如果所有参与方或一组参与方必须一致行动才能决定某项安排的相关活动，则称所有参与方或一组参与方集体控制该安排。在判断集体控制时，需要注意以下两点。

①集体控制不是单独一方控制。为了确定相关约定是否赋予参与方对该安排的共同控制，主体首先识别该安排的相关活动，然后确定哪些权利能够赋予参与方主导相关活动的权力。

如果某一个参与方能够单独主导该安排中的相关活动，则为控制。如果一组参与方或所有参与方联合起来才能够主导该安排中的相关活动，则为集体控制。

在集体控制下，不存在任何一个参与方能够单独控制某安排，而是由一组参与方或所有参与方联合起来才能控制该安排。"一组参与方或所有参与方"即意味着要有两个或两个以上的参与方联合起来才能形成控制。

②尽管所有参与方联合起来一定能够控制该安排，但集体控制下，集体控制该安排的组合指的是那些既能联合起来控制该安排，又使得参与方数量最少的一个或几个参与方组合。能够集体控制一项安排的参与方组合很可能不止一个。

（2）相关活动的决策。主体应当在确定是由参与方组合集体控制该安排，而不是某一参与方单独控制该安排后，再判断这些集体控制该安排的参与方是否共同控制该安排。当且仅当相关活动的决策要求集体控制该安排的参与方一致同意时，才存在共同控制。

存在共同控制时，有关合营安排相关活动的所有重大决策必须经分享控制权的各方一致同意。一致同意的规定保证了对合营安排具有共同控制的任何一个参与方均可以阻止其他参与方在未经其同意的情况下就相关活动单方面做出决策。

"一致同意"中，并不要求其中一方必须具备主动提出议案的能力，只要具备对合营安排相关活动的所有重大决策予以否决的权力即可；也不需要该安排的每个参与方都一致同意，只要那些能够集体控制该安排的参与方意见一致，就可以达成一致同意。有时，相关约定中设定的决策方式也可能暗含需要达成一致同意。例如，假定两方建立一项安排，在该安排中双方各拥有50%的表决权。双方约定，对相关活动做出决策至少需要51%的表决权。在这种情况下，意味着双方同意共同控制该安排，因为如果没有双方的一致同意，就无法对相关活动做出决策。

当相关约定中设定了就相关活动做出决策所需的最低投票权比例时，若存在多种参与方的组合形式均能满足最低投票权比例要求的情形，则该安排就不是合营安排；除非相关约定明确指出，需要其中哪些参与方一致同意才能就相关活动做出决策。

如果存在两个或两个以上的参与方组合能够集体控制某项安排的，不构成共同控制。

【例5-29】假定一项安排涉及三方：A公司、B公司、C公司，其在该安排中拥有的表决权分别为50%、30%和20%。A公司、B公司、C公司之间的相关约定规定：75%以上的表决权即可对安排的相关活动做出决策。

本例中，A 公司和 B 公司是能够集体控制该安排的唯一组合，当且仅当 A 公司、B 公司一致同意时，该安排的相关活动决策方能表决通过。因此 A 公司、B 公司对安排具有共同控制权。

（3）争议解决机制。在分析合营安排的各方是否共同分享控制权时，要关注对于争议解决机制的安排。相关约定可能包括处理纠纷的条款，例如，关于仲裁的约定。这些条款可能允许具有共同控制的各参与方在没有达成一致意见的情况下进行决策。这些条款的存在不会妨碍该安排构成共同控制的判断，因此，也不会妨碍该安排成为合营安排。但是，如果在各方未就相关活动的重大决策达成一致意见的情况下，其中一方具备"一票通过权"或者潜在表决权等特殊权力，则需要仔细分析，很可能具有特殊权力的一方实质上具备控制权。

（4）仅享有保护性权利的参与方不享有共同控制。保护性权利，是指仅为了保护权利持有人利益却没有赋予持有人对相关活动进行决策的一项权利。保护性权利通常只能在合营安排发生根本性改变或某些例外情况发生时才能够行使，它既没有赋予其持有人对合营安排拥有权力，也不能阻止其他参与方对合营安排拥有权力。对于某些安排，相关活动仅在特定情况或特定事项发生时开展，例如，某些安排在设计时就确定了安排的活动及其回报，在特定情况或特定事项发生之前不需要进行重大决策。这种情况下，权利在特定情况或特定事项发生时方可行使并不意味该权利是保护性权利。

如果一致同意的要求仅仅与向某些参与方提供保护性权利的决策有关，而与该安排的相关活动的决策无关，那么拥有该保护性权利的参与方不会仅仅因为该保护性权利而成为该项安排的合营方。因此，在评估参与方能否共同控制合营安排时，必须具体区分参与方持有的权利是否为保护性权利，判断为保护性权利的，其行使与否不影响其他参与方控制或共同控制该安排。

（5）一项安排的不同活动可能分别由不同的参与方或参与方组合主导。在不同阶段，一项安排可能发生不同的活动，从而导致不同参与方可能主导不同的相关活动，或者共同主导所有相关活动。不同参与方分别主导不同相关活动时，相关的参与方需要分别评估自身是否拥有主导对回报产生最重大影响的活动的权利，从而确定是否能够控制该项安排，而不是与其他参与方共同控制该项安排。

（6）综合评估多项相关协议。有时，一项安排的各参与方之间可能存在多项相关协议。在单独考虑一份协议时，某参与方可能对合营安排具有共同控制，但在综合考虑该安排的目的和设计等所有情况时，该参与方实际上可能对该安排并不具有共同控制。因此，在判断是否存在共同控制时，需要综合考虑该多项相关协议。

（三）合营安排中的不同参与方

只要两个或两个以上的参与方对该安排实施共同控制，一项安排就可以被认定为合营安排，并不要求所有参与方都对该安排享有共同控制。即一项合营安排的所有投资者群体中，只要其中部分投资者能够对该合营安排实施共同控制即可，构成合营安排的前提条件不要求所有投资者均具有共同控制能力。对合营安排享有共同控制的参与方（分享控制权的参与方）被称为"合营方"，对合营安排不享有共同控制的参与方被称为"非合营方"。

（四）合营安排的分类

合营安排分为共同经营和合营企业。共同经营，是指合营方享有该安排相关资产且承担该安排相关负债的合营安排。合营企业，是指合营方仅对该安排的净资产享有权利的合营安排。合营方应当根据其在合营安排的正常经营中享有的权利和承担的义务，来确定合营安排的分类。对权利和义务进行评价时，应当考虑该合营安排的结构、法律形式以及合营安排中约定的条款、其他相关事实和情况等因素。

合营安排是为不同目的而设立的（例如，参与方为了共同承担成本和风险，或者参与方为了获得新技术或新市场），可以采用不同的结构和法律形式。一些安排不要求采用单独主体形式开展活动，另一些安排则涉及构造单独主体。在实务中，主体可以从合营安排是否通过单独主体达成为起点，判断一项合营安排是共同经营还是合营企业。

在因具有共同控制形成合营安排的情况下，进一步区分有关合营安排是共同经营还是合营企业，关键是看根据合营安排的合同、协议以及基于其法律形式确定的各投资方的权利、义务关系，投资方拥有的是对合营安排净资产的要求权还是对合营安排中持有有关资产份额的要求权，并基于其所承担负债的份额承担责任。

（1）单独主体。单独主体，是指具有单独可辨认的财务架构的主体，包括单独的法人主体和不具备法人主体资格但法律认可的主体。单独主体并不一定要具备法人资格，但必须具有法律所认可的单独可辨认的财务架构。确认某主体是否属于单独主体必须考虑适用的法律法规。具有可单独辨认的资产、负债、收入、费用、财务安排和会计记录，并且具有一定法律形式的主体，构成法律认可的单独可辨认的财务架构。合营安排常见的形式包括有限责任公司、合伙企业、合作企业等。某些情况下，信托、基金也可被视为单独主体。

（2）合营安排未通过单独主体达成。当合营安排未通过单独主体达成时，该合营安排为共同经营。在这种情况下，合营方通常通过相关约定享有与该安排相关资产的权利并承担与该安排相关负债的义务，同时，享有相应收入的权利，并承担相应费用的责任，因此该合营安排应当划分为共同经营。

（3）合营安排通过单独主体达成。如果合营安排通过单独主体达成，在判断该合营安排是共同经营还是合营企业时，通常首先分析单独主体的法律形式，法律形式不足以判断时，将法律形式与合同安排结合进行分析，法律形式和合同安排结合起来仍不足以判断时，进一步考虑其他事实和情况。

①单独主体的法律形式。各参与方应当根据该单独主体的法律形式，判断该安排是赋予参与方享有与安排相关资产的权利，并承担与安排相关负债的义务，还是赋予参与方享有该安排的净资产的权利。即，各参与方应当依据单独主体的法律形式判断是否能将参与方和单独主体分离。例如，各参与方可能通过单独主体执行合营安排，单独主体的法律形式决定在单独主体中的资产和负债是单独主体的资产和负债，而不是各参与方的资产和负债。在这种情况下，基于单独主体的法律形式赋予各参与方的权利和义务，可以初步判定该项安排是合营企业。

在各参与方通过单独主体达成合营安排的情形下，当且仅当单独主体的法律形式没有将参与方和单独主体分离（即单独主体持有的资产和负债是各参与方的资产和负债）时，基于单独主体的法律形式赋予参与方权利和义务的判断，足以说明该合营安排是共同经营。

通常，单独主体的资产和负债很可能与参与方法律形式上明显分割开来。例如，根据《公司法》的有关规定，"公司是企业法人，有独立的法人财产，享有法人财产权。公司以其全部财产对公司的债务承担责任。有限责任公司的股东以其认缴的出资额为限对公司承担责任；股份有限公司的股东以其认购的股份为限对公司承担责任。"因此，当一项合营安排是按照《公司法》设立的有限责任公司或者股份有限公司时，其法律形式将合营安排对资产的权利和对负债的义务与该安排的参与方明显分割开来。

②合同安排。当单独主体的法律形式并不能将合营安排的资产的权利和对负债的义务授予该安排的参与方时，还需要进一步分析各参与方之间是否通过合同

安排，赋予该安排的参与方对合营安排资产的权利和对合营安排负债的义务。合同安排中常见的某些特征或者条款可能表明该安排为共同经营或者合营企业。共同经营和合营企业的一些普遍特征的比较包括但不限于表 5-4 所示内容。

表 5-4　共同经营和合营企业对比

对比项目	共同经营	合营企业
合营安排的条款	参与方对合营安排的相关资产享有权利并对相关负债承担义务	参与方对与合营安排有关的净资产享有权利，即单独主体（而不是参与方）享有与安排相关资产的权利，并承担与安排相关负债的义务
对资产的权利	参与方按照约定的比例分享合营安排的相关资产的全部利益（例如，权利、权属或所有权等）	资产属于合营安排，参与方并不对资产享有权利
对负债的义务	参与方按照约定的比例分担合营安排的成本、费用、债务及义务。第三方对该安排提出的索赔要求，参与方作为义务人承担赔偿责任	合营安排对自身的债务或义务承担责任。参与方仅以其各自对该安排认缴的投资额为限对该安排承担相应的义务。合营安排的债权方无权就该安排的债务对参与方进行追索
收入、费用及损益	合营安排建立了各参与方按照约定的比例（例如按照各自所耗用的产能比例）分配收入和费用的机制。某些情况下，参与方按约定的份额比例享有合营安排产生的净损益不会必然使其被分类为合营企业，仍应当分析参与方对该安排相关资产的权利以及对该安排相关负债的义务	各参与方按照约定的份额比例享有合营安排产生的净损益
担保	参与方为合营安排提供担保（或提供担保的承诺）的行为本身并不直接导致一项安排被分类为共同经营	

　　有时，法律形式和合同安排均表明一项合营安排中的合营方对该安排的净资产享有权利，此时，若不存在相反的其他事实和情况，该合营安排应当被划分为合营企业。有时，仅从法律形式判断，一项合营安排符合合营企业的特征，但是，综合考虑合同安排后，合营方享有该合营安排相关资产并且承担该安排相关负债，此时，该合营安排应当被划分为共同经营。

③其他事实和情况。如果一项安排的法律形式与合同安排均没有将该安排的资产的权利和对负债的义务授予该安排的参与方，则应考虑其他事实和情况，包括合营安排的目的和设计、其与参与方的关系及其现金流的来源等。某些情况下，合营安排设立的主要目的是为参与方提供产出，这表明参与方可能按照约定实质上享有合营安排所持资产几乎全部的经济利益。这种安排下，参与方根据相关合同或法律约定有购买产出的义务，并往往通过阻止合营安排将其产出出售给其他第三方的方式来确保参与方能获得产出。这样，该安排产生的负债实质上是由参与方通过购买产出支付的现金流量而得以清偿。因此，如果参与方实质上是该安排持续经营和清偿债务所需现金流的唯一来源，这表明参与方承担了与该安排相关的负债。综合考虑该合营安排的其他相关事实和情况，表明参与方实质上享有合营安排所持资产几乎全部的经济利益，承担对合营安排所产生的负债的清偿，合营安排实质上也持续依赖于向参与方收取的产出的销售现金流，该合营安排的实质为共同经营。在实务中，参与方在合营安排中的产出分配比例与表决权比例不同，并不影响对该安排是共同经营还是合营企业的判断。

在区分合营安排的类型时，需要了解该安排的目的和设计。如果合营安排同时具有以下特征，则表明该安排是共同经营：各参与方实质上有权享有，并有义务接受由该安排资产产生的几乎所有经济利益（从而承担了该经济利益的相关风险，如价格风险、存货风险、需求风险等），如该安排所从事的活动主要是向合营方提供产出等；持续依赖于合营方清偿该安排活动产生的负债，并维持该安排的运营。

在考虑"其他事实和情况"时，只有当该安排产生的负债的清偿持续依赖于合营方的支持时，该安排才为共同经营，即强调参与方实质上是该安排持续经营所需现金流的唯一来源。

④重新评估。企业对合营安排是否拥有共同控制权，以及评估该合营安排是共同经营还是合营企业，需要在初始判断的基础上持续评估。进行判断时，企业需要对所有相关的事实和情况加以考虑。如果法律形式、合同条款等相关事实和情况发生变化，合营安排参与方应当对合营安排进行重新评估：一是评估原合营方是否仍对该安排拥有共同控制权；二是评估合营安排的类型是否发生变化。相关事实和情况的变化有时可能导致某一参与方控制该安排，从而使该安排不再是合营安排。由于相关事实和情况发生变化，合营安排的分类可能发生变化，可能由合营企业转变为共同经营，或者由共同经营转变为合营企业。例如，经重新协

商，修订后的合营安排的合同条款约定参与方拥有对资产的权利，并承担对负债的义务，这种情况下，该安排的分类可能发生了变化，应重新评估该安排是否由合营企业转为共同经营。

5.6.2 共同经营中合营方的会计处理

（一）一般会计处理原则

除合营方对持有合营企业投资应当采用权益法核算以外，其他合营安排中的合营方应当确认自身所承担的以及按比例享有或承担的合营安排中按照合同、协议等的规定归属于本企业的资产、负债、收入及费用。该处理方法一定程度上类似于比例合并，但与比例合并又存在差异。

合营方应当确认其与共同经营中利益份额相关的下列项目，并按照相关企业会计准则的规定进行会计处理：一是确认单独所持有的资产，以及按其份额确认共同持有的资产；二是确认单独所承担的负债，以及按其份额确认共同承担的负债；三是确认出售其享有的共同经营产出份额所产生的收入；四是按其份额确认共同经营因出售产出所产生的收入；五是确认单独所发生的费用，以及按其份额确认共同经营发生的费用。

合营方可能将其自有资产用于共同经营，如果合营方保留了对这些资产的全部所有权或控制权，则这些资产的会计处理与合营方自有资产的会计处理并无差别。

合营方也可能与其他合营方共同购买资产来投入共同经营，并共同承担共同经营的负债，此时，合营方应当按照企业会计准则相关规定确认在这些资产和负债中的利益份额。如按照《企业会计准则第 4 号——固定资产》来确认在相关固定资产中的利益份额，按照金融工具确认和计量准则来确认在相关金融资产和金融负债中的份额。共同经营通过单独主体达成时，合营方应确认按照上述原则单独所承担的负债，以及按本企业的份额确认共同承担的负债。但合营方对于因其他股东未按约定向合营安排提供资金，按照我国相关法律或相关合同约定等规定而承担连带责任的，从其规定，在会计处理上应遵循《企业会计准则第 13 号——或有事项》的要求。

有关合营合同的安排通常描述了该安排所从事活动的性质，以及各参与方打算共同开展这些活动的方式。例如，合营安排各参与方可能同意共同生产产品，每一参与方负责特定的任务，使用各自的资产，承担各自的负债。合同安排也可能规定了各参与方分享共同收入和分担共同费用的方式。在这种情况下，每一个合营方在其资产负债表上确认其用于完成特定任务的资产和负债，并根据相关约定确认相关的收入和费用份额。当合营安排各参与方可能同意共同拥有和经营一项资产时，相关约定规定了各参与方对共同经营资产的权利，以及来自该项资产的收入或产出和相应的经营成本在各参与方之间分配的方式。每一个合营方对其在共同资产中的份额、同意承担的负债份额进行会计处理，并按照相关约定确认其在产出、收入和费用中的份额。

【例5-30】2×18年1月1日，A公司和B公司共同出资购买一栋写字楼，各自拥有该写字楼50%的产权，用于出租收取租金。合同约定，该写字楼相关活动的决策需要A公司和B公司一致同意方可做出；A公司和B公司的出资比例、收入分享比例和费用分担比例均为各自50%。该写字楼购买价款为8 000万元，由A公司和B公司以银行存款支付，预计使用寿命为20年，预计净残值为320万元，采用年限平均法按月计提折旧。该写字楼的租赁合同约定，租赁期限为10年，每年租金为480万元，按月交付。该写字楼每月支付维修费2万元。另外，A公司和B公司约定，该写字楼的后续维护和维修支出（包括再装修支出和任何其他的大修支出）以及与该写字楼相关的任何资金需求，均由A公司和B公司按比例承担。假设A公司和B公司均采用成本法对投资性房地产进行后续计量，不考虑税费等其他因素影响。

本例中，由于关于该写字楼相关活动的决策需要A公司和B公司一致同意方可做出，所以A公司和B公司共同控制该写字楼，购买并出租该写字楼为一项合营安排。由于该合营安排并未通过一个单独主体来架构，并明确约定了A公司和B公司享有该安排中资产的权利、获得该安排相应收入的权利、承担相应费用的责任等，因此该合营安排是共同经营。A公司的相关会计处理如下。

（1）出资购买写字楼时。

借：投资性房地产（80 000 000×50%）　　　　　　40 000 000

　　贷：银行存款　　　　　　40 000 000

（2）每月确认租金收入时。

借：银行存款（4 800 000×50%÷12）　　　　　　200 000

　　贷：其他业务收入　　　　　　200 000

（3）每月计提写字楼折旧时。

借：其他业务成本　　　　　　　　　　　　　　　　　　160 000

　　贷：投资性房地产累计折旧 [（80 000 000 - 3 200 000）÷20÷12×50%]

　　　　　　　　　　　　　　　　　　　　　　　　　　160 000

（4）支付维修费时。

借：其他业务成本（20 000×50%）　　　　　　　　　　　10 000

　　贷：银行存款　　　　　　　　　　　　　　　　　　　10 000

（二）合营方向共同经营投出或者出售不构成业务的资产的会计处理

合营方向共同经营投出或出售资产等（该资产构成业务的除外），在共同经营将相关资产出售给第三方或相关资产消耗之前（即，未实现内部利润仍包括在共同经营持有的资产账面价值中时），应当仅确认归属于共同经营其他参与方的利得或损失。如果投出或出售的资产发生符合《企业会计准则第 8 号——资产减值》等规定的资产减值损失的，合营方应当全额确认该损失。该规定与合营方对合营企业投出非货币性资产的规定一致。

（三）合营方自共同经营购买不构成业务的资产的会计处理

合营方自共同经营购买资产等（该资产构成业务的除外），在将该资产等出售给第三方之前（即，未实现内部利润仍包括在合营方持有的资产账面价值中时），不应当确认因该交易产生的损益中该合营方应享有的部分。即，此时应当仅确认因该交易产生的损益中归属于共同经营其他参与方的部分。

（四）合营方取得构成业务的共同经营的利益份额且形成控制情况的会计处理

合营方取得共同经营中的利益份额，且该共同经营构成业务时，应当按照企业合并准则等相关准则进行相应的会计处理，但其他相关准则的规定不能与合营安排准则的规定相冲突。企业应当按照企业合并准则的相关规定判断该共同经营是否构成业务。该处理原则不仅适用于收购现有的构成业务的共同经营中的利益份额，也适用于与其他参与方一起设立共同经营，且由于有其他参与方注入既存业务，使共同经营设立时即构成业务。

合营方增加其持有的一项构成业务的共同经营的利益份额时，如果合营方对该共同经营仍然是共同控制，则合营方之前持有的共同经营的利益份额不应按照新增投资日的公允价值重新计量。

5.6.3　对共同经营不享有共同控制的参与方的会计处理原则

对共同经营不享有共同控制的参与方（非合营方），如果享有该共同经营相关资产且承担该共同经营相关负债的，比照合营方进行会计处理。即，共同经营的参与方，不论其是否具有共同控制，只要能够享有共同经营相关资产的权利，并承担共同经营相关负债的义务，对在共同经营中的利益份额采用与合营方相同的会计处理。否则，应当按照相关企业会计准则的规定对其利益份额进行会计处理。例如，如果该参与方对于合营安排的净资产享有权利并且具有重大影响，则按照长期股权投资准则等相关规定进行会计处理；如果该参与方对于合营安排的净资产享有权利并且无重大影响，则按照金融工具确认和计量准则等相关规定进行会计处理；向共同经营投出构成业务的资产的，以及取得共同经营的利益份额的，则按照合并财务报表及企业合并等相关准则进行会计处理。

6.1　内部销售收入和内部销售成本的抵销处理

内部销售收入是指企业集团内部母公司与子公司、子公司相互之间发生的购销活动所产生的销售收入。内部销售成本是指企业集团内部母公司与子公司、子公司相互之间（以下称"成员企业"）发生的内部销售商品的销售成本。

6.1.1　购买企业内部购进的商品未实现对外销售时的抵销处理

由于企业集团内部出现商品的购销、劳务活动的提供，内部购进的商品会包含未实现销售损益。这种情况下，一方面，从销售企业角度来说，会将集团内部销售按照一般的销售业务确认销售收入并且计算销售利润；另一方面，从购买企业角度而言，则是以支付购货的价款作为其成本入账，并且通过结转的销售成本，计算销售利润，并在其利润表中列示。这一业务从整个企业集团来看，实际上只是商品存放地点发生变动，并没有真正实现企业集团对外销售，不应确认销售收入、结转销售成本以及计算损益。即从企业集团整体来看，并不是真正实现的利润。因为从整个企业集团来看，集团内部企业之间的商品购销活动实际上相当于企业内部物资调拨活动，既不会产生利润，也不会增加商品的价值。因此，上述情况在编制合并财务报表时，应当将销售企业由此确认的内部销售收入和内部销售成本予以抵销。对于这一经济业务，从购买企业来说，则以支付的购货价款作为存货成本入账，并在其个别资产负债表中作为资产列示。这样，购买企业的个别资产负债表中存货的价值中就包含有销售企业实现的销售毛利。销售企业由于内部购销业务实现的销售毛利，属于未实现内部销售损益，应予以抵销。

存货价值中包含的未实现内部销售损益是由于企业集团内部商品购销活动所引起的。在内部购销活动中，销售企业将集团内部销售作为收入确认并计算销售利润。而购买企业则是以支付购货的价款作为其成本入账；在本期内未实现对外销售而形成期末存货时，其存货价值中也相应地包括两部分内容：一部分为真正的存货成本（即销售企业销售该商品的成本），另一部分为销售企业的销售毛利（即其销售收入减去销售成本的差额）。对于期末存货价值中包括的这部分销售毛利，从企业集团整体来看，并不是真正实现的利润。因为从整个企业整体来看，集团内部企业之间的商品购销活动实际上相当于一个企业内部物资调拨活动，既不会实现利润，也不会增加商品的价值。正是从这一意义上来说，将期末存货价值中包括的这部分销售企业作为利润确认的部分，称为未实现内部销售损益。如果编制合并财务报表时将母公司与子公司财务报表中的存货简单相加，则会虚增存货成本。因此，在编制合并资产负债表时，应当将存货价值中包含的未实现内部销售损益予以抵销。抵销处理的会计分录如下。

借：营业收入（内部销售企业的售价）

　　贷：营业成本（倒挤）

　　　　存货（期末内部购入存货的成本×销售企业的毛利率）

【例6-1】 甲公司系 A 公司的母公司。甲公司本期个别利润表的营业收入中有 2 000 万元系向 A 公司销售商品实现的收入，其商品成本为 1 400 万元，销售毛利率为 30%。A 公司本期从甲公司购入的商品在本期均未实现销售，期末存货中包含有 2 000 万元从甲公司购进的商品，该存货中包含的未实现内部销售损益为 600 万元。

本例中，编制合并利润表时，将内部销售收入、内部销售成本及存货价值中包含的未实现内部销售损益抵销时，其抵销分录如下。（单位：万元）

借：营业收入　　　　　　　　　　　　　　　　　　2 000

　　贷：营业成本　　　　　　　　　　　　　　　　1 400

　　　　存货　　　　　　　　　　　　　　　　　　　600

6.1.2　购买企业内部购进的商品部分实现对外销售时的抵销处理

对于内部购进的商品部分实现对外销售、部分形成期末存货的情况，可以将内部购买的商品分解为两部分来理解：一部分为当期购进并全部实现对外销售；另一部分为当期购进但未实现对外销售而形成期末存货。

【例 6-2】甲公司本期个别利润表的营业收入中有 5 000 万元系向 A 公司销售商品取得的销售收入，该商品销售成本为 3 500 万元，销售毛利率为 30%。A 公司在本期将该批内部购进商品的 60% 实现销售，其销售收入为 3 750 万元，销售成本为 3 000 万元，销售毛利率为 20%，并列示于其个别利润表中；该批商品的另外 40% 则形成 A 公司期末存货，即期末存货为 2 000 万元，列示于 A 公司的个别资产负债表之中。

本例中，编制合并财务报表时，其抵销处理如下。（单位：万元）

借：营业收入（3 000 + 2 000）　　　　　　　　　　　5 000

　　贷：营业成本（3 000 + 3 500 × 40%）　　　　　　　　　4 400

　　　　存货（1 500 × 40%）　　　　　　　　　　　　　　600

根据上述抵销分录，合并工作底稿（局部）如表 6-1 所示。

表 6-1　合并工作底稿（局部）

金额单位：万元

项目	甲公司	A公司	合计	调整分录		抵销分录		少数股东权益	合并数
				借方	贷方	借方	贷方		
（资产负债表项目）									
……									
存货		2 000	2 000				600		1 400
……									
（利润表项目）									
营业收入	5 000	3 750	8 750			5 000			3 750
营业成本	3 500	3 000	6 500				4 400		2 100
……									
营业利润	1 500	750	2 250			5 000	4 400		1 650
……									
净利润	1 500	750	2 250			5 000	4 400		1 650

续表

项目	甲公司	A公司	合计	调整分录		抵销分录		少数股东权益	合并数
				借方	贷方	借方	贷方		
（股东权益变动表项目）									
期初未分配利润	0	0	0						0
……									
期末未分配利润	1 500	750	2 250			5 000	4 400		1 650

对于内部销售收入的抵销，也可按照以下方法进行抵销处理：（1）按照内部销售收入的数额，借记"营业收入"项目，贷记"营业成本"项目；（2）按照期末存货价值中包含的未实现内部销售损益的数额，借记"营业成本"项目，贷记"存货"项目。

【例6-3】 甲公司与A公司内部销售业务资料见【例6-2】。

本例中，将内部销售收入、销售成本以及期末存货中包含的未实现内部销售利润抵销，编制抵销分录如下。（单位：万元）

（1）借：营业收入   5 000

         贷：营业成本   5 000

（2）借：营业成本   600

         贷：存货   600

在合并工作底稿中，按上述抵销分录进行抵销的结果与【例6-2】的抵销结果相同。

6.1.3 购买企业内部购进的商品当期全部实现销售时的抵销处理

对于内部购进商品本期全部实现对外销售的情况，由于不涉及内部存货价值中包含的未实现内部销售损益的抵销处理，在本期编制合并财务报表时不涉及对其进行处理的问题。在这种情况下，对于销售企业来说，销售给其他成员企业商品与销售给集团外部企业情况下的会计处理相同，即在本期确认销售收入、结转销售成本、计算损益，并在其个别利润表中反映；对于购买企业来说，一方面要确认销售收入，另一方面要结转销售内部购进商品的成本，并在其个别利润表中分别作为营业收入和营业成本反映，并确认损益。这也就是说，对于同一购销业务，在销售企业和购买企业的个别利润表都进行了反映。但从企业集团整体来看，这一购销业务只实现了一次销售，其销售收入只是购买企业销售该商品的销售收入，其销售成本只是销售企业销售该商品的成本。销售企业销售该商品的收入属于内部销售收入，相应的购买企业销售该商品的销售成本则属于内部销售成本。因此，在编制合并财务报表时，就必须将重复反映的内部销售收入与内部销售成本予以抵销。进行抵销处理时的会计分录如下。

借：营业收入

　　贷：营业成本

【例 6-4】甲公司拥有 A 公司 70% 的股权，系 A 公司的母公司。甲公司本期个别利润表的营业收入中有 3 000 万元系向 A 公司销售商品取得的销售收入，该商品销售成本为 1 000 万元。A 公司在本期将该商品全部售出，其销售收入为 3 750 万元，销售成本为 3 000 万元，并分别在其个别利润表中列示。

本例中，编制合并财务报表将内部销售收入和内部销售成本予以抵销时，应编制以下抵销分录。（单位：万元）

借：营业收入　　　　　　　　　　　　　　　　　　3 000

　　贷：营业成本　　　　　　　　　　　　　　　　　　3 000

6.1.4　购买企业内部购进的商品作为固定资产使用时的抵销处理

企业集团内部发生交易的一方与固定资产有关的购销业务，在集团内成员企业将自身的产品销售给其他成员企业作为固定资产使用的情况下，一方面，对于销售企业来说是作为普通商品销售并进行会计处理的，即在销售时如实确认收入、结转成本和计算损益，并以此在其个别财务报表中列示；另一方面，对于购买企业来说，则以购买价格（此时不考虑安装及运输费用）作为固定资产原值记账，该固定资产入账价值中既包含销售企业生产该产品的成本，也包含由于该产品销售所实现的销售利润。购买企业虽然以支付给销售企业的购买价格作为固定资产原价入账，但从整个企业集团来说，只能以销售企业生产该产品的成本作为固定资产原价在合并财务报表中反映。因此，编制合并利润表时，应将与内部交易形成的固定资产相关的销售收入、销售成本以及原价中包含的未实现内部销售损益予以抵销。即按销售企业由于该固定资产交易所实现的销售收入，借记"营业收入"项目，按照其销售成本，贷记"营业成本"项目，按该固定资产的销售收入与销售成本之间的差额（即原价中包含的未实现内部销售损益的金额），贷记"固定资产"项目。抵销处理时的会计分录如下。

借：营业收入

　　贷：营业成本

　　　　固定资产

【例 6-5】 母公司个别利润表的营业收入中有 500 万元系向子公司销售其生产的设备所取得的收入，该设备生产成本为 400 万元。子公司个别资产负债表固定资产原价中包含该设备的原价，该设备系 12 月购入并投入使用，本期未计提折旧，该固定资产原价中包含 100 万元未实现内部销售损益。

本例中，在编制合并财务报表时，需要将母公司相应的销售收入和销售成本予以抵销，并将该固定资产原价中包含的未实现内部销售损益予以抵销。其抵销分录如下。（单位：万元）

借：营业收入　　　　　　　　　　　　　　　　　　　　　500

　　贷：营业成本　　　　　　　　　　　　　　　　　　　　400

　　　　固定资产　　　　　　　　　　　　　　　　　　　　100

6.2　连续编制合并财务报表时内部销售商品的合并处理

对于上期内部购进商品本期全部实现对外销售的情况下，由于不涉及内部存货价值中包含的未实现内部销售损益的抵销处理，在本期连续编制合并财务报表时不涉及对其进行处理的问题。但在上期内部购进商品并形成期末存货的情况下，在编制合并财务报表进行抵销处理时，存货价值中包含的未实现内部销售损益的抵销，直接影响上期合并财务报表中合并净利润金额的减少，最终影响合并所有者权益变动表中期末未分配利润的金额的减少。在连续编制合并财务报表的情况下，首先必须将上期抵销的存货价值中包含的未实现内部销售损益对本期期初未分配利润的影响予以抵销，调整本期期初未分配利润的数额；然后再对本期内部购进存货进行合并处理。其具体合并处理程序和方法如下。

6.2.1　抵销期初结存的内部购入存货价值中包含的未实现内部销售损益

按照上期内部购进存货价值中包含的未实现内部销售损益的数额，进行以下抵销处理。

借：期初未分配利润
　　贷：营业成本

这一抵销分录，可以理解为上期内部购进的存货中包含的未实现内部销售损益在本期视同为实现利润，将上期未实现内部销售损益转为本期实现利润，冲减当期的合并销售成本。

6.2.2　抵销本期发生的内部存货销售收入和内部销售成本

对于本期发生内部购销活动的，将内部销售收入及内部销售成本予以抵销。即按照销售企业内部销售收入的数额，进行以下抵销处理。

借：营业收入（本期销售企业内部销售收入的金额）
　　贷：营业成本
　　　　存货

6.2.3　抵销期末结存的内部购入存货价值中包含的未实现内部销售损益

对于期末内部购买形成的存货（包括上期结转形成的本期存货），应按照购买企业期末内部购入存货价值中包含的未实现内部销售损益的数额，进行以下抵销处理。

借：未分配利润——期初
　　营业成本
　　贷：存货

【例 6-6】上期甲公司与 A 公司内部购销资料、内部销售的抵销处理及其合并工作底稿（局部）见【例 6-2】。本期甲公司个别财务报表中向 A 公司销售商品取得销售收入 6 000 万元，销售成本为 4 200 万元，甲公司本期销售毛利率与上期相同，为 30%。A 公司个别财务报表中从甲公司购进商品本期实现对外销售收入为 5 625 万元，销售成本为 4 500 万元，销售毛利率为 20%；期末内部购进形成的存货为 3 500 万元（期初存货 2 000 万元 + 本期购进存货 6 000 万元 - 本期销售成本 4 500 万元），存货价值中包含的未实现内部销售损益为 1 050 万元。

本例中，编制合并财务报表时应进行以下抵销处理。（单位：万元）

（1）调整期初未分配利润的数额。

借：期初未分配利润　　　　　　　　　　　　　　　　　600 ①

　　贷：营业成本　　　　　　　　　　　　　　　　　　　600

（2）抵销本期内部销售收入。

借：营业收入　　　　　　　　　　　　　　　　　　　6 000 ②

　　贷：营业成本　　　　　　　　　　　　　　　　　　6 000

（3）抵销期末存货中包含的未实现内部销售损益。

借：营业成本（3 500 × 30%）　　　　　　　　　　　1 050 ③

　　贷：存货　　　　　　　　　　　　　　　　　　　　1 050

合并工作底稿（局部）如表 6-2 所示。

表 6-2　合并工作底稿（局部）

金额单位：万元

项目	甲公司	A公司	合计	调整分录		抵销分录		少数股东权益	合并数
				借方	贷方	借方	贷方		
（资产负债表项目）									
……									
存货		3 500	3 500				1 050③		2 450
……									
（利润表项目）									
营业收入	6 000	5 625	11 625			6 000②			5 625

续表

项目	甲公司	A公司	合计	调整分录 借方	调整分录 贷方	抵销分录 借方	抵销分录 贷方	少数股东权益	合并数
营业成本	4 200	4 500	8 700			1 050③	600① 6 000②		3 150
……									
营业利润	1 800	1 125	2 925			7 050	6 600		2 475
……									
净利润	1 800	1 125	2 925			7 050	6 600		2 475
（股东权益变动表项目）									
期初未分配利润	1 500	750	2 250			600①			1 650
……									
期末未分配利润	3 300	1 875	5 175			7 650	6 600		4 125

6.3　存货跌价准备的合并处理

6.3.1　初次编制合并财务报表时存货跌价准备的合并处理

资产负债表日，存货应当按照成本与可变现净值孰低计量。即根据现行企业会计准则的规定，企业必须定期或者至少于年度终了时，全面清查存货的情况，采用成本与可变现净值孰低法进行期末计价，以单个存货项目为单位计提存货跌价准备。存货清查的范围既包括常见的从企业集团外部购进形成的存货，也包括从企业集团内部购入而形成的存货；采用成本与可变现净值孰低法进行期末计价的范围，也包括从企业集团内部购进形成的期末存货。当企业本期计提的存货跌价准备中包括对内部购进形成的存货计提的跌价准备时，则涉及如何将对内部购进的存货计提的跌价准备进行抵销的问题。

　　某一商品在企业集团内某一成员企业内需要计提跌价准备时，对于企业集团来说也同样必须计提跌价准备。某一商品计提跌价准备的金额，从单一企业来说，为该商品可变现净值低于取得成本的差额；而从企业集团来说，则是该商品可变现净值与企业集团范围内取得该商品成本的差额。从商品的可变现净值的角度来说，企业应以确凿证据为基础计算确定存货的可变现净值。某一商品的可变现净值，无论对于企业集团还是持有该商品的企业来说，价值认定和会计处理基本上都是一致的。从商品的取得成本来说，持有内部购进商品的企业，该商品的取得成本包括销售企业所实现的利润，而对于企业集团整体的角度来说，则是指从外部购买或者生产该商品的成本。编制合并财务报表时，计提存货跌价准备应当是将该商品的可变现净值与从企业集团的取得成本进行比较确定的计提金额。

　　对内部购进形成的存货计提跌价准备的合并处理，从购买企业来看有两种情况。

1. 购买企业本期期末内部购进存货的可变现净值既低于该存货的取得成本，也低于销售企业的该存货的取得成本

　　这种情况下，从购买企业个别财务报表来说，购买企业按该存货的可变现净值低于其取得成本的金额确认存货跌价准备。确认的存货跌价准备的金额，一方面，在其个别资产负债表中通过抵销存货项目列示；另一方面，在利润表中作为资产减值损失列示。购买企业在个别财务报表中确认的存货跌价准备的金额，既包括购买企业该商品取得成本高于销售企业销售成本（即取得成本）的差额（即抵销的未实现内部销售损益），也包括销售企业销售成本高于该商品可变现净值的差额。但从合并财务报表来说，随着内部购进存货价值中包含的未实现内部销售损益的抵销，在合并财务报表中列示的该存货的成本为抵销未实现内部销售损益后的成本。相对于购买企业该存货的取得成本高于销售企业销售该存货成本的差额部分计提的跌价准备的金额，已因未实现内部销售损益的抵销而抵销，故在编制合并财务报表时，也须将这部分金额予以抵销；而相对于销售企业销售该存货成本高于该存货可变现净值的部分而计提的跌价准备的金额，无论从购买企业来说，还是对于整个企业集团来说，都是必须计提的存货跌价准备，必须在合并财务报表中予以反映。进行抵销处理时，应当按购买企业本期计提的存货跌价准备中内部购进商品取得成本高于销售企业取得成本的数额抵销。具体会计分录如下。

借：存货

　　贷：资产减值损失

【例 6-7】甲公司为 A 公司的母公司。甲公司本期向 A 公司销售商品 2 000 万元，其销售成本为 1 400 万元，并以此在其个别利润表中列示。A 公司购进的该商品当期全部未实现对外销售而形成期末存货；期末对存货进行检查时，发现该存货已经部分陈旧，其可变现净值降至 1 320 万元。为此，A 公司期末对该存货计提存货跌价准备 680 万元。

　　本例中，该存货的可变现净值降至 1 320 万元，低于抵销未实现内部销售损益后的金额（1 400 万元）。在 A 公司本期计提的存货跌价准备 680 万元中，其中的 600 万元是相对于 A 公司取得成本（2 000 万元）高于甲公司销售该商品的销售成本（1 400 万元）部分计提的，另外 80 万元则是相对于甲公司销售该商品的销售成本（1 400 万元）高于其可变现净值（1 320 万元）的部分计提的。此时，A 公司对计提存货跌价准备中相当于抵销的未实现内部销售损益的数额 600 万元部分，从整个企业集团来说，该商品的取得成本为 1 400 万元，在可变现净值高于这一金额的情况下，不需要计提存货跌价准备，故必须将其予以抵销；而对于另外的 80 万元的存货跌价准备，从整个企业集团来说，则是必须计提的存货跌价准备，则不需要进行抵销处理。

　　在编制本期合并财务报表时，应进行以下抵销处理。（单位：万元）

　　（1）将内部销售收入与内部销售成本抵销。

借：营业收入　　　　　　　　　　　　　　　　　　　　2 000①

　　贷：营业成本　　　　　　　　　　　　　　　　　　2 000

　　（2）将内部销售形成的存货价值中包含的未实现内部销售损益抵销。

借：营业成本　　　　　　　　　　　　　　　　　　　　600②

　　贷：存货　　　　　　　　　　　　　　　　　　　　600

　　（3）将 A 公司本期计提的存货跌价准备中相当于未实现内部销售利润的部分抵销。

借：存货　　　　　　　　　　　　　　　　　　　　　　600③

　　贷：资产减值损失　　　　　　　　　　　　　　　　600

合并工作底稿（局部）如表 6-3 所示。

表6-3 合并工作底稿（局部）

金额单位：万元

项目	甲公司	A公司	合计	调整分录 借方	调整分录 贷方	抵销分录 借方	抵销分录 贷方	少数股东权益	合并数
（资产负债表项目）									
……									
存货		1 320	1 320			600③	600②		1 320
……									
（利润表项目）									
营业收入	2 000	0	2 000			2 000①			0
营业成本	1 400	0	1 400			600②	2 000①		0
……									
资产减值损失	0	680	680				600③		80
……									
营业利润	600	-680	-80			2 600	2 600		-80
……									
净利润	600	-680	-80			2 600	2 600		-80
（股东权益变动表项目）									
期初未分配利润	0	0	0						0
……									
期末未分配利润	600	-680	-80			2 600	2 600		-80

2. 购买企业本期期末内部购进存货的可变现净值低于其取得成本，但高于销售企业销售成本

这种情况下，从购买企业个别财务报表来说，购买企业按该存货的可变现净值低于其取得成本的金额：一方面，确认存货跌价准备并在其个别资产负债表中通过抵销存货项目的金额列示；另一方面，在利润表中作为资产减值损失列示。但从合并财务报表来说，随着内部购进存货包含的未实现内部销售损益的抵销，该存货在合并财务报表中列示的成本为抵销未实现内部销售损益后的成本。当该存货的可变现净值低于购买企业的取得成本，但高于该存货在合并财务报表中成本时，则不需要计提存货跌价准备。个别财务报表中计列的相应的存货跌价准备，也应予以抵销。进行合并处理时，应当按照购买企业本期计提存货跌价准备的金额，编制以下抵销分录。

借：存货

　　贷：资产减值损失

【例 6-8】甲公司系 A 公司的母公司，甲公司本期向 A 公司销售商品 2 000 万元，其销售成本为 1 400 万元；A 公司购进的该商品当期全部未实现对外销售而形成期末存货。A 公司期末对存货进行检查时，发现该商品已经部分陈旧，其可变现净值已降至 1 840 万元。为此，A 公司期末对该存货计提存货跌价准备 160 万元，并在其个别财务报表中列示。

　　本例中，该存货的可变现净值降至 1 840 万元，高于抵销未实现内部销售损益后的金额（1 400 万元）。此时，在编制本期合并财务报表时，应进行以下抵销处理。（单位：万元）

（1）将内部销售收入与内部销售成本抵销。

借：营业收入　　　　　　　　　　　　　　　　2 000①

　　贷：营业成本　　　　　　　　　　　　　　　2 000

（2）将内部销售形成的存货价值中包含的未实现内部销售损益抵销。

借：营业成本　　　　　　　　　　　　　　　　600②

　　贷：存货　　　　　　　　　　　　　　　　　600

（3）将 A 公司本期计提的存货跌价准备抵销。

借：存货　　　　　　　　　　　　　　　　　　160③

　　贷：资产减值损失　　　　　　　　　　　　　160

合并工作底稿（局部）如表 6-4 所示。

表6-4　合并工作底稿（局部）

金额单位：万元

项目	甲公司	A公司	合计	调整分录		抵销分录		少数股东权益	合并数
				借方	贷方	借方	贷方		
（资产负债表项目）									
……									
存货		1 840	1 840			160③	600②		1 400
……									
（利润表项目）									
营业收入	2 000	0	2 000			2 000①			0
营业成本	1 400	0	1 400			600②	2 000①		0
……									
资产减值损失		160	160				160③		0
……									
营业利润	600	-160	440			2 600	2 160		0
……									
净利润	600	-160	440			2 600	2 160		0
（股东权益变动表项目）									
期初未分配利润	0	0	0						0
……									
期末未分配利润	600	-160	440			2 600	2 160		0

6.3.2　连续编制合并财务报表时存货跌价准备的合并处理

在连续编制合并财务报表进行合并处理时，首先，将上期资产减值损失中抵销的存货跌价准备对本期期初未分配利润的影响予以抵销，即按上期资产减值损失项目中抵销的存货跌价准备的数额，进行以下抵销处理。

借：存货或营业成本

　　贷：期初未分配利润

其次，对于本期对内部购进存货在个别财务报表中补提或者冲销的存货跌价准备也应予以抵销。

借：存货

　　贷：资产减值损失

至于抵销存货跌价准备的数额，应当分别按不同的情况进行处理。当持有该存货企业的取得成本＞本期内部购进存货的可变现净值＞抵销未实现内部销售损益后的取得成本（即销售企业该存货的取得成本）时，应该抵销的存货跌价准备的金额为本期存货跌价准备的增加额。当抵销未实现内部销售损益后的取得成本（即销售企业的取得成本）＞本期内部购进存货的可变现净值时，其抵销的存货跌价准备的金额应该为本期期末存货中包含的未实现内部销售损益的金额减去期初内部购进存货计提的存货跌价准备的金额后的余额。

【例 6-9】甲公司与 A 公司之间内部销售情况、存货跌价准备的抵销处理，以及合并工作底稿（局部）见【例 6-8】。A 公司与甲公司之间本期未发生内部销售。本例期末存货系上期内部销售结存的存货。A 公司本期期末对存货清查时，该内部购进存货的可变现净值为 1 200 万元，A 公司期末存货跌价准备余额为 800 万元。

本例中，该内部购进存货的可变现净值由上期期末的 1 840 万元降至 1 200万元，既低于 A 公司从甲公司购买时的取得成本，也低于抵销未实现内部销售损益后的金额（即甲公司销售该商品的成本 1 400 万元）。A 公司本期期末存货跌价准备余额 800 万元，从计提时间来看，包括上期期末计提结存的存货跌价准备160 万元，还包括本期期末计提的存货跌价准备 640 万元。上期计提的部分，在编制上期合并财务报表时已将其与相应的资产减值损失相抵销，从而影响到本期的期初未分配利润。为此，对于这一部分在本期编制合并财务报表时需要调整期初未分配利润的数额。而对于本期计提的 640 万元存货跌价准备，其中 440 万元是相对上期计提存货跌价准备后存货净额与甲公司该内部销售商品的销售成本之间的差额计提的，而另外 200 万元则相对甲公司该内部销售商品的销售成本与其可变现净值之间的差额计提的。从整个企业集团来说，前者应当予以抵销，后者则是应当计提的。

甲公司在编制本期合并财务报表时，应进行以下抵销处理。（单位：万元）

(1) 借：存货　　　　　　　　　　　　　　　　160①

　　　　贷：期初未分配利润　　　　　　　　　　　　160

(2) 借：期初未分配利润　　　　　　　　　　　600②

　　　　贷：存货　　　　　　　　　　　　　　　　　600

(3) 借：存货　　　　　　　　　　　　　　　　440③

　　　　贷：资产减值损失　　　　　　　　　　　　　440

合并工作底稿（局部）如表6-5所示。

表6-5　合并工作底稿（局部）

金额单位：万元

项目	甲公司	A公司	合计	调整分录		抵销分录		少数股东权益	合并数
				借方	贷方	借方	贷方		
（资产负债表项目）									
……									
存货	1 200	1 200				160① 440③	600②		1 200
……									
（利润表项目）									
营业收入	0	0	0						0
营业成本	0	0	0						0
……									
资产减值损失	0	640	640				440③		200
……									
营业利润	0	-640	-640				440		-200

续表

项目	甲公司	A公司	合计	调整分录 借方	调整分录 贷方	抵销分录 借方	抵销分录 贷方	少数股东权益	合并数
……									
净利润	0	-640	-640				440		-200
（股东权益变动表项目）									
期初未分配利润	600	-160	440			600②	160①		0
……									
期末未分配利润	600	-800	-200			600	600		-200

【例 6-10】甲公司上期向 A 公司销售商品 2 000 万元，其销售成本为 1 400 万元；A 公司购进的该商品当期未实现对外销售全部形成期末存货。A 公司期末对存货进行检查时，发现该存货已经部分陈旧，其可变现净值降至 1 840 万元，A 公司期末对该存货计提存货跌价准备 160 万元。在编制上期合并财务报表时，已将该存货跌价准备予以抵销，其抵销处理及合并工作底稿（局部）见【例 6-8】。甲公司本期向 A 公司销售商品 3 000 万元，甲公司销售该商品的销售成本为 2 100 万元。A 公司本期对外销售内部购进商品实现的销售收入为 4 000 万元，销售成本为 3 200 万元，其中上期从甲公司购进商品本期全部售出，销售收入为 2 500 万元，销售成本为 2 000 万元；本期从甲公司购进商品销售 40%，销售收入为 1 500 元，销售成本为 1 200 万元。本期购入商品的另 60% 形成期末存货，其取得成本为 1 800 万元，期末可变现净值为 1 620 万元，A 公司本期期末对该内部购进形成的存货计提存货跌价准备 180 万元。

甲公司在编制合并财务报表时，应进行以下抵销处理。（单位：万元）

（1）借：营业成本　　　　　　　　　　　　　　　160①

　　　　贷：期初未分配利润　　　　　　　　　　　　　160

（2）借：期初未分配利润　　　　　　　　　　　　600②

　　　　贷：营业成本　　　　　　　　　　　　　　　　600

（3）借：营业收入　　　　　　　　　　　　　　3 000③

　　　　贷：营业成本　　　　　　　　　　　　　　　3 000

（4）借：营业成本　　　　　　　　　　　　　　　　540④

　　　　贷：存货　　　　　　　　　　　　　　　　　　540

（5）借：存货　　　　　　　　　　　　　　　　　　180⑤

　　　　贷：资产减值损失　　　　　　　　　　　　　　180

合并工作底稿（局部）如表6-6所示。

表6-6　合并工作底稿（局部）

金额单位：万元

项目	甲公司	A公司	合计	调整分录		抵销分录		少数股东权益	合并数
				借方	贷方	借方	贷方		
（资产负债表项目）									
……									
存货		1 620	1 620			180⑤	540④		1 260
……									
（利润表项目）									
营业收入	3 000	4 000	7 000			3 000③			4 000
营业成本	2 100	3 200	5 300			160① 540④	600② 3 000③		2 400
……									
资产减值损失	0	180	180				180⑤		0
……									
营业利润	900	620	1 520			3 700	3 780		1 600
……									
净利润	900	620	1 520			3 700	3 780		1 600
（股东权益变动表项目）									
期初未分配利润	600	-160	440			600②	160①		0
……									
期末未分配利润	1 500	460	1 960			4 300	3 940		1 600

第7章
长期股权投资内部交易的合并处理

7.1 同一控制下企业合并长期股权投资与所有者权益的合并处理

在一般情况下，企业取得子公司的股权途径主要有两条：一是对外进行直接投资组建新的被投资企业使其成为子公司，这里包括单独投资组建全资子公司、与其他企业合资组建非全资子公司等情况；二是通过企业合并，对现有的企业的股权进行并购，使其成为子公司，这里包括购买同一控制下的企业的股权使其成为直接的子公司、购买非同一控制下的企业的股权使其成为子公司两种情况。

7.1.1 同一控制下取得子公司合并日合并财务报表的编制

根据现行企业会计准则，母公司在合并日可以编制合并日的合并资产负债表、合并利润表、合并现金流量表等合并财务报表。母公司在将购买取得子公司股权登记入账后，在编制合并日合并资产负债表时，只需将对子公司长期股权投资与子公司所有者权益中母公司所拥有的份额相抵销。

母公司对子公司的长期股权投资，一方面反映为长期股权投资以外的其他资产的减少，另一方面反映为长期股权投资的增加，在母公司个别资产负债表中作为资产类项目中的长期股权投资列示。子公司接受这一投资时，一方面增加资产，另一方面作为实收资本（或股本，下同）等处理；在其个别资产负债表中一方面反映为实收资本等的增加，另一方面反映为相对应的资产的增加。从企业集团整体来看，母公司对子公司进行的长期股权投资实际上相当于母公司将资本拨付下属核算单位，并不引起整个企业集团的资产、负债和所有者权益的增减变动。因此，编制合并财务报表时，应当在母公司与子公司财务报表数据简单相加的基础上，将母公司对子公司长期股权投资与子公司所有者权益予以抵销。

1. 在子公司为全资子公司的情况下，母公司对子公司长期股权投资的金额和子公司所有者权益各项目的金额应当全额抵销。在合并工作底稿中编制的抵销分录为：借记"实收资本""资本公积""其他综合收益""盈余公积""未分配利润——年末"项目，贷记"长期股权投资"项目。其中，属于商誉的部分，还应借记"商誉"项目。

2. 在子公司为非全资子公司的情况下，应当将母公司对子公司长期股权投资的金额与子公司所有者权益中母公司所享有的份额相抵销。子公司所有者权益中不属于母公司的份额，即子公司所有者权益中抵销母公司所享有的份额后的余额，在合并财务报表中作为"少数股东权益"处理。在合并工作底稿中编制的抵销分录为：借记"实收资本""资本公积""其他综合收益""盈余公积""未分配利润——年末"项目，贷记"长期股权投资"和"少数股东权益"项目。其中，属于商誉的部分，还应借记"商誉"项目。

合并财务报表准则规定，子公司持有母公司的长期股权投资，应当视为企业集团的库存股，作为所有者权益的减项，在合并资产负债表中所有者权益项目下以"减：库存股"项目列示。子公司相互之间持有的长期股权投资，应当比照母公司对子公司的股权投资的抵销方法，将长期股权投资与其对应的子公司所有者权益中所享有的份额相互抵销。

【例7-1】甲公司2×20年1月1日以28 600万元的价格取得A公司80%的股权。A公司净资产的公允价值为35 000万元。甲公司在购买A公司过程中发生审计、法律服务等相关费用120万元。上述价款均以银行存款支付。甲公司与A公司均为同一控制下的企业，且均为非金融企业。A公司采用的会计政策与甲公司一致。A公司2×20年1月1日的资产负债表见表7-1中A公司的数据。

A公司与甲公司均为同一控制下的企业，按同一控制下企业合并的规定进行处理。根据A公司资产负债表，A公司股东权益总额为32 000万元，其中，股本为 20 000 万元，资本公积为 8 000 万元，盈余公积为 1 200 万元，未分配利润为 2 800 万元。合并后，甲公司在 A 公司股东权益中所拥有的份额为 25 600 万元。甲公司对 A 公司长期股权投资的初始投资成本为 25 600 万元。至于购买该股权过程中发生的审计、估值等相关费用，则直接计入当期损益，即计入当期管理费用。

　　母公司在对 A 公司投资进行账务处理后编制的资产负债表，以及 A 公司当日的资产负债表，见表 7-1 中的数据。

　　本例中，对于甲公司为购买 A 公司所发生的审计等费用实际上已支付给会计师事务所等中介机构，不属于甲公司与 A 公司所构成的企业集团内部交易，不涉及抵销处理的问题。编制合并日合并资产负债表时，假定不考虑留存收益恢复因素，甲公司应当进行以下抵销处理。（单位：万元）

借：股本　　　　　　　　　　　　　　　　　　　20 000

　　资本公积　　　　　　　　　　　　　　　　　　8 000

　　盈余公积　　　　　　　　　　　　　　　　　　1 200

　　未分配利润　　　　　　　　　　　　　　　　　2 800

　　贷：长期股权投资　　　　　　　　　　　　　　　　25 600

　　　　少数股东权益　　　　　　　　　　　　　　　　6 400

根据上述抵销分录，编制合并工作底稿如表 7-1 所示。

表 7-1　合并工作底稿

金额单位：万元

项目	甲公司	A公司	合计数	抵销分录		少数股东权益	合并数
				借方	贷方		
流动资产：							
货币资金	9 000	4 200	13 200				13 200
交易性金融资产	4 000	1 800	5 800				5 800
衍生金融资产							
应收票据	10 500	6 920	17 420				17 420

续表

项目	甲公司	A公司	合计数	抵销分录 借方	抵销分录 贷方	少数股东权益	合并数
应收账款							
预付款项	2 000	880	2 880				2 880
其他应收款	4 200	0	4 200				4 200
存货	31 000	20 000	51 000				51 000
持有待售资产							
一年内到期的非流动资产							
其他流动资产	1 300	1 200	2 500				2 500
流动资产合计	62 000	35 000	97 000				97 000
非流动资产：							
债权投资	11 400	0	11 400				11 400
其他债权投资	10 000	0	10 000				10 000
长期应收款							
长期股权投资	25 600	0	25 600		25 600		0
其他权益工具投资							
其他非流动金融资产							
投资性房地产							
固定资产	21 000	18 000	39 000				39 000
在建工程	20 000	3 400	23 400				23 400
生产性生物资产							
油气资产							
无形资产	4 000	1 600	5 600				5 600
开发支出							
商誉	2 000	0	2 000				2 000
长期待摊费用							

项目	甲公司	A 公司	合计数	抵销分录		少数股东权益	合并数
				借方	贷方		
递延所得税资产							
其他非流动资产	0	0	0				0
非流动资产合计	94 000	23 000	117 000		25 600		91 400
资产总计	156 000	58 000	214 000		25 600		188 400
流动负债：							
短期借款	12 000	5 000	17 000				17 000
交易性金融负债	3 800	0	3 800				3 800
衍生金融负债							
应付票据	28 000	7 200	35 200				35 200
应付账款							
预收款项	3 000	1 300	4 300				4 300
应付职工薪酬	6 000	1 600	7 600				7 600
应交税费	2 000	1 200	3 200				3 200
其他应付款	4 000	4 000	8 000				8 000
合同负债							
持有待售负债							
一年内到期的非流动负债							
其他流动负债	1 200	700	1 900				1 900
流动负债合计	60 000	21 000	81 000				81 000
非流动负债：							
长期借款	4 000	3 000	7 000				7 000
应付债券	20 000	2 000	22 000				22 000
其中：优先股							
永续债							
长期应付款	2 000	0	2 000				2 000
预计负债							

续表

项目	甲公司	A公司	合计数	抵销分录 借方	抵销分录 贷方	少数股东权益	合并数
递延收益							
递延所得税负债							
其他非流动负债	0	0	0				0
非流动负债合计	26 000	5 000	31 000				31 000
负债合计	86 000	26 000	112 000				112 000
股东权益：							
股本	40 000	20 000	60 000	20 000			40 000
其他权益工具							
其中：优先股							
永续债							
资本公积	10 000	8 000	18 000	8 000			10 000
减：库存股							
其他综合收益							
盈余公积	11 000	1 200	12 200	1 200			11 000
未分配利润	9 000	2 800	11 800	2 800			9 000
股东权益合计	70 000	32 000	102 000	32 000			70 000
少数股东权益						6 400	6 400
负债和股东权益总计	156 000	58 000	214 000	32 000		6 400	188 400

7.1.2　直接投资及同一控制下取得子公司合并日后合并财务报表的编制

编制合并日后合并财务报表时，首先，将母公司对子公司长期股权投资由成本法核算的结果调整为权益法核算的结果，使母公司对子公司长期股权投资项目反映其在子公司所有者权益中所拥有权益的变动情况；其次，将母公司对子公司长期股权投资项目与子公司所有者权益项目等内部交易相关的项目进行抵销处理，将内部交易对合并财务报表的影响予以抵销；最后，在编制合并日合并工作底稿的基础上，编制合并财务报表。

1. 将长期股权投资成本法核算的结果调整为权益法核算的结果

将长期股权投资成本法核算的结果调整为权益法核算的结果时，应当自取得对子公司长期股权投资的年度起，逐年按照子公司当年实现的净利润中属于母公司享有的份额，调整增加对子公司长期股权投资的金额，并调整增加当年投资收益；对于子公司当期分派的现金股利或宣告分派的现金股利中母公司享有的份额，则调整冲减长期股权投资的账面价值，同时调整减少原投资收益。之所以要按子公司分派或宣告分派的现金股利调整减少投资收益，是因为在成本法核算的情况下，母公司在当期的财务报表中已按子公司分派或宣告分派的现金股利确认投资收益。

在取得子公司长期股权投资的第二年，将成本法核算的结果调整为权益法核算的结果时，则在调整计算第一年年末权益法核算的对子公司长期股权投资的金额的基础上，按第二年子公司实现的净利润中母公司所拥有的份额，调增长期股权投资的金额；按子公司分派或宣告分派的现金股利中母公司所拥有的份额，调减长期股权投资的金额。以后年度的调整，则比照上述做法进行调整处理。

子公司除净损益以外所有者权益的其他变动，在按照权益法对成本法核算的结果进行调整时，应当根据子公司本期除损益以外的所有者权益的其他变动而计入资本公积或其他综合收益的金额中所享有的份额，对长期股权投资的金额进行调整。在以后年度将成本法核算的结果调整为权益法核算的结果时，也应当持续考虑这一因素对长期股权投资的金额进行调整。

会计分录如下。

（1）净损益的调整。

借：长期股权投资

　　贷：投资收益（或做相反的分录）

一般情况下，此处调整的投资收益＝被投资方实现的相对于最终控制方而言的账面净利润×持股比例。

（2）分配现金股利的调整。

借：投资收益

　　贷：长期股权投资

（3）其他综合收益变动的调整。

借：长期股权投资

贷：其他综合收益（或做相反的分录）

（4）除上述以外其他权益变动的调整。

借：长期股权投资

　　贷：资本公积（或做相反的分录）

（5）连续编制合并财务报表时。

借：长期股权投资

　　贷：未分配利润——年初（或借记）

　　　　其他综合收益（或借记）

　　　　资本公积（或借记）

【例7-2】接【例7-1】。甲公司于2×20年1月1日以28 600万元的价格取得A公司80%的股权，使其成为子公司。甲公司和A公司2×20年度个别财务报表资料如表7-2、表7-3和表7-4所示。

表7-2　资产负债表资料

2×20年12月31日　　　　　　　　　　　　　　金额单位：万元

资产	甲公司	A公司	负债和所有者权益（或股东权益）	甲公司	A公司
流动资产：			流动负债：		
货币资金	5 700	6 500	短期借款	10 000	4 800
交易性金融资产	3 000	5 000	交易性金融负债	4 000	2 400
衍生金融资产			衍生金融负债		
应收票据	7 200	3 600	应付票据	13 000	3 600
应收账款	8 500	5 100	应付账款	18 000	5 200
预付款项	1 500	2 500	预收款项	4 000	3 900
其他应收款	5 300	1 300	应付职工薪酬	5 000	1 600
存货	37 000	18 000	应交税费	2 700	1 400
合同资产			其他应付款	5 300	5 200
持有待售资产			合同负债		
一年内到期的非流动资产			持有待售负债		
其他流动资产	1 800	1 000	一年内到期的非流动负债		

续表

资产	甲公司	A公司	负债和所有者权益（或股东权益）	甲公司	A公司
流动资产合计	70 000	43 000	其他流动负债	2 000	900
非流动资产：			流动负债合计	64 000	29 000
债权投资	8 000	0	非流动负债：		
其他债权投资	13 000	4 000	长期借款	4 000	5 000
长期应收款			应付债券	20 000	7 000
长期股权投资	40 000	0	其中：优先股		
其他权益工具投资			永续债		
其他非流动金融资产			长期应付款	6 000	0
投资性房地产			预计负债		
固定资产	28 000	26 000	递延收益		
在建工程	13 000	4 200	递延所得税负债		
生产性生物资产			其他非流动负债	0	0
油气资产			非流动负债合计	30 000	12 000
无形资产	6 000	1 800	负债合计	94 000	41 000
开发支出			股东权益：		
商誉	2 000	0	股本	40 000	20 000
长期待摊费用			其他权益工具		
递延所得税资产			其中：优先股		
其他非流动资产	0	0	永续债		
非流动资产合计	110 000	36 000	资本公积	10 000	8 000
			减：库存股		
			其他综合收益		
			盈余公积	18 000	3 200
			未分配利润	18 000	6 800
			股东权益合计	86 000	38 000
资产总计	180 000	79 000	负债和股东权益总计	180 000	79 000

表7-3 利润表资料

2×20 年度 金额单位：万元

项目	甲公司	A公司
一、营业收入	150 000	94 800
减：营业成本	96 000	73 000
税金及附加	1 800	1 000
销售费用	5 200	3 400
管理费用	6 000	3 900
研发费用		
财务费用	1 200	800
加：其他收益		
投资收益（损失以"-"号填列）	9 800	200
其中：对联营企业和合营企业的投资收益（损失以"-"号填列）		
净敞口套期收益（损失以"-"号填列）		
公允价值变动收益（损失以"-"号填列）	0	0
资产减值损失	600	300
信用减值损失		
资产处置收益（损失以"-"号填列）		
二、营业利润（亏损以"-"号填列）	49 000	12 600
加：营业外收入	1 600	2 400
减：营业外支出	2 600	1 000
三、利润总额（亏损总额以"-"号填列）	48 000	14 000
减：所得税费用	12 000	3 500
四、净利润（净亏损以"-"号填列）	36 000	10 500

续表

项目	甲公司	A公司
（一）持续经营净利润（净亏损以"－"号填列）	36 000	10 500
（二）终止经营净利润（净亏损以"－"号填列）		
五、其他综合收益的税后净额		
（一）不能重分类进损益的其他综合收益		
1. 重新计量设定受益计划变动额		
2. 权益法下不能转损益的其他综合收益		
3. 其他权益工具投资公允价值变动		
4. 企业自身信用风险公允价值变动		
5. 其他		
（二）将重分类进损益的其他综合收益		
1. 权益法下可转损益的其他综合收益		
2. 其他债权投资公允价值变动		
3. 金融资产重分类计入其他综合收益的金额		
4. 其他债权投资信用减值准备		
5. 现金流量套期储备		
6. 外部财务报表折算差额		
7. 其他		
六、综合收益总额	36 000	10 500
七、每股收益：		
（一）基本每股收益		
（二）稀释每股收益		

表7-4 股东权益变动表资料

2×20年度

金额单位：万元

项目	甲公司										A公司									
	股本	其他权益工具	资本公积	减：库存股	其他综合收益	盈余公积	未分配利润	专项储备	股东权益合计		股本	其他权益工具	资本公积	减：库存股	其他综合收益	盈余公积	未分配利润	专项储备	股东权益合计
一、上年年末余额	40 000		10 000			11 000	9 000		70 000		20 000		8 000			1 200	2 800		32 000
加：会计政策变更																			
前期差错更正																			
其他																			
二、本年年初余额	40 000		10 000			11 000	9 000		70 000		20 000		8 000			1 200	2 800		32 000
三、本年增减变动金额（减少以"-"号填列）																			
（一）综合收益总额							36 000		36 000								10 500		10 500
（二）所有者投入和减少资本																			

续表

项目	甲公司									A 公司								
	股本	其他权益工具	资本公积	减:库存股	其他综合收益	盈余公积	未分配利润	专项储备	股东权益合计	股本	其他权益工具	资本公积	减:库存股	其他综合收益	盈余公积	未分配利润	专项储备	股东权益合计
1. 所有者投入的普通股																		
2. 其他权益工具持有者投入资本																		
3. 股份支付计入所有者权益的份额																		
4. 其他																		
(三) 利润分配																		
1. 提取盈余公积						7 000	7 000								2 000	2 000		
2. 对股东的分配							20 000		20 000							4 500		4 500
3. 其他																		
(四) 股东权益内部结转																		

续表

项目	甲公司									A公司								
	股本	其他权益工具	资本公积	减:库存股	其他综合收益	盈余公积	未分配利润	专项储备	股东权益合计	股本	其他权益工具	资本公积	减:库存股	其他综合收益	盈余公积	未分配利润	专项储备	股东权益合计
1. 资本公积转增股本																		
2. 盈余公积转增股本																		
3. 盈余公积弥补亏损																		
4. 设定受益计划变动额结转留存收益																		
5. 其他综合收益结转留存收益																		
6. 其他																		
四、本年年末余额	40 000		10 000			18 000	18 000		86 000	20 000		8 000			3 200	6 800		38 000

A 公司 2×20 年 1 月 1 日股东权益总额为 32 000 万元，其中，股本为 20 000 万元，资本公积为 8 000 万元，盈余公积为 1 200 万元，未分配利润为 2 800 万元；2×20 年 12 月 31 日，股东权益总额为 38 000 万元，其中，股本为 20 000 万元，资本公积为 8 000 万元，盈余公积为 3 200 万元，未分配利润为 6 800 万元。

本例中，A 公司当年实现净利润 10 500 万元，经公司董事会提议并经股东会批准，2×20 年提取盈余公积 2 000 万元，向股东宣告分派现金股利 4 500 万元。甲公司对 A 公司长期股权投资取得时的账面价值为 25 600 万元，2×20 年 12 月 31 日仍为 25 600 万元，甲公司当年确认投资收益 3 600 万元。

将成本法核算的结果调整为权益法核算的结果相关的调整分录如下。（单位：万元）

借：长期股权投资——A 公司　　　　　　　　　　　　　8 400①

　　贷：投资收益　　　　　　　　　　　　　　　　　　　　8 400

借：投资收益　　　　　　　　　　　　　　　　　　　　3 600②

　　贷：长期股权投资——A 公司　　　　　　　　　　　　　3 600

经过上述调整分录后，甲公司对 A 公司长期股权投资的账面价值为 30 400（25 600 + 8 400 – 3 600）万元。甲公司对 A 公司长期股权投资的账面价值 30 400 万元正好与母公司在 A 公司股东权益中所拥有的份额相等。

2. 合并抵销处理

在合并工作底稿中，按照上述权益法核算的要求，对长期股权投资的金额进行调整后，长期股权投资的金额正好反映母公司在子公司所有者权益中所拥有的份额。要编制合并财务报表，在此基础上还必须按编制合并财务报表的要求进行合并抵销处理，将母公司与子公司之间的内部交易对合并财务报表的影响予以抵销。

（1）母公司长期股权投资与子公司所有者权益的抵销处理（合并日涉及）。

母公司对子公司的长期股权投资，一方面反映为长期股权投资以外的其他资产的减少，另一方面反映为长期股权投资的增加，在母公司个别资产负债表中作为资产类项目中的长期股权投资列示。子公司接受这一投资时，一方面增加资产，另一方面作为实收资本（或股本，下同）等处理；在其个别资产负债表中一方面反映为实收资本等的增加，另一方面反映为相对应的资产的增加。从企业集团整体来看，母公司对子公司进行的长期股权投资实际上相当于母公司将资本拨付下属核算单位，并不引起整个企业集团的资产、负债和所有者权益的增减变动。因此，编制合并财务报表时，应当在母公司与子公司财务报表数据简单相加的基础上，将母公司对子公司长期股权投资与子公司所有者权益予以抵销。

①在子公司为全资子公司的情况下，母公司对子公司长期股权投资的金额和子公司所有者权益各项目的金额应当全额抵销。在合并工作底稿中编制的抵销分录为：借记"实收资本""资本公积""其他综合收益""盈余公积""未分配利润——年末"项目，贷记"长期股权投资"项目。其中，属于商誉的部分，还应借记"商誉"项目。

②在子公司为非全资子公司的情况下，应当将母公司对子公司长期股权投资的金额与子公司所有者权益中母公司所享有的份额相抵销。子公司所有者权益中不属于母公司的份额，即子公司所有者权益中抵销母公司所享有的份额后的余额，在合并财务报表中作为"少数股东权益"处理。在合并工作底稿中编制的抵销分录为：借记"实收资本""资本公积""其他综合收益""盈余公积""未分配利润——年末"项目，贷记"长期股权投资"和"少数股东权益"项目。其中，属于商誉的部分，还应借记"商誉"项目。

合并财务报表准则规定，子公司持有母公司的长期股权投资，应当视为企业集团的库存股，作为所有者权益的减项，在合并资产负债表中所有者权益项目下以"减：库存股"项目列示。子公司相互之间持有的长期股权投资，应当比照母公司对子公司的股权投资的抵销方法，将长期股权投资与其对应的子公司所有者权益中所享有的份额相互抵销。具体会计分录如下。

①子公司为全资子公司。

借：实收资本（股本）

　　资本公积

　　其他综合收益

盈余公积

未分配利润

贷：长期股权投资（按权益法调整后的账面余额）

②子公司为非全资子公司。

借：实收资本（股本）

资本公积

其他综合收益

盈余公积

未分配利润

贷：长期股权投资（按权益法调整后的账面余额）

少数股东权益

同一控制下的企业合并中，抵销分录一般不会出现商誉。如果长期股权投资是从第三方取得的，需要确认原购买日形成的商誉或负商誉。

【例 7-3】接【例 7-2】，经过调整后，甲公司对 A 公司长期股权投资的金额为 30 400 万元；A 公司股东权益总额为 38 000 万元，甲公司拥有 80% 的股权，即在子公司股东权益中拥有 30 400 万元；其余 20% 则属于少数股东权益。

母公司长期股权投资与子公司所有者权益相互抵销时，其抵销分录如下。

（单位：万元）

借：股本　　　　　　　　　　　　　　　　20 000③

资本公积　　　　　　　　　　　　　　　 8 000

盈余公积　　　　　　　　　　　　　　　 3 200

未分配利润　　　　　　　　　　　　　　 6 800

贷：长期股权投资　　　　　　　　　　　　　　　30 400

少数股东权益　　　　　　　　　　　　　　　 7 600

（2）对子公司的投资收益与子公司利润分配项目的抵销（合并日不涉及）。

编制合并财务报表时，还必须将对子公司的投资收益与子公司当年利润分配相抵销，使合并财务报表反映母公司股东权益变动的情况。从单一企业来讲，当年实现的净利润加上年初未分配利润是企业利润分配的来源，企业对其进行分配，提取盈余公积、向股东分配股利以及留待以后年度的未分配利润（未分配利润可以理解为将这部分利润分配到下一会计年度）等，则是利润分配的去向。而子公司当年实现的净利润，可以分为两部分：一部分属于母公司所有，即母公司的投资收益；另一部分则属于少数股东所有，即少数股东本期收益。为了使合并财务报表反映母公司股东权益的变动情况及财务状况，则必须将母公司投资收益、少数股东收益和期初未分配利润与子公司当年利润分配以及未分配利润的金额相抵销。具体会计分录如下。

①子公司为全资子公司。

借：投资收益（子公司调整后的净利润×100%）

　　年初未分配利润

　　贷：提取盈余公积（子公司调整前的净利润×提取比例）

　　　　向股东分配利润

　　　　年末未分配利润

②子公司为非全资子公司。

借：投资收益（子公司调整后的净利润×母公司持股比例）

　　少数股东损益（子公司调整后的净利润×少数股东持股比例）

　　年初未分配利润

　　贷：提取盈余公积（子公司调整前的净利润×提取比例）

　　　　向股东分配利润

　　　　未分配利润——年末

【例7-4】接【例7-3】，甲公司进行上述抵销处理时，其抵销分录如下。（单位：万元）

　　借：投资收益　　　　　　　　　　　　　　　　　8 400④

　　　　少数股东损益　　　　　　　　　　　　　　　2 100

　　　　年初未分配利润　　　　　　　　　　　　　　2 800

　　　　贷：提取盈余公积　　　　　　　　　　　　　2 000

　　　　　　向股东分配利润　　　　　　　　　　　　4 500

　　　　　　年末未分配利润　　　　　　　　　　　　6 800

（3）留存收益的恢复（合并日涉及）。

在同一控制下的控股合并中，应视同合并后形成的报告主体自最终控制方开始实施控制时一直是一体化存续下来的，参与合并各方在合并以前期间实现的留存收益应体现为合并财务报表中的留存收益。合并财务报表中，应以合并方的资本公积（或经调整后的资本公积中的资本溢价部分）为限，在所有者权益内部进行调整，将被合并方在合并日以前实现的留存收益中按照持股比例计算归属于合并方的部分自资本公积转入留存收益。具体会计分录如下。

借：资本公积（以合并方的"资本公积——股本溢价"为限）

　　贷：盈余公积

　　　　未分配利润

【例 7-5】接【例 7-4】，A 公司本年宣告分派现金股利 4 500 万元，股利款项尚未支付，A 公司已将其计列应付股利 4 500 万元。甲公司根据 A 公司宣告的分派现金股利的公告，按照其所享有的金额，已确认应收股利，并在其资产负债表中计列应收股利 3 600 万元。这属于母公司与子公司之间的债权债务，在编制合并财务报表时必须将其予以抵销，其抵销分录如下。（单位：万元）

借：应付股利　　　　　　　　　　　　　　　　　　3 600⑤

　　贷：应收股利　　　　　　　　　　　　　　　　　　　　3 600

根据上述调整分录①和②和抵销分录③至⑤，编制合并工作底稿如表 7-5 所示。

为便于对报表格式进行说明，表 7-1、表 7-5 的合并工作底稿以及表 7-2、表 7-3、表 7-4、表 7-6、表 7-7、表 7-8 按一般企业报表项目格式进行了全面列示；限于篇幅，随后的合并工作底稿和报表中，示例企业不存在相应业务的项目不再列示。

根据上述合并工作底稿，可以编制甲公司 2×20 年度合并资产负债表、合并利润表和合并股东权益变动表，如表 7-6、表 7-7 和表 7-8 所示。

金额单位：万元

表 7-5　合并工作底稿

2×20 年度

项目	母公司	子公司	合计数	调整分录		抵销分录		少数股东权益	合并数
				借方	贷方	借方	贷方		
流动资产：									
货币资金	5 700	6 500	12 200						12 200
交易性金融资产	3 000	5 000	8 000						8 000
衍生金融资产									
应收票据	7 200	3 600	10 800						10 800
应收账款	8 500	5 100	13 600						13 600
预付款项	1 500	2 500	4 000						4 000
其他应收款	5 300	1 300	6 600				3 600⑤		3 000
存货	37 000	18 000	55 000						55 000
合同资产									
持有待售资产									
一年内到期的非流动资产									
其他流动资产	1 800	1 000	2 800						2 800
流动资产合计	70 000	43 000	113 000				3 600		109 400

续表

项目	母公司	子公司	合计数	调整分录借方	调整分录贷方	抵销分录借方	抵销分录贷方	少数股东权益	合并数
非流动资产：									
债权投资	8 000	0	8 000						8 000
其他债权投资	13 000	4 000	17 000						17 000
长期股权投资	40 000	0	40 000	8 400①	3 600②		30 400③		14 400
其他权益工具投资									
其他非流动金融资产									
投资性房地产									
固定资产	28 000	26 000	54 000						54 000
在建工程	13 000	4 200	17 200						17 200
生产性生物资产									
油气资产									
无形资产	6 000	1 800	7 800						7 800
商誉	2 000	0	2 000						2 000
长期待摊费用									
递延所得税资产									
其他非流动资产	0	0	0						0

续表

项目	母公司	子公司	合计数	调整分录 借方	调整分录 贷方	抵销分录 借方	抵销分录 贷方	少数股东权益	合并数
非流动资产合计	110 000	36 000	146 000	8 400	3 600		30 400		120 400
资产总计	180 000	79 000	259 000	8 400	3 600		34 000		229 800
流动负债:									
短期借款	10 000	4 800	14 800						14 800
交易性金融负债	4 000	2 400	6 400						6 400
衍生金融负债									
应付票据	13 000	3 600	16 600						16 600
应付账款	18 000	5 200	23 200						23 200
预收款项	4 000	3 900	7 900						7 900
应付职工薪酬	5 000	1 600	6 600						6 600
应交税费	2 700	1 400	4 100						4 100
其他应付款	5 300	5 200	10 500			3 600⑤			6 900
合同负债									
持有待售负债									
一年内到期的非流动负债									
其他流动负债	2 000	900	2 900						2 900

续表

项目	母公司	子公司	合计数	调整分录		抵销分录		少数股东权益	合并数
				借方	贷方	借方	贷方		
流动负债合计	64 000	29 000	93 000			3 600			89 400
非流动负债:									
长期借款	4 000	5 000	9 000						9 000
应付债券	20 000	7 000	27 000						27 000
其中: 优先股									
永续债									
长期应付款	6 000	0	6 000						6 000
预计负债									
递延收益									
递延所得税负债									
其他非流动负债	0	0	0						0
非流动负债合计	30 000	12 000	42 000						42 000
负债合计	94 000	41 000	135 000			3 600			131 400
股东权益:									
股本	40 000	20 000	60 000			20 000③			40 000
其他权益工具									

续表

项目	母公司	子公司	合计数	调整分录		抵销分录		少数股东权益	合并数
				借方	贷方	借方	贷方		
其中：优先股									
永续债									
资本公积	10 000	8 000	18 000			8 000③			10 000
减：库存股									
其他综合收益									
盈余公积	18 000	3 200	21 200			3 200③			18 000
未分配利润	18 000	6 800	24 800	3 600	8 400	18 000	13 300	2 100④	18 000
股东权益合计	86 000	38 000	124 000	3 600	8 400	49 200	13 300	2 100	90 800
少数股东权益								7 600③	7 600
负债和股东权益总计	180 000	79 000	259 000	3 600	8 400	52 800	13 300	5 500	229 800
一、营业收入	150 000	94 800	244 800						244 800
减：营业成本	96 000	73 000	169 000						169 000
税金及附加	1 800	1 000	2 800						2 800
销售费用	5 200	3 400	8 600						8 600
管理费用	6 000	3 900	9 900						9 900

续表

项目	母公司	子公司	合计数	调整分录		抵销分录		少数股东权益	合并数
				借方	贷方	借方	贷方		
研发费用									
财务费用	1 200	800	2 000						2 000
加：其他收益									
投资收益（损失以"－"号填列）	9 800	200	10 000	3 600②	8 400①	8 400④			6 400
其中：对联营企业和合营企业的投资收益（损失以"－"号填列）									
以摊余成本计量的金融资产终止确认收益（损失以"－"号填列）									
净敞口套期收益（损失以"－"号填列）									
公允价值变动收益（损失以"－"号填列）	0	0	0						0
信用减值损失									
资产减值损失	600	300	900						900

续表

项目	母公司	子公司	合计数	调整分录		抵销分录		少数股东权益	合并数
				借方	贷方	借方	贷方		
资产处置收益（损失以"-"号填列）									
二、营业利润	49 000	12 600	61 600	3 600	8 400	8 400			58 000
加：营业外收入	1 600	2 400	4 000						4 000
减：营业外支出	2 600	1 000	3 600						3 600
三、利润总额	48 000	14 000	62 000	3 600	8 400	8 400			58 400
减：所得税费用	12 000	3 500	15 500						15 500
四、净利润	36 000	10 500	46 500	3 600	8 400	8 400			42 900
（一）按经营持续性分类：									
1. 持续经营净利润（净亏损以"-"号填列）									42 900
2. 终止经营净利润（净亏损以"-"号填列）									
（二）按所有权归属分类：									
1. 归属于母公司股东的净利润（净亏损以"-"号填列）									40 800
2. 少数股东损益（净亏损以"-"号填列）								2 100④	2 100

续表

项目	母公司	子公司	合计数	调整分录		抵销分录		少数股东权益	合并数
				借方	贷方	借方	贷方		
五、其他综合收益的税后净额									
六、综合收益总额	36 000	10 500	46 500	3 600	8 400	8 400			42 900
归属于母公司股东的综合收益总额									40 800
归属于少数股东的综合收益总额								2 100④	2 100
一、年初未分配利润	9 000	2 800	11 800			2 800④			9 000
二、本年增减变动金额									
其中：利润分配									
1. 提取盈余公积	7 000	2 000	9 000				2 000④		7 000
2. 对股东的分配	20 000	4 500	24 500				4 500④		20 000
三、年末未分配利润	18 000	6 800	24 800	3 600	8 400	6 800③ 18 000	6 800④ 13 300	2 100④	22 800*

注：* 22 800 = 24 800 + (8 400 − 3 600) + (13 300 − 18 000) − 2 100

表 7-6　合并资产负债表

编制单位：甲公司　　　　　　　2×20 年 12 月 31 日　　　　　　　金额单位：万元

资产	期末余额	上年年末余额	负债和所有者权益（或股东权益）	期末余额	上年年末余额
流动资产：			流动负债：		
货币资金	12 200		短期借款	14 800	
交易性金融资产	8 000		交易性金融负债	6 400	
衍生金融资产			衍生金融负债		
应收票据	10 800		应付票据	16 600	
应收账款	13 600		应付账款	23 200	
预付款项	4 000		预收款项	7 900	
其他应收款	3 000		应付职工薪酬	6 600	
存货	55 000		应交税费	4 100	
合同资产			其他应付款	6 900	
持有待售资产			合同负债		
一年内到期的非流动资产			持有待售负债		
其他流动资产	2 800		一年内到期的非流动负债		
流动资产合计	109 400		其他流动负债	2 900	
非流动资产：			流动负债合计	89 400	
债权投资	8 000		非流动负债：		
其他债权投资	17 000		长期借款	9 000	
长期应收款			应付债券	27 000	
长期股权投资	14 400		其中：优先股		
其他权益工具投资			永续债		
其他非流动金融资产			长期应付款	6 000	

续表

资产	期末余额	上年年末余额	负债和所有者权益（或股东权益）	期末余额	上年年末余额
投资性房地产			预计负债		
固定资产	54 000		递延收益		
在建工程	17 200		递延所得税负债		
生产性生物资产			其他非流动负债		
油气资产			非流动负债合计	42 000	
无形资产	7 800		负债合计	131 400	
开发支出			股东权益：		
商誉	2 000		股本	40 000	
长期待摊费用			其他权益工具		
递延所得税资产			其中：优先股		
其他非流动资产			永续债		
非流动资产合计	120 400		资本公积	10 000	
			减：库存股		
			其他综合收益		
			盈余公积	18 000	
			未分配利润	22 800	
			归属于母公司股东权益合计	90 800	
			少数股东权益	7 600	
资产总计	229 800		负债和股东权益总计	229 800	

表7-7　合并利润表

编制单位：甲公司　　　　　　　　2×20年度　　　　　　　　金额单位：万元

项目	本期金额	上期金额
一、营业收入	244 800	
减：营业成本	169 000	
税金及附加	2 800	
销售费用	8 600	
管理费用	9 900	
研发费用		
财务费用	2 000	
加：其他收益		
投资收益（损失以"-"号填列）	6 400	
其中：对联营企业和合营企业的投资收益（损失以"-"号填列）		
净敞口套期收益（损失以"-"号填列）		
公允价值变动收益（损失以"-"号填列）	0	
资产减值损失	-900	
信用减值损失		
资产处置收益（损失以"-"号填列）		
二、营业利润（亏损以"-"号填列）	58 000	
加：营业外收入	4 000	
减：营业外支出	3 600	
三、利润总额（亏损总额以"-"号填列）	58 400	
减：所得税费用	15 500	
四、净利润（净亏损以"-"号填列）	42 900	
（一）按经营持续性分类：		
1. 持续经营净利润（净亏损以"-"号填列）	42 900	

续表

项目	本期金额	上期金额
2. 终止经营净利润（净亏损以"－"号填列）		
（二）按所有权归属分类：		
1. 归属于母公司股东的净利润（净亏损以"－"号填列）	40 800	
2. 少数股东损益（净亏损以"－"号填列）	2 100	
五、其他综合收益的税后净额		
（一）归属于母公司股东的其他综合收益的税后净额		
1. 不能重分类进损益的其他综合收益		
（1）重新计量设定受益计划变动额		
（2）权益法下不能转损益的其他综合收益		
（3）其他权益工具投资公允价值变动		
（4）企业自身信用风险公允价值变动		
（5）其他		
2. 将重分类进损益的其他综合收益		
（1）权益法下可转损益的其他综合收益		
（2）其他债权投资公允价值变动		
（3）金融资产重分类计入其他综合收益的金额		
（4）其他债权投资信用减值准备		
（5）现金流量套期储备		
（6）外部财务报表折算差额		
（7）其他		
（二）归属于少数股东的其他综合收益的税后净额		
六、综合收益总额	42 900	
（一）归属于母公司股东的综合收益总额	40 800	
（二）归属于少数股东的综合收益总额	2 100	
七、每股收益：		
（一）基本每股收益		
（二）稀释每股收益		

表7-8　合并股东权益变动表

编制单位：甲公司　　　　　　　　　　2×20年度　　　　　　　　　　单位：万元

项目	本年金额										上年金额									
	归属子母公司股东权益								少数股东权益	股东权益合计	归属子母公司股东权益								少数股东权益	股东权益合计
	股本	其他权益工具	资本公积	减：库存股	其他综合收益	盈余公积	未分配利润	其他			股本	其他权益工具	资本公积	减：库存股	其他综合收益	盈余公积	未分配利润	其他		
一、上年末余额	40 000		10 000			11 000	9 000			70 000										
加：会计政策变更																				
前期差错更正																				
其他									6 400	6 400										
二、本年初余额	40 000		10 000			11 000	9 000		6 400	76 400										
三、本年增减变动金额（减少以"-"号填列）							40 800		2 100	42 900										
（一）综合收益总额							40 800		2 100	42 900										
（二）所有者投入和减少资本																				
1. 所有者投入的普通股																				
2. 其他权益工具持有者投入资本																				
3. 股份支付计入所有者权益的份额																				

续表

项目	本年金额										上年金额									
	归属于母公司股东权益								少数股东权益	股东权益合计	归属于母公司股东权益								少数股东权益	股东权益合计
	股本	其他权益工具	资本公积	减：库存股	其他综合收益	盈余公积	未分配利润	其他			股本	其他权益工具	资本公积	减：库存股	其他综合收益	盈余公积	未分配利润	其他		
4. 其他																				
（三）利润分配						7 000	27 000		900	20 900										
1. 提取盈余公积						7 000	7 000													
2. 对股东的分配							20 000		900	20 900										
3. 其他																				
（四）股东权益内部结转																				
1. 资本公积转增股本																				
2. 盈余公积转增股本																				
3. 盈余公积弥补亏损																				
4. 设定受益计划变动额结转留存收益																				
5. 其他综合收益结转留存收益																				
6. 其他																				
四、本年年末余额	40 000		10 000			18 000	22 800		7 600	98 400										

值得注意的是，子公司发行累积优先股等其他权益工具的，无论当期是否宣告发放股利，在计算列报母公司合并利润表中的"归属于母公司股东的净利润"时，应扣除当期归属于除母公司之外的其他权益工具持有者的可累积分配股利，扣除金额应在"少数股东损益"项目中列示；子公司发行不可累积优先股等其他权益工具的，在计算列报母公司合并利润表中的"归属于母公司股东的净利润"时，应扣除当期宣告发放的归属于除母公司之外的其他权益工具持有者的不可累积分配股利，扣除金额应在"少数股东损益"项目中列示。子公司发行的累积或不可累积优先股等其他权益工具的，在资产负债表和股东权益变动表的列报原则与利润表相同。

7.2 非同一控制下企业合并长期股权投资与所有者权益的合并处理

7.2.1 非同一控制下取得子公司购买日合并财务报表的编制

根据现行企业会计准则，非同一控制下取得子公司、母公司编制购买日的合并资产负债表时，因企业合并取得的子公司各项可辨认资产、负债及或有负债应当以公允价值在合并财务报表中列示。母公司合并成本大于取得的子公司可辨认净资产公允价值份额的差额，作为合并商誉在合并资产负债表中列示。

1. 按公允价值对非同一控制下取得子公司的财务报表进行调整

在非同一控制下取得子公司的情况下，母公司为进行企业合并要对子公司的资产、负债进行估值。然而子公司作为持续经营的主体，一般情况下，不将该估值而产生的资产、负债公允价值的变动登记入账，其对外提供的财务报表仍然是以各项资产和负债原来的账面价值为基础编制的，其提供的购买日财务报表一般也是以各项资产和负债原账面价值为基础编制的。为此，母公司要编制购买日的合并财务报表，则必须按照购买日子公司资产、负债的公允价值对其财务报表项目进行调整。这一调整是通过在合并工作底稿中编制调整分录进行的，实际上相当于将各项资产、负债的公允价值变动模拟入账，然后以购买日子公司各项资产、负债的公允价值为基础编制购买日的合并财务报表。

【例7-6】甲公司2×20年1月1日以定向增发公司普通股股票的方式，购买取得A公司70%的股权。甲公司当日资产负债表和A公司当日资产负债表及估值确认的资产负债数据如表7-9所示。甲公司定向增发普通股股票10 000万股，甲公司普通股每股面值为1元，市场价格每股为2.95元。甲公司和A公司均为非金融企业，甲公司并购A公司属于非同一控制下的企业合并，假定不考虑所得税、甲公司增发该普通股股票所发生的审计以及发行等相关的费用。

甲公司将购买取得A公司70%的股权作为长期股权投资入账，其账务处理如下。（单位：万元）

借：长期股权投资——A公司　　　　　　　　　　29 500①

　　贷：股本　　　　　　　　　　　　　　　　　10 000

　　　　资本公积　　　　　　　　　　　　　　　19 500

表7-9　资产负债数据

2×20年1月1日　　　　　　　　　　金额单位：万元

| 资产 | 甲公司 | A公司 | | 负债和所有者权益（或股东权益） | 甲公司 | A公司 | |
		账面价值	公允价值			账面价值	公允价值
流动资产：				流动负债：			
货币资金	9 000	4 200	4 200	短期借款	12 000	5 000	5 000
交易性金融资产	4 000	1 800	1 800	交易性金融负债	3 800	0	0
应收票据	4 700	3 000	3 000	应付票据	10 000	3 000	3 000
应收账款	5 800	3 920	3 820	应付账款	18 000	4 200	4 200
预付款项	2 000	880	880	预收款项	3 000	1 300	1 300
其他应收款	4 200	0	0	应付职工薪酬	6 000	1 600	1 600
存货	31 000	20 000	21 100	应交税费	2 000	1 200	1 200
持有待售资产				其他应付款	4 000	4 000	4 000
一年内到期的非流动资产				合同负债	0	0	0
其他流动资产	1 300	1 200	1 200	持有待售负债			
流动资产合计	62 000	35 000	36 000	一年内到期的非流动负债			
				其他流动负债	1 200	700	700
				流动负债合计	60 000	21 000	21 000
				非流动负债：			

续表

| 资产 | 甲公司 | A公司 | | 负债和所有者权益（或股东权益） | 甲公司 | A公司 | |
		账面价值	公允价值			账面价值	公允价值
非流动资产：				长期借款	4 000	3 000	3 000
债权投资	6 000	0	0	应付债券	20 000	2 000	2 000
其他债权投资	11 000	0	0	长期应付款	2 000	0	0
长期股权投资	32 000	0	0	其他非流动负债	0	0	0
固定资产	21 000	18 000	21 000	非流动负债合计	26 000	5 000	5 000
在建工程	20 000	3 400	3 400	负债合计	86 000	26 000	26 000
无形资产	4 000	1 600	1 600				
商誉	0	0		股东权益：			
其他非流动资产	0	0	0	股本	40 000	20 000	
非流动资产合计	94 000	23 000	26 000	资本公积	10 000	8 000	
				盈余公积	11 000	1 200	
				未分配利润	9 000	2 800	
				股东权益合计	70 000	32 000	36 000
资产总计	156 000	58 000	62 000	负债和股东权益总计	156 000	58 000	62 000

编制购买日的合并资产负债表时，将A公司资产和负债的公允价值与其账面价值的差额分别调增或调减相关资产和负债项目的金额。在合并工作底稿中调整分录如下。（单位：万元）

借：存货 1 100②

固定资产 3 000

贷：应收账款 100

资本公积 4 000

上述调整实际上等于将资产、负债的公允价值变动模拟入账，通过这一调整，调整后的子公司资产负债表实际上是以公允价值反映资产和负债的。在此基础上，再与母公司的个别财务报表合并，则是将子公司的资产和负债以公允价值反映于合并资产负债表中。

2. 母公司长期股权投资与子公司所有者权益抵销处理

在编制购买日的合并资产负债表时，需要将母公司对子公司长期股权投资与母公司在子公司所有者权益中所拥有的份额予以抵销。母公司对非同一控制下取得的子公司长期股权投资进行账务处理时，母公司是按子公司资产、负债的公允价值确定其在子公司所有者权益中所拥有的份额，合并成本超过这一金额的差额则作为合并商誉处理。经过上述按公允价值对子公司财务报表调整处理后，在编制合并财务报表时则可以将长期股权投资与子公司所有者权益所拥有的份额相抵销。在非全资子公司的情况下，不属于母公司所拥有的份额在抵销处理时则结转为少数股东权益。在抵销处理时，应当注意的是，母公司在子公司所有者权益中所拥有的份额是按资产和负债的公允价值为基础计算的，也是按公允价值进行抵销，少数股东权益也是按资产和负债的公允价值为基础计算调整后的金额确定的。

【例7-7】接【例7-6】，基于资产和负债的公允价值对 A 公司财务报表调整后，有关计算如下。

A 公司调整后的资本公积 = 8 000 + 4 000 = 12 000（万元）

A 公司调整后的股东权益总额 = 32 000 + 4 000 = 36 000（万元）

合并商誉 = 29 500 - 36 000 × 70% = 4 300（万元）

少数股东权益 = 36 000 × 30% = 10 800（万元）

因此，甲公司将长期股权投资与其在 A 公司所有者权益中拥有的份额抵销时，其抵销分录如下。（单位：万元）

借：股本	20 000③	
资本公积	12 000	
盈余公积	1 200	
未分配利润	2 800	
商誉	4 300	
贷：长期股权投资——A 公司		29 500
少数股东权益		10 800

3. 编制合并工作底稿并编制合并财务报表

在按公允价值对子公司财务报表项目进行调整，并编制合并抵销分录，将母公司对子公司长期股权投资与子公司所有者权益中母公司所持有的份额进行抵销处理后，则可以编制购买日合并工作底稿。

【例7-8】接【例7-6】和【例7-7】，根据上述调整分录和抵销分录，甲公司编制购买日合并工作底稿如表 7-10 所示。

金额单位：万元

表 7-10 合并工作底稿

项目	母公司	子公司	合计数	调整分录		抵销分录		少数股东权益	合并数
				借方	贷方	借方	贷方		
流动资产：									
货币资金	9 000	4 200	13 200						13 200
交易性金融资产	4 000	1 800	5 800						5 800
应收票据	4 700	3 000	7 700						7 700
应收账款	5 800	3 920	9 720		100②				9 620
预付款项	2 000	880	2 880						2 880
其他应收款	4 200	0	4 200						4 200
存货	31 000	20 000	51 000	1 100②					52 100
持有待售资产									
一年内到期的非流动资产									
其他流动资产	1 300	1 200	2 500						2 500
流动资产合计	62 000	35 000	97 000	1 100	100				98 000
非流动资产：									
债权投资	6 000	0	6 000						6 000
其他债权投资	11 000	0	11 000						11 000

续表

项目	母公司	子公司	合计数	调整分录		抵销分录		少数股东权益	合并数
				借方	贷方	借方	贷方		
长期股权投资	32 000	0	32 000	29 500①			29 500③		32 000
固定资产原价	30 000	20 000	50 000	3 000②					53 000
减：累计折旧	9 000	2 000	11 000						11 000
固定资产净值	21 000	18 000	39 000	3 000					42 000
在建工程	20 000	3 400	23 400						23 400
无形资产	4 000	1 600	5 600						5 600
商誉	0	0	0			4 300③			4 300
其他非流动资产	0	0	0						
非流动资产合计	94 000	23 000	117 000	32 500		4 300	29 500		124 300
资产总计	156 000	58 000	214 000	33 600	100	4 300	29 500		222 300
流动负债：									
短期借款	12 000	5 000	17 000						17 000
交易性金融负债	3 800	0	3 800						3 800
应付票据	10 000	3 000	13 000						13 000
应付账款	18 000	4 200	22 200						22 200
预收款项	3 000	1 300	4 300						4 300

续表

项目	母公司	子公司	合计数	调整分录 借方	调整分录 贷方	抵销分录 借方	抵销分录 贷方	少数股东权益	合并数
应付职工薪酬	6 000	1 600	7 600						7 600
应交税费	2 000	1 200	3 200						3 200
其他应付款	4 000	4 000	8 000						8 000
持有待售负债									
一年内到期的非流动负债									
其他流动负债	1 200	700	1 900						1 900
流动负债合计	60 000	21 000	81 000						81 000
非流动负债:									
长期借款	4 000	3 000	7 000						7 000
应付债券	20 000	2 000	22 000						22 000
长期应付款	2 000	0	2 000						2 000
其他非流动负债	0	0	0						0
非流动负债合计	26 000	5 000	31 000						31 000
负债合计	86 000	26 000	112 000						112 000
股东权益:									
股本	40 000	20 000	60 000		10 000①	20 000③			50 000

续表

项目	母公司	子公司	合计数	调整分录		抵销分录		少数股东权益	合并数
				借方	贷方	借方	贷方		
资本公积	10 000	8 000	18 000		19 500① 4 000②	12 000③			29 500
盈余公积	11 000	1 200	12 200			1 200③			11 000
未分配利润	9 000	2 800	11 800			2 800③			9 000
股东权益合计	70 000	32 000	102 000		33 500	36 000			99 500
少数股东权益								10 800③	10 800
负债和股东权益总计	156 000	58 000	214 000		33 500	36 000		10 800	222 300*

注：* 222 300 = 214 000 + 33 500 − 36 000 + 10 800

根据上述合并工作底稿计算得出的合并资产负债表各项目的合并数，则可以编制购买日的合并资产负债表。本例编制的合并资产负债表略。

7.2.2 非同一控制下取得子公司购买日后合并财务报表的编制

母公司在非同一控制下取得子公司后，在未来持有该子公司的情况下，每一会计期末都需要将其纳入合并范围，编制合并财务报表。

在对非同一控制下取得的子公司编制合并财务报表时，首先，应当以购买日确定的各项可辨认资产、负债及或有负债的公允价值为基础对子公司的财务报表进行调整。

其次，将母公司对子公司的长期股权投资采用成本法核算的结果，调整为采用权益法核算的结果，对公司的财务报表进行相应的调整。

再次，则是通过编制合并抵销分录，将母公司对子公司长期股权投资与子公司所有者权益等内部交易对合并财务报表的影响予以抵销。

最后，则是在编制合并工作底稿的基础上，计算合并财务报表各项目的合并数，编制合并财务报表。

【例7-9】接【例7-6】，甲公司2×20年1月1日以定向增发普通股股票的方式，购买取得A公司70%的股权。甲公司对A公司长期股权投资的金额为29 500万元，甲公司购买日编制的合并资产负债表中确认合并商誉为4 300万元。

甲公司和A公司2×20年12月31日的个别资产负债表、利润表和股东权益变动表资料如表7-11、表7-12和表7-13所示。

表7-11 资产负债表资料

2×20年12月31日　　　　　　　　　金额单位：万元

资产	甲公司	A公司	负债和所有者权益（或股东权益）	甲公司	A公司
流动资产：			流动负债：		
货币资金	5 700	6 500	短期借款	10 000	4 800
交易性金融资产	3 000	5 000	交易性金融负债	4 000	2 400
应收票据	7 200	3 600	应付票据	13 000	3 600
应收账款	8 500	5 100	应付账款	18 000	5 200

续表

资产	甲公司	A 公司	负债和所有者权益（或股东权益）	甲公司	A 公司
预付款项	1 500	2 500	预收款项	4 000	3 900
其他应收款	5 300	1 300	应付职工薪酬	5 000	1 600
存货	37 000	18 000	应交税费	2 700	1 400
持有待售资产			其他应付款	5 300	5 200
一年内到期的非流动资产			持有待售负债		
其他流动资产	1 800	1 000	一年内到期的非流动负债		
流动资产合计	70 000	43 000	其他流动负债	2 000	900
			流动负债合计	64 000	29 000
			非流动负债：		
非流动资产：			长期借款	4 000	5 000
债权投资	9 000	0	应付债券	20 000	7 000
其他债权投资	14 000	4 000	长期应付款	6 000	0
长期股权投资	69 500	0	其他非流动负债	0	0
固定资产	28 000	26 000	非流动负债合计	30 000	12 000
在建工程	13 000	4 200	负债合计	94 000	41 000
无形资产	6 000	1 800			
商誉			股东权益：		
其他非流动资产			股本	50 000	20 000
非流动资产合计	139 500	36 000	资本公积	29 500	8 000
			盈余公积	18 000	3 200
			未分配利润	18 000	6 800
			股东权益合计	115 500	38 000
资产总计	209 500	79 000	负债和股东权益总计	209 500	79 000

表 7-12　利润表资料

2×20 年度　　　　　　　　　金额单位：万元

项目	甲公司	A公司
一、营业收入	150 000	94 800
减：营业成本	96 000	73 000
税金及附加	1 800	1 000
销售费用	5 200	3 400
管理费用	6 000	3 900
财务费用	1 200	800
研发费用		
加：其他收益		
投资收益（损失以"-"号填列）	9 800	200
其中：对联营企业和合营企业的投资收益（损失以"-"号填列）		
净敞口套期收益（损失以"-"号填列）		
公允价值变动收益（损失以"-"号填列）		
资产减值损失	600	300
信用减值损失		
资产处置收益（损失以"-"号填列）		
二、营业利润（亏损以"-"号填列）	49 000	12 600
加：营业外收入	1 600	2 400
减：营业外支出	2 600	1 000
三、利润总额（亏损总额以"-"号填列）	48 000	14 000
减：所得税费用	12 000	3 500
四、净利润（净亏损以"-"号填列）	36 000	10 500
（一）持续经营净利润（净亏损以"-"号填列）	36 000	10 500
（二）终止经营净利润（净亏损以"-"号填列）		
五、其他综合收益的税后净额		
六、综合收益总额	36 000	10 500
七、每股收益：		
（一）基本每股收益		
（二）稀释每股收益		

表 7-13　股东权益变动表资料

2×20 年度　　　　　　　　　　金额单位：万元

项目	甲公司					A 公司				
	股本	资本公积	盈余公积	未分配利润	股东权益合计	股本	资本公积	盈余公积	未分配利润	股东权益合计
一、上年年末余额	40 000	10 000	11 000	9 000	70 000	20 000	8 000	1 200	2 800	32 000
加：会计政策变更										
前期差错更正										
其他										
二、本年年初余额	40 000	10 000	11 000	9 000	70 000	20 000	8 000	1 200	2 800	32 000
三、本年增减变动金额（减少以"-"号填列）										
（一）综合收益总额				36 000	36 000				10 500	10 500
（二）所有者投入和减少资本										
1. 所有者投入的普通股	10 000	19 500			29 500					
2. 其他权益工具持有者投入资本										
3. 股份支付计入所有者权益的份额										

项目	甲公司					A公司				
	股本	资本公积	盈余公积	未分配利润	股东权益合计	股本	资本公积	盈余公积	未分配利润	股东权益合计
4. 其他										
（三）利润分配										
1. 提取盈余公积			7 000	7 000				2 000	2 000	
2. 对股东的分配				20 000	20 000				4 500	4 500
3. 其他										
（四）股东权益内部结转										
1. 资本公积转增股本										
2. 盈余公积转增股本										
3. 盈余公积弥补亏损										
4. 设定受益计划变动额结转留存收益										
5. 其他综合收益结转留存收益										
6. 其他										
四、本年年末余额	50 000	29 500	18 000	18 000	115 500	20 000	8 000	3 200	6 800	38 000

　　A 公司在购买日股东权益总额为 32 000 万元，其中，股本为 20 000 万元、资本公积为 8 000 万元、盈余公积为 1 200 万元、未分配利润为 2 800 万元。A 公司购买日应收账款账面价值为 3 920 万元，公允价值为 3 820 万元；存货的账面价值为 20 000 万元，公允价值为 21 100 万元；固定资产账面价值为 18 000 万元，公允价值为 21 000 万元。

　　A 公司 2×20 年 12 月 31 日股东权益总额为 38 000 万元，其中，股本为 20 000 万元、资本公积为 8 000 万元、盈余公积为 3 200 万元、未分配利润为 6 800 万元。A 公司 2×20 年全年实现净利润 10 500 万元，A 公司当年提取盈余公积 2 000 万元、向股东分配现金股利 4 500 万元。截至 2×20 年 12 月 31 日，应收账款按购买日确认的金额收回，确认的坏账已核销；购买日存货公允价值增值部分，当年已全部实现对外销售；购买日固定资产原价公允价值增加系公司用办公楼增值，该办公楼采用的折旧方法为年限平均法，该办公楼剩余折旧年限为 20 年，假定该办公楼增加的公允价值在未来 20 年内平均摊销。

　　（1）甲公司 2×20 年年末编制合并财务报表时相关项目计算如下。

　　A 公司调整后本年净利润 = 10 500 + [100（购买日应收账款公允价值减值的实现而调减资产减值损失）- 1 100（购买日存货公允价值增值的实现而调增营业成本）- 150（固定资产公允价值增值计算的折旧而调增管理费用）] = 9 350（万元）

　　150 万元系固定资产公允价值增值 3 000 万元按剩余折旧年限摊销。

　　A 公司调整后本年年末未分配利润 = 2 800（年初）+ 9 350 - 2 000（提取盈余公积）- 4 500（分派股利）= 5 650（万元）

　　权益法下甲公司对 A 公司投资的投资收益 = 9 350 × 70% = 6 545（万元）

　　权益法下甲公司对 A 公司长期股权投资本年年末余额 = 29 500 + 6 545 - 4 500（分派股利）× 70% = 32 895（万元）

　　少数股东损益 = 9 350 × 30% = 2 805（万元）

　　少数股东权益的年末余额 = 10 800 + 2 805 - 4 500 × 30% = 12 255（万元）

　　（2）甲公司 2×20 年编制合并财务报表时，应当进行以下抵销和调整处理。

　　①按公允价值对 A 公司财务报表项目进行调整。

　　根据购买日 A 公司资产和负债的公允价值与账面价值之间的差额，调整 A 公司相关公允价值变动的资产和负债项目及资本公积项目。在合并工作底稿中，其调整分录如下。（单位：万元）

借：存货   1 100①

  固定资产   3 000

 贷：应收账款   100

  资本公积   4 000

  因购买日 A 公司资产和负债的公允价值与原账面价值之间的差额对 A 公司本年净利润的影响，调整 A 公司的相关项目。之所以进行这一调整，是因为子公司个别财务报表是按其资产、负债的原账面价值为基础编制的，其当期计算的净利润也是以其资产、负债的原账面价值为基础计算的结果，而公允价值与原账面价值存在差额的资产或负债，在经营过程中因使用、销售或偿付而实现其公允价值，其实现的公允价值对子公司当期净利润的影响需要在净利润计算中予以反映。在合并工作底稿中，其调整分录如下。（单位：万元）

借：营业成本   1 100②

  管理费用   150

  应收账款   100

 贷：存货   1 100

  固定资产   150

  资产减值损失   100

②按照权益法对甲公司财务报表项目进行调整。

  一方面因购买日 A 公司资产和负债的公允价值与原账面价值之间的差额对 A 公司本年净利润的影响，而对甲公司对 A 公司长期股权投资权益法核算的影响，需要对甲公司对 A 公司长期股权投资及相关项目进行调整；另一方面，甲公司对 A 公司的长期股权投资采用成本法进行核算，需要对成本法核算的结果按权益法核算的要求，对长期股权投资及相关项目进行调整。在合并工作底稿中，其调整分录如下。（单位：万元）

借：长期股权投资   6 545③

  投资收益   3 150

 贷：投资收益   6 545

  长期股权投资   3 150

③长期股权投资与所有者权益的抵销。

  将甲公司对 A 公司的长期股权投资与其在 A 公司股东权益中拥有的份额予以抵销。在合并工作底稿中，其抵销分录如下。（单位：万元）

借：股本　　　　　　　　　　　　　　　　　20 000④

　　资本公积　　　　　　　　　　　　　　　12 000

　　盈余公积　　　　　　　　　　　　　　　 3 200

　　未分配利润　　　　　　　　　　　　　　 5 650

　　商誉　　　　　　　　　　　　　　　　　 4 300

　　贷：长期股权投资　　　　　　　　　　　　　　32 895

　　　　少数股东权益　　　　　　　　　　　　　　12 255

④投资收益与子公司利润分配等项目的抵销。将甲公司对 A 公司投资收益与
A 公司本年利润分配有关项目的金额予以抵销。在合并工作底稿中，其抵销分录
如下。（单位：万元）

借：投资收益　　　　　　　　　　　　　　　 6 545⑤

　　少数股东损益　　　　　　　　　　　　　 2 805

　　年初未分配利润　　　　　　　　　　　　 2 800

　　贷：提取盈余公积　　　　　　　　　　　　　　 2 000

　　　　向股东分配利润　　　　　　　　　　　　　 4 500

　　　　年末未分配利润　　　　　　　　　　　　　 5 650

⑤应收股利与应付股利的抵销。

本例中，A 公司本年宣告分派现金股利 4 500 万元，股利款项尚未支付，A
公司已将其计列应付股利 4 500 万元。甲公司根据 A 公司宣告的分派现金股利的
公告，按照其所享有的金额，已确认应收股利，并在其资产负债表中计列应收股
利 3 150 万元。这属于母公司与子公司之间的债权债务，在编制合并财务报表时
必须将其予以抵销，其抵销分录如下。（单位：万元）

借：应付股利　　　　　　　　　　　　　　　 3 150⑥

　　贷：应收股利　　　　　　　　　　　　　　　　 3 150

（3）编制合并工作底稿并编制合并财务报表。

根据上述调整分录和抵销分录，甲公司可以编制合并工作底稿，如表 7-14
所示。

表 7-14 合并工作底稿

2×20 年度

金额单位：万元

项目	母公司	子公司	合计数	调整分录 借方	调整分录 贷方	抵销分录 借方	抵销分录 贷方	少数股东权益	合并数
流动资产：									
货币资金	5 700	6 500	12 200						12 200
交易性金融资产	3 000	5 000	8 000						8 000
应收票据	7 200	3 600	10 800						10 800
应收账款	8 500	5 100	13 600	100②	100①				13 600
预付款项	1 500	2 500	4 000						4 000
其他应收款	5 300	1 300	6 600	1 100①			3 150⑥		3 450
存货	37 000	18 000	55 000		1 100⑦				55 000
持有待售资产									
一年内到期的非流动资产									
其他流动资产	1 800	1 000	2 800						2 800
流动资产合计	70 000	43 000	113 000	1 200	1 200		3 150		109 850
非流动资产：									
债权投资	9 000	0	9 000						9 000

续表

项目	母公司	子公司	合计数	调整分录 借方	调整分录 贷方	抵销分录 借方	抵销分录 贷方	少数股东权益	合并数
其他债权投资	14 000	4 000	18 000						18 000
长期股权投资	69 500	0	69 500					40 000	
其中：A 公司	29 500			6 545③	3 150③		32 895④		
固定资产	28 000	26 000	54 000	3 000①	150②				56 850
在建工程	13 000	4 200	17 200						17 200
无形资产	6 000	1 800	7 800						7 800
商誉						4 300④			4 300
其他非流动资产									
非流动资产合计	139 500	36 000	175 500	9 545	3 300	4 300	32 895		153 150
资产总计	209 500	79 000	288 500	10 745	4 500	4 300	36 045		263 000
流动负债：									
短期借款	10 000	4 800	14 800						14 800
交易性金融负债	4 000	2 400	6 400						6 400
应付票据	13 000	3 600	16 600						16 600
应付账款	18 000	5 200	23 200						23 200
预收款项	4 000	3 900	7 900						7 900

续表

项目	母公司	子公司	合计数	调整分录		抵销分录		少数股东权益	合并数
				借方	贷方	借方	贷方		
应付职工薪酬	5 000	1 600	6 600						6 600
应交税费	2 700	1 400	4 100						4 100
其他应付款	5 300	5 200	10 500			3 150⑥			7 350
持有待售负债									
一年内到期的非流动负债									
其他流动负债	2 000	900	2 900						2 900
流动负债合计	64 000	29 000	93 000			3 150			89 850
非流动负债:									
长期借款	4 000	5 000	9 000						9 000
应付债券	20 000	7 000	27 000						27 000
长期应付款	6 000	0	6 000						6 000
其他非流动负债	0	0	0						0
非流动负债合计	30 000	12 000	42 000						42 000
负债合计	94 000	41 000	135 000			3 150			131 850
股东权益:									

续表

项目	母公司	子公司	合计数	调整分录		抵销分录		少数股东权益	合并数
				借方	贷方	借方	贷方		
股本	50 000	20 000	70 000			20 000④			50 000
资本公积	29 500	8 000	37 500		4 000①	12 000④			29 500
盈余公积	18 000	3 200	21 200			3 200④			18 000
未分配利润	18 000	6 800	24 800	4 400	6 645	14 995	12 150	2 805	21 395
股东权益合计	115 500	38 000	153 500	4 400	10 645	50 195	12 150	2 805	118 895
少数股东权益								12 255④	12 255
负债和股东权益总计	209 500	79 000	288 500	4 400	10 645	53 345	12 150	9 450	263 000
一、营业收入	150 000	94 800	244 800						244 800
减：营业成本	96 000	73 000	169 000	1 100②					170 100
税金及附加	1 800	1 000	2 800						2 800
销售费用	5 200	3 400	8 600						8 600
管理费用	6 000	3 900	9 900	150②					10 050
财务费用	1 200	800	2 000						2 000
加：其他收益	0	0	0						0
投资收益（损失以"－"号填列）	9 800	200	10 000		6 545③	6 545⑤			6 850
其中：A 公司	3 150	0		3 150③	6 545③				

251

续表

项目	母公司	子公司	合计数	调整分录		抵销分录		少数股东权益	合并数
				借方	贷方	借方	贷方		
公允价值变动收益（损失以"-"号填列）	0	0	0						0
信用减值损失									
资产减值损失	600	300	900		100②				800
资产处置收益（损失以"-"号填列）									
二、营业利润	49 000	12 600	61 600	4 400	6 645	6 545			57 300
加：营业外收入	1 600	2 400	4 000						4 000
减：营业外支出	2 600	1 000	3 600						3 600
三、利润总额	48 000	14 000	62 000	4 400	6 645	6 545			57 700
减：所得税费用	12 000	3 500	15 500						15 500
四、净利润	36 000	10 500	46 500	4 400	6 645	6 545			42 200
（一）按经营持续性分类：									
1.持续经营净利润（净亏损以"-"号填列）									
2.终止经营净利润（净亏损以"-"号填列）									

续表

项目	母公司	子公司	合计数	调整分录		抵销分录		少数股东权益	合并数
				借方	贷方	借方	贷方		
（二）按所有权归属分类：									
1. 归属于母公司股东的净利润（净亏损以"-"号填列）									39 395
2. 少数股东损益（净亏损以"-"号填列）								2 805⑤	2 805
五、其他综合收益的税后净额									
六、综合收益总额	36 000	10 500	46 500	4 400	6 645	6 545			42 200
归属于母公司股东的综合收益总额									39 395
归属于少数股东的综合收益总额								2 805⑤	2 805
一、年初未分配利润	9 000	2 800	11 800			2 800⑤			9 000
二、本年增减变动金额									
其中：利润分配									

续表

项目	母公司	子公司	合计数	调整分录		抵销分录		少数股东权益	合并数
				借方	贷方	借方	贷方		
1. 提取盈余公积	7 000	2 000	9 000				2 000⑤		7 000
2. 对股东的分配	20 000	4 500	24 500				4 500⑤		20 000
三、年末未分配利润	18 000	6 800	24 800	4 400	6 645	5 650④ 14 995	5 650⑤ 12 150	2 805	21 395*

注: * 21 395 = 24 800 + (6 645 - 4 400) + (12 150 - 14 995) - 2 805

甲公司在编制上述合并工作底稿，计算各项目合并数后，根据合并数编制合并资产负债表、合并利润表以及合并股东权益变动表（略）。

【例7-10】接【例7-9】，甲公司和A公司2×21年12月31日个别资产负债表、利润表和股东权益变动表如表7-15、表7-16和表7-17所示。

表7-15　资产负债表资料

2×21年12月31日　　　　　　　　　　　金额单位：万元

资产	甲公司	A公司	负债和所有者权益（或股东权益）	甲公司	A公司
流动资产：			流动负债：		
货币资金	8 900	9 400	短期借款	8 000	5 800
交易性金融资产	4 800	7 800	交易性金融负债	4 000	2 100
应收票据	7 100	3 900	应付票据	15 000	5 600
应收账款	9 000	5 300	应付账款	14 800	5 300
预付款项	2 600	2 900	预收款项	4 000	3 300
其他应收款	9 200	1 600	应付职工薪酬	5 800	1 800
存货	37 900	23 000	应交税费	2 200	1 700
持有待售资产			其他应付款	10 000	7 500
一年内到期的非流动资产			持有待售负债		
其他流动资产	1 500	1 100	一年内到期的非流动负债		
流动资产合计	81 000	55 000	其他流动负债	1 200	900
			流动负债合计	65 000	34 000
			非流动负债：		
非流动资产：			长期借款	3 000	4 000
债权投资	8 000	0	应付债券	20 000	7 000
其他债权投资	14 000	4 200	长期应付款	4 000	0
长期股权投资	69 500	0	其他非流动负债	0	0
固定资产	33 000	25 000	非流动负债合计	27 000	11 000
在建工程	7 000	3 200	负债合计	92 000	45 000

续表

资产	甲公司	A公司	负债和所有者权益 （或股东权益）	甲公司	A公司
无形资产	5 000	1 600			
商誉		0	股东权益：		
其他非流动资产	0	0	股本	50 000	20 000
非流动资产合计	136 500	34 000	资本公积	29 500	8 000
			盈余公积	24 000	5 600
			未分配利润	22 000	10 400
			股东权益合计	125 500	44 000
资产总计	217 500	89 000	负债和股东权益总计	217 500	89 000

表7-16　利润表资料

2×21年度　　　　　　　　　　　　　　金额单位：万元

项目	甲公司	A公司
一、营业收入	180 000	117 000
减：营业成本	135 000	89 300
税金及附加	2 800	1 900
销售费用	5 800	4 700
管理费用	6 900	4 400
研发费用		
财务费用	2 000	1 200
加：其他收益	0	0
投资收益（损失以"-"号填列）	11 000	1 300
其中：对联营企业和合营企业的投资收益（损失以"-"号填列）		
净敞口套期收益（损失以"-"号填列）		
公允价值变动收益（损失以"-"号填列）		
资产减值损失	1 000	100
信用减值损失		
资产处置收益（损失以"-"号填列）		

续表

项目	甲公司	A公司
二、营业利润（亏损以"－"号填列）	37 500	16 700
加：营业外收入	3 700	1 100
减：营业外支出	1 200	1 800
三、利润总额（亏损总额以"－"号填列）	40 000	16 000
减：所得税费用	10 000	4 000
四、净利润（净亏损以"－"号填列）	30 000	12 000
（一）持续经营净利润（净亏损以"－"号填列）		
（二）终止经营净利润（净亏损以"－"号填列）		
五、其他综合收益的税后净额		
六、综合收益总额	30 000	12 000
七、每股收益：		
（一）基本每股收益		
（二）稀释每股收益		

表 7-17　股东权益变动表资料

2×21 年度　　　　　　　　　　金额单位：万元

项目	甲公司					A公司				
	股本	资本公积	盈余公积	未分配利润	股东权益合计	股本	资本公积	盈余公积	未分配利润	股东权益合计
一、上年年末余额	50 000	29 500	18 000	18 000	115 500	20 000	8 000	3 200	6 800	38 000
加：会计政策变更										
前期差错更正										
其他										
二、本年年初余额	50 000	29 500	18 000	18 000	115 500	20 000	8 000	3 200	6 800	38 000
三、本年增减变动金额（减少以"－"号填列）										

项目	甲公司					A公司				
	股本	资本公积	盈余公积	未分配利润	股东权益合计	股本	资本公积	盈余公积	未分配利润	股东权益合计
（一）综合收益总额				30 000	30 000				12 000	12 000
（二）所有者投入和减少资本										
1. 所有者投入的普通股										
2. 其他权益工具持有者投入资本										
3. 股份支付计入所有者权益的份额										
4. 其他										
（三）利润分配										
1. 提取盈余公积			6 000	6 000				2 400	2 400	
2. 对股东的分配				20 000	20 000				6 000	6 000
3. 其他										
（四）股东权益内部结转										
1. 资本公积转增股本										

续表

项目	甲公司					A 公司				
	股本	资本公积	盈余公积	未分配利润	股东权益合计	股本	资本公积	盈余公积	未分配利润	股东权益合计
2. 盈余公积转增股本										
3. 盈余公积弥补亏损										
4. 设定受益计划变动额结转留存收益										
5. 其他综合收益结转留存收益										
6. 其他										
四、本年年末余额	50 000	29 500	24 000	22 000	125 500	20 000	8 000	5 600	10 400	44 000

　　A 公司在购买日相关资产和负债等资料同上，即购买日 A 公司股东权益总额为 32 000 万元，其中，股本为 20 000 万元、资本公积为 8 000 万元、盈余公积为 1 200 万元、未分配利润为 2 800 万元。A 公司购买日应收账款账面价值为 3 920 万元，公允价值为 3 820 万元；存货的账面价值为 20 000 万元，公允价值为 21 100 万元；固定资产账面价值为 18 000 万元，公允价值为 21 000 万元。截至 2×21 年 12 月 31 日，应收账款按购买日公允价值的金额收回；购买日的存货，当年已全部实现对外销售；购买日固定资产公允价值增加的系公司管理用办公楼，该办公楼采用的折旧方法为年限平均法，该办公楼购买后剩余折旧年限为 20 年，假定该办公楼增加的公允价值在未来 20 年内平均摊销。

　　A 公司 2×21 年 12 月 31 日股东权益总额为 44 000 万元，其中，股本为 20 000 万元、资本公积为 8 000 万元、盈余公积为 5 600 万元、未分配利润为 10 400 万元。A 公司 2×21 年全年实现净利润 12 000 万元，A 公司当年提取盈余公积 2 400 万元、向股东分配现金股利 6 000 万元。

（1）甲公司编制 2×21 年度合并财务报表时，相关项目计算如下。

A 公司调整后本年净利润 = 12 000 – 150（固定资产公允价值增值计算的折旧）= 11 850（万元）

A 公司调整后本年年初未分配利润 = 6 800 + 100（上年实现的购买日应收账款公允价值减值）– 1 100（上年实现的购买日存货公允价值增值）– 150（固定资产公允价值增值计算的折旧）= 5 650（万元）

A 公司调整后本年年末未分配利润 = 5 650 + 11 850 – 2 400（提取盈余公积）– 6 000（分派股利）= 9 100（万元）

权益法下甲公司对 A 公司投资的投资收益 = 11 850 × 70% = 8 295（万元）

权益法下甲公司对 A 公司长期股权投资本年年末余额 = 32 895（上年末长期股权投资余额）+ 8 295 – 6 000（分派股利）× 70% = 36 990（万元）

少数股东损益 = 11 850 × 30% = 3 555（万元）

少数股东权益的年末余额 = 12 255 + 3 555 – 6 000 × 30% = 14 010（万元）

（2）甲公司 2×21 年编制合并财务报表时，应当进行的调整和抵销处理如下。（单位：万元）

①按公允价值对 A 公司财务报表项目进行调整。

因购买日 A 公司资产和负债的公允价值与账面价值之间的差额，调整 A 公司年初未分配利润及相关项目。调整分录如下。

借：存货	1 100①
固定资产	3 000
贷：应收账款	100
资本公积	4 000

因购买日 A 公司资产和负债的公允价值与原账面价值之间的差额对 A 公司上年净利润的影响，调整 A 公司年初未分配利润及相关项目。调整分录如下。

借：年初未分配利润	1 100②
年初未分配利润	150
应收账款	100
贷：存货	1 100
固定资产	150
年初未分配利润	100

上述调整分录简化如下。

借：年初未分配利润　　　　　　　　　　　　　1 150③

　　应收账款　　　　　　　　　　　　　　　　100

　　贷：存货　　　　　　　　　　　　　　　　1 100

　　　　固定资产　　　　　　　　　　　　　　150

因购买日 A 公司固定资产公允价值与原账面价值之间的差额对 A 公司本年净利润的影响，调整 A 公司固定资产折旧相关的项目及累计折旧项目。调整分录如下。

借：管理费用　　　　　　　　　　　　　　　　150④

　　贷：固定资产　　　　　　　　　　　　　　150

至于应收账款公允价值减值和存货公允价值增值，由于在上一年已全部实现，不涉及对本年实现净利润的影响。

②按照权益法对甲公司财务报表项目进行调整。

因购买日 A 公司资产和负债的公允价值与原账面价值之间的差额对 A 公司上年净利润的影响而对甲公司对 A 公司长期股权投资权益法核算的影响，调整甲公司对 A 公司长期股权投资及相关项目。调整分录如下。

借：长期股权投资　　　　　　　　　　　　　　6 545⑤

　　年初未分配利润　　　　　　　　　　　　　3 150

　　贷：年初未分配利润　　　　　　　　　　　6 545

　　　　长期股权投资　　　　　　　　　　　　3 150

甲公司对 A 公司长期股权投资由成本法核算的结果调整为权益法核算的结果。即根据调整后 A 公司本年实现净利润以及本年分派现金股利中所拥有的份额，调整本年甲公司对 A 公司投资收益。调整分录如下。

借：长期股权投资　　　　　　　　　　　　　　8 295⑥

　　投资收益　　　　　　　　　　　　　　　　4 200

　　贷：投资收益　　　　　　　　　　　　　　8 295

　　　　长期股权投资　　　　　　　　　　　　4 200

③长期股权投资与子公司所有者权益的抵销。

将甲公司对 A 公司的长期股权投资与其在 A 公司所有者权益中拥有的份额予以抵销。抵销分录如下。

借：股本　　　　　　　　　　　　　　　　　　20 000⑦

资本公积	12 000
盈余公积	5 600
年末未分配利润	9 100
商誉	4 300
贷：长期股权投资	36 990
少数股东权益	14 010

④投资收益与子公司利润分配等项目的抵销。

将甲公司对 A 公司投资收益与 A 公司本年利润分配有关项目的金额予以抵销。抵销分录如下。

借：投资收益	8 295⑧
少数股东损益	3 555
年初未分配利润	5 650
贷：提取盈余公积	2 400
向股东分配利润	6 000
年末未分配利润	9 100

⑤应收股利与应付股利的抵销。

本例中，A 公司本年宣告分派现金股利 6 000 万元，股利款项尚未支付，A 公司已将其计列应付股利 6 000 万元。甲公司根据 A 公司宣告的分派现金股利的公告，按照其所享有的金额，已确认应收股利，并在其资产负债表中计列应收股利 4 200 万元。这属于母公司与子公司之间的债权债务，在编制合并财务报表时必须将其予以抵销，抵销分录如下。

借：应付股利	4 200⑨
贷：应收股利	4 200

（3）编制合并工作底稿并编制合并财务报表。

根据上述调整分录和抵销分录，甲公司可以编制合并工作底稿，如表 7-18 所示。

甲公司在编制合并工作底稿后，根据其中的合并数，编制合并资产负债表、合并利润表以及合并股东权益变动表。甲公司编制的合并资产负债表、合并利润表以及合并股东权益变动表略。

表 7-18　合并工作底稿

2×21 年度

金额单位：万元

项目	母公司	子公司	合计数	调整分录		抵销分录		少数股东权益	合并数
				借方	贷方	借方	贷方		
流动资产：									
货币资金	8 900	9 400	18 300						18 300
交易性金融资产	4 800	7 800	12 600						12 600
应收票据	7 100	3 900	11 000						11 000
应收账款	9 000	5 300	14 300						14 300
预付款项	2 600	2 900	5 500						5 500
其他应收款	9 200	1 600	10 800				4 200⑨		6 600
存货	37 900	23 000	60 900						60 900
持有待售资产									
一年内到期的非流动资产									
其他流动资产	1 500	1 100	2 600						2 600
流动资产合计	81 000	55 000	136 000				4 200		131 800
非流动资产：									
债权投资	8 000	0	8 000						8 000

续表

项目	母公司	子公司	合计数	调整分录		抵销分录		少数股东权益	合并数
				借方	贷方	借方	贷方		
其他债权投资	14 000	4 200	18 200						18 200
长期股权投资	69 500	0	69 500	14 840	7 350		36 990		40 000
其中：A公司	29 500			6 545⑤ 8 295⑥	3 150⑤ 4 200⑥		36 990⑦		
固定资产	33 000	25 000	58 000	3 000①	150② 150③				60 700
在建工程	7 000	3 200	10 200						10 200
无形资产	5 000	1 600	6 600						6 600
商誉	0	0	0			4 300⑦			4 300
其他非流动资产	0	0	0						0
非流动资产合计	136 500	34 000	170 500	17 840	7 650	4 300	36 990		148 000
资产总计	217 500	89 000	306 500	17 840	7 650	4 300	41 190		279 800
流动负债：									
短期借款	8 000	5 800	13 800						13 800
交易性金融负债	4 000	2 100	6 100						6 100
应付票据	15 000	5 600	20 600						20 600
应付账款	14 800	5 300	20 100						20 100

续表

项目	母公司	子公司	合计数	调整分录 借方	调整分录 贷方	抵销分录 借方	抵销分录 贷方	少数股东权益	合并数
预收款项	4 000	3 300	7 300						7 300
应付职工薪酬	5 800	1 800	7 600						7 600
应交税费	2 200	1 700	3 900						3 900
其他应付款	10 000	7 500	17 500			4 200⑨			13 300
持有待售负债									
一年内到期的非流动负债									
其他流动负债	1 200	900	2 100						2 100
流动负债合计	65 000	34 000	99 000			4 200			94 800
非流动负债:									
长期借款	3 000	4 000	7 000						7 000
应付债券	20 000	7 000	27 000						27 000
长期应付款	4 000	0	4 000						4 000
其他非流动负债	0	0	0						0
非流动负债合计	27 000	11 000	38 000						38 000
负债合计	92 000	45 000	137 000			4 200			132 800
股东权益:									

续表

项目	母公司	子公司	合计数	调整分录 借方	调整分录 贷方	抵销分录 借方	抵销分录 贷方	少数股东权益	合并数
股本	50 000	20 000	70 000			20 000⑦			50 000
资本公积	29 500	8 000	37 500		4 000①	12 000⑦			29 500
盈余公积	24 000	5 600	29 600			5 600⑦			24 000
未分配利润	22 000	10 400	32 400	8 750	14 940	23 045	17 500	3 555	29 490
股东权益合计	125 500	44 000	169 500	8 750	18 940	60 645	17 500	3 555	132 990
少数股东权益								14 010⑦	14 010
负债和股东权益总计	217 500	89 000	306 500	8 750	18 940	64 845	17 500	10 455	279 800
一、营业收入	180 000	117 000	297 000						297 000
减：营业成本	135 000	89 300	224 300						224 300
税金及附加	2 800	1 900	4 700						4 700
销售费用	5 800	4 700	10 500						10 500
管理费用	6 900	4 400	11 300	150④					11 450
研发费用									
财务费用	2 000	1 200	3 200						3 200
加：其他收益	0	0	0						0

续表

项目	母公司	子公司	合计数	调整分录		抵销分录		少数股东权益	合并数
				借方	贷方	借方	贷方		
投资收益（损失以"-"号填列）	11 000	1 300	12 300	4 200⑥	8 295⑥	8 295⑧			8 100
其中：对联营企业和合营企业的投资收益（损失以"-"号填列）									
以摊余成本计量的金融资产终止确认收益（损失以"-"号填列）									
净敞口套期收益（损失以"-"号填列）									
公允价值变动收益（损失以"-"号填列）									
信用减值损失									
资产减值损失	1 000	100	1 100						1 100
资产处置收益（损失以"-"号填列）									
二、营业利润	37 500	16 700	54 200	4 350	8 295	8 295			49 850
加：营业外收入	3 700	1 100	4 800						4 800

续表

项目	母公司	子公司	合计数	调整分录 借方	调整分录 贷方	抵销分录 借方	抵销分录 贷方	少数股东权益	合并数
减：营业外支出	1 200	1 800	3 000						3 000
三、利润总额	40 000	16 000	56 000	4 350	8 295	8 295			51 650
减：所得税费用	10 000	4 000	14 000						14 000
四、净利润	30 000	12 000	42 000	4 350	8 295	8 295			37 650
（一）按经营持续性分类：									
1. 持续经营净利润（净亏损以"-"号填列）									37 650
2. 终止经营净利润（净亏损以"-"号填列）									
（二）按所有权归属分类：									
1. 归属于母公司股东的净利润（净亏损以"-"号填列）									34 095
2. 少数股东损益								3 555⑧	3 555
五、其他综合收益的税后净额									
六、综合收益总额	30 000	12 000	42 000	4 350	8 295	8 295			37 650

续表

项目	母公司	子公司	合计数	调整分录 借方	调整分录 贷方	抵销分录 借方	抵销分录 贷方	少数股东权益	合并数
归属于母公司股东的综合收益总额	18 000								34 095
归属于少数股东的综合收益总额								3 555⑧	3 555
一、年初未分配利润	18 000	6 800	24 800	1 100② 150② 3 150⑤	100② 6 545⑤	5 650⑧			21 395
二、本年增减变动金额									
其中：利润分配									
1. 提取盈余公积	6 000	2 400	8 400				2 400⑧		6 000
2. 对股东的分配	20 000	6 000	26 000				6 000⑧		20 000
三、年末未分配利润	22 000	10 400	32 400	8 750	14 940	9 100⑦ 23 045	9 100⑧ 17 500	3 555	29 490

8.1　内部债权债务抵销概述

内部债权债务一般来说是指母公司与子公司、子公司（或者称为成员企业）相互之间因内部资金调拨、交易事项而产生的应收账款与应付账款、应收票据和应付票据、预付账款与预收账款、其他应收款和其他应付款等项目。内部的债务债权关系处理的方法相比债务债权关系要简单的多。对于内部债权债务项目，从债权方立场的企业来说，在资产负债表中表现为一项债权资产；而从债务方立场来说，一方面形成一项负债，另一方面同时形成一项资产。发生的这种内部债权债务，从母公司与子公司组成的集团整体角度来看，本质上它只是集团内部资金运动，既不增加企业集团的资产，也不增加负债。为此，在编制公司集团合并且财务报表时也应当抵消内部债权债务项目。

在编制合并资产负债表时需要进行合并处理的内部债权债务项目主要包括：（1）应收账款与应付账款；（2）应收票据与应付票据；（3）预付账款与预收账款；（4）长期债券投资与应付债券；（5）应收股利与应付股利；（6）其他应收款与其他应付款。

【例 8-1】甲公司系 A 公司的母公司。甲公司个别资产负债表应收账款中有600 万元为应收 A 公司账款，应收票据中有 400 万元为应收 A 公司票据，债权投资中有 A 公司发行的债券 2 500 万元。

对此，甲公司在编制合并财务报表时，应当将这些内部债权债务予以抵销。其抵销分录如下。（单位：万元）

（1）内部应收账款与应付账款抵销。

借：应付账款 600

　　贷：应收账款 600

（2）内部应收票据与应付票据抵销。

借：应付票据 400

　　贷：应收票据 400

（3）债权投资与应付债券抵销。

借：应付债券 2 500

　　贷：债权投资 2 500

8.2　内部应收应付款项及其坏账准备的合并处理

企业对于包括应收账款、应收票据、预付账款以及其他应收款在内的所有应收款项，应当根据其预计可收回金额变动情况，确认信用减值损失，计提坏账准备。这里的应收账款、应收票据等也包括应收子公司账款、应收子公司票据等。在对子公司的应收款项计提坏账准备的情况下，在编制合并财务报表时，随着内部应收款项的抵销，与此相联系也须将该内部应收款项计提的坏账准备予以抵销。具体会计分录如下。

1. 抵销内部应收账款和应付账款

借：应付票据及应付账款（期末数）

　　贷：应收票据及应收账款（期末数）

2. 抵销根据内部应收账款计提的坏账准备

借：应收票据及应收账款——坏账准备

　　贷：信用减值损失

【例 8-2】甲公司为 A 公司的母公司。甲公司本期个别资产负债表应收账款中有 580 万元为应收 A 公司账款，该应收账款账面余额为 600 万元，甲公司当年计提坏账准备 20 万元；应收票据中有 390 万元为应收 A 公司票据，该应收票据账面余额为 400 万元，甲公司当年计提坏账准备 10 万元。A 公司本期个别资产负债表中应付账款和应付票据中列示有应付甲公司账款 600 万元和应付甲公司票据 400 万元。

在编制合并财务报表时，甲公司应当将内部应收款项与应付款项相互抵销，同时，还应将内部应收款项计提的坏账准备予以抵销，其抵销分录如下。（单位：万元）

（1）应收款项与应付款项抵销。

借：应付款项　　　　　　　　　　　　　　　　　　600

　　贷：应收款项　　　　　　　　　　　　　　　　　　　600

（2）应收票据与应付票据抵销。

借：应付票据　　　　　　　　　　　　　　　　　　400

　　贷：应收票据　　　　　　　　　　　　　　　　　　　400

（3）坏账准备与信用减值损失抵销。

借：应收款项　　　　　　　　　　　　　　　　　　20

　　应收票据　　　　　　　　　　　　　　　　　　10

　　贷：信用减值损失　　　　　　　　　　　　　　　　　30

其合并工作底稿（局部）如表 8-1 所示。

表 8-1　合并工作底稿（局部）

金额单位：万元

项目	甲公司	A公司	合计	调整分录		抵销分录		少数股东权益	合并数
				借方	贷方	借方	贷方		
（资产负债表项目）									
……									
应收票据	390		390			10	400		0
应收款项	580		580			20	600		0
……									
应付票据		400	400			400			0
应付款项		600	600			600			0
……									
（利润表项目）									

续表

项目	甲公司	A公司	合计	调整分录		抵销分录		少数股东权益	合并数
				借方	贷方	借方	贷方		
……									
信用减值损失	30		30				30		0
……									
营业利润	− 30		− 30				30		0
…									
净利润	− 30		− 30				30		0
（股东权益变动表项目）									
期初未分配利润	0		0				0		0
……									
期末未分配利润	− 30		− 30				30		0

8.3　连续编制合并财务报表时内部应收款项及其坏账准备的合并处理

在连续编制合并财务报表进行合并处理时，进行以下处理。

（1）将内部应收款项与应付款项予以抵销，即按内部应付款项的数额，编制以下会计分录。

借：应付票据及应付账款（期末数）

贷：应收票据及应收账款（期末数）

（2）将上期资产减值损失中抵销的各内部应收款项计提的相应坏账准备对本期期初未分配利润的影响予以抵销，即按上期信用减值损失项目中抵销的各内部应收款项计提的相应坏账准备的数额，编制以下会计分录。

借：应收票据及应收账款——坏账准备

贷：未分配利润——年初

（3）对于本期各内部应收款项在个别财务报表中补提或者冲销的相应坏账准备的数额也应予以抵销，即按照本期期末内部应收款项在个别资产负债表中补提的坏账准备的数额，编制以下会计分录。

借：应收票据及应收账款——坏账准备

贷：信用减值损失（或做相反分录）

8.3.1 内部应收款项坏账准备本期余额与上期余额相等时的合并处理

【例8-3】甲公司为A公司的母公司。甲公司和A公司上期内部应收款项及坏账准备情况、内部债权债务的抵销及其合并工作底稿（局部）见【例8-2】。甲公司本期个别资产负债表应收账款中有应收A公司账款580万元，该应收账款系上期发生的，账面余额为600万元，甲公司上期对其计提坏账准备20万元，该坏账准备结转到本期；应收A公司票据390万元，该应收票据系上期发生的，账面余额为400万元，甲公司上期对其计提坏账准备10万元，该坏账准备结转到本期。本期对上述内部应收账款和应收票据未计提坏账准备。

甲公司在合并工作底稿中应进行以下抵销处理。（单位：万元）

（1）将上期内部应收款项计提的坏账准备抵销。

在这种情况下，母公司个别资产负债表中坏账准备余额可以理解为实际上是上期结转而来的余额，因此只需将上期内部应收账款计提的坏账准备予以抵销，同时调整期初未分配利润的数额。抵销分录如下。

借：应收账款   20

  应收票据   10

  贷：期初未分配利润   30

（2）内部应收账款、应收票据与应付账款、应付票据抵销。

借：应付账款   600

  贷：应收账款   600

借：应付票据   400

  贷：应收票据   400

（3）坏账准备与信用减值损失抵销。

借：应收账款   20

  应收票据   10

贷：信用减值损失

合并工作底稿（局部）如表 8-2 所示。

表 8-2　合并工作底稿（局部）

金额单位：万元

项目	甲公司	A公司	合计	调整分录		抵销分录		少数股东权益	合并数
				借方	贷方	借方	货方		
（资产负债表项目）									
……									
应收票据	390		390			10	400		0
应收账款	580		580			20	600		0
……									
应付票据		400	400			400			0
应付账款		600	600			600			0
……									
（利润表项目）									
……									
信用减值损失	30		30				30		0
……									
营业利润	-30		-30				30		0
……									
净利润	-30		-30				30		0
（股东权益变动表项目）									
期初未分配利润	0		0				0		0
……									
期末未分配利润	-30		-30				30		0

8.3.2　内部应收款项坏账准备本期余额大于上期余额时的合并处理

【例 8-4】甲公司为 A 公司的母公司。甲公司和 A 公司上期内部应收款项及坏账准备情况、内部债权债务的抵销及其合并工作底稿（局部）见【例 8-2】。

甲公司本期个别资产负债表应收账款中有应收 A 公司账款 735 万元，该应收账款账面余额为 800 万元，甲公司对该应收账款累计计提坏账准备 65 万元，其中 20 万元系上期结转至本期的，本期对其补提坏账准备 45 万元；应收 A 公司票据 875 万元，该应收票据账面余额为 900 万元，甲公司对该应收票据累计计提坏账准备 25 万元，其中 10 万元系上期结转至本期的，本期对其补提坏账准备 15 万元。

甲公司在合并工作底稿中应进行以下抵销处理。（单位：万元）

（1）抵销上期内部应收款项计提的坏账准备，并调整期初未分配利润的数额。

借：应收账款　　　　　　　　　　　　　　　　　　20

　　应收票据　　　　　　　　　　　　　　　　　　10

　　　贷：期初未分配利润　　　　　　　　　　　　　　　30

（2）内部应收账款、应收票据与应付账款、应付票据抵销。

借：应付账款　　　　　　　　　　　　　　　　　　800

　　　贷：应收账款　　　　　　　　　　　　　　　　　　800

借：应付票据　　　　　　　　　　　　　　　　　　900

　　　贷：应收票据　　　　　　　　　　　　　　　　　　900

（3）抵销本期内部应收款项增加计提的坏账准备与信用减值损失。

借：应收账款　　　　　　　　　　　　　　　　　　45

　　应收票据　　　　　　　　　　　　　　　　　　15

　　　贷：信用减值损失　　　　　　　　　　　　　　　　60

合并工作底稿（局部）如表 8-3 所示。

表 8-3　合并工作底稿（局部）

金额单位：万元

项目	甲公司	A公司	合计	调整分录		抵销分录		少数股东权益	合并数
				借方	贷方	借方	贷方		
（资产负债表项目）									
……									
应收票据	875		875			25	900		0
应收账款	735		735			65	800		0
……									

续表

项目	甲公司	A公司	合计	调整分录		抵销分录		少数股东权益	合并数
				借方	贷方	借方	贷方		
应付票据		900	900			900			0
应付账款		800	800			800			0
……									
（利润表项目）									
……									
信用减值损失	60	0	60				60		0
营业利润	−60	0	−60				60		0
……									
净利润	−60	0	−60				60		0
（股东权益变动表项目）									
期初未分配利润	−30	0	−30				30		0
……									
期末未分配利润	−90	0	−90				90		0

8.3.3　内部应收款项坏账准备本期余额小于上期余额时的合并处理

【例 8-5】甲公司为 A 公司的母公司。甲公司和 A 公司上期内部应收款项及坏账准备情况、内部债权债务的抵销及其合并工作底稿（局部）见【例 8-2】。甲公司本期个别资产负债表应收账款中有应收 A 公司账款 538 万元，该应收账款账面余额为 550 万元，甲公司对该应收账款累计计提坏账准备 12 万元，其中上期结转至本期的坏账准备 20 万元，本期冲减坏账准备 8 万元；应收 A 公司票据 374 万元，该应收票据账面余额为 380 万元，甲公司对其累计计提坏账准备 6 万元，其中上期结转至本期的坏账准备 10 万元，本期冲减坏账准备 4 万元。

甲公司在合并工作底稿中应进行以下抵销处理。（单位：万元）

（1）抵销上期内部应收款项计提的坏账准备，并调整期初未分配利润的数额。

借：应收账款　　　　　　　　　　　　　　　　　　　20

　　应收票据　　　　　　　　　　　　　　　　　　　10

　　贷：期初未分配利润　　　　　　　　　　　　　　　30

（2）内部应收账款、应收票据与应付账款、应付票据抵销。

借：应付账款　　　　　　　　　　　　　　　　　　　550

　　贷：应收账款　　　　　　　　　　　　　　　　　550

借：应付票据　　　　　　　　　　　　　　　　　　　380

　　贷：应收票据　　　　　　　　　　　　　　　　　380

（3）抵销本期内部应收款项冲销的坏账准备与信用减值损失。

借：信用减值损失　　　　　　　　　　　　　　　　　12

　　贷：应收账款　　　　　　　　　　　　　　　　　　8

　　　　应收票据　　　　　　　　　　　　　　　　　　4

合并工作底稿（局部）如表8-4所示。

表8-4　合并工作底稿（局部）

金额单位：万元

项目	甲公司	A公司	合计	调整分录		抵销分录		少数股东权益	合并数
				借方	贷方	借方	贷方		
（资产负债表项目）									
……									
应收票据	374		374			10	384		0
应收账款	538		538			20	558		0
……									
应付票据		380	380			380			0
应付账款		550	550			550			0
……									
（利润表项目）									
……									
信用减值损失	-12	0	-12			12			0

续表

项目	甲公司	A公司	合计	调整分录		抵销分录		少数股东权益	合并数
				借方	贷方	借方	贷方		
……									
营业利润	12	0	12			12			0
……									
净利润	12	0	12			12			0
（股东权益变动表项目）									
期初未分配利润	−30	0	−30				30		0
……									
期末未分配利润	−18	0	−18			12	30		0

　　在第三期编制合并财务报表的情况下，必须先将第二期各内部应收款项期末余额相应的坏账准备予以抵销；再将内部应收款项与应付款项等内部债权债务相抵销；最后将第三期内部应收款项的坏账准备与第二期内部应收款项的坏账准备进行比较，计算确定本期内部应收款项坏账准备的增加或减少数额，并将其予以抵销。其抵销分录与第二期编制的抵销分录相同。首先，借记"应收账款""应收票据"等项目，贷记"期初未分配利润"项目，将第二期编制合并财务报表时抵销的坏账准备对第三期期初未分配利润的影响予以抵销，调整期初未分配利润的数额；其次，借记"应付账款""应付票据"等项目，贷记"应收账款""应收票据"等项目，将内部应收款项与应付款项等内部债权债务予以抵销；再次，如果第三期内部应收款项坏账准备的期末余额大于第二期内部应收款项坏账准备的期末余额，抵销补提的内部应收款项坏账准备时，借记"应收账款""应收票据"等项目，贷记"信用减值损失"项目；如果第三期内部应收款项坏账准备期末余额小于第二期内部应收款项坏账准备期末余额，抵销冲减的内部应收款项坏账准备时，则借记"信用减值损失"项目，贷记"应收账款""应收票据"等项目。

内部公司债券交易，是指母公司与其子公司组成的企业集团中的成员企业一方发行公司债券，而另一方购买持有其发行的公司债券的交易行为，其交易的公司债券称为内部交易债券。内部公司债券交易有两种情况，一种情况是集团内成员企业直接从发行公司债券成员企业取得公司债券，另一种情况则是成员企业从集团外的第三者手中取得集团成员企业发行的公司债券。

9.1 公司债券发行和购买的会计处理

9.1.1 发行公司债券的核算

（一）公司债券的发行

企业发行公司债券时，按发行公司债券实际收到款项的金额，借记"银行存款"科目，按面值的金额，贷记"应付债券——面值"科目。在溢价发行债券的情况下，还应按实际收到款项的金额与公司债券票面金额之间的差额，贷记"应付债券——利息调整"科目；而在折价发行的情况下，则按实际收到款项的金额与公司债券的票面金额之间的差额，借记"应付债券——利息调整"科目。

（二）利息的计算及利息调整的摊销

1. 到期一次还本付息的公司债券

对于到期一次还本付息的公司债券，在资产负债表日，企业应根据发行公司债券所取得的资金的使用对象等情况，按根据应付债券的摊余成本和实际利率计算确定的债券利息费用，借记"在建工程"科目、"制造费用"科目或"财务费用"科目，按根据债券票面利率计算的应付利息，贷记"应付债券——应计利息"科目，按其差额，贷记或借记"应付债券——利息调整"科目。

2. 分期付息、到期一次还本的公司债券

对于分期付息、到期一次还本的公司债券，在资产负债表日，企业应根据发行公司债券所取得的资金的使用对象等情况，按根据应付债券的摊余成本和实际利率计算确定的债券利息费用，借记"在建工程"科目、"制造费用"科目或"财务费用"科目，按根据债券票面利率计算的应付利息，贷记"应付利息"科目，按其差额，贷记或借记"应付债券——利息调整"科目。

在向公司债券持有者支付利息时，按实际支付的利息金额，借记"应付利息"科目，贷记"银行存款"科目。

（三）公司债券的偿还

1. 到期一次还本付息的公司债券

对于到期一次还本付息的公司债券，企业应当在债券到期支付债券本息时，借记"应付债券——面值"科目、"应付债券——应计利息"科目，贷记"银行存款"科目。

2. 分期付息、到期一次还本的公司债券

对于分期付息、到期一次还本的公司债券，企业应当在债券到期并支付最后利息时，借记"应付债券——面值"科目，按本期计算确定的利息费用，借记"在建工程"或"财务费用"科目，按偿还的本金和最后一期应付利息的金额，贷记"银行存款"科目，按其差额，贷记或借记"应付债券——利息调整"科目。

9.1.2 购买持有公司债券的核算

（一）投资取得及持有其他企业公司债券的核算

企业购买其他企业发行的公司债券，根据其投资意向，一般情况是将其作为债权投资核算，也可以作为交易性金融资产核算。如果将其划分为债权投资，相关的会计核算如下。

企业取得债权投资时，应当按照该投资的面值，借记"债权投资——成本"科目，按支付的价款中包含的已到付息期但尚未领取的利息，借记"应收利息"科目，按实际支付的价款，贷记"银行存款"科目，按其差额，借记或贷记"债权投资——利息调整"科目。

在资产负债表日，应当区分债权投资中的公司债券是到期一次还本付息的债券投资，还是分期付息、到期一次还本的债券投资进行核算。对于到期一次还本付息的债券投资，应当按照根据票面利率计算确定的应收利息的金额，借记"债权投资——应计利息"科目，按根据债权投资的摊余成本和实际利率计算确定的本期利息收益，贷记"投资收益"科目，按其差额，借记或贷记"债权投资——利息调整"科目。

对于分期付息、到期一次还本的债券投资，则按照根据票面利率计算确定的应收未收利息的金额，借记"应收利息"科目，按根据债权投资摊余成本和实际利率计算确定的利息收入，贷记"投资收益"科目，按其差额，借记或贷记"债权投资——利息调整"科目。

出售债权投资时，按实际收到的金额，借记"银行存款"科目，按其账面余额，贷记"债权投资——成本"科目、"债权投资——利息调整"科目以及"债权投资——应计利息"科目，按其差额，贷记或借记"投资收益"科目。对于已计提减值准备的债权投资，还应当同时将其计提的减值准备予以转销。

（二）持有其他企业发行的公司债券在财务报表中的列示

企业在投资取得其他企业发行的公司债券后的期间，在其个别资产负债表中，按其期末账面余额在非流动资产中以"债权投资"项目列示。对于因债权投资取得的利息收入，则作为本期投资收益在其个别利润表中以"投资收益"项目列示。如果债权投资本期发生减值，并计提减值准备，本期计提的资产减值准备的金额，则作为"债权投资"项目的减少列示，因计提资产减值准备而形成本期资产减值损失，则反映在本期利润表"资产减值损失"项目之中。

9.2 成员企业直接取得其他成员企业发行的公司债券的合并处理

在企业集团内成员企业直接向其他成员企业发行公司债券的情况下，如上所述，发行公司债券的企业在其个别财务报表中反映其发行公司债券及其对财务状况的影响；而购买持有公司债券的企业则在其个别财务报表中反映其购买持有公司债券及其对财务状况的影响。但从整个企业集团的情况来看，则相当于购买公司债券企业将资金借贷给发行公司债券企业使用，属于集团内部的资金周转。

在编制合并财务报表时，必须将发行公司债券和购买持有该公司债券相关项目的金额予以抵销。

9.2.1　公司债券内部交易当期的合并处理

如上所述，从发行公司债券的企业来说，当期期末按照公司债券的面值和票面利率计算应计利息，对债券的溢价或折价进行摊销，计算确定当期实际利息费用，根据其发行债券取得资金的用途，分别计入当期财务费用或在建工程的建造成本。如果计入财务费用，则反映在本期利润表"财务费用"项目中；如果计入在建工程的建造成本，则反映在本期资产负债表"在建工程"项目之中。对于分期付息、到期一次还本的公司债券，其应计利息作为"应付利息"确认并反映于其当期资产负债表"应付利息"项目中；而对于到期一次还本付息的公司债券，则当期计算的应计利息计入应付债券的账面价值，反映于资产负债表"应付债券"项目中。根据现行企业会计准则，资产负债表中列示的应付债券的账面价值，包括发行债券的面值、由发行溢价和折价形成的利息调整；对于发行的到期一次还本付息的债券，还包括自发行之日至当期期末应计利息的金额。

从购买持有该公司债券的企业来说，当期期末根据持有的公司债券面值和票面利率计算应收利息，对购买取得公司债券时发生的溢价或折价进行摊销，计算确定当期投资收益，并将其反映在当期利润表"投资收益"项目中；同时，根据当期摊销的公司债券溢价或折价，调整"债权投资——利息调整"的金额，并在期末将购买持有的公司债券以摊余成本反映于其资产负债表"债权投资"项目中。这一摊余成本既包括持有公司债券的面值，也包括溢价或折价尚未摊销的余额；对于到期一次还本付息的公司债券，还包括按面值和票面利率计算确定的应计利息。

在编制合并财务报表时，对于内部交易应付债券，首先，应当将应付债券与债权投资予以抵销；其次，对于分期付息、到期一次还本的公司债券，应将应付利息与应收利息予以抵销；最后，将当期因该公司债券确认的利息费用与因持有该公司债券而确认的投资收益予以抵销。

【例9-1】A公司和B公司均为甲公司的全资子公司，并均纳入甲公司合并财务报表的合并范围。A公司2×01年1月1日经批准发行公司债券，该公司债券面值总额为60 000 000元。该公司债券系5年期、分期付息、到期一次还本的债券，票面年利率为6%，债券利息于每年12月31日支付。A公司该公司债券实际价格为62 596 200元。A公司发行该债券时的市场利率为5%。

B公司2×01年1月1日，以62 596 200元的价格，购买A公司发行的全部公司债券，并作为债权投资核算。

假定不考虑发行该公司债券相关的发行费用，该公司债券发行价格计算如下。

公司债券发行价格 = 60 000 000 × (P/F，5%，5) + 60 000 000 × 6% × (P/A，5%，5) = 60 000 000 × 0.783 5 + 60 000 000 × 6% × 4.329 5 = 62 596 200（元）

（1）A公司采用实际利率法计算确定的应付债券利息费用及摊余成本、应付债券票面余额及财务费用计算如表9-1、表9-2所示。

表9-1 A公司应付债券利息费用及摊余成本计算

单位：元

日期	现金流出 （a）	实际利息费用 （b=期初 d×5%）	已偿还的本金 （c=a-b）	摊余成本余额 （d=期初 d-c）
2×01年1月1日				62 596 200
2×01年12月31日	3 600 000	3 129 810	470 190	62 126 010
2×02年12月31日	3 600 000	3 106 300	493 700	61 632 310
2×03年12月31日	3 600 000	3 081 615	518 385	61 113 925
2×04年12月31日	3 600 000	3 055 696	544 304	60 569 621
2×05年12月31日	3 600 000	3 030 379	569 621	60 000 000
小计	18 000 000	15 403 800	2 596 200	
2×05年12月31日 （偿付后）	60 000 000	0	60 000 000	
合计	78 000 000	15 403 800	62 596 200	

表 9-2　A 公司应付债券账面余额及财务费用计算

单位：元

日期	应付债券			财务费用		
	面值	利息调整	账面价值	应付利息	利息调整	财务费用
2×01 年 1 月 1 日	60 000 000	2 596 200	62 596 200			
2×01 年 12 月 31 日	60 000 000	2 126 010	62 126 010	3 600 000	-470 190	3 129 810
2×02 年 12 月 31 日	60 000 000	1 632 310	61 632 310	3 600 000	-493 700	3 106 300
2×03 年 12 月 31 日	60 000 000	1 113 925	61 113 925	3 600 000	-518 385	3 081 615
2×04 年 12 月 31 日	60 000 000	569 621	60 569 621	3 600 000	-544 304	3 055 696
2×05 年 12 月 31 日	60 000 000	0	60 000 000	3 600 000	-569 621	3 030 379
合计				18 000 000	-2 596 200	15 403 800
2×05 年 12 月 31 日（偿付后）	0	0	0	0	0	3 030 379

（2）B 公司采用实际利率法计算确定的债权投资的投资收益及摊余成本、债权投资账面余额及投资收益计算如表 9-3、表 9-4 所示。

表 9-3　B 公司债权投资的投资收益及摊余成本计算

单位：元

日期	现金流入（a）	实际投资收益（b = 期初 d ×5%）	利息调整摊销金额（$c = a - b$）	摊余成本余额（d = 期初 $d - c$）
2×01 年 1 月 1 日				62 596 200
2×01 年 12 月 31 日	3 600 000	31 29 810	470 190	62 126 010
2×02 年 12 月 31 日	3 600 000	3 106 300	493 700	61 632 310
2×03 年 12 月 31 日	3 600 000	3 081 615	518 385	61 113 925
2×04 年 12 月 31 日	3 600 000	3 055 696	544 304	60 569 621
2×05 年 12 月 31 日	3 600 000	3 030 379	569 621	60 000 000
小计	18 000 000	15 403 800	2 596 200	
20×5 年 12 月 31 日（偿付后）	60 000 000			60 000 000
合计	78 000 000	15 403 800	62 596 200	

表9-4 B公司债权投资账面余额及投资收益计算

单位：元

日期	债权投资			投资收益		
	面值	利息调整	账面价值	应收利息	利息调整	投资收益
2×01年1月1日	60 000 000	2 596 200	62 596 200			
2×01年12月31日	60 000 000	2 126 010	62 126 010	3 600 000	−470 190	3 129 810
2×02年12月31日	60 000 000	1 632 310	61 632 310	3 600 000	−493 700	3 106 300
2×03年12月31日	60 000 000	1 113 925	61 113 925	3 600 000	−518 385	3 081 615
2×04年12月31日	60 000 000	569 621	60 569 621	3 600 000	−544 304	3 055 696
2×05年12月31日	60 000 000	0	60 000 000	3 600 000	−569 621	3 030 379
合计				18 000 000	−2 596 200	15 403 800
2×05年12月31日（偿付后）	0	0	0	0	0	3 030 379

（3）A公司和B公司2×01年度财务报表应付债券、债权投资相关项目数据见合并工作底稿。根据上述资料，编制A公司和B公司应付债券与债权投资相关的合并抵销分录如下。

①将本期应付债券与债权投资相互抵销。

借：应付债券   62 126 010

    贷：债权投资   62 126 010

②将本期内部公司债券相关的应收利息与应付利息相互抵销。

借：应付利息   3 600 000

    贷：应收利息   3 600 000

③将本期内部公司债券相关的投资收益与财务费用相互抵销。

借：投资收益   3 129 810

    贷：财务费用   3 129 810

9.2.2 公司债券内部交易以后期间的合并处理

在公司债券内部交易以后的会计期间，发行企业发行在外的公司债券仍被购买企业持有。对于发行公司债券的企业来说，在公司债券发行以后的会计期间，期末均须按债券面值和票面利率计算应付利息，并对公司债券相关的溢价或折价进行摊销，计算确定本期实际利息费用，或反映于利润表"财务费用"项目中，或反映于资产负债表"在建工程"等项目之中；本期期末应付债券的摊余成本则反映于资产负债表"应付债券"项目中，其金额包括发行公司债券的面值、到本期期末溢价或折价未摊销金额。对于到期一次还本付息的公司债券还包括自发行之日到本期期末累计应计利息的金额。

而对于购买公司债券的企业，在内部交易发生以后的会计期末，一方面应当根据持有公司债券的面值和票面利率计算应收利息，对公司债券相关的溢价或折价进行摊销，计算确定当期投资收益，并将其反映于本期利润表"投资收益"项目之中；另一方面，计算确定持有的公司债券的摊余成本，并将其列示于资产负债表"债权投资"项目之中，其金额包括持有的公司债券的面值、到本期期末溢价或折价尚未摊销的金额。对于到期一次还本付息的公司债券还包括自发行之日到本期期末累计应计利息的金额。

在以前期间发生的内部交易公司债券，发行该公司债券的企业，在以前期间因发行该公司债券计算确认的财务费用，在其个别财务报表中作为未分配利润减少的一部分；而购买取得公司债券的企业因持有该内部交易公司债券在以前期间计算确认的投资收益，在个别财务报表中作为利润总额和未分配利润的一部分也递延至本期期初，成为本期期初未分配利润的一部分。因此，在发生公司债券内部交易以后的会计期间编制合并财务报表时，首先，应根据以前年度累计抵销的财务费用和投资收益的金额，调整期初未分配利润的金额；其次，应将应付债券与债权投资予以抵销；再次，对于分期付息、到期一次还本的公司债券，还应当将应付利息与应收利息项目的金额予以抵销；最后，将当期因该内部交易公司债券确认的利息费用与因持有该公司债券而确认的投资收益予以抵销。

【例 9-2】接【例 9-1】。A 公司和 B 公司 2×02 年度财务报表应付债券、债权投资相关项目数据见合并工作底稿。该公司债券系 5 年期、分期付息、到期一次还本的债券，票面年利率为 6%，债券利息于每年 12 月 31 日支付。

根据上述资料，编制 A 公司和 B 公司应付债券与债权投资相关的合并抵销分录如下。

（1）将上一年度（2×01 年度）投资收益与财务费用的抵销对本年年初未分

配利润的影响予以抵销，调整本年年初未分配利润。

借：年初未分配利润 3 129 810

贷：年初未分配利润 3 129 810

（2）将本期应付债券与债权投资相互抵销。

借：应付债券 61 632 310

贷：债权投资 61 632 310

（3）将本期内部公司债券相关的应收利息与应付利息相互抵销。

借：应付利息 3 600 000

贷：应收利息 3 600 000

（4）将本期内部公司债券相关的投资收益与财务费用相互抵销。

借：投资收益 3 106 300

贷：财务费用 3 106 300

A 公司和 B 公司 2×03 年度财务报表应付债券、债权投资相关项目数据见合并工作底稿。根据上述资料，编制 A 公司和 B 公司应付债券与债权投资相关的合并抵销分录如下。

（1）将以前年度（2×01 年度和 2×02 年度）投资收益与财务费用的抵销对本年年初未分配利润的累计影响予以抵销，调整本年年初未分配利润。

借：年初未分配利润 6 236 110

贷：年初未分配利润 6 236 110

（2）将本期应付债券与债权投资相互抵销。

借：应付债券 61 113 925

贷：债权投资 61 113 925

（3）将本期内部公司债券相关的应收利息与应付利息相互抵销。

借：应付利息 3 600 000

贷：应收利息 3 600 000

（4）将本期内部公司债券相关的投资收益与财务费用相互抵销。

借：投资收益 3 081 615

贷：财务费用 3 081 615

A 公司和 B 公司 2×04 年度财务报表应付债券、债权投资相关项目数据见合并工作底稿。根据上述资料，编制 A 公司和 B 公司应付债券与债权投资相关的合并抵销分录如下。

（1）将以前年度（2×01 年度、2×02 年度、2×03 年度）投资收益与财务费用的抵销对本年年初未分配利润的累计影响予以抵销，调整本年年初未分配利润。

借：年初未分配利润 9 317 725

贷：年初未分配利润 9 317 725

（2）将本期应付债券与债权投资相互抵销。

借：应付债券 60 569 621

贷：债权投资 60 569 621

（3）将本期内部公司债券相关的应收利息与应付利息相互抵销。

借：应付利息 3 600 000

贷：应收利息 3 600 000

（4）将本期内部公司债券相关的投资收益与财务费用相互抵销。

借：投资收益 3 055 696

贷：财务费用 3 055 696

9.2.3 内部交易公司债券到期偿付期间的合并处理

在内部公司债券到期偿付的当期，从发行公司债券的企业来说，对于分期付息、到期一次还本的公司债券，按公司债券面值和当期应付利息的金额，偿付给持有该公司债券的企业，在其当期资产负债表中已不存在发行的该公司债券；对于到期一次还本付息的债券，则按公司债券面值、发行之日至本期期初累计应计利息和当期应计利息的金额，偿付给持有该公司债券的企业，在其当期资产负债表中该公司债券已不复存在。在公司债券到期偿付的当期，在该公司债券偿付前还须按公司债券的面值和票面利率计算应计利息，并将未摊销的溢价或折价摊销完毕，计算确定当期的利息费用。这一利息费用或计入财务费用或计入在建工程建造成本，前者反映于当期利润表"财务费用"项目中，后者反映于当期资产负债表"在建工程"项目中。

对于持有该公司债券的企业来说，债权投资中的该公司债券，因偿付完毕而转销，在其当期资产负债表中也已不复存在。但本期因持有该公司债券须计算应收利息，并将尚未摊销的溢价或折价摊销完毕，计算确定当期持有该公司债券的投资收益。这一投资收益列示于当期利润表"投资收益"项目中。

由于发行公司债券企业以前期间该公司债券相关的利息费用（财务费用或在建工程）与持有该公司债券企业以前期间该公司债券的投资收益抵销而对当期合

并财务报表中的期初未分配利润产生影响，在内部交易公司债券到期偿付期间编制合并财务报表时，首先应当将以前期间该公司债券相关的利息费用与其相关的投资收益抵销对本期期初未分配利润的影响予以抵销，调整期初未分配利润；其次应当将发行公司债券企业因该内部交易公司债券本期确认的利息费用（财务费用或在建工程）与持有企业因持有该公司债券确认的投资收益予以抵销。

【例9-3】接【例9-2】。A公司和B公司2×05年度财务报表应付债券、债权投资相关项目数据见合并工作底稿。该公司债券系5年期、分期付息、到期一次还本的债券，票面年利率为6%，债券利息于每年12月31日支付。其他相关资料见【例9-1】、【例9-2】。

根据上述资料，编制A公司和B公司应付债券与债权投资相关的合并抵销分录如下。

（1）将以前年度（2×01年度、2×02年度、2×03年度和2×04年度）投资收益与财务费用的抵销对本年年初未分配利润的累计影响予以抵销，调整本年年初未分配利润。

借：年初未分配利润　　　　　　　　　　　　　　　12 373 421

　　　贷：年初未分配利润　　　　　　　　　　　　　　　12 373 421

（2）将本年内部公司债券相关的投资收益与财务费用相互抵销。

借：投资收益　　　　　　　　　　　　　　　　　　3 030 379

　　　贷：财务费用　　　　　　　　　　　　　　　　　　3 030 379

9.3　成员企业间接取得其他成员企业发行的公司债券的合并处理

9.3.1　成员企业间接取得其他成员企业发行的公司债券当期的合并处理

对于内部交易的公司债券，在编制合并财务报表时，首先，应当将应付债券与债权投资项目的金额予以抵销；其次，对于分期付息、到期一次还本的公司债券，应将应付利息与应收利息项目的金额予以抵销；最后，将当期确认的实际利息费用（财务费用或在建工程）与持有该公司债券的投资收益予以抵销。

在集团内部成员企业从集团外部第三者取得集团成员企业发行的公司债券的情况下，发行公司债券的企业其应付债券的金额与持有该公司债券企业的债权投资的金额不一致，两者之间存在着差额。这是因为持有该公司债券的企业购买取得该公司债券，对其进行会计处理时，按面值记入"债权投资——成本"科目，按支付价款与面值之间的差额记入"债权投资——利息调整"科目。这一差额，实际上是原持有该公司债券的企业实现的损益，对于整个企业集团来说，则属于推定赎回损益。对于这一差额，在编制合并财务报表时应当通过合并抵销处理，将其转作财务费用处理。这一做法，实际上是将从外部购入内部公司债券支付价格高于原发行价格的差额在合并财务报表中计入当期合并损益。进行合并抵销处理时，按应付债券的金额，借记"应付债券"项目，按债权投资的金额，贷记"债权投资"项目，按两者之间的差额，借记或贷记"财务费用"项目。

在将应付债券的实际利息费用（财务费用）与持有该公司债券而形成的债权投资的投资收益抵销时，可能存在差额。持有该公司债券的企业在取得公司债券时，以支付的价格作为债权投资的账面价值（摊余成本）入账，因而与发行该公司债券的企业应付债券的账面价值（摊余成本）存在差额；其次，在采用实际利率法的情况下所计算的实际利率也存在差异，由此导致计算确定的当期实际利息费用（财务费用）与投资收益之间存在着差异。这一差异又成为导致应付债券与债权投资差异的原因。在编制合并财务报表进行合并抵销时，也需要将这一差额转作财务费用处理。进行合并抵销处理时，按因持有该公司债券确认的投资收益的金额，借记"投资收益"项目，按发行该公司债券企业因发行该债券而确认的实际利息费用（财务费用）的金额，贷记"财务费用"等项目，按两者之间的差额，借记或贷记"财务费用"项目。

至于应付利息和应收利息由于均是按面值和票面利率计算的，不存在差异，在合并抵销处理时与集团成员企业从另一成员企业直接购买取得内部交易公司债券的合并处理相同，没有特殊之处。进行合并抵销处理时，按根据公司债券面值和票面利率计算的应收、应付利息的金额，借记"应付利息"项目，贷记"应收利息"项目。

【例 9-4】C 公司 2×01 年 1 月 1 日经批准发行公司债券，该公司债券面值总额为 60 000 000 元，所筹集的资金用于公司正常经营活动。该公司债券系 5 年期、分年付息、到期一次还本的债券，票面年利率为 6%，债券利息于当年 12 月 31 日支付，最后一年利息连同本金于当年 12 月 31 日支付。C 公司该公司债券实际发行价格为 62 596 200 元。C 公司发行该债券时的市场利率为 5%。假定不考虑发行该公司债券相关的发行费用。该公司债券发行价格计算如下。

公司债券发行价格 = 60 000 000 × (P/F, 5%, 5) + 6 000 000 × 6% × (P/A, 5%, 5)

$$= 60\ 000\ 000 × 0.783\ 5 + 60\ 000\ 000 × 6\% × 4.329\ 5$$
$$= 62\ 596\ 200\ （元）$$

2×01 年 1 月 1 日，W 公司以 62 596 200 元的价格购买 C 公司发行的全部公司债券，并作为债权投资核算。W 公司持有 C 公司发行的该债券后，因公司资金周转困难，2×02 年 1 月 1 日，以 63 815 640 元的价格，将 C 公司发行的该公司债券全部转让给 D 公司。D 公司将从 W 公司购买取得的 C 公司债券作为债权投资核算。

C 公司和 D 公司均为甲公司控制的子公司，甲公司已将 C 公司和 D 公司纳入其合并财务报表合并范围。W 公司与 C 公司、D 公司和甲公司均不存在关联关系。D 公司 2×02 年 1 月 1 日取得该公司债券时的市场利率为 4%。

D 公司购买该公司债券的实际价格计算如下。

公司债券实际价格 = 60 000 000 × (P/F, 4%, 4) + 60 000 000 × 6% × (P/A, 4%, 4)

$$= 60\ 000\ 000 × 0.845\ 8 + 60\ 000\ 000 × 6\% × 3.629\ 9$$
$$= 63\ 815\ 640\ （元）$$

（1）C 公司采用实际利率法计算确定的应付债券利息费用及摊余成本、应付债券账面余额及财务费用计算如表 9-5、表 9-6 所示。

表 9-5　C 公司应付债券利息费用及摊余成本计算

单位：元

日期	现金流出 (a)	实际利息费用 (b = 期初 d ×5%)	已偿还的本金 (c = a − b)	摊余成本余额 (d = 期初 d − c)
2×01 年 1 月 1 日				62 596 200
2×01 年 12 月 31 日	3 600 000	3 129 810	470 190	62 126 010

日期	现金流出 （a）	实际利息费用 （$b=$期初 $d\times5\%$）	已偿还的本金 （$c=a-b$）	摊余成本余额 （$d=$期初 $d-c$）
2×02 年 12 月 31 日	3 600 000	3 106 300	493 700	61 632 310
2×03 年 12 月 31 日	3 600 000	3 081 615	518 385	61 113 925
2×04 年 12 月 31 日	3 600 000	3 055 696	544 304	60 569 621
2×05 年 12 月 31 日	3 600 000	3 030 379	569 621	60 000 000
小计	18 000 000	15 403 800	2 596 200	
2×05 年 12 月 31 日 （偿付后）	60 000 000	0	60 000 000	
合计	78 000 000	15 403 800	62 596 200	

表 9-6　C 公司应付债券账面余额及财务费用计算

单位：元

日期	应付债券			财务费用		
	面值	利息调整	账面价值	应付利息	利息调整	财务费用
2×01 年 1 月 1 日	60 000 000	2 596 200	62 596 200			
2×01 年 12 月 31 日	60 000 000	2 126 010	62 126 010	3 600 000	-470 190	3 129 810
2×02 年 12 月 31 日	60 000 000	1 632 310	61 632 310	3 600 000	-493 700	3 106 300
2×03 年 12 月 31 日	60 000 000	1 113 925	61 113 925	3 600 000	-518 385	3 081 615
2×04 年 12 月 31 日	60 000 000	569 621	60 569 621	3 600 000	-544 304	3 055 696
2×05 年 12 月 31 日	60 000 000	0	60 000 000	3 600 000	-569 621	3 030 379
合计				18 000 000	-2 596 200	15 403 800
2×05 年 12 月 31 日 （偿付后）	0	0	0	0	0	3 030 379

（2）D 公司采用实际利率法计算确定的债权投资的投资收益及摊余成本、债权投资账面余额及投资收益计算如表 9-7、表 9-8 所示。

表9-7 D公司债权投资的投资收益及摊余成本计算

单位：元

日期	现金流入 （a）	实际投资收益 （b＝期初d× 4%）	利息调整 摊销金额 （c＝a－b）	摊余成本余额 （d＝期初d－c）
2×02年1月1日				63 815 640
2×02年12月31日	3 600 000	2 552 625	1 047 375	62 768 265
2×03年12月31日	3 600 000	2 510 730	1 089 270	61 678 995
2×04年12月31日	3 600 000	2 467 160	1 132 840	60 546 155
2×05年12月31日	3 600 000	3 053 845	546 155	60 000 000
小计	14 400 000	10 584 360	3 815 640	
2×05年12月31日 （偿付后）	60 000 000		60 000 000	
合计	74 400 000	10 584 360	63 815 640	

表9-8 D公司债权投资账面余额及投资收益计算

单位：元

日期	债权投资			投资收益		
	面值	利息调整	账面价值	应收利息	利息调整	投资收益
2×02年1月1日	60 000 000	3 815 640	63 815 640			
2×02年12月31日	60 000 000	2 768 265	62 768 265	3 600 000	−1 047 375	2 552 625
2×03年12月31日	60 000 000	1 678 995	61 678 995	3 600 000	−1 089 270	2 510 730
2×04年12月31日	60 000 000	546 155	60 546 155	3 600 000	−1 132 840	2 467 160
2×05年12月31日	60 000 000	0	60 000 000	3 600 000	−546 155	3 053 845
合计				14 400 000	−3 815 640	10 584 360
2×05年12月31 日（偿付后）	0	0	0	0	0	3 053 845

（3）C公司和D公司2×02年度财务报表应付债券、债权投资相关项目数据见合并工作底稿。根据上述资料，编制C公司和D公司应付债券与债权投资相关

的合并抵销分录如下。

①将本年应付债券与债权投资相互抵销，其抵销差额转为财务费用。

借：应付债券　　　　　　　　　　　　　　61 632 310

　　财务费用　　　　　　　　　　　　　　 1 135 955

　　贷：债权投资　　　　　　　　　　　　　　62 768 265

②将本年内部公司债券相关的应收利息与应付利息相互抵销。

借：应付利息　　　　　　　　　　　　　　 3 600 000

　　贷：应收利息　　　　　　　　　　　　　　 3 600 000

③将本年内部公司债券相关的投资收益与财务费用相互抵销，其抵销差额转为财务费用。

借：投资收益　　　　　　　　　　　　　　 2 552 625

　　财务费用　　　　　　　　　　　　　　　 553 675

　　贷：财务费用　　　　　　　　　　　　　　 3 106 300

9.3.2　成员企业间接取得其他成员企业发行的公司债券以后期间的合并处理

如上所述，在公司债券内部交易以后的会计期间，对以前期间发生的内部交易公司债券，由于发行公司债券的企业在以前期间因发行该公司债券计算确认的实际利息费用（财务费用），在其个别财务报表中通过减少当期未分配利润递延至本期期初，成为本期期初未分配利润减少的一部分；而购买公司债券的企业因持有该内部公司债券在以前期间计算确认的投资收益，在其个别财务报表中也递延至本期期初，成为本期期初未分配利润的一部分。因此在发生公司债券内部交易以后的会计期间编制合并财务报表时，首先，应当根据以前年度累计抵销的实际利息费用（财务费用）和投资收益的金额，调整期初未分配利润的金额。其次，应当将应付债券与债权投资项目的金额予以抵销。再次，对于分期付息、到期一次还本的公司债券，还应当将应付利息与应收利息的金额予以抵销。最后，还应当将当期因该内部交易公司债券计算确认的实际利息费用（财务费用）与债权投资计算确认的投资收益予以抵销。

在按照以前期间因该公司债券内部交易相关的实际利息费用（财务费用）和投资收益的抵销而对本期期初未分配利润的累计影响予以抵销时，必须将以前期间涉及实际利息费用（财务费用）和投资收益的抵销金额对本期期初未分配利润的累计影响全部予以抵销。抵销处理后，本期合并工作底稿中计算的期初未分配利润的合并数与上期合并财务报表中期末未分配利润的金额一致。也可以这样理解，即将以前期间编制合并财务报表时涉及利润表的抵销项目，转换为"年初未分配利润"项目，在本期编制合并财务报表时重新进行一次抵销处理。

应付债券与债权投资项目的抵销，由于发行企业的应付债券与购买企业债权投资账面价值之间存在差异，在对其进行合并抵销处理时，应当将其差额转作财务费用处理，按应付债券的金额，借记"应付债券"项目，按债权投资的金额，贷记"债权投资"项目，按两者之间的差额，借记或贷记"财务费用"项目。

对于应付利息和应收利息由于均是按面值和票面利率计算的，不存在差异，在合并抵销处理时没有特殊之处。进行合并抵销处理时，按公司债券面值和票面利率计算的应收、应付利息的金额，借记"应付利息"项目，贷记"应收利息"项目。

对于当期因该内部交易公司债券计算确认的实际利息费用（财务费用）与债权投资计算确认的投资收益的抵销，由于应付债券的账面价值与债权投资账面价值之间的差额，以及按实际利率法对各自确认的溢价或折价金额的差异，发行企业因该公司债券计算确认的实际利息费用（财务费用）与购买企业持有该公司债券计算确定的投资收益之间也存在着差额。在对其进行合并抵销处理时，应当将其差额转作财务费用处理。进行合并抵销处理时，按购买企业因持有该公司债券计算确定的投资收益的金额，借记"投资收益"项目，按发行企业因发行该证券而确认的实际利息费用（财务费用）的金额，贷记"财务费用"等项目，按两者之间的差额，借记或贷记"财务费用"项目。

【例9-5】接【例9-4】。C公司和D公司2×03年度财务报表应付债券、债权投资相关项目数据见合并工作底稿。C公司发行的该公司债券系5年期、分年付息、到期一次还本的债券，票面年利率为6%，债券利息于当年12月31日支付，最后一年利息连同本金于当年12月31日支付。

根据上述资料，编制C公司和D公司应付债券与债权投资相关的合并抵销分录如下。

（1）根据以前年度（2×02年度）应付债券与债权投资的抵销对本年年初未分配利润的影响，调整本年年初未分配利润。

借：年初未分配利润   1 135 955

　　贷：债权投资　　　　　　　　　　　　　　　　　　　1 135 955

　借：年初未分配利润　　　　　　　　　　　　　　　　　3 106 300

　　贷：年初未分配利润　　　　　　　　　　　　　　　　　3 106 300

（2）将本年应付债券与债权投资相互抵销，其抵销差额转为财务费用。

　借：应付债券　　　　　　　　　　　　　　　　　　　　61 113 925

　　贷：债权投资（61 678 995 – 1 135 955）　　　　　　　60 543 040

　　　财务费用（61 113 925 – 60 543 040）　　　　　　　　 570 885

（3）将本年内部公司债券相关的应收利息与应付利息相互抵销。

　借：应付利息　　　　　　　　　　　　　　　　　　　　3 600 000

　　贷：应收利息　　　　　　　　　　　　　　　　　　　　3 600 000

（4）将本年内部公司债券相关的投资收益与财务费用相互抵销，其抵销差额转为财务费用。

　借：投资收益　　　　　　　　　　　　　　　　　　　　2 510 730

　　财务费用　　　　　　　　　　　　　　　　　　　　　 570 885

　　贷：财务费用　　　　　　　　　　　　　　　　　　　　3 081 615

　　C 公司和 D 公司 2×04 年度财务报表应付债券、债权投资相关项目数据见合并工作底稿。根据上述资料，编制 C 公司和 D 公司应付债券与债权投资相关的合并抵销分录如下。

（1）根据以前年度（2×02 年度和 2×03 年度）应付债券与债权投资的抵销对本年年初未分配利润的影响，调整本年年初未分配利润。

　借：年初未分配利润　　　　　　　　　　　　　　　　　1 135 955

　　贷：债权投资　　　　　　　　　　　　　　　　　　　　1 135 955

　借：年初未分配利润　　　　　　　　　　　　　　　　　3 106 300

　　贷：年初未分配利润　　　　　　　　　　　　　　　　　3 106 300

根据 2×03 年度相关抵销处理对本年年初未分配利润的影响，调整本年年初未分配利润。

　借：应付债券　　　　　　　　　　　　　　　　　　　　 570 885

　　贷：年初未分配利润　　　　　　　　　　　　　　　　　 570 885

　借：年初未分配利润　　　　　　　　　　　　　　　　　3 081 615

　　贷：年初未分配利润　　　　　　　　　　　　　　　　　3 081 615

上述四笔抵销分录，可以合并为以下抵销分录。

借：年初未分配利润 565 070

应付债券 570 885

贷：债权投资 1 135 955

（2）将本年应付债券与债权投资相互抵销，其抵销差额转为财务费用。

借：应付债券（60 569 621 – 570 885） 59 998 736

贷：债权投资（60 546 155 – 1 135 955） 59 410 200

财务费用（59 998 736 – 59 410 200） 588 536

（3）将本年内部公司债券相关的应收利息与应付利息相互抵销。

借：应付利息 3 600 000

贷：应收利息 3 600 000

（4）将本年内部公司债券相关的投资收益与财务费用相互抵销，其抵销差额转为财务费用。

借：投资收益 2 467 160

财务费用 588 536

贷：财务费用 3 055 696

9.3.3 成员企业间接取得其他成员企业发行的公司债券到期偿付期间的合并处理

如上所述，在内部交易公司债券到期偿付期间编制合并财务报表时，首先应当将以前期间实际利息费用（财务费用）与投资收益对本期期初未分配利润的影响予以抵销，调整期初未分配利润；其次应当将发行公司债券企业因该内部交易公司债券本期确认的实际利息费用（财务费用）与持有企业因持有该公司债券确认的投资收益予以抵销。

对于按以前期间实际利息费用（财务费用）与投资收益抵销对本期期初未分配利润的影响而调整期初未分配利润，由于以前期间发行企业因该内部公司债券累计确认的实际利息费用（财务费用）与持有该公司债券企业因该内部公司债券累计确认的投资收益之间存在差异，其合并抵销处理可能涉及应付债券和债权投资项目。在按以前期间实际利息费用（财务费用）与投资收益抵销而调整期初未分配利润的同时，对于因该合并抵销处理所产生的"应付债券"项目和"债权投资"项目的金额，也应一并抵销将其转作财务费用处理。进行这一合并抵销处理时，按调整期初未分配利润所产生的应付债券项目的金额，借记或贷记"应付债券"项目，按所产生的债权投资项目的金额，借记或贷记"债权投资"项目，按借方与贷方之间的差额，借记或贷记"财务费用"项目。

对于内部交易公司债券本期确认的实际利息费用（财务费用）与持有企业因持有该公司债券确认的投资收益的抵销，由于如上所述两者之间存在差异，进行抵销处理时应当将两者之间的差额转作财务费用。进行合并抵销处理时，按持有该公司债券企业因持有该公司债券确认的投资收益的金额，借记"投资收益"项目，按发行公司债券公司本期因该公司债券确认的财务费用的金额，贷记"财务费用"项目，按两者之间的差额，借记或贷记"财务费用"项目。

【例9-6】接【例9-5】。C 公司和 D 公司 2×05 年度财务报表应付债券、债权投资相关项目数据见合并工作底稿。C 公司发行的该公司债券系 5 年期、分年付息、到期一次还本的债券，票面年利率为 6%，债券利息于当年 12 月 31 日支付，最后一年利息连同本金于当年 12 月 31 日支付。C 公司该公司债券实际发行价格为 62 596 200 元，其他资料见【例9-4】、【例9-5】。

根据上述资料，编制 C 公司和 D 公司应付债券与债权投资相关的合并抵销分录如下。

（1）根据以前年度（2×02 年度、2×03 年度和 2×04 年度）应付债券与债权投资的抵销对本年年初未分配利润的累计影响，调整本年年初未分配利润。

根据 2×02 年度相关抵销处理对本年年初未分配利润的影响，调整本年年初未分配利润。

借：年初未分配利润　　　　　　　　　　　　　　　1 135 955

　　贷：债权投资　　　　　　　　　　　　　　　　　　1 135 955

借：年初未分配利润　　　　　　　　　　　　　　　3 106 300

　　贷：年初未分配利润　　　　　　　　　　　　　　　3 106 300

根据 2×03 年度相关抵销处理对本年年初未分配利润的影响，调整本年年初未分配利润。

借：应付债券　　　　　　　　　　　　　　　　　　570 885

　　贷：年初未分配利润　　　　　　　　　　　　　　　570 885

借：年初未分配利润　　　　　　　　　　　　　　　3 081 615

　　贷：年初未分配利润　　　　　　　　　　　　　　　3 081 615

根据 2×04 年度相关抵销处理对本年年初未分配利润的影响，调整本年年初未分配利润。

借：应付债券   588 536

  贷：财务费用   588 536

借：年初未分配利润   3 055 696

  贷：年初未分配利润   3 055 696

上述六笔抵销分录，可以合并为以下抵销分录。

借：应付债券   1 159 421

  贷：债权投资   1 135 955

    年初未分配利润   23 466

（2）将本年应付债券与债权投资相互抵销，其抵销差额转为财务费用。

借：债权投资   1 135 955

  财务费用   23 466

  贷：应付债券   1 159 421

（3）将本年内部公司债券相关的投资收益与财务费用相互抵销，其抵销差额转为财务费用。

借：投资收益   3 053 845

  贷：财务费用   3 030 379

    财务费用   23 466

第 10 章
所得税会计相关的合并处理

10.1 所得税会计概述

在编制合并财务报表时，由于需要对企业集团内部交易进行合并抵销处理，因此可能导致在合并财务报表中反映的资产、负债账面价值与其计税基础不一致，存在着差异。为了使合并财务报表全面反映所得税相关的影响，特别是当期所负担的所得税费用的情况，应当进行所得税会计核算，在计算确定资产、负债的账面价值与计税基础之间差异的基础上，确认相应的递延所得税资产或递延所得税负债。

10.1.1 计税基础的确定

所得税会计核算的关键，是采用了资产负债表债务法，资产负债表债务法是从资产负债表出发，通过比对资产负债表上列示的资产、负债按照会计准则规定确定的账面价值与按照税法和相关法规（以下简称"税法"）规定确定的计税基础，对于两者之间的差异分别应纳税暂时性差异与可抵扣暂时性差异，确认相关的递延所得税负债与递延所得税资产，并在此基础上确定每一会计期间利润表中的所得税费用。在确定资产、负债的计税基础时，应严格遵循税收法规中对资产的税务处理以及可税前扣除的费用等规定进行。

1. 资产的计税基础

资产的计税基础，是指某一资产在其使用和收回过程中计算应纳税所得额时，按照税法规定可以从应纳税所得中抵扣的金额，即某一项资产在未来期间计税时按照税法规定可以税前扣除的金额。从税收的角度考虑，资产的计税基础是假定企业按照税法规定进行核算所提供的资产负债表中相关资产的应有金额。在初始确认时，资产的计税基础一般为取得成本；在资产持续持有的过程中，其计税基础则是指资产的取得成本减去以前期间按照税法规定已经税前扣除的金额后的余额，代表着按照税法规定该资产在未来期间计税时仍然可以税前扣除的金额。

（1）固定资产。固定资产初始确认时其账面价值一般等于计税基础。固定资产在持有期间进行后续计量时，其会计计量确定账面价值方法为"成本－累计折旧－固定资产减值准备"；税务上确定其计税基础的方法则为"成本－按照税法规定已在以前期间税前扣除的折旧额"。由于企业会计准则与税法相关规定的不同，固定资产的账面价值与计税基础的差异主要产生于折旧方法、折旧年限的不同以及固定资产减值准备的提取等。

（2）无形资产。无形资产初始确认时入账价值与其计税基础基本一致。在后续计量时，其账面价值与计税基础之间的差异主要产生于无形资产摊销及其减值处理等。

（3）以公允价值计量且其变动计入当期损益的金融资产。以公允价值计量且其变动计入当期损益的金融资产，在初始确认时其账面价值与计税基础一致。持有后其在资产负债表日的账面价值为公允价值，而其计税基础则为其取得成本，导致其账面价值与计税基础之间发生差异。

（4）其他资产。因企业会计准则规定与税收相关法规规定不同，企业持有的其他资产的账面价值与计税基础之间可能存在差异，如投资性房地产、计提了资产减值准备的存货、应收款项等资产。

2. 负债的计税基础

负债的计税基础，是指负债的账面价值减去未来期间计算应纳税所得额时，按照税法相关规定可予抵扣的金额。负债项目中可能涉及其账面价值与计税基础之间存在差异的主要有企业因销售商品提供售后服务等确认的预计负债、应付职工薪酬等项目。

3. 特殊交易或事项中资产、负债计税基础的确定

对于某些特殊交易，如企业合并过程中取得的资产、负债，由于企业会计准则与税收相关法规对企业合并的划分标准不同、处理原则不同，某些情况下企业合并中取得的资产、负债的入账价值与其计税基础也可能存在差异。

10.1.2　暂时性差异

暂时性差异是指资产、负债的账面价值与其计税基础不同产生的差额。其中账面价值，是指按照会计准则规定确定的有关资产、负债在资产负债表中应列示的金额。由于资产、负债的账面价值与其计税基础不同，产生了在未来收回资产或清偿负债的期间内，应纳税所得额增加或减少并导致未来期间应交所得税增加或减少的情况，在这些暂时性差异发生的当期，一般应当确认相应的递延所得税负债或递延所得税资产。

1. 应纳税暂时性差异

应纳税暂时性差异，是指在确定未来收回资产或清偿负债期间的应纳税所得额时，将导致产生应税金额的暂时性差异。该差异在未来期间转回时，会增加转回期间的应纳税所得额，即在未来期间不考虑该事项影响的应纳税所得额的基础上，由于该暂时性差异的转回，会进一步增加转回期间的应纳税所得额和应交所得税金额。在应纳税暂时性差异产生当期，应当确认相关的递延所得税负债。

应纳税暂时性差异通常产生于以下情况：①资产的账面价值大于其计税基础；②负债的账面价值小于其计税基础。

2. 可抵扣暂时性差异

可抵扣暂时性差异是指在确定未来收回资产或清偿负债期间的应纳税所得额时，将导致产生可抵扣金额的暂时性差异。该差异在未来期间转回时，会减少转回期间的应纳税所得额，减少未来期间的应交所得税。在可抵扣暂时性差异产生当期，应当确认相关的递延所得税资产。

可抵扣暂时性差异一般产生于以下情况：①资产的账面价值小于其计税基础；②负债的账面价值大于其计税基础。

3. 特殊项目产生的暂时性差异

（1）未作为资产、负债确认的项目产生的暂时性差异。如企业在开始正常的生产经营活动以前发生的筹建费用等，在会计核算中并不体现为资产负债表上的资产，但按所得税法该类费用可以在开始正常生产经营活动后的 5 年内分期摊销，在税前扣除，其差异也形成暂时性差异。

（2）可抵扣亏损及税款抵减产生的暂时性差异。对于按照税法相关规定可以结转以后年度的未弥补亏损及税款抵减，虽不是因资产、负债的账面价值与计税基础不同产生的，但本质上可抵扣亏损和税款抵减与可抵扣暂时性差异具有同样的作用，能够减少未来期间的应纳税所得额，进而减少未来期间的应交所得税，因此在会计处理上应当视同可抵扣暂时性差异，符合条件的情况下，应确认与其相关的递延所得税资产。

10.2　内部应收款项相关所得税会计的合并处理

在编制合并财务报表时，随着内部债权债务的抵销，也必须将内部应收款项计提的坏账准备予以抵销。对其进行合并抵销处理后，合并财务报表中该内部应收款项已不存在，由内部应收款项账面价值与计税基础之间的差异所形成的暂时性差异也不能存在。在编制合并财务报表时，对持有该集团内部应收款项的企业因该暂时性差异确认的递延所得税资产则需要进行抵销处理。具体会计分录如下。

借：所得税费用

　　贷：递延所得税资产

【例10-1】甲公司为A公司的母公司。甲公司本期个别资产负债表应收账款中有1 700万元为应收A公司账款，该应收账款账面余额为1 800万元，甲公司当年对其计提坏账准备100万元。A公司本期个别资产负债表中列示有应付甲公司账款1 800万元。甲公司和A公司适用的企业所得税税率均为25%。

甲公司在编制合并财务报表时，其合并抵销处理如下。（单位：万元）

（1）将内部应收账款与应付账款相互抵销，其抵销分录如下。

借：应付账款　　　　　　　　　　　　　　　　　　　　1 800

　　贷：应收账款　　　　　　　　　　　　　　　　　　　1 800

（2）将内部应收账款计提的坏账准备予以抵销，其抵销分录如下。

借：应收账款　　　　　　　　　　　　　　　　　　　　　100

　　贷：信用减值损失　　　　　　　　　　　　　　　　　　100

（3）将甲公司对内部应收账款计提坏账准备导致暂时性差异确认的递延所得税资产予以抵销。本例中，甲公司在其个别财务报表中，对应收 A 公司账款计提坏账准备 100 万元，由此导致应收 A 公司账款的账面价值调整为 1 700 万元，而该应收账款的计税基础仍为 1 800 万元，应收 A 公司账款的账面价值 1 700 万元与其计税基础 1 800 万元之间的差额 100 万元，则形成当年暂时性差异。对此，按照所得税准则的规定，应当确认该暂时性差异相应的递延所得税资产 25（100 × 25%）万元。甲公司在其个别财务报表中确认递延所得税资产时，借记"递延所得税资产"科目 25 万元，贷记"所得税费用"科目 25 万元。在编制合并财务报表时随着内部应收账款及其计提的坏账准备的抵销，在合并财务报表中该应收账款已不存在，由甲公司在其个别财务报表中因应收 A 公司账款账面价值与其计税基础之间形成的暂时性差异也不存在，对该暂时性差异确认的递延所得税资产则需要予以抵销。在编制合并财务报表对其进行合并抵销处理时，其抵销分录如下。

借：所得税费用　　　　　　　　　　　　　　　　　　　25

　　贷：递延所得税资产　　　　　　　　　　　　　　　　　25

根据上述抵销分录，编制合并工作底稿（局部）如表 10-1 所示。

表 10-1　合并工作底稿（局部）

金额单位：万元

项目	甲公司	A公司	合计	调整分录		抵销分录		少数股东权益	合并数
				借方	贷方	借方	贷方		
（资产负债表项目）									
……									
应收票据									
应收账款	1 700		1 700			100	1 800		0
……									
递延所得税资产	25		25				25		0
……									

续表

项目	甲公司	A公司	合计	调整分录		抵销分录		少数股东权益	合并数
				借方	贷方	借方	贷方		
应付票据									
应付账款		1 800	1 800			1 800			0
……									
（利润表项目）									
……									
信用减值损失	100		100				100		0
……									
营业利润	− 100		− 100				100		0
……									
利润总额	100		100				100		0
所得税费用	− 25		− 25			25			0
净利润	− 75		− 75			25	100		0
（股东权益变动表项目）									
期初未分配利润	0		0				0		0
……									
期末未分配利润	− 75		− 75			25	100		0

10.3 内部交易存货相关所得税会计的合并处理

企业在编制合并财务报表时，应当将纳入合并范围的母公司与子公司以及子公司相互之间发生的内部交易对个别财务报表的影响予以抵销，其中包括内部商品交易所形成的存货价值中包含的未实现内部销售损益的金额。对于内部商品交易所形成的存货，从持有该存货的企业来说，假定不考虑计提资产减值损失，其取得成本就是该资产的账面价值，这其中包括销售企业因该销售所实现的损益，这一取得成本也就是计税基础。由于所得税是以独立的法人实体为对象计征的，这一计税基础也是合并财务报表中该存货的计税基础。此时，账面价值与其计税基础是一致的，不存在暂时性差异，也不涉及确认递延所得税资产或递延所得税负债的问题。但在编制合并财务报表过程中，随着内部商品交易所形成的存货价值包含的未实现内部销售损益的抵销，合并资产负债表所反映的存货价值是以原来内部销售企业该商品的销售成本列示的，不包含未实现内部销售损益。由此导致在合并资产负债表所列示的存货的价值与持有该存货的企业计税基础不一致，存在着暂时性差异。这一暂时性差异的金额就是编制合并财务报表时所抵销的未实现内部销售损益的数额。从合并财务报表编制来说，对于这一暂时性差异，则必须确认递延所得税资产或递延所得税负债。具体会计分录如下。

借：递延所得税资产

　　贷：所得税费用

或

借：所得税费用

　　贷：递延所得税负债

【例 10-2】 甲公司持有 A 公司 80% 的股权，是 A 公司的母公司。甲公司 2×01 年利润表列示的营业收入中有 5 000 万元是当年向 A 公司销售商品取得的销售收入，该商品销售成本为 3 500 万元。A 公司在 2×01 年将该批内部购进商品的 60% 实现对外销售，其销售收入为 3 750 万元，销售成本为 3 000 万元，并列示于其利润表中；该批商品的另外 40% 则形成 A 公司期末存货，即期末存货为 2 000 万元，列示于 A 公司 2×01 年的资产负债表中。甲公司和 A 公司适用的企业所得税税率均为 25%。

甲公司在编制合并财务报表时，其合并抵销处理如下。（单位：万元）

（1）将内部销售收入与内部销售成本及存货价值中包含的未实现内部销售利润抵销，其抵销分录如下。

借：营业收入　　　　　　　　　　　　　　　　　5 000①

　　贷：营业成本　　　　　　　　　　　　　　　　4 400

　　　　存货　　　　　　　　　　　　　　　　　　600

（2）确认因编制合并财务报表导致的存货账面价值与其计税基础之间的暂时性差异相关递延所得税资产。本例中，从 A 公司来说，其持有该存货账面价值与计税基础均为 2 000 万元：从甲公司角度来说，通过上述合并抵销处理，合并资产负债表中该存货的价值为 1 400 万元；由于甲公司和 A 公司均为独立的法人实体，这一存货的计税基础应从 A 公司的角度来考虑，即其计税基础为 2 000 万元。因该内部交易抵销的未实现内部销售损益导致的暂时性差异为 600 （2 000 － 1 400） 万元，实际上就是抵销的未实现内部销售损益的金额。为此，编制合并财务报表时还应当对该暂时性差异确认递延所得税资产 150 （600×25%） 万元。进行合并抵销处理时，其抵销分录如下。

借：递延所得税资产   150②

贷：所得税费用   150

根据上述抵销分录，其合并工作底稿（局部）如表 10-2 所示。

表 10-2　合并工作底稿（局部）

金额单位：万元

项目	甲公司	A公司	合计	调整分录		抵销分录		少数股东权益	合并数
				借方	贷方	借方	贷方		
（资产负债表项目）									
……									
存货		2 000	2 000				600①		1 400
……									
递延所得税资产	0	0	0			150②			150
……									
（利润表项目）									
营业收入	5 000	3 750	8 750			5 000①			3 750
营业成本	3 500	3 000	6 500				4 400①		2 100
……									
营业利润	1 500	750	2 250			5 000	4 400		1 650
……									
利润总额	1 500	750	2 250			5 000	4 400		1 650

续表

项目	甲公司	A公司	合计	调整分录		抵销分录		少数股东权益	合并数
				借方	贷方	借方	贷方		
所得税费用	375	187.5	562.5				150②		412.5
净利润	1 125	562.5	1 687.5			5 000	4 550		1 237.5
（股东权益变动表项目）									
期初未分配利润	0	0	0						0
……									
期末未分配利润	1 125	562.5	1 687.5			5 000	4 550		1 237.5

10.4　内部交易固定资产等相关所得税会计的合并处理

对于内部交易形成的固定资产，编制合并财务报表时应当将该内部交易对个别财务报表的影响予以抵销，其中包括将内部交易形成的固定资产价值中包含的未实现内部销售利润予以抵销。对于内部交易形成的固定资产，从持有该固定资产的企业来说，假定不考虑计提资产减值损失，其取得成本就是该固定资产的账面价值，其中包括销售企业因该销售所实现的损益，这一账面价值与其计税基础是一致的，不存在暂时性差异，也不涉及确认递延所得税资产或递延所得税负债的问题。但在编制合并财务报表时，随着内部交易所形成的固定资产价值所包含的未实现内部销售损益的抵销，合并资产负债表中所反映的该固定资产价值不包含这一未实现内部销售损益，也就是说是以原销售企业该商品的销售成本列示的，因而导致在合并资产负债所列示的固定资产价值与持有该固定资产的企业计税基础不一致，存在着暂时性差异。这一暂时性差异的金额就是编制合并财务报表时所抵销的未实现内部销售损益的数额。从合并财务报表来说，对于这一暂时性差异，在编制合并财务报表时必须确认相应的递延所得税资产或递延所得税负债。具体会计分录如下。

借：递延所得税资产

　　贷：所得税费用

或

借：所得税费用

　　贷：递延所得税负债

【例10-3】A公司和B公司均为甲公司控制下的子公司。A公司于2×01年1月1日将自己生产的产品销售给B公司作为固定资产使用，A公司销售该产品的销售收入为1 680万元，销售成本为1 200万元。A公司在2×01年度利润表中列示有该销售收入1 680万元，该销售成本1 200万元。B公司以1 680万元的价格作为该固定资产的原价入账。B公司购买的该固定资产用于公司的销售业务，该固定资产属于不需要安装的固定资产，当月投入使用，其折旧年限为4年，预计净残值为零。B公司对该固定资产确定的折旧年限和预计净残值与税法规定一致。为简化合并处理，假定该内部交易固定资产在交易当年按12个月计提折旧。B公司在2×01年12月31日的资产负债表中列示有该固定资产，其原价为1 680万元、累计折旧为420万元、固定资产净值为1 260万元。A公司、B公司和甲公司适用的企业所得税税率均为25%。

甲公司在编制合并财务报表时，应当进行以下抵销处理。（单位：万元）

（1）将该内部交易固定资产相关销售收入与销售成本及原价中包含的未实现内部销售利润予以抵销。抵销分录如下。

借：营业收入　　　　　　　　　　　　　　　　　　1 680①

　　贷：营业成本　　　　　　　　　　　　　　　　1 200

　　　　固定资产原价　　　　　　　　　　　　　　480

（2）将当年计提的折旧和累计折旧中包含的未实现内部销售损益的金额予以抵销。抵销分录如下。

借：累计折旧　　　　　　　　　　　　　　　　　　120②

　　贷：销售费用　　　　　　　　　　　　　　　　120

（3）确认因编制合并财务报表导致的内部交易固定资产账面价值与其计税基础之间的暂时性差异相关递延所得税资产。

本例中，确认递延所得税资产或负债相关计算如下。

B 公司该固定资产的账面价值 = 1 680（固定资产原价）－ 420（当年计提的折旧额）= 1 260（万元）

B 公司该固定资产的计税基础 = 1 680（固定资产原价）－ 420（当年计提的折旧额）= 1 260（万元）

根据上述计算，从 B 公司角度来看，因该内部交易形成的固定资产账面价值与其计税基础相同，不产生暂时性差异，在 B 公司个别财务报表中不涉及确认递延所得税资产或递延所得税负债的问题。

合并财务报表中该固定资产的账面价值 = 1 200（企业集团取得该资产的成本）－ 300（按取得资产成本计算确定的折旧额）= 900（万元）

合并财务报表中该固定资产的计税基础 = B 公司该固定资产的计税基础 = 1 260（万元）

合并财务报表中该固定资产相关的暂时性差异 = 900（账面价值）－ 1 260（计税基础）= － 360（万元）

关于计税基础，企业所得税是以单个企业的纳税所得为对象计算征收的。某一资产的计税基础是从使用该资产的企业来考虑的。从某一企业来说，资产的取得成本就是其计税基础。由于该内部交易固定资产属于 B 公司拥有并使用，B 公司该固定资产的计税基础也就是整个企业集团的计税基础，个别财务报表确定该固定资产的计税基础与合并财务报表确定的该固定资产的计税基础是相同的。

关于合并财务报表中该固定资产的账面价值，是以抵销未实现内部销售利润后的固定资产原价（即销售企业的销售成本）1 200 万元（固定资产原价 1 680 万元－未实现内部销售利润 480 万元），以及按抵销未实现内部销售利润后的固定资产原价计算的折旧额为基础计算的。

合并财务报表中该固定资产相关的暂时性差异，就是因抵销未实现内部销售利润而产生的。本例中该固定资产原价抵销的未实现内部销售利润为 480 万元，同时由于该固定资产使用当年计提的折旧额 420 万元中也包含未实现内部销售利润 120 万元，这 120 万元随着固定资产折旧而结转为已实现内部销售利润，因此该内部交易形成的固定资产价值中当年实际抵销的未实现内部销售利润为 360（480 － 120）万元。这 360 万元也就是因未实现内部销售利润而产生的暂时性差异。

对于合并财务报表中该内部交易固定资产因未实现内部销售利润的抵销而产生的暂时性差异，应当确认的递延所得税资产为 90（360×25%）万元。本例中，确认相关递延所得税资产的合并抵销分录如下。

借：递延所得税资产 90③

贷：所得税费用 90

根据上述抵销分录，编制合并工作底稿（局部）如表 10-3 所示。

表 10-3　合并工作底稿（局部）

金额单位：万元

项目	A公司	B公司	合计	调整分录		抵销分录		少数股东权益	合并数
				借方	贷方	借方	贷方		
（资产负债表项目）									
……									
固定资产原价		1 680	1 680				480①		1 200
累计折旧		420	420			120②			300
固定资产净值		1 260	1 260			120	480		900
……									
递延所得税资产						90③			90
……									
（利润表项目）									
营业收入	1 680		1 680			1 680①			0
营业成本	1 200		1 200				1 200①		0
……									
销售费用		420	420				120②		300
……									
营业利润	480	-420	60			1 680	1 320		-300
……									

续表

项目	A公司	B公司	合计	调整分录		抵销分录		少数股东权益	合并数
				借方	贷方	借方	贷方		
利润总额	480	−420	60			1 680	1 320		−300
所得税费用	120	−105	15				90③		−75
净利润	360	−315	45			1 680	1 410		−225
（股东权益变动表项目）									
期初未分配利润	0	0	0						0
……									
期末未分配利润	360	−315	45			1 680	1 410		−225

11.1 合并现金流量表概述

11.1.1 定义

现金流量表作为第三张主要报表已经被世界上一些主要国家的会计实务采用，现金流量表要求按照收付实现制反映企业经济业务所引起的现金流入和流出，其编制方法有直接法和间接法两种。我国已经明确规定企业对外报送的现金流量表采用直接法编制。所谓直接法，是将按照权责发生制确认的营业收入调整与经营活动有关的流动资产和流动负债的增减变动，列示营业收入和其他收入的收现数，将按照配比原则确认的营业成本和营业费用调整为付现数。

合并现金流量表是综合反映母公司及其所有子公司组成的企业集团在一定会计期间现金和现金等价物流入和流出的报表。在采用直接法的情况下，以合并利润表有关项目的数据为基础，调整得出本期的现金流入和现金流出数额；分别经营活动产生的现金流量、投资活动产生的现金流量、筹资活动产生的现金流量三大类，反映企业一定会计期间的现金流量情况。

11.1.2 编制特点

合并现金流量表的编制与单个企业现金流量表的编制，在原理和程序上完全相同。但合并现金流量表的编制也有一些特殊问题，包括以下几方面。

（1）在按间接法计算经营活动现金流量时，固定资产折旧和无形资产摊销费用仍应并入合并净收益，少数股东收益也应并入合并净利润，少数股东损失则从合并净利润中减去。在按购买法处理企业合并时，折旧费用和摊销费用要按合并日子公司资产的公允价值（包括商誉）计算，属于少数股东的子公司净利润也应纳入经营活动现金净流量，因为所有子公司的全部现金均列示在合并资产负债表中。

（2）从企业集团来看，只有母公司支付的现金股利和子公司支付给少数股东的现金股利才可以列为筹资活动的现金流量（流出）。子公司支付给母公司的现金股利对合并现金没有任何影响，因为这仅仅是企业集团各成员企业间现金的内部转移。若子公司支付额度中少数股东股利数额较大，也可以单独列式或者在合并现金流量表中披露。

（3）母公司直接用现金从子公司购入增发的普通股并不改变合并现金数额，所以在合并现金流量表中不需报告。母公司从子公司少数股东（证券市场上）购入增发的股份则减少了合并现金数额，因此，这种购入股份在合并现金流量表中报告为投资活动的现金流量。

（4）母公司向证券市场出售部分子公司股份所得的现金，增加了合并现金，从而在合并现金流量表中列为投资活动现金流量，出售股份的损益则表示在计算经营活动净现金流量时对母、子公司合并净利润的调整。

11.1.3 编制方法

合并现金流量表，既可以以母公司和所有子公司的个别现金流量表为基础，在抵销母公司与子公司、子公司相互之间发生的内部交易对合并现金流量表的影响后进行编制，也可以直接根据合并资产负债表和合并利润表进行编制，与个别现金流量表的编制方法相同。

（一）两种方法自身特点对其选择的影响

合并现金流量表的两种编制方法在程序和所需资料方面各有特点。第一种方法的程序是，将成员公司独立现金流量表的对应项目合并，同时编制调整分录，抵销公司间内部交易对现金流量表的影响，然后编制合并财务报表。该方法需要的资料有母子公司独立现金流量表、公司间内部交易资料。第二种方法的程序类似于编制单个企业的独立现金流量表，只是它以合并资产负债表、合并利润表为基础，并对各成员公司的某些资料进行分析编制。两种方法比较，第一种方法适合在成员公司间内部交易较少的情况下采用，情况相反时应当改用第二种方法。第二种方法适用于所需分析的各公司具体资料不多的情况，反之则需要改用第一种方法。

（二）现金流量表列报方式对选择编制方法的影响

现金流量表的列报方式，按对"经营活动产生的现金流量"的反映方式不同，可分为直接法和间接法。在直接法列报方式下，"经营活动产生的现金流量"栏中的项目，是按照经营活动现金流入和现金流出的主要类别设置的，这些项目适合对内部交易进行抵销调整，尤其是在只需调整涉及现金流入、流出的内部交易，而不必考虑非现金内部交易时，可以减少工作量。相反，由于按现金流入、流出类别设置的项目，其数据无法直接从合并资产负债表和合并利润表中得到，因此不适合采用第二种方法。在间接法列报方式下，"经营活动产生的现金流量"栏下设置的，是净利润和不涉及现金的收入、费用、营业外收支和应收应付等项目，这些项目的数据大多易于从合并资产负债表、合并利润表及相关账簿资料得到，因此适合采用第二种方法编制合并现金流量表。相反，对这些项目进行内部交易的抵销调整则很复杂，例如，抵销内部购销事项时必须既考虑现销又考虑赊销，抵销分录可能涉及净利润、存货、经营性应收（应付）款等多个项目，还须对购销成本及增值税事项加以调整，所以不适合采用第一种方法。

在实际编制合并现金流量表时，我们通常是以合并范围内的个别现金流量表为基础，通过编制抵销分录将企业集团内业务对个别现金流量表的影响予以抵销，从而编制出合并现金流量表。

11.2 以个别现金流量表为基础的合并现金流量表的编制

个别现金流量表作为以单个企业为会计主体进行会计核算的结果，分别从母公司本身和子公司本身反映其在一定会计期间的现金流入和现金流出。在以其个别现金流量表为基础计算的现金流入和现金流出项目的加总金额中，也必然包含重复计算的因素，因此，编制合并现金流量表时，也需要将这些重复的因素予以剔除。

以母公司和纳入合并范围的子公司的个别现金流量表为基础，通过编制抵销分录，将母公司与纳入合并范围的子公司以及子公司相互之间发生的经济业务对个别现金流量表中的现金流量的影响予以抵销，从而编制出合并现金流量表。在采用这一方法编制合并现金流量表的情况下，其编制原理、编制方法和编制程序与合并资产负债表、合并利润表以及合并利润分配表的编制原理、编制方法和编制程序相同。首先编制合并工作底稿，将母公司和子公司个别现金流量表各项目的数据全部过入合并工作底稿；然后根据当期母公司与子公司以及子公司相互之间发生的影响其现金流量增减变动的经济业务联系，编制相应的抵销分录，通过抵销分录将个别现金流量表中重复反映的现金流入量和现金流出量予以抵销；最后，在此基础上计算出合并现金流量表的各项目的合并数，并填制合并现金流量表。

编制合并现金流量表时需要进行抵销处理的项目，主要有以下项目。

11.2.1　母公司与子公司、子公司相互之间当期以现金投资或收购股权增加的投资所产生的现金流量应当抵销

母公司直接以现金对子公司进行的长期股权投资或以现金从子公司的其他所有者（即企业集团内的其他子公司）处收购股权，表现为母公司现金流出，在母公司个别现金流量表中作为投资活动的现金流出列示。子公司接受这一投资（或处置投资）时，表现为现金流入，在其个别现金流量表中反映为筹资活动的现金流入（或投资活动的现金流入）。从企业集团整体来看，母公司以现金对子公司进行的长期股权投资实际上相当于母公司将资本拨付下属核算单位，并不引起整个企业集团现金流量的增减变动。因此，编制合并现金流量表时，应当在母公司与子公司现金流量表数据简单相加的基础上，将母公司当期以现金对子公司长期股权投资所产生的现金流量予以抵销。

【例 11-1】P 公司在购买日（2×19 年 1 月 1 日）支付银行存款 3 000 万元购得 S 公司 80% 的股份从而取得对 S 公司的控制权，使 S 公司成为其子公司。在该日，S 公司实际持有货币资金 300 万元，在编制合并现金流量表时，应在合并工作底稿中编制以下抵销分录。

借：取得子公司及其他营业单位支付的现金净额　　　　3 000 000

　　贷：年初现金及现金等价物余额　　　　　　　　　　　　3 000 000

11.2.2 母公司与子公司、子公司相互之间当期取得投资收益、利息收入收到的现金，应当与分配股利、利润或偿付利息支付的现金相互抵销

母公司对子公司进行的长期股权投资和债权投资，在持有期间收到子公司分派的现金股利（利润）或债券利息，表现为现金流入，在母公司个别现金流量表中作为取得投资收益收到的现金列示。子公司向母公司分派现金股利（利润）或支付债券利息，表现为现金流出，在其个别现金流量表中反映为分配股利、利润或偿付利息支付的现金。从整个企业集团来看，这种投资收益的现金收支，并不引起整个企业集团现金流量的增减变动。因此，编制合并现金流量表时，应当在母公司与子公司现金流量表数据简单相加的基础上，将母公司当期取得投资收益收到的现金与子公司分配股利、利润或偿付利息支付的现金予以抵销。

【例11-2】接【例11-1】。2×19年，P公司收到S公司向其支付的债券利息费用200 000元和S公司分派的2×19年现金股利4 800 000元。P公司应在合并工作底稿中编制以下抵销分录。

借：分配股利、利润或偿付利息支付的现金　　　　　　　5 000 000

　　贷：取得投资收益收到的现金　　　　　　　　　　　　　　5 000 000

11.2.3 母公司与子公司、子公司相互之间以现金结算债权与债务所产生的现金流量应当抵销

母公司与子公司、子公司相互之间当期以现金结算应收账款或应付账款等债权与债务，表现为现金流入或现金流出，在母公司个别现金流量表中作为收到其他与经营活动有关的现金或支付其他与经营活动有关的现金列示，在子公司个别现金流量表中作为支付其他与经营活动有关的现金或收到其他与经营活动有关的现金列示。从整个企业集团来看，这种现金结算债权与债务的方式，并不引起整个企业集团现金流量的增减变动。因此，编制合并现金流量表时，应当在母公司与子公司现金流量表数据简单相加的基础上，将母公司与子公司、子公司相互之间当期以现金结算债权与债务所产生的现金流量予以抵销。

11.2.4 母公司与子公司、子公司相互之间当期销售商品所产生的现金流量应当抵销

母公司向子公司当期销售商品（或子公司向母公司销售商品或子公司相互之

间销售商品，下同）所收到的现金，表现为现金流入，在母公司个别现金流量表中作为销售商品、提供劳务收到的现金列示。子公司向母公司支付购货款，表现为现金流出，在其个别现金流量表中反映为购买商品、接受劳务支付的现金。从整个企业集团来看，这种内部商品购销现金收支，并不会引起整个企业集团现金流量的增减变动。因此，编制合并现金流量表时，应当在母公司与子公司现金流量表数据简单相加的基础上，将母公司与子公司、子公司相互之间当期销售商品所产生的现金流量予以抵销。

【例 11-3】接【例 11-1】假设 P 公司 2×19 年向 S 公司销售商品的价款 3 500 万元中实际收到 S 公司支付的银行存款 2 600 万元，同时 S 公司还向 P 公司开具了票面金额为 400 万元的商业承兑汇票。S 公司 2×19 年向 P 公司销售商品 1 000 万元的价款全部收到。P 公司应在合并工作底稿中编制以下抵销分录。

借：购买商品、接受劳务支付的现金　　　　　　　　36 000 000
　　贷：销售商品、提供劳务收到的现金　　　　　　　　36 000 000

【例 11-4】接【例 11-1】假设 S 公司 2×19 年 1 月 1 日向 P 公司销售商品 300 万元的价款全部收到。P 公司应在合并工作底稿中编制以下抵销分录。

借：购买商品、接受劳务支付的现金　　　　　　　　3 000 000
　　贷：销售商品、提供劳务收到的现金　　　　　　　　3 000 000

11.2.5　母公司与子公司、子公司相互之间处置固定资产、无形资产和其他长期资产收回的现金净额，应当与购建固定资产、无形资产和其他长期资产支付的现金相互抵销

母公司向子公司处置固定资产等非流动资产，表现为现金流入，在母公司个别现金流量表中作为处置固定资产、无形资产和其他长期资产收回的现金净额列示。子公司表现为现金流出，在其个别现金流量表中反映为购建固定资产、无形资产和其他长期资产支付的现金。从整个企业集团来看，这种固定资产处置与购置的现金收支，并不会引起整个企业集团现金流量的增减变动。因此，在编制合并现金流量表时，应当在母公司与子公司现金流量表数据简单相加的基础上，将母公司与子公司、子公司相互之间处置固定资产、无形资产和其他长期资产收回的现金净额与购建固定资产、无形资产和其他长期资产支付的现金相互抵销。

【例 11-5】接【例 11-1】假设 P 公司向 S 公司出售固定资产的价款 120 万

元全部收到。P公司应在合并工作底稿中编制以下抵销分录。

借：购建固定资产、无形资产和其他长期资产支付的现金　　1 200 000

贷：处置固定资产、无形资产和其他长期资产收回的现金　　1 200 000

另外，合并现金流量表的编制与个别现金流量表的编制相比，一个特殊的问题就是在子公司为非全资子公司的情况下，涉及子公司与其少数股东之间的现金流入和现金流出的处理问题。

对于子公司与少数股东之间发生的现金流入和现金流出，从整个企业集团来看，也影响其整体的现金流入和流出的增减变动，必须在合并现金流量表中予以反映。子公司与少数股东之间发生的影响现金流入和现金流出的经济业务包括：少数股东对子公司增加权益性投资、少数股东依法从子公司中抽回权益性投资、子公司向其少数股东支付现金股利或利润等。为了便于企业集团合并财务报表使用者了解掌握企业集团现金流量的情况，有必要将与子公司少数股东之间的现金流入和现金流出的情况单独予以反映。

对于子公司的少数股东增加在子公司中的权益性投资，在合并现金流量表中应当在"筹资活动产生的现金流量"之下的"吸收投资收到的现金"项目下"其中：子公司吸收少数股东投资收到的现金"项目反映。

对于子公司向少数股东支付现金股利或利润，在合并现金流量表中应当在"筹资活动产生的现金流量"之下的"分配股利、利润或偿付利息支付的现金"项目下"其中：子公司支付给少数股东的股利、利润"项目反映。

对于子公司的少数股东依法抽回在子公司中的权益性投资，在合并现金流量表中应当在"筹资活动产生的现金流量"之下的"支付其他与筹资活动有关的现金"项目反映。

需要说明的是，在企业合并当期，母公司购买子公司及其他营业单位支付对价中以现金支付的部分与子公司及其他营业单位在购买日持有的现金和现金等价物应当相互抵销，区别以下两种情况分别处理。

（1）子公司及其他营业单位在购买日持有的现金和现金等物价小于母公司支付对价中以现金支付的部分，按减去子公司及其他营业单位在购买日持有的现金和现金等价物后的净额在"取得子公司及其他营业单位支付的现金净额"项目反映，应编制的抵销分录为：借记"取得子公司及其他营业单位支付的现金净额"项目，贷记"年初现金及现金等物价余额"项目。

（2）子公司及其他营业单位在购买日持有的现金和现金等物价大于母公司支付对价中以现金支付的部分，按减去子公司及其他营业单位在购买日持有的现金和现金等价物后的净额在"收到其他与投资活动有关的现金"项目反映，应编制的抵销分录为：借记"取得子公司及其他营业单位支付的现金净额"项目和"收到其他与投资活动有关的现金"项目，贷记"年初现金及现金等物价余额"项目。

12.1 资产负债表项目分析

12.1.1 流动资产分析

（一）速动资产分析

速动资产是能够解决企业生产经营管理活动急需的、能够立即变为货币资金的流动资产，包括货币资金、交易性金融资产等项目。对速动资产分析应该就货币资金、交易性金融资产、应收账款和其他应收款等重要项目进行深入分析。下面介绍货币资金和应收账款的分析。

1. 货币资金

资产负债表里流动性最强的流动资产是货币资金。货币资金是企业经营过程中流动性很强、可以随时支付和收取的以货币形态表现的资金，包括库存现金、银行存款和其他货币资金。财务分析人员在对货币资金进行分析时，应注意以下几点。

（1）分析货币资金发生增减变动的一般原因，如表 12-1 所示。

表 12-1 货币资金发生增减变动的一般原因

原因	解释
销售规模的变动	企业销售规模发生变动,货币资金规模也会随之发生变动,两者之间具有一定的相关性
信用政策的变动	如企业采用严格的信用政策,提高现销比例,可能会导致货币资金规模扩大
为大笔现金支出做准备	如准备派发现金股利、偿还将要到期的巨额银行借款或集中购货等都会扩大企业货币资金规模,但是,这种需要是暂时的,货币资金规模会随着企业现金的支出而缩小

(2)分析货币资金结构及其变化是否合理。

货币资金比重过高,则资金使用效率低,会降低企业的盈利能力;而比重过低,则意味着企业缺乏必要的资金,可能会影响企业的正常经营。企业货币资金规模是否合理性,通常需要结合一些因素进行综合分析,如表 12-2 所示。

表 12-2 货币资金需要量分析

因素	货币资金需要量
资产规模与业务量	一般来说,企业资产规模越大,业务量越大,处于货币形态的资产就多
筹资能力	如果企业有良好信誉,筹资渠道通畅,就没必要持有大量的货币资金,因为货币资金的盈利性通常较低
运用货币资金能力	如果企业经营者利用货币资金能力较强,则货币资金比重可维持较低水平
行业特点	处于不同行业的企业,货币资金合理规模存在差异,有的甚至差别很大

(3)分析企业是否存在修饰现金余额的现象。

一些企业在实际中为修饰其资产负债表,常在会计期末将会计期间终了后的收入列入本期的现金,借以修饰现金余额,提高流动比率和速动比率。分析人员在分析时如果发现这种情形,应予以调整更正。

2. 应收账款

应收账款是指企业在经营过程中销售商品、提供劳动等服务时,应向对方企业收取的款项。资产负债表中"应收账款"项目反映的是"应收账款"科目的期末余额减去"坏账准备"科目中关于应收账款的部分的金额。

进行应收账款项目分析时，应注意以下两个方面。

（1）关注企业应收账款的增减变动情况，分析应收账款的变动是否合理。

如果一个企业的应收账款增长率超过销售收入、流动资产、速动资产等项目的增长率，就可以初步判断其应收账款存在不合理增长的倾向。此时，财务分析人员应深入分析应收账款增加的具体原因是否正常。企业应收账款增加，可归纳为以下各种原因。

第一，企业信用政策发生了变化，企业希望通过放松信用政策来增加销售收入。

第二，企业销售量增长导致应收账款增加。

第三，收账政策不当或者收账工作执行不力。

第四，应收账款质量不高，存在长期挂账但难于收回的账款，或者客户发生财务困难，暂时难于偿还所欠货款。

第五，企业会计政策变更。如果一个企业在有关应收账款方面的会计政策发生变更，应收账款也会发生相应变化。例如，在应收账款入账金额的确认上由总价法改为净值法，应收账款余额就会低于按总价法计算的金额，但这并不是由应收账款本身减少形成的。再如，在坏账损失的核算上，由直接转销法改为备抵法，应收账款净额也可能因此而减少。

（2）对企业利用应收账款调节利润的活动进行分析和调整。

第一，注意企业会计期末突发产生的与应收账款相对应的营业收入。如果一个企业全年的营业收入在1~11月份各月都较为平均，而唯独12月份营业收入猛增，且大部分是通过应收账款产生的，财务分析人员对此应继续深入分析。如果企业确实有操纵利润行为，应将通过应收账款产生的营业收入剔除，同时调整应收账款账面余额。

第二，特别关注关联企业之间的业务往来，观察是否存在以关联企业的交易操纵利润的现象。如果有，则应予以调整。

（二）存货分析

存货是指企业在日常活动中持有以备出售的产成品或商品、处在生产过程中的在产品、在生产过程或提供劳务过程中耗用的材料、物料等。作为企业重要的流动资产之一，存货不仅通常占整个流动资产的一半以上，而且存货核算的准确性既会影响资产负债表，也会影响利润表。因此，应特别重视对存货的分析。对存货的分析主要包括存货的构成和存货的计价两个方面。

1. 存货的构成

存货主要由原材料、在产品、半成品和产成品构成。对存货构成的分析既包括各类存货的规模与变动情况分析，又包括各类存货的结构与变动情况分析。

（1）存货规模与变动情况分析。

对存货规模与变动情况分析，主要是观察各类存货的变动趋势，分析各类存货的增减变动原因。企业各类存货规模及其变动是否合理，应结合企业具体情况进行分析评价。一般来说，随着企业生产规模的扩大，材料存货和在产品存货相应增加是正常的。在产品存货是保证生产经营活动连续进行必不可少的条件，在产品存货的非正常减少会对企业今后生产的连续性产生影响。而产成品存货不是为了保证生产经营活动正常进行的必需存货，所以，应尽可能压缩到最低水平。

（2）存货结构与变动情况分析。

存货结构指各类存货在存货总额中的比重。各类存货在企业再生产过程中的作用是不同的。其中，材料类存货是维持再生产活动的必要物质基础，属于生产的潜在因素，所以应把它限制在能够保持生产正常进行的最低水平。产成品存货是存在于流通领域的存货，它不是保证再生产过程持续进行的必要条件，因此必须将它减少到最低水平。在产品存货是保证生产过程持续进行的存货，企业的生产规模和生产周期决定了在产品存货的存量。在企业正常经营条件下，在产品存货应保持一个稳定的比例。

一个企业在正常情况下，其存货结构应保持相对稳定。分析时，应特别注意对变动较大的项目进行重点分析，任何存货比重的剧烈变动，都表明企业生产经营过程中有异常情况发生。因此，应深入分析其原因，以便判断存货结构的合理性。

2. 存货的计价

由于存货的价值受到存货的计价方法、存货的数量、存货跌价准备的计提等因素的影响，因此，对存货的计价应从多方面进行分析，如表 12-3 所示。

表 12-3　存货的计价分析

分析方面	具体分析
分析存货计价方法的选择或变更是否合理	常见的存货计价方法有先进先出法和加权平均法。因为价格的变动，不同的计价方法会导致不同的后果，在通货膨胀期间影响更为严重

分析方面	具体分析
分析存货的盘存制度对确认存货的数量和价值的影响	存货盘存制度有永续盘存制和定期盘存制。两种制度的使用条件不同，企业应针对自己的特点予以选择。当企业采用定期盘存制进行存货数量核算时，资产负债表上存货项目反映的是存货的实有数量。如果采用永续盘存制，除非在编制资产负债表时对存货进行盘存，否则，资产负债表上存货项目所反映的只是存货的账面数量。两种不同的存货数量确认方法会造成资产负债表上存货项目的差异，这种差异不是存货数量本身变动引起的，而是存货数量的会计确认方法不同造成的
分析存货跌价准备计提是否正确	上市公司在会计期末应按照成本与可变现净值孰低法提取存货跌价准备，但在实际操作中，一些上市公司可能不按规定提取存货跌价准备或者提取不正确，致使存货的账面价值被高估，当期利润虚增，因此应予以特别关注

12.1.2　固定资产分析

（一）固定资产规模和变动分析

固定资产的净值是固定资产原值减去累计折旧数计算的，因此，固定资产规模变动情况可以通过分析固定资产原值和折旧额的变动情况了解。

1. 固定资产原值的增减变动分析

固定资产原值指从外购买或自建为了生产经营而持有使用寿命超过一年的有形资产的全部货币总值。固定资产原值增减变动主要受当期固定资产增加额和当期固定资产减少额的影响。固定资产原值的增减变动分析如表 12-4 所示。

表 12-4　固定资产原值的增减变动分析

变动情况	具体原因
当期固定资产增加	投资转入、自行购入、自建自制、融资租入、接受捐赠、盘盈或其他原因
当期固定资产减少	出售转让、投资转出、报废清理、盘亏及毁损、发生非常损失或其他原因

对固定资产原值增减变动情况及变动原因的分析，可根据财务报表附注以及其他相关资料进行。

2. 固定资产折旧额的增减变动分析

固定资产折旧是根据固定资产使用寿命和损耗程度来按照合理的折旧方法对固定资产进行分摊。固定资产折旧额主要受企业固定资产原值和折旧政策的影响，其中折旧政策主要有年限平均法、工作量法、双倍余额递减法和年数总和法等。

对固定资产折旧额的增减变动进行分析要注意结合固定资产原值的增减变化趋势和企业固定资产折旧政策的变更。一般而言，当固定资产折旧额与原值存在不合理变动时，需要进一步分析判断；同时，也应关注财务报表中关于固定资产折旧方法的描述。企业使用哪种会计政策，对于投资者而言，无需深究，但如果企业某年突然改变折旧政策，投资者就一定要小心，此时，必须要搞懂企业为什么改、改得是否合理、改了以后会带来什么后果。

在进行固定资产折旧分析时，财务分析人员应注意以下几个方面。

（1）分析企业固定资产折旧方法的合理性。

企业选择折旧方法应从企业实际情况出发，但由于折旧额既影响资产负债表的资产规模，又影响利润表中的会计利润，不同折旧方法对二者的影响又存在较大差异。在企业拥有选择权的情况下，不少企业往往利用折旧方法的选择，来达到调整固定资产净值和利润的目的。

（2）分析企业的固定资产折旧方法是否前后一致。

折旧方法一经确定，除非企业的经营环境发生变化，一般不得随意变更。当企业存在固定资产折旧方法变更时，可能隐藏一些不可告人的目的，应予以重点分析，判断折旧方法的变更是否合理、是否充分披露、是否符合相关政策。

（3）分析企业对固定资产净残值以及使用年限的估计是否符合国家有关规定，是否符合企业的实际情况。

在实际当中，一些采用直线法计提折旧的企业在固定资产没有减少的情况下，通过延长折旧年限，使得折旧费用大量减少，转眼之间就"扭亏为盈"。对于这样的会计信息失真现象，财务分析人员应持谨慎态度，并利用相关信息予以调整。

（二）固定资产的结构及其变动分析

固定资产按经济用途和使用情况可分为生产用固定资产、非生产用固定资产、未使用和不需用固定资产。合理配置固定资产，既可以在不增加固定资金占用量的同时提高企业生产能力，又可以使固定资产得到充分利用。

在各类固定资产中，生产用固定资产，特别是其中的生产设备，同企业生产经营直接相关，在全部资产中占有较大比重。非生产用固定资产是指职工宿舍、食堂、俱乐部等非生产单位使用的房屋和设备等。对于非生产用固定资产，企业应在发展生产的基础上，根据实际需要适当增加，但增长速度一般不应超过生产用固定资产的增长速度，其比重降低属于正常现象。未使用和不需用的固定资产，对固定资金的有效使用是不利的，应该查明原因，采取措施，积极处理，将这部分固定资产占用的资金压缩到最低限度。如因购入未来得及安装的固定资产或某项固定资产正进行检修等，这虽属正常原因，但也应加强管理，尽可能缩短安装和检修时间，使固定资产尽早投入生产营运。

企业外部分析人员通常无法获得固定资产使用情况这方面的相关信息，但是内部分析人员仍然有必要分析固定资产结构及其变动趋势。考察固定资产分布和利用的合理性，可以为企业合理配置固定资产、挖掘固定资产利用潜力提供依据。固定资产结构分析应特别注意从以下三个方面进行。

一是分析生产用固定资产与非生产用固定资产之间比例的变化情况。

二是分析未使用和不需用固定资产比率的变化情况，查明企业在处置闲置固定资产方面的工作是否具有效率。

三是分析生产用固定资产内部结构是否合理，对固定资产的配置做出切合实际的评价。

12.1.3 流动负债分析

（一）短期借款分析

短期借款是指企业向银行或其他金融机构等借入的期限在一年以下（含一年）的各种借款。短期借款数量往往取决于企业生产经营和业务活动对流动资金的需要量、现有流动资金的沉淀和短缺情况。企业应结合对借款的使用情况以及使用效果分析该项目。一定数量的短期借款是经营所必需的，如果数量太大，超出企业的偿债能力，就会对企业的持续发展带来不利影响。短期借款适度与否，可以根据流动负债的总量、目前的现金流量状况和对未来一年内的现金流量的预期来确定。在一个现金流量情况较差的企业里，过多的短期借款将会增加财务风险。

短期借款发生变化，其具体原因如下。

（1）流动资产资金需要，特别是临时性占用流动资产需要发生变化。

当季节性或临时性需要产生时，企业就可能通过举借短期借款来满足其资金需要，当这种季节性或临时性需要消除时，企业就会偿还这部分短期借款，从而造成短期借款的变动。

（2）节约利息支出。

一般来讲，短期借款的利率低于长期借款和长期债券的利率，举借短期借款相对于长期借款来说，可以减少利息支出。

（3）调整负债结构和财务风险。

企业增加短期借款，就可以相对减少对长期负债的需求，使企业负债结构发生变化。相对于长期负债而言，短期借款具有风险大、利率低的特点，负债结构变化将会引起负债成本和财务风险的相应变化。

（4）增加企业资金弹性。

短期借款可以随借随还，有利于企业对资金存量进行调整。短期借款增加，意味着企业的利息负担加重；反之，短期借款减少，则利息负担减轻。

（二）应付账款及应付票据的分析

应付账款及应付票据因商品交易而产生，其变动原因有以下几个方面。

（1）企业销售规模的变动。

当企业销售规模扩大时，相应会增加存货需求，使得企业采购需求增加，应付账款及应付票据等债务规模随之扩大；反之，规模会缩小。

（2）为充分利用无成本资金。

应付账款及应付票据是因商业信用而产生的一种无资金成本或资金成本极低的资金来源。企业在遵守财务制度、维护企业信誉的条件下充分对其加以利用，可以减少其他筹资方式的筹资数量，节约利息支出。

（3）供应商的信用政策变化。

企业可以利用的商业信用与供应商的信用政策和收账政策密切相关。如果供应商放宽信用政策和收账政策，企业应付账款和应付票据的规模就会扩大；反之，规模就会缩小。

（4）企业资金的充裕程度。

企业资金相对充裕，应付账款和应付票据规模就会相对较小。当企业资金比较紧张时，就会影响应付账款和应付票据的偿还。在市场经济条件下，应付账款的发生是正常的。但如果超过信用期的应付账款的数额太大且时间太长，则体现企业的信用观念较差，可能会引起债权人的注意，企业应重点管理。相对于应付账款，应付票据的偿还压力和风险较大。

12.1.4　长期负债分析

一般来说，企业长期负债分析应包括以下主要内容。

（一）长期借款

长期借款即企业向银行或其他金融机构借入的期限在一年以上的各种借款。长期借款可以弥补企业流动资金的不足，扩大企业的经营，而且还款周期长，也可以通过借新账还旧账的方式加长还款时间。一般来说，长期借款规模反映了企业的借款能力，只有被金融机构和资本市场看好的企业才能获得长期借款，长期借款增加在一定程度上可以说明企业在资本市场上的信誉较好，并且信誉越好，获得的长期借款的资金成本越低。但另一方面，若企业经营不善，则可能导致长期借款到期时面临较大的财务风险。同时，企业长期借款增加时，应特别注意分析是否有相应的固定资产的增加，否则会导致企业资金成本过高，资金利用效率差。另外，在分析长期借款时，应特别注意有无抵押或担保条款。

（二）长期应付款

长期应付款即企业还没有偿还的除长期借款和长期债券以外的其他各种长期负债，一般来说，主要包括两项内容。

一是采用补偿贸易方式而发生的应付引进设备款。

二是融资租入固定资产应付款。

在分析长期应付款时，应结合当期企业购入或租入的固定资产或设备进行。

12.1.5　所有者权益分析

（一）实收资本（股本）分析

1. 企业增加资本的一般途径

企业增加资本的途径一般有三条。

一是将资本公积转为实收资本或者股本。会计上应该借记"资本公积——资本溢价"或"资本公积——股本溢价"科目，贷记"实收资本"或"股本"科目。

二是将盈余公积转为实收资本或股本。会计上应借记"盈余公积"科目，贷记"实收资本"或"股本"科目。

三是所有者（包括原企业所有者和新投资者）投入。企业接受投资者投入的资本，借记"银行存款""固定资产""无形资产""长期股权投资"等科目，贷记"实收资本"或"股本"科目。

2. 实收资本减少的原因

企业实收资本减少的原因大体有两种：一是资本过剩；二是企业发生重大亏损而需要减少实收资本。企业因资本过剩而减资，一般要发还股款。

（二）资本公积分析

资本公积包括资本溢价（或股本溢价）和其他资本公积，是企业一种储备形式的资本。对资本公积进行分析，可以了解企业资本公积的结构和形成，为正确决策提供可靠的依据。

（三）留存收益分析

1. 盈余公积分析

盈余公积是指企业按照规定从净利润中提取的各种积累资金，包括法定盈余公积和任意盈余公积。法定盈余公积按照净利润的 10% 提取，法定盈余公积提取到公司注册资本的 50% 就可以不再提取；任意盈余公积按照公司自己的规定自行提取。盈余公积可以转增资本、弥补亏损，特殊情况下还可用于分配股利。盈余公积的数量越多，企业资本积累能力、亏损弥补能力和股利分配能力以及应对风险的能力越强。

2. 未分配利润分析

未分配利润反映企业各年累积的尚未分配给投资者的结存利润。相对于所有者权益的其他部分，企业对未分配利润的使用分配具有较大的自主权。从数量上来讲，未分配利润是期初未分配利润，加上本期实现的净利润，减去提取的各种盈余公积和分出利润后的余额。因此，这部分的利润越多，企业当年和以后年度的积累能力、股利分配能力以及应对风险能力就越强。

引起未分配利润项目发生变化的因素主要有两个。

一是企业生产经营活动的业绩，包括本年度的经营活动和以前年度的经营活动，因为未分配利润是以前年度生产经营业绩积累的结果。

二是企业的利润分配政策。企业采取高股利分配政策，未分配利润就会减少；企业采取低股利分配政策，未分配利润就会增加。

12.2 资产状况分析

12.2.1 流动资产质量分析

流动资产一般是指企业可以或准备在一年内或者超过一年的一个营业周期内转化为货币，或被销售或被耗用的资产。在我国的资产负债表上，按照各流动资产变现能力的强弱，从上到下的排列依次为货币资金、交易性金融资产、应收票据、应收账款、预付账款、其他应收款、存货、一年内到期的非流动资产和其他流动资产等。

对流动资产的分析，需要注意以下几个问题。

1. 营业周期问题

一般来说，营业周期是指企业从支付货币购买商品或劳务开始，到这些商品或劳务重新转化为货币为止的时间。对大多数企业而言，其营业周期通常小于一年。但仍有一些行业的企业，其营业周期通常长于一年，如造船企业、工程建筑企业等。流动资产与其他非流动资产项目的划分，通常按一年内能否或是否准备一年内变现或消耗来划分。但在企业营业周期长于一年的条件下，则应以营业周期为标准来划分流动资产和非流动资产。

2. 流动资产与特定资产的物理特性问题

特定资产的物理特性是指有关资产的最终可利用性能。有的资产可多次反复被最终消费者使用（如冰箱、房屋等），而有的资产则可能被最终消费者一次性消耗掉（如一些日常办公用品等）。需要强调的是，对企业而言，一项特定资产是否被列作流动资产，不取决于特定资产的物理特性，而取决于该企业持有该项资产的目的：如果持有目的是一年内或一次性消耗，表现为售出或一次性使用完毕，则应作为流动资产管理；反之，则应作为非流动资产管理。比如，对于生产汽车的企业，如果它生产出来的汽车是用于销售，则有关汽车应作为该企业的流动资产；如果它生产的汽车有一部分用于自己的运输活动，长期参加企业的经营周转，这部分汽车就应作为固定资产管理。

3. 流动资产的实际构成与管理要求问题

流动资产在实务中的划分与理论上的概念有一定差异。如对某些资产，虽然其耗用期在一年或一个营业周期以上，但可能由于其单价较低，在管理上为了抓住主要矛盾，提高工作效率，大部分企业把这类资产作为流动资产管理。

（一）货币资金质量分析

货币资金质量主要是指企业对货币资金的运用质量以及货币资金的构成质量。因此，对企业货币资金质量的分析，主要应从以下几个方面进行。

1. 分析企业日常货币资金规模是否适当

为维持企业经营活动的正常运转，企业必须保有一定的货币资金余额。首先，从财务管理的角度来看，过低的货币资金保有量将严重影响企业的正常经营活动，制约企业发展，并进而影响企业的商业信誉；而过高的货币资金保有量，则在浪费投资机会的同时，还会增加企业的筹资成本。因此，合理的货币资金规模主要受企业的资产规模、业务收支规模的影响。其次，分处不同行业的企业，由于其生产经营方式的不同和运营模式的差异，最佳的现金保有量也不相同。另外，企业对货币资金的运用能力也会影响现金持有规模。

2. 分析货币资金收支控制制度

货币资金收支过程中的内部控制制度，涉及企业货币资金收支的全过程。国家从宏观管理的角度出发，在有关货币资金收支方面有严格的管理规定，企业必须遵守国家有关的结算政策、现金管理制度，合理调度资金。从企业微观财务管理角度来看，企业在收支过程中的内部控制制度的完善程度以及实际执行质量，则直接关系到企业的货币资金运用质量。

在货币资金的收入方面，由于收款主要由销售引起，与货币资金收入有关的内部控制制度主要应涉及销售过程和具体的收款过程两个方面。企业应当尽可能地由具有不同授权的人员或部门来完成，以保证各部门或人员在收款业务全过程的互相牵制。

在货币资金的支出方面，由于付款主要由采购引起，与货币资金支出有关的内部控制制度主要应涉及采购过程和具体的付款过程两个方面。同收款过程的内部控制制度一样，在上述主要环节中，企业应尽可能地由具有不同授权的人员或部门来完成，以保证各部门或人员在业务上的互相牵制。只有注重内部控制制度以及对内部控制制度的执行质量，才能高质量地提供或接受产品（商品）或劳务。

3. 分析企业对国家有关货币资金管理规定的遵守质量

国家对企业货币资金的日常保有量以及允许现金结算的情况做出了相关要求和规定，企业应该严格遵守现金管理相关的规定。而企业对国家有关货币资金管理规定的遵守质量，也成为企业货币资金运用质量的又一重要方面。在企业由于没有遵守国家的现金管理制度而保留过多的货币资金的条件下，企业可能会遭受失窃、白条抵库的损失；在企业违反国家结算政策的条件下，企业有可能遭受有关部门的处罚；在企业对国家有关货币资金管理规定的遵守质量较差的条件下，企业的进一步融资也将发生困难。

4. 分析企业货币资金构成质量

企业资产负债表上的货币资金金额代表了资产负债表日的货币资金拥有量。在企业的经济业务仅仅用记账本位币来完成的条件下，由于资产负债表金额的时点特性以及货币资金所具有的自动与资产负债表日的货币购买力相等的特性，使得资产负债表日企业的货币资金拥有量本身难以揭示企业货币资金的质量。

但是，在货币资金金额一定的条件下，我们仍然有可能对企业货币资金的构成质量进行分析。在企业的经济业务涉及多种货币、企业的货币资金有多种货币的条件下，由于不同货币币值有不同的未来走向，不同货币币值的走向决定了相应货币的"质量"。此时，对企业保有的各种货币进行汇率趋势分析，就可以确定企业持有的货币资金的未来质量。

(二) 应收账款质量分析

应收账款的质量是指债权转化为货币的质量。随着市场经济的发展、商业信用的日益推广，企业的应收账款明显增多，应收账款在资产总额中所占的比重日益扩大。应收账款的增加，一方面说明企业扩大了销售，另一方面也存在着账款收不回来将给企业带来损失的可能。投资者要结合财务报表附注中有关应收账款的账龄和计提的坏账准备来分析，账龄越长，发生坏账的可能性越大，应收账款的质量越差，计提的坏账准备就越多。

对应收账款进行分析的目的在于管好、用好应收账款，提高资金使用效率，科学地制定信用政策，加强应收账款的日常管理，为资产的使用安全性提供信息。

应收账款质量分析，主要从以下方面进行。

1. 对债权的账龄进行分析

对债权的账龄进行分析，是通过对债权的形成时间进行分析，进而对不同账龄的债权分别判断质量。对现有债权，按欠账期长短（即账龄）进行分类分析。

一般而言，未过信用期或已过信用期但拖欠期较短的债权出现坏账的可能性比已过信用期较长时间的债权发生坏账的可能性小。

2. 对债务人的构成进行分析

企业债权的质量不仅与账龄有关，更与债务人的构成有关。所以，通过对债务人的构成分析，也可以对债权的质量进行相应分析。

对债务人的构成进行分析，主要对以下四个方面进行分析。

（1）从债务人的所有权性质来分析。

从债务人的所有权性质来看，不同所有制的企业，对其自身债务的偿还心态以及偿还能力有较大差异。多年的实践已经证明了这一点。

（2）从债权企业与债务人的关联状况来分析。

从债权企业与债务人的关联状况来看，可以把债务人分为关联方债务人与非关联方债务人。由于关联方彼此之间在债权债务方面的操纵色彩较强，对关联方债务人对债权企业的债务的偿还状况应予以足够重视。

（3）从债务人的稳定程度来分析。

从债务人的稳定程度来看，稳定性较强的债务人的偿债能力一般较好把握，而临时性或稳定性较弱的债务人的偿债能力一般较难把握。

（4）从债务人的区域构成来分析。

从债务人的区域构成来看，不同地区的债务人，由于经济发展水平、法制建设条件以及特定的经济环境等方面的差异，对企业自身债务的偿还心态以及偿还能力有相当大的差异。经济发展水平较高、法制建设条件较好以及特定的经济环境较好地区的债务人，一般具有较好的债务清偿心理，因而企业对这些地区的债权的可收回性较强；经济发展水平较为落后、法制建设条件较为薄弱以及特定的经济环境较差（如正面临战争）地区的债务人，其还款能力较差。

3. 对应收账款的总额进行分析

影响企业应收账款总额的因素如图 12−1 所示。

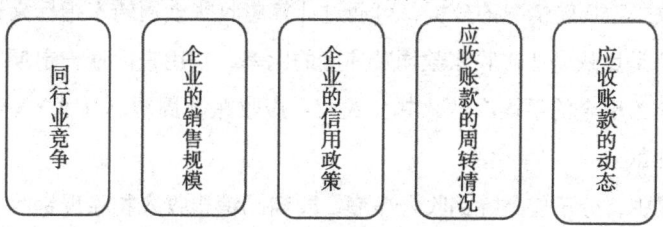

图 12−1　影响应收账款总额的因素

（1）同行业竞争。

应收账款产生于企业为扩大销售而采取赊销政策时，购买者希望延缓付款获得所需商品；而作为销售者，为了宣传产品，扩大销路，抢占市场份额，愿意提供商业信用，采用赊销的方法来吸引顾客。于是，销售方的应收账款逐渐增多。而行业内部竞争越激烈，产品供大于求，销售方赊销政策就会越宽松，应收账款总额也就越大。

（2）企业的销售规模。

企业应收账款的大小取决于企业的销售规模。销售规模越大，占用在流动资产各阶段的资产会相应增加，应收账款也会随之增加。

（3）企业的信用政策。

应收账款的多少，通常取决于企业的信用政策。企业的信用政策包括信用标准、信用限期和现金折扣，主要作用是调节企业应收账款的水平和质量，其中最重要的是信用标准的确定。

信用标准是指顾客获得企业的交易信用所应具备的条件。如果顾客达不到信用标准，便不能享受企业的信用优惠或只能享受较低的信用优惠。信用期限是企业允许顾客从购货到付款之间的时限，或者说是企业给予顾客的付款期限。当企业提供的信用限期较长，现金折扣率较高时，企业应收账款方面占用的资金就会越多，反之则越少。现金折扣是企业对顾客在商品价格上所做的扣减。向顾客提供这种价格上的优惠，主要目的在于吸引顾客为享受优惠而提前付款，缩短企业的平均收款期。另外，现金折扣也能招揽一些视折扣为减价出售的顾客前来购货，借此扩大销售额。企业采用什么程度的现金折扣，要与信用期限结合起来考虑。不论是信用期限还是现金折扣，都能给企业带来收益，但也会增加成本。当企业给予顾客某种现金折扣时，应当考虑折扣所能带来的收益与成本孰高孰低，权衡利弊，择优决断。

（4）应收账款的周转情况。

对应收账款周转情况的分析，可通过计算应收账款周转率指标来进行。应收账款周转率是反映企业应收账款周转速度的比率，它用来衡量一定期间内企业应收账款转化为现金的平均次数，其公式为：应收账款周转率（次）＝销售收入÷平均应收账款。

在上式中，分子应是赊销收入净额，即商品销售收入扣除现销收入、销售折让与折扣后的净额。因为应收账款是由于赊销而引起的，分母中的平均应收账款是年初应收账款余额和年末应收账款余额的平均数。该指标值越高，表明一年内收回的账款次数越多，意味着平均收回账款的时间越短，应收账款收回得越快。否则，企业的营运资金过多地呆滞在应收账款上，影响正常的资金周转。

用时间表示的应收账款周转速度称为应收账款周转天数，也称平均应收账款回收期或平均收现期，其公式为：应收账款周转天数 = 360 ÷ 应收账款周转率 = （平均应收账款 × 360）÷ 销售收入。一般而言，应收账款周转天数并无一定的标准，也很难确立一项理想的比较基础。一个企业的应收账款周转天数究竟多少才算合适，应视企业的政策并参照同行业所定标准而制定。

一般情况下，分析应收账款的周转情况，可以测定企业某特定期间收回其应收账款的能力和速度，即转化为货币资金的平均次数。应收账款周转的速度越快，企业的短期偿债能力越强，企业管理应收账款的效率越高。

某些特殊情况下，对上述指标的应用会产生较大影响。例如，季节性经营的企业、大量使用分期付款结算的企业、大量使用现金结算的企业、年末销售大幅上升或大幅下降的企业，对该指标的计算结果往往有偏差。这是因为：季节性经营的企业，其计算周期与众不同，所以"计算期天数"的应用不能反映实际情况；对大量使用分期付款结算的企业，难以反映企业债权的收回能力；大量使用现金结算的企业，其"销售收入"的结果与实际情况存在差异；年末销售大幅上升或大幅下降，都会对应收账款的平均额产生影响，出现偏差。

对应收账款周转情况进行分析，一般是先根据资产负债表、利润表中的有关数据，计算出企业本期实际应收账款周转率、应收账款周转天数指标，然后再根据本期实际数与前期指标、行业平均数或其他指标相比较，进而判断该指标的高低，判明应收账款的收回能力是否增强、速度是否加快、是否达到行业平均指标等。

（5）应收账款的动态。

应收账款是赊销业务形成的债权，从理论上来说，应收账款的增加应导致销售收入的增加，但应收账款的增加应小于销售收入的增加幅度。否则，赊销的意义就不大。因此，应根据应收账款年末与年初的比率同主营业务收入和其他业务收入本期与上期的比率进行对比分析。如果后者增长幅度小于前者，就要分析原因。在实际分析时，还应逐一对客户进行对比分析。只进行总体分析，难以找到症结所在。

（三）存货质量分析

存货在企业流动资产中占有相当大的比重，是企业生产经营过程中不可缺少的资产，是企业连续生产得以顺利进行的必要条件。缺少必要的存货，会导致生产能力得不到发挥，经济效益下降。而过多的存货，会增加企业资金的占用，连同存储费、保管费、保险费、管理人员工资等各项开支的上升。

进行存货分析的目的在于了解企业存货的占用总额是否合理、各项存货所占比例是否恰当。对不合理的情况要查明原因，控制存货储备量，降低存货占用额，加速存货的周转。

对存货质量进行具体分析的切入点如图 12-2 所示。

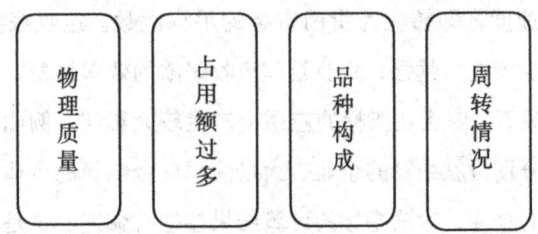

图 12-2　存货质量分析的切入点

1. 对存货的物理质量进行分析

存货的物理质量是指存货的自然质量。例如，商业企业中的待售商品是否完好无损、制造业企业的产成品质量是否符合相应产品的等级要求等。对存货的物理质量进行分析，可以初步确定企业存货的状态，为分析存货的被利用价值和变现价值奠定基础。

2. 对存货占用额过多进行分析

对存货资产的分析，目的是要查明不合理存货的原因，采取措施减少储备量，加速存货资产的周转。如果企业存货过多，将会给企业带来一系列不利影响，包括造成企业资金周转困难，利息负担加大，保管、存储等一系列费用增加，也容易发生丢失、被盗、损毁等情况，不利于及时置换新产品，不能及时满足市场的新需要。

3. 对存货的品种构成进行分析

在企业生产和销售多种产品的条件下，不同品种的产品的盈利能力、技术状态、市场发展前景以及产品的抗变能力等可能有较大的差异。过分依赖某一种产品或几种产品的企业，极有可能因产品出现问题而使企业全局受到重创。应当对企业存货的品种构成进行分析，并关注不同品种的产品的盈利能力、技术状态、市场发展前景以及产品的抗变能力等方面的状况。

4. 对存货的周转情况进行分析

存货周转率是考核企业存货周转速度快慢的指标，是通过某特定期间企业存货余额与同期销货成本的比例关系来确定的。存货周转速度越快，说明存货占用资金的水平越低，流动性越强，存货转换为现金或应收账款的速度越快。

存货周转率的分析，主要是在考核企业当期存货周转情况基础上，将本期与上期或计划的存货周转率相比较，用以反映企业存货管理的效益，为今后的存货管理工作提供有用的信息和依据。

12.2.2　固定资产质量分析

固定资产质量分析，就是对固定资产被企业利用的状况进行分析。这种分析可以从多角度来进行，主要包括以下几个方面。

（一）固定资产折旧方法分析

固定资产的损耗有两种：有形损耗和无形损耗。有形损耗，也称物质磨损，是由于使用而发生的机械磨损，以及由于自然力的作用所引起的自然损耗。无形损耗，也称精神磨损，是指科学进步以及劳动生产率提高等原因而引起的固定资产价值的损失。一般情况下，计算固定资产折旧时，要同时考虑这两种损耗。固定资产折旧计入当期成本费用，影响当期利润，因此，不同的固定资产折旧方法对企业的盈利影响不同。在分析时，一是要看企业采用的什么样的折旧方法。采用加速折旧法时，在固定资产有效使用年限的前期多提折旧，后期则少提折旧，从而相对加快折旧的速度，以使固定资产成本在有效使用年限中加快得到补偿，能较快收回企业的投资，减少固定资产的无形损耗，但这种方法增加了企业成本费用，一定程度上减少了同期的企业盈利和税收支出。二是要看固定资产使用年限的确定是否合理。有时企业经营不善导致利润减少，如果人为延长固定资产折旧年限，就意味着减少了每期的折旧额，从而减少了成本费用，使得企业盈利出现虚增。

（二）固定资产增值潜力分析

固定资产质量的好坏关键在于看它是否能给企业带来未来的经济利益，是否具有增值潜力。具有增值潜力的固定资产是指那些市场价值的未来走向趋向于增值的固定资产。这种增值或是由特定资产的稀缺性（如土地）引起，或是由特定资产的市场特征表现出较强的增值特性（如房屋、建筑物等）而引起，或是由会计处理导致账面虽无净值但企业仍有可进一步利用的空间而引起（如已经提足折旧，企业仍可在一定时间内使用的固定资产）。无增值潜力的固定资产，则是指对特定企业而言，其价值的未来走向不可能增值的资产。这种不能增值状况的出现，既可能是由与特定资产相关的技术进步较快、原有资产因技术落后而相对贬值（如电子计算机等）引起，也可能是由特定资产本身价值状况较好，但在特定企业不可能得到较充分利用引起（如不需用的固定资产）。

（三）固定资产成新率分析

固定资产成新率又称"固定资产净值率"或"有用系数"，是企业当期平均固定资产净值同固定资产原值的比率，反映了企业所拥有的固定资产的新旧程度，体现了企业固定资产更新的快慢和持续发展的能力。如果固定资产的成新率较低，说明固定资产老化，可能影响企业的劳动生产率和工作效率。届时，企业可考虑固定资产的更新，特别是固定资产待到后期容易经常出现问题，影响正常的生产经营。这就要求企业应留有足够的资金，用于固定资产的更新改造。如果固定资产的成新率较高，表明企业固定资产比较新，对扩大再生产的准备比较充足，发展的可能性比较大。运用该指标分析固定资产新旧程度时，应剔除企业应提未提折旧对房屋、机器设备等固定资产真实状况的影响。

（四）固定资产增减变动情况分析

企业进行固定资产增减变动情况分析，一般是利用期末、期初固定资产数额相比较，研究其变动规律，查明其原因，并在总体上分析固定资产变动的规模和速度。为了查明固定资产增减变动的情况和原因，可根据会计资料，按照固定资产类别，详细分析一定时期内企业从哪些渠道增加了固定资产和在哪些方面减少了固定资产。

12.2.3　无形资产质量分析

根据无形资产的特点，在分析无形资产质量时，从以下几个方面入手。

（一）无形资产的盈利质量

伴随着知识经济时代的到来，无形资产对企业的可持续发展能力和竞争实力的增强起着越来越重要的作用，它如同一双看不见的手给企业的生存与发展带来巨大的影响。但现行企业会计准则的有关规定决定了无形资产的账面价值往往是象征性的（符合资本化条件的），相当部分的无形资产的内在价值已经远远地超出了它的账面价值，而无形资产本身的特点又决定了其盈利的不确定性。可见，分析无形资产的盈利性不是件容易的事情。在分析时，要详细阅读报表附注及其他有助于了解企业无形资产类别、性质等情况的说明。不同项目的无形资产的属性相差悬殊，其盈利性也各不相同。一般来说，专利权、商标权、著作权、土地使用权、特许经营权等无形资产由于有明确的法律保护时间，其盈利性相对较为容易判断。而像专有技术等不受法律保护的项目，其盈利性就不容易确定，同时也容易产生资产泡沫。

（二）无形资产与其他资产组合的增值质量

无形资产是一项不具有实物形态的特殊资源，自身无法直接为企业创造财富，必须依附于直接的或间接的物质载体才能表现出其内在价值。无形资产的这种特性决定了它只有与固定资产或存货等有形资产进行适当组合，才能发挥其应有的价值。企业可利用品牌效应、技术优势、管理优势等无形资产盘活有形资产，通过联合、参股、控股、兼并等形式实现企业扩张，达到资源的最佳配置。可见，无形资产在与其他资产组合过程中所释放的增值潜力，直接决定了无形资产的盈利性，进而决定了无形资产的质量。

（三）无形资产的变现质量

无形资产在市场上通过转让而变现，这是其价值实现的一种有效途径。但由于无形资产是一种技术含量很高或垄断性很强的特殊资源，它的变现价值确认存在着较大的不确定性。分析企业无形资产的变现性主要考虑：是否可以单独进行转让，是否存在活跃的市场可以进行公平交易，无形资产减值难以变动的原因。

通常情况下，可以单独转让且存在活跃交易市场的无形资产变现能力强。一般来说，能够顺利变现的无形资产通常包括专利权、商标权、土地使用权、特许经营权和专有技术等。按照现行企业会计准则的规定，企业应定期对无形资产的价值进行检查，至少每年年末检查一次，对无形资产的可收回金额进行估计，并将该无形资产的账面价值超过可收回金额的部分确认为减值损失，为此，可以通过分析企业无形资产减值准备的计提情况来判断各项无形资产的变现性。当然分析时还应注意无形资产减值准备计提的合理性。现行企业会计准则规定无形资产减值准备一经计提，在以后期间不得任意转回，这会在一定程度上遏制企业利用无形资产减值准备的计提来操纵利润的行为发生。

12.2.4 长期投资质量分析

一般来说，公司对外投资包括长期投资和短期投资两大类。短期投资的变现能力较强，往往只是上市公司调节闲置资金的手段，规模不大，因此给企业带来的风险相对较小。而长期投资获得利润和变现的周期较长，风险相对较大，能对企业的业绩与发展产生重大影响。

（一）长期投资对企业财务状况的综合影响

首先，长期投资对于企业而言是长期难以控制的资源流出。长期投资按其性质可划分为长期股权投资和长期债权投资，其中股权投资包括对其他经济实体具有控制性影响、重大影响或非重大影响的投资。对于股权投资，企业不能直接控制其投入的经济资源，只能依赖被投资企业的自主经营运作来取得收益。

其次，长期投资项目往往与高风险相联系，对其要分析投资方案是否合理，本金安全性与稳定收益是否能够得到保证，能否保证企业生产资金的周转和资金效益的提高。

最后，企业通过长期股权投资取得投资收益要缴纳税款，引起企业相关税费的增加，这对企业来说是一种经济利益的流出。

（二）长期投资构成分析

长期投资构成分析主要对企业长期投资的方向、规模、持股比例等进行分析，判断企业投资的质量。长期投资因其性质不同会有不同的盈利特征和增长潜力，根据从报表附注中得到的关于长期投资的披露可以对企业长期投资的构成进行分析。按照投资行业不同，对长期投资进行行业构成分析，分析所投资行业的发展现状以及未来趋势对企业盈利等的影响；按照投资品种不同，分析长期投资股权与债权比例、不同金融资产品种等对企业资产状况的影响；按照投资投向区域的不同，结合国内、国外各地域经济发展或政治局势等状况，进行长期投资地域构成分析。

（三）对债权投资账龄、债务人构成进行分析

一般认为，超过合同约定的偿还期越长的债权投资，其可收回性越差，质量也就越差。对企业的长期债权投资按照债务人构成进行分析，可以分析其债权的安全性，并进一步对债务人的具体偿债能力进行分析。

（四）对利润表中债权投资收益与现金流量表中因利息收入而收到的现金之间的差异进行分析

债权投资收益产生的现金流入量将在现金流量表中以取得利息收入产生的现金流量的项目出现。在债务企业无力偿还利息的情况下，利润表中的债权投资收益就有可能大于现金流量表中取得利息收入收到的现金金额。

（五）对利润表中股权投资收益与现金流量表中因股权投资收益而收到的现金之间的差异进行分析

股权投资收益产生的现金流入量将在现金流量表中以分得股利或利润收到的现金的项目出现。在被持股企业没有分红、分红规模小于可供分配的利润或无力支付现金股利的情况下，利润表中股权投资收益就有可能大于现金流量表中分得股利或利润收到的现金的金额。

（六）判断无市价的长期投资是否应当计提减值准备

对无市价的长期投资是否应当计提减值准备，可以根据下列迹象判断：

①影响被投资企业经营的政治或法律环境的变化，如税收、贸易等法规的颁布或修订、可能导致被投资企业出现巨额亏损；

②被投资企业所供应的商品或提供的劳务因产品过时或消费者偏好改变而使市场的需求发生变化，从而导致被投资企业财务状况发生严重恶化；

③被投资企业所在行业的生产技术等发生重大变化，被投资企业已失去竞争能力，从而导致财务状况发生严重恶化，如进行清理整顿、清算等；

④有证据表明该项投资实质上已经不能再给企业带来经济利益的其他情形。

12.2.5　资产结构质量分析

（一）资产结构概述

资产结构是指企业的流动资产、长期投资、固定资产、无形资产等占资产总额的比重。资产结构分析对报表使用者来说，可以深入地了解企业资产的组成状况、盈利能力、风险大小及弹性高低等方面的信息，从而为科学决策提供强有力的支持；对企业管理者而言，有助于其优化资产结构，改善财务状况，使资产保持适当的流动性，降低经营风险，加速资金周转；对债权人而言，有助于其了解债权的物资保证程度或安全性；对企业的关联企业而言，可了解企业的存货状况和支付能力，从而对合同的执行前景心中有数；对企业的所有者而言，有助于对企业财务的安全性、资本的保全能力以及资产的收益能力进行合理判断。

影响企业资产结构的主要因素如图 12-3 所示。

一是行业特点和经营领域。

不同的行业、不同的经营领域，往往需要不同的资产结构。生产性企业固定资产的比重往往要大于流通性企业，机械行业的存货比重一般要高于食品行业。

二是经营状况。

图 12-3　影响企业资产结构的主要因素

企业的资产结构与其经营状况紧密相连。经营状况好的企业，其存货资产的比重相对可能较低，货币资金则相对充裕；经营状况不佳的企业，可能由于产品积压，存货资产所占的比重会较大，其货币资金则相对不足。

三是季节性市场需求。

若市场需求具有较强的季节性，则要求企业的资产结构具有良好的适应性，即资产中临时波动的资产应占较大比重，耐久性固定资产应占较小比重；反之亦然。旺季和淡季的季节转换也会对企业的存货数量和货币资金的持有量产生较大的影响。

四是宏观经济。

宏观经济环境制约着市场的机会、投资风险，从而直接影响企业的长期投资数额。通货膨胀效应往往直接影响企业的存货水平、货币资金和固定资产所占的比重。一些法律或行政法规、政策，也会影响企业的资产结构。

(二) 资产结构分析的意义

对资产结构进行分析，有助于看出企业的行业特点、经营特点和技术装备特点。

一是行业特点。

工业企业的非流动资产往往大于流动资产，而商业企业的情况正好相反。

二是经营特点。

在相同行业中，不同企业的流动资产、非流动资产所占的比重反映的是企业的经营特点。流动资产和负债所占比重较大的企业稳定性较差，但较为灵活；而非流动资产和负债所占比重较大的企业底子较厚，但掉头难；长期投资较多的企业，金融利润和风险较高。

三是技术装备特点。

无形资产增减和固定资产折旧快慢反映企业的新产品开发能力和技术装备水平。无形资产比重较大的企业，比较具有创新精神；固定资产折旧比例较高的企业，技术更新换代更快。

（三）资产结构比重分析

资产结构比重分析方面涉及的内容如图 12-4 所示。

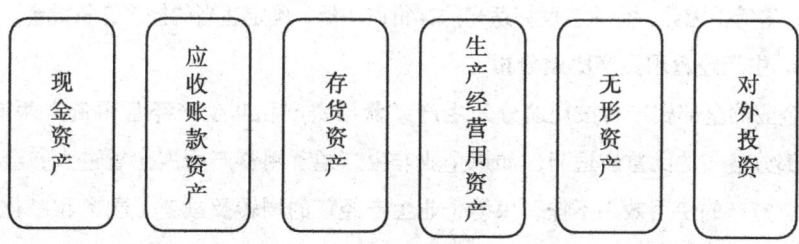

图 12-4　资产结构比重分析

1. 现金资产比重分析

现金是指企业的库存现金和可支配的银行存款等。现金资产比重如果太低，会影响企业的正常经营和正常支付。但该比重如果过高，会导致现金的闲置，影响企业的盈利能力。企业应当根据自身多年的经营和管理经验确定合适的现金储备量，或者根据同行业的参照值确定现金储备量。

2. 应收账款资产比重分析

应收账款属于债权性流动资产，其本身不能为企业带来经济利益，它只是企业对外提供的一种商业信用。

对应收账款资产的比重进行分析，就是要提高企业资金使用效率，为加强资产的安全性提供信息。企业应收账款资产的数额取决于企业的信用政策。当企业提供信用政策优惠时，企业在应收账款方面占用的资金就会增多，比重加大；反之，企业在应收账款方面占用的资金就会减少，同时比重也相应减少。影响应收账款资产比重的因素有很多，如市场的经济情况、需求情况、产品质量、季节变换等。总之，对应收账款资产比重进行分析，就是要分析影响应收账款资产比重的各种因素，使应收账款有较为合理的占用额，也就是要在应收账款占用收益与应收账款占用成本之间进行权衡。只要所产生的盈利超过所增加的成本，企业就应当放宽信用条件，增加销量。

3. 存货资产比重分析

进行存货资产比重分析的目的主要是了解企业存货的占用额是否合理，构成存货总额的各项存货所占比例是否恰当。如果企业存货占用不合理，要进一步查明原因，以便采取措施，控制存货储备量，降低存货占用额，加速存货的周转。

企业的存货占用源自满足企业生产的需要和销售的需要。企业持有一定的存货是必要的，但过多的存货将给企业带来诸多不利因素。例如：存货资产投资过大，会造成企业资金周转困难；存货资产过多，管理费用就会相应增多，利息也会相应增多；等等。因此，企业应保持适当的存货占用量，确定适当的经济订货批量。

4. 生产经营用资产比重分析

企业的全部资产可按用途分为生产经营用资产和非生产经营用资产两部分，这两部分各占的比重应适当。如果企业非生产经营用资产所占比重过大，会导致企业总资产的使用效果不佳，束缚企业生产经营的周转及创新。剥离和净化资产结构，可以使企业轻装前进，发挥生产经营用资产的更大效能。

5. 无形资产比重分析

在科技飞速进步和经济快速发展的今天，无形资产的比重有越高越好的趋势。企业流动资产和固定资产的价值在生存和发展中的作用相对下降，而无形资产的价值和相对作用不断上升，这个规律和趋势与社会和经济形势相适应。企业应善于培育和合理配置无形资产，并借助无形资产比重指标，观察企业知识化和高新技术化的程度，分析企业可持续发展能力和综合竞争能力。

6. 对外投资比重分析

对外投资比重应该略高一些。这是因为，企业的资产需要有一个适当的组合，内外分布便是企业降低风险的重要途径。商品经营与资本经营并举，是现代企业经营发展的新趋势，而对外投资是资本经营的重要形式。对资本经营的重视将使资产中的对外投资比重上升。反过来，借助这个指标也可以观察企业资本经营的水平和效果。另外，集团化的大企业一般都是以资本为纽带组建的，如果企业的对外投资较少，则集团化和大型化的进程和规模通常也非常有限。

（四）资产结构优化分析

企业资产结构优化就是研究企业的各类资产如何配置才能取得最佳经济效益。在企业资产结构体系中，固定资产与流动资产之间的结构比例是最重要的内容。固定资产与流动资产之间的结构比例通常称为固流结构，因此，资产结构优化分析主要是指固流结构优化分析。

在企业经营规模一定的条件下，如果固定资产存量过大，则正常的生产能力不能充分发挥出来，造成固定资产的部分闲置或生产能力利用不足；如果流动资产存量过大，则又会造成流动资产闲置，影响企业的盈利能力。无论哪种情况出现，都会影响企业资产的利用效果。

1. 固流结构的类型

对一个企业而言，主要有以下几种类型的固流结构。

（1）适中的固流结构。

适中的固流结构是指企业在一定销售量的水平上，使固定资产存量与流动资产存量的比例保持在平均合理的水平上。

这种资产结构可在一定程度上提高资金的使用效率，但也增大了企业的经营风险和偿债风险，是一种风险一般、盈利水平一般的资产结构。

（2）保守的固流结构。

保守的固流结构是指企业在一定销售水平上，维持大量的流动资产，并采取宽松的信用政策，从而使流动资产比重处于较高的水平。

这种资产结构由于流动资产比重较大，可降低企业偿债或破产风险，使企业风险处于较低的水平。但流动资产占用大量资金会降低资产的运转效率，从而影响企业的盈利水平。因此，该种资产结构是一种流动性高、风险小、盈利低的资产结构。

（3）冒险的固流结构。

冒险的固流结构是尽可能少地持有流动资产，从而使企业流动资产比重维持在较低水平。

这种资产结构流动资产比重较小，资产的流动性较差。虽然固定资产占用量增加而相应提高了企业的盈利水平，但也给企业带来较大的风险。这是一种高风险、高收益的资产结构。不同固流结构的比较如表 12-5 所示。

表 12-5 不同固流结构的比较

类型	固/流比率	风险	流动性	收益
适中	一般	适中	一般	合理
保守	低	小	高	低
冒险	高	大	低	高

2. 评价标准

在实际工作中，我们通常根据下列标准来评价企业固定资产与流动资产的结构是否合理。

（1）盈利水平与风险。

企业将大部分资金投资于流动资产，虽能减少企业的经营风险，但会造成资金大量闲置或固定资产不足，降低企业生产能力和资金利用效率，从而影响企业的经济效益；反之，固定资产比重增加，虽然有利于提高资产利润率，但也会导致经营风险的增加。企业选择何种资产结构，主要取决于企业对风险的态度。如果企业敢于冒险，就可能采取冒险的固流结构策略；如果企业倾向于保守，则宁愿选择保守的固流结构策略而不会为追求较高的资产利润率而冒险。

（2）行业特点。

不同的行业因经济活动内容不同，技术装备水平存在差异，其固流结构也会有较大差异。一般说来，创造附加值低的企业，如商业企业，需要保持较高的资产流动性；而创造附加值高的企业，如制造业企业，需要保持较高的固定资产比重。同一行业内部，因其生产特点、生产方式的差异较小，其固流结构比较接近。行业的平均固流结构比例应是本企业固流结构的主要参照标准。

（3）企业经营规模。

企业经营规模对固流结构有重要影响。一般而言，规模较大的企业，固定资产比重相对较大，因其筹资能力强，流动资产比重相对较小。

企业在分析和评价目前固流结构合理性的基础上，必须对固流结构进一步优化。固流结构优化必须以企业采取的固流结构策略所确定的标准为根据，其步骤一般如下。

首先，分析企业的盈利水平和风险程度，判断和评价企业目前的固流结构。

其次，根据盈利水平与风险、行业特点、企业规模等评价标准，按照企业选择的固流结构策略，确定符合本企业实际情况的固流结构的目标标准。

最后，对现有的固流结构进行优化调整。调整时，既可以调整流动资产存量，也可以调整固定资产存量，还可以同时调整固定资产存量和流动资产存量以达到确定的目标标准。

12.3 负债状况分析

12.3.1 流动负债分析

在流动负债中，数额较大且经常发生的主要是应付账款和应付票据等。

（一）应付账款分析

应付账款是指因购买材料、商品或接受劳务供应等而发生的债务，是流动负债中的主要项目。对应付账款进行分析主要是分析应付账款的入账时间和应付账款的入账金额是否正确。

应付账款入账时间的确定，应以所购买物资的所有权转移或接受劳务已发生为标志。在实际工作中，应根据具体情况予以处理。

在货物和单据同时到达时，一般是等货物验收入库后，再按单据登记入账。这样做的目的是验证货物与合同所要求的是否一致，及时发现问题并予以调换，以免先登账再调账的状况出现。

货物和单据不能同时到达，出现在途货物或在途单据的情况时，如果货物到达而单据未到达，将收到货物先行入库，待单据到达后登记入账；月底时若单据仍未到达，先按暂估价入账，下月初用红字冲回。如果单据到达而货物未到，待货物到达后，按上述方法处理。

应付账款的入账金额的确定，一般以应付金额入账，而不按到期应付金额的现值入账。如果购入的资产带有现金折扣，确定应付账款的入账金额有两种方法。

（1）按发票上记载的应付金额的总值记账。此种观点认为，应付账款应按发票上记载的全部价值记账，而不能按净值记账；如果在折扣期内支付了货款，应是企业理财有方，可产生理财收益。

（2）按发票上记载的全部应付金额扣除折扣后的净值记账。此种观点认为，能否取得购货折扣，是企业资金调度能力和经营管理水平的综合体现；由于未在折扣期内支付货款而丧失的折扣，作为企业的理财费用。

（二）应付票据分析

应付票据与应付账款不同，两者虽然都是由于交易而引起的负债，都具有流动负债的性质，但应付账款是尚未结清的债务，而应付票据是一种期票，是延期付款的证明，有承诺付款的票据作为凭证。进行应付票据分析，主要是分析应付票据的处理是否及时、正确。

12.3.2　长期负债分析

企业为了实现经营战略的目的，往往选择长期负债的办法来获得长期资金、扩大固定资产规模、兴建厂房等。企业筹措长期资金，一般有两种方法：一是增发股票，二是举借长期借款。

企业选择长期负债而不采用增发股票来筹措资金，往往是基于以下考虑。

第一，提供长期借款的债权人没有企业经营的管理权，这有利于保持股东控制企业的权力。

第二，增发股票，如果不按原来的股权比例增发股票，则原来股东控制企业的权限将因新股东的增加而削弱。

第三，长期借款的利息是固定的，如投资利润率大于长期借款的固定利率，则溢余部分归股东所有。

第四，负债利息固定，可作为费用处理，冲减利润；而股息在税后列支，且股东所得也可能涉及税款征收。

由于上述优点，所以企业常采用长期负债的办法获得所需资金，以达到理财聚财的目的。

进行长期负债分析，应注意以下要点。

（1）对长期负债进行分析，要与流动负债结合。

企业长期负债增加，流动负债减少，说明企业生产经营资金有长期保证，是扩大业务的好机会。此时，如果销售收入确实增长，说明企业很好地利用了机会。如果销售收入没有增长，可能是企业通过增加在建工程进行结构性调整，也可能是企业通过调整资金结构，用降低结构稳定性的办法，暂时回避短期资金紧张。

（2）对长期负债进行分析，要关注其入账金额的确定问题。

根据目前的有关规定，不同的长期负债项目其入账金额有所不同：长期借款应按实际从银行等金融机构借入的款项金额计价入账；长期外币借款应按企业选定的外汇牌价折合为记账本位币计价入账；长期应付公司债券应按企业发行时实际收到的价款分面值、债券溢价或折价单独反映计价入账；采用补偿贸易方式应付的引进国外设备款，应按实际应付的设备、工具等价款以及国外运杂费的外币金额和规定的折合率折算为人民币计价入账；融资租入固定资产的应付款，按照税法的规定，应按照租赁协议或合同确定的价款加上运输费、途中保险费、安装调试费以及投入使用前发生的利息支出和汇兑损益等作为固定资产原价计价入账。

（3）对长期负债进行分析，要关注其费用的归属问题。

对长期负债产生的利息、汇兑损益，应确定是属于发生当期的费用，还是应予以资本化。目前，对负债费用有以下规定：为购建固定资产而借入的长期负债，在购建的某项固定资产完工交付使用，并且办理了竣工结算手续前所发生的负债费用，予以资本化，计入所建造固定资产的价值；为购建固定资产而借入的长期负债，在固定资产办理竣工结算后所发生的负债费用，直接计入当期损益；属于流动负债性质的价款费用，或者虽然属于长期负债性质但不是用于购建固定资产的负债费用，直接计入当期损益。即使负债是与需要经过相当长时间才能达到可销售状态的存货相连，也不将负债费用计入所制造的存货成本；与对外投资有关而发生的负债费用，不予以资本化，直接计入当期损益；在清算期间发生的长期负债费用，计入清算损益。

12.4　所有者权益状况分析

所有者权益是企业全部资产减去企业全部负债后的余额，是全部所有者权益项目的总和，包括实收资本、资本公积、盈余公积、未分配利润等，其数额等于资产减去负债之后的数额。

所有者权益体现投资者对企业净资产的要求权，主要特点如下。

（1）所有者权益反映了对投资者负担的经济责任。

（2）所有者权益反映了投资者对投入的资本及其投入资本的运用所产生的盈余或亏损的权利。

（3）所有者权益一般只有在企业解散清算时（除按法律程序减资外），其破产财产在偿付破产费用、债权人债务等以后，如有剩余资产，可还给投资者，在企业持续经营情况下，投资者一般不能收回投资。

（4）作为所有者权益的投资者，在某些情况下，除了可获得利益外，还可参与企业经营管理。

12.4.1　实收资本状况分析

实收资本是企业各个投资者实际投入的资本总和。资产负债表中的实收资本项目是实收资本科目的期末余额。实收资本有的是资金形式，有的是实物形式，有的是无形资产形式等。

无论投资者以什么形式出资入股,企业在成立的时候股东都会设立企业章程、合同或者协议来说明每个股东的股份形式和出资比例。资金形式有准确的金额;而无形资产也有反映它的确切价值的金额,不管是市场明确价值,还是评估价或者协议价等,无形资产会有一个明确的价值。

（一）企业实收资本增加的原因

企业实收资本增加的原因如下。

一是资本公积转入。

二是盈余公积转入。

三是所有者投入。

（二）企业实收资本减少的原因

企业实收资本减少的原因如下。

一是资本过剩。

二是企业发生重大亏损而需要减少实收资本。

企业发生了重大亏损,在短期内用利润、公积金弥补亏损有困难。另外,按照规定,企业若存在未弥补亏损,不能发放股利。在这种情况下,企业如不进行减资,即使以后年度有利润,也不能发放股利,而要先行弥补亏损。企业履行手续减资,用实收资本弥补亏损后,可以转入正常经营。

实收资本是投资者投入企业的各种资产的价值,所有者向企业投入的资本在一般情况下不需要偿还,可以长期周转使用。一般情况下,企业的实收资本不得随意增减,如有必要增减,首先应具备一定的条件。

对股份有限公司来说,增加股本应符合下列条件。

（1）前一次发行的股份已募足,并间隔一年以上。

（2）公司在最近三年内连续盈利,并可向股东支付股利。

（3）公司在最近三年内财务会计文件无虚假记载。

（4）公司预期利润率可达同期银行存款利率。

（5）经股东会议决议,同意并修改公司章程。

（6）经国务院授权部门或省级人民政府批准,如向社会公开募集,还需经国务院证券管理部门批准。

有限责任公司增加资本的条件比较宽松,只要经代表 2/3 以上有表决权的股东通过并修改公司章程即可。

企业（包括股份有限公司和有限责任公司）减少资本也应具备一定的条件，主要包括以下内容。

（1）应事先通知所有债权人，债权人无异议方可减资。

（2）企业减资必须由股东（大）会决议，并修改企业章程。

（3）企业减资后的注册资本不得低于法定注册资本的最低限额。

12.4.2 资本公积状况分析

资本公积是企业收到投资者出资超过在注册资本上所占的份额的金额，包括资本溢价、接受捐赠资产、股权投资准备、拨款转入、外币资本折算差额和其他资本公积等。

对资本公积进行分析，主要是关注资本公积的合理性。有的企业在不具备法定资产评估的情况下，通过虚增资产评估来虚增企业的所有者权益，虚增各项资产等项目，以此降低企业的资产负债率，欺骗股东和债权人。

12.4.3 盈余公积状况分析

盈余公积的用途如下。

一是用于以后亏损时使用。

二是用于转增资本。

三是用于分配股利。

对盈余公积进行分析，主要是分析企业对各项盈余公积进行核算时，是否全面反映各项盈余公积的提取和使用情况，企业是否按照有关规定提取各项盈余公积、按照有关规定使用各项盈余公积，以维护所有者权益的安全和完整。

12.4.4 所有者权益与负债的区别

所有者权益和负债的共同点是对企业资产的要求权，不同点如下。

（一）性质不同

所有者权益是投资者对投入的资本及其投入资本的运用所产生的盈余（或亏损）的权利；负债是企业生产经营中产生的债务，是债权人对其债务的要求权。

（二）对象不同

所有者权益是企业对投资者负担的经济责任，负债则是企业对债权人负担的经济责任。

（三）享受的权利不同

债权人只享有收回债务本金和利息的权利，而无权参与企业收益分配；所有者权益的投资者在某些情况下，除了可获得利益外，还可参与经营管理。

（四）偿还期限不同

负债必须在一定时期偿还；所有者权益一般只有在企业解散清算时，其破产财产在偿付破产费用、债权人债务以后，如有剩余财产，才能还给投资者。在企业持续经营的情况下，投资者一般不能收回投资。

12.5　资本结构分析

资本结构是指企业的全部资金来源中负债和所有者权益所占的比重及其相互间的比例关系。企业的全部资金来源于两个方面：一方面是借入资金，包括流动负债和长期负债；另一方面是自有资金，即企业的所有者权益（在股份制企业为股东权益）。

12.5.1　资本结构分析的意义

资本结构无论对债权人、投资者还是对企业经营者来说都是十分重要的，分析资本结构的意义如下。

（1）对债权人来说，通过分析资本结构，可以了解负债和所有者权益在企业全部资金来源中所占的比重，判断企业债权的保障程度，评价企业的偿债能力，从而为决策提供依据。

（2）对投资者来说，通过资本结构分析，可以了解企业负债在全部资金来源中所占的比重，评价企业偿债能力，判断其投资所承担的财务风险的大小，以及负债对投资报酬的影响，从而为投资决策服务。

（3）对经营者来说，通过资本结构分析，可以评价企业的偿债能力和承担风险的能力，发现企业理财中存在的问题，采取措施调整资本结构，实现资本结构的最优化。

12.5.2　资本结构项目比重分析

所谓资本结构项目比重分析，就是对负债和所有者权益（股东权益）中所包含的各个项目进行比较分析，以便了解资本结构是否健全和安全。

（一）流动负债（短期负债）与总负债比率

流动负债与总负债比率是指企业中流动负债与总负债额的比例关系，其计算公式如下。

$$流动负债与总负债比率 = 流动负债 \div 负债总额 \times 100\%$$

一般来说，流动负债与总负债比率可以反映一个企业依赖短期债权人的程度。流动负债是在一年以内必须偿还的债务（或超过一年的一个营业周期内偿还的债务），流动负债与总负债比率越高，说明企业对短期资金的依赖性越强，企业偿债的流动性压力也越大。更确切地说，企业借入流动负债，必须在很短的时间内偿还，这必然要求企业营业周转或资金周转也很快，自然就给企业形成了流动压力。企业要保证及时清偿债务，只有加快周转。相反，这个比率越低，说明企业对短期资金的依赖程度越小，企业面临的偿债压力也就越小。

（二）长期负债比率

在西方企业中，除了将长期负债与负债总额相比外，还将其与企业的总资产或总融资相比，用以表示企业长期负债占全部资产的比重。之所以要将长期负债与全部资产相比，多是从偿债风险出发，长期负债既可以用于长期资产，也可以用于短期资产，而短期负债一般只能用于短期资产。长期负债比率的计算公式如下。

$$长期负债比率 = 长期负债 \div 资产总额（融资总额）\times 100\%$$

如果假定其他因素不变，长期负债比率越高，表明企业在经营过程中借助外来资金的程度越高，其资本结构越不稳固；反之，这个比率越低，说明企业经营过程中借助外来资金的程度越低，其资本结构则相对稳定和健全。

（三）短期（流动）负债比率

就短期（流动）负债与资产的关系而言，无须考虑它与总资产的比率，但从融资结构或融资风险的角度看，短期（流动）负债占总融资比重的分析是十分重要的。原因在于短期负债或流动负债是一种流动性大、风险性强的融资，它在融资总额中的份额能揭示企业资本结构的安全性或稳定性，以及面临的财务风险。概而言之，短期（流动）负债比率上升，企业资本结构相对更加不稳定和不安全，融资风险也较大。短期（流动）负债比率的计算公式如下。

短期（流动）负债比率 = 短期（流动）负债 ÷ 资产融资（融资总额）× 100%

（四）公积金与所有者（股东）权益比率

企业的公积金包括资本公积和盈余公积，公积金与所有者（股东）权益的比率就是指资本公积与盈余公积之和与所有者（股东）权益的比例关系，其公式如下。

公积金与所有者（股东）权益的比率 =（资本公积 + 盈余公积）÷

所有者（股东）权益 × 100%

由于资本公积和盈余公积是一种无实际融资成本的资金来源，它们无须像实收资本或股本那样，分配企业的利润，而且筹措它们既不付出费用，也不花费时间，还可以自由支配。基于公积金的这些特点，它总是作为所有者（股东）权益中的一个特殊融资类别来被分析的。一般而言，在所有者（股东）权益中，公积金所占的比重越大越好，对于债权人、股东或所有者来说，公积金所占的比重越大，就意味着对实收资本的担保越可靠，债权也越安全。

（五）优先股与股本比率

就股份制企业而言，还可以采取发行优先股和普通股的方式筹措资金。

优先股融资相对普通股和公司债券融资具有以下特点。

（1）股息率固定。虽然当企业经营情况不好时，可以不支付优先股股息而留待以后宣布与支付（股息是累积的），以便给困境中的企业一个喘息之机，而不致被迫宣告破产，但企业最后必须按固定股息率支付优先股股息。

（2）优先股股东一般不享有投票权。

（3）优先股属于主权资本，其股息必须从税后净收益中支付，而公司债券利息则用税前收益支付，与公司债券相比较，优先股增加了所得税负担。

（4）优先股虽然没有届满期，但公司章程中的一系列规定却在实质上规定了届满的日期。

例如，公司章程中常有赎回条款，规定在什么条件下，公司以什么价格赎回优先股。又如，公司章程常规定公司须设立偿债基金，即只要公司盈余多到足以让公司定期收回优先股，则公司每年都必须购进一定比例的优先股股票。若公司不履行它对优先股设置偿债基金的条款，通常就禁止它对普通股支付股息。从这些特点可以看出，优先股融资是介于普通股融资和债务性融资之间的一种融资。对企业来说，它比普通股融资的风险大、成本低。正因如此，在资本结构分析中，还必须计算分析优先股与股本比率，其公式如下。

$$优先股与股本比率 = 优先股股本总额 \div 股本总额 \times 100\%$$

优先股与股本比率越高，说明企业资本结构的稳定性和安全性相对越低，企业面临的风险也越大；反之，优先股与股本比率越低，说明企业资本结构的稳定性和安全性相对越高，企业面临的风险越小。

12.5.3　资本结构的类型

不同的资本结构，成本和风险各不相同。最佳的资本结构应是成本最低而风险最小的资本结构。事实上，这种资本结构是不存在的，低成本一般伴随着高风险，而低风险又与高成本相联系。企业应在成本和风险之间合理取舍，选择最适合自身生存和发展的资本结构。资本结构一般有以下三种类型。

（一）保守型资本结构

保守型资本结构是指在资本结构中，主要采取权益性融资，且负债融资中又以长期负债融资为主。在这种结构下，企业对流动负债的依赖性较低，从而减轻了短期偿债压力，风险较低。同时，由于权益性融资和长期负债融资的成本较高，又会增大企业资金成本。可见，这是一种低风险、高成本的资本结构。

（二）中庸型资本结构

这是一种中等风险和成本的资本结构。在这种结构下，权益性融资和负债融资的比重主要根据资金使用的用途来确定：用于流动资产的资金主要由流动负债提供，用于长期资产的资金主要由权益性融资和长期负债提供。同时，使权益性融资和负债融资的比重保持在较为合理的水平之上。

（三）风险型资本结构

风险型资本结构是指在资本结构中，全部采用或主要采用负债融资，并且流动负债被大量用于长期资产。这是一种风险高但成本低的资本结构，对于希望取得高收益的企业而言是一种有吸引力的资本结构。

表 12-6 是对以上三种类型资本结构的简要对比。

表 12-6　资本结构简要对比

项目	保守型资本结构	中庸型资本结构	风险型资本结构
风险等级	低	中等	高
成本大小	高	中等	低

项目	保守型资本结构	中庸型资本结构	风险型资本结构
方式	主要采取权益性融资，且负债融资中又以长期负债融资为主	权益性融资和负债融资的比重主要根据资金使用的用途来确定，同时，使权益性融资和负债融资的比重保持在较为合理的水平之上	全部采用或主要采用负债融资，并且流动负债被大量用于长期资产

12.5.4　资本结构的选择

所谓资本结构的选择是指企业合理地组织资金来源，使不同来源的资金保持一个最佳的比例关系。

采用不同渠道和方式取得的资金，其风险和资金成本是不同的。一般来说，负债风险大，但资本成本低；优先股风险小于负债，但资金成本高于负债；普通股资金成本最高，但风险最小。选择资本结构，就是根据企业的具体情况，合理地组织各种资金来源渠道和方式的搭配，使企业的风险和资金成本都能最小化，使企业的收益最大化。

其中，最关键的问题是正确处理负债与投资者投入资本的比例关系。

首先，负债的利率是固定的，当资产报酬率高于负债利率时，举债能使企业收益增加，使股东实际的投资报酬率高于资产报酬率。负债比率越高，股东所得的实际投资报酬率越高。

其次，负债具有节税作用，负债比率越高，企业留给股东的财富越多。

最后，负债的资金成本较低，提高负债比率有利于降低综合资金成本。正因为如此，所有企业的资金中都含有相当比重的负债。当然，负债比率并不是越高越好。过高的负债比率意味着企业资金中所有者权益所占比重下降，所有者权益对债务的保证程度降低，企业偿债能力下降，引发债务危机的可能性增大。而在资产报酬率低于负债利率的情况下，负债不仅不能给企业带来更多的收益，反而会吞噬企业的盈利，减少投资者的投资报酬。

在具体安排资本结构时，经营者应当根据企业生产经营的不同情况来确定负债与投资者投入资本之间的比例关系，合理组织筹集资金的方式。在企业初创阶段，由于对未来经营状况尚无太大把握，为了避免由于负债经营造成的利息负担而给经营带来压力，经营者应完全或主要采用自有资金进行经营。在股份有限公司中，应主要采用发行普通股方式筹集资金，不宜发行优先股，因为优先股同负债一样，一般都有固定的利息负担。在企业发展较为顺利，资产报酬率高于负债利率，对发展前景充满信心时，可以充分利用财务杠杆增加负债比率，以取得更多的盈利。在选择筹资方式时，企业可以采用长期借款、发行债券、固定资产融资租赁等方式。在企业发展比较顺利，需要筹集大量资金，但对大量举债所造成的利息负担尚无太大把握，或者不愿承担过大的风险时，可以采用增资方式，扩大自有资金以满足需要。股份有限公司还可以采用发行优先股的方式，既避免由于发行新股而影响原股东对公司的控制权，又避免由于负债经营而给企业造成的偿债压力。

当然，企业本身的状况是十分复杂的，最佳资本结构也无固定标准模式，关键在于根据企业本身的经营状况，合理配置资金来源渠道和筹资方式，以最少的综合资金成本取得最大收益。为此，企业可以通过不同资本结构方案的盈利能力，特别是资本金报酬率或每股收益等指标，来比较不同资本结构方案的收益水平。在此基础上，通过有关偿债能力的分析，评价不同资本结构方案的风险大小，再在上述分析基础上综合评价不同资本结构的优劣，确定一个最佳的资本结构。

12.6　偿债能力分析

12.6.1　短期偿债能力分析

短期偿债能力分析指标如图 12-5 所示。

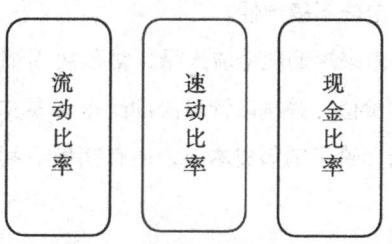

图 12-5　短期偿债能力分析指标

（一）流动比率

流动比率是流动资产对流动负债的比率，用来衡量企业流动资产在短期债务到期以前，可以变为现金用于偿还负债的能力。

一般说来，流动比率越高，说明企业资产的变现能力越强，短期偿债能力亦越强；反之则越弱。一般认为流动比率应在 2:1 以上，流动比率为 2:1 表示流动资产是流动负债的两倍，即使流动资产有一半在短期内不能变现，也能保证全部的流动负债得到偿还。

1. 流动比率指标存在的问题

第一，无法评估未来资金的流动性。

流动性代表企业运用足够的现金流入以平衡所需现金流出的能力。而流动比率各项要素都来自资产负债表的时点指标，只能表示企业在某一特定时刻可用资源及需偿还债务的状态或存量，与未来资金流量并无因果关系。因此，流动比率无法用以评估企业未来资金的流动性。

第二，未反映企业资金融通状况。

在一个注重财务管理的企业中，持有现金的目的在于防范现金短缺现象。然而，现金属于非获利性或获利性极低的资产，一般企业均尽量减少现金数额。事实上，通常有许多企业在现金短缺时向金融机构借款，此项资金融通的数额，未能在流动比率的公式中得到反映。

第三，应收账款的偏差性。

应收账款额度的大小往往受销货条件及信用政策等因素的影响，企业的应收账款一般具有循环性质，除非企业清算，否则，应收账款经常保持相对稳定的数额，因而不能将应收账款作为未来现金净流入的可靠指标。在分析流动比率时，如把应收账款的多寡视为未来现金流入量的可靠指标，而未考虑企业的销货条件、信用政策及其他有关因素，则难免会发生偏差。

第四，存货价值确定的不稳定性。

经由存货而产生的未来短期现金流入量，常取决于销售毛利的大小。一般企业均以成本表示存货的价值，并据以计算流动比率。事实上，经由存货而产生的未来短期内现金流入量，除了销售成本外，还有销售毛利，然而流动比率未考虑毛利因素。

第五，粉饰效应。

企业管理者为了显示出良好的财务指标，会通过一些方法粉饰流动比率。例如：对以赊购方式购买的货物，故意把接近年终要进的货推迟到下年初再购买；或年终加速进货，将计划下年初购进的货物提前至年内购进等。这些情况都会人为地影响流动比率。

2. 流动比率指标缺陷的改进方法

流动比率的局限性会造成该比率使用不便，因此在使用时有以下几点改进方法。

第一，检验应收账款质量。财务报表的使用者应考虑应收账款的发生额、企业以前年度应收账款中实际发生坏账损失的比例和应收账款的账龄，运用较科学的账龄分析法估计企业应收账款的质量。

第二，选择多种计价属性。即对流动资产各项目的账面价值与重置成本、现行成本、可收回价值进行比较分析。企业流动资产中的一个主要的组成部分是存货，存货是以历史成本入账的。而事实上，存货极有可能以比成本高许多的价格卖出去，所以通过销售存货所获得的现金数额往往比计算流动比率时所使用的数额要大。同时随着时间的推移与通货膨胀的持续，存货的历史成本与重置成本必然会产生偏差，但流动比率的计算公式中运用的仅仅是存货的历史成本。为了更真实地反映存货的现行价值，财务报表的使用者应比较：如果使用存货的历史成本或现行成本下的流动比率比原来的流动比率大，即是有利差异，表明企业的偿债能力得到了增强；反之，则表明企业的偿债能力削弱了。

第三，分析表外因素。财务报表使用者需要的不仅是对企业当前资金状况的真实而公允的描述，更希望了解有利于决策的、体现企业未来资金流量及融通情况的预测性信息。但是流动比率本身有一定局限性，如未能较好地反映债务到期日企业资金流量和融通状况。财务报表使用者如利用调整后的流动比率，结合有关的表外因素进行综合分析，则可对企业的偿债能力进行更准确的评估。如企业财务报表附注中若存在金额较大的或有负债、股利发放或担保等事项，则可导致企业未来现金的减少，降低企业偿债能力。而如果企业拥有能很快变现的长期资产，或可以运用诸如可动用的银行贷款指标、增发股票等筹资措施，则可使企业的流动资产增加，并提高企业偿还债务的能力。

（二）速动比率

速动比率又称"酸性测验比率"（Acid – test Ratio、Quick Ratio），是指速动资产对流动负债的比率。它能衡量企业流动资产中可以立即变现用于偿还流动负债的能力。

速动资产包括货币资金、交易性金融资产、应收票据、应收账款等，可以在较短时间内变现。而流动资产中的预付账款、存货、一年内到期的非流动资产及其他流动资产等则不属于速动资产。

传统经验认为，速动比率维持在1∶1较为正常，它表明企业的每1元流动负债就有1元易于变现的流动资产来抵偿，短期偿债能力有可靠的保证。速动比率过低，企业的短期偿债风险较大；速动比率过高，企业在速动资产上占用资金过多，会增加企业投资的机会成本。但以上评判标准并不是绝对的。实际工作中，应考虑企业的行业性质。例如商品零售行业，由于采用大量现金销售，几乎没有应收账款，速动比率大大低于1，也是合理的。相反，有些企业虽然速动比率大于1，但速动资产中大部分是应收账款，并不代表企业的偿债能力强，因为应收账款能否收回具有很大的不确定性。所以，在评价速动比率时，还应分析应收账款的质量。

1. 速动比率指标运用存在的缺陷

速动资产中不包括存货，速动比率在一定程度上排除了存货价值不确定带来的缺陷，在此基础上，速动比率仍然存在一些使用上的缺陷，主要有以下几点。

第一，预付账款的变现速度。预付账款指买卖双方协议商定，由购买方先支付一部分货款给供应方而发生的一项债权。预付账款一般包括预付的货款、预付的购货定金等。作为流动资产，预付账款不是用货币抵偿的，而是要求企业在短期内以某种商品、提供劳务或服务来抵偿。当预付账款转为采购货款时，预付账款按照合同期间变为存货时需要一定的时间间隔，当然这个间隔不会为零，否则企业就可以直接用银行存款购买存货了。正是这个时间间隔，使得预付账款的变现速度明显慢于存货。因此，将预付账款归为速动资产，会影响速动比率的适用性。

第二，货币资金中使用受限的存款。货币资金包括现金、银行存款和其他货币资金。在流动资产中现金是无须讨论的速动资产，而银行存款和其他货币资金是否可以立即使用则需要视情况而定。一般来说，企业货币资金是为维持正常经营活动而持有的。如果货币资金金额过小，企业可能会因无法支付日常经营所需资金而陷入财务困难；如果货币资金金额过大，会导致资源浪费，降低资金使用效率。

第三，应收账款的流动性问题。应收账款是指企业在经营过程中因为赊销商品、产品、材料或提供劳务等而应该向客户收取的款项。应收账款是伴随企业的销售行为的发生而形成的一项债权，是商业信用的产物。不同的企业，信用政策有较大差异，应收账款的回收期也就存在较大的不同。随着市场经济的发展，应收账款在企业流动资产中的比重日益增加。虽然赊销有一定的风险，但从理论上讲赊销带来的收益远大于其损失和费用，应收账款应该是能够"速动"的。但是现实经济活动中，企业之间相互拖欠款项现象很普遍，许多拖欠周期都在一年以上。另外，企业对债权资金长期不清理、不核对、不催收，不按照会计科目的核算范围将应收账款与其他应收款严格区分，随意处理，形成了许多呆账错账；更有一些企业把本应该属于坏账的账款长期停留在应收账款中。对于大多数中小企业来说，没有应收账款管理的专门人员，该现象就很普遍。对于债务人来说，应付账款尽量拖到最后一刻，若债权人不催收，其主动按时或提前偿还的可能性很小。并且，由于应收账款不同于短期借款等有固定的到期日，即便到了应该收回的日期也不易引起管理层的关注。而当债权人在意识到大量逾期应收账款未收回并加以催收时，可能由于催账费用或债务人的偿债能力等多种因素，最终导致账款无法收回而成为坏账。可见，企业账面的应收账款往往不能代表企业的即时偿债能力，实际坏账可能比预计的要多得多。将应收账款纳入速动资产，使得速动比率的说服力下降。

2. 速动比率指标缺陷的改进方法

在速动比率的使用过程中，要特别注意以下两点。

第一，分析速动比率时需结合对货币资金补充资料的关注。在货币资金的补充资料中，会披露银行存款和其他货币资金中使用受限的资金，例如，用银行存款作为质押为企业自己或其他企业进行信用证贷款。一般在质押期间，企业不能动用这部分存款，只有当企业还清贷款时才能解除限制。如果最后企业或其他企业未能如期还款，被质押的存款会被冻结优先偿还该笔贷款。对于其他债务人而言，该笔受质押的存款并不能立即用来偿付流动负债。因此，货币资金中使用受限的部分不符合速动资产定义，在分析速动比率时应结合对货币资金补充资料的分析。

第二，信息使用者在利用速动比率分析企业即时偿债能力时，一定要和企业的应收账款账龄分析结合起来。应当将短期内无法收回的应收账款从现行的速动资产中分离出去。当然，要达到这个目的，实际操作起来有点困难，信息使用者一般很难判断哪些账款是短期内无法收回的。现行财务报表附注中也仅仅是按照应收账款账龄划分，比较常见的划分方法是：一年以内（含一年）的应收账款、一年以上两年以下（含两年）的应收账款、两年及两年以上的应收账款。应收账款是因销售商品与收回账款的时间差而形成的，即使企业采用宽松的信用政策，也很少会把信用期设置为大于一年。应收账款如果被划入速动资产，其收账期应能匹配流动负债的偿还期，所以只有收账期短于一年的应收账款才能称为速动资产，一年至两年及两年以上的应收账款应作为非速动资产。

3. 案例分析

【例 12-1】甲公司是一个材料供应商，拟与乙公司建立长期合作关系，为了确定对乙公司采用何种信用政策，需要分析乙公司的偿债能力。已知乙公司生产经营存在季节性，每年 3 月至 10 月是经营旺季，11 月至次年 2 月是经营淡季；乙公司按照应收账款余额的 5% 计提坏账准备，2×13 年年初坏账准备余额为 140 万元，2×13 年年末坏账准备余额为 150 万元；最近几年乙公司的应收账款收回情况不好，截至 2×13 年末账龄在三年以上的应收账款已达到应收账款余额的 10%，为了控制应收账款的增长，乙公司在 2×13 年收紧了信用政策，减少了赊销客户的比例；计算财务比率时，涉及的资产负债表数据均使用其年初和年末的平均数。

为此甲公司收集了乙公司 2×13 年度的财务报表，相关的财务报表数据以及财务报表附注中披露的信息如表 12-7 所示。

表 12-7　乙公司 2×13 年资产负债表资料

单位：万元

项目	年末金额	年初金额
流动资产合计	4 600	4 330
其中：货币资金	100	100
交易性金融资产	500	460
应收账款	2 850	2 660
预付账款	150	130
存货	1 000	980
流动负债合计	2 350	2 250

根据上述数据及材料，计算乙公司 2×13 年的速动比率；指出评价乙公司的短期偿债能力时，需要考虑哪些因素，具体分析这些因素对乙公司短期偿债能力的影响。

乙公司 2×13 年速动比率＝速动资产平均余额÷流动负债平均余额＝[（100＋100＋500＋460＋2 850＋2 660）÷2]÷[（2 350＋2 250）÷2]＝1.45

评价乙公司的短期偿债能力时，需要考虑应收账款的变现能力。乙公司按照应收账款余额的 5% 计提坏账准备，2×13 年年末账龄在三年以上的应收账款已达到应收账款余额的 10%，实际坏账很可能比计提的坏账准备多，从而降低乙公司的短期偿债能力。

另外，乙公司的生产经营存在季节性，报表上的应收账款金额不能反映平均水平，即使使用年末和年初的平均数计算，仍然无法消除季节性生产企业年末数据的特殊性。乙公司年末处于经营淡季，应收账款、流动负债均低于平均水平，计算结果可能不能反映乙公司的短期偿债能力。

（三）现金比率

现金比率是速动资产扣除应收账款后的余额与流动负债的比率，最能反映企业直接偿付流动负债的能力。一般认为现金比率在 20% 以上为好。但这一比率过高，就意味着企业流动资产未能得到合理运用，而现金类资产获利能力低，这类资产金额太高会导致企业机会成本增加。现金比率计算公式如下。

$$现金比率＝（现金＋有价证券）÷流动负债×100\%$$

现金比率能够反映企业的即时付现能力。

除此之外，还需注意一点，现金比率将存货与应收款项排除在外。

流动比率、速动比率与现金比率的关系如下。

1. 指标共性

首先，流动比率、速动比率与现金比率的指标意义相同，都是衡量企业短期偿债能力的主要指标。上市公司资产的安全性包括两个方面的内容：一是有相对稳定的现金流和流动资产比率；二是短期流动性比较强，不至于影响盈利的稳定性。利用流动比率、速动比率及现金比率就是通过对企业各类资产充足性的衡量，分析上市公司的偿债能力与盈利能力。

其次，三大指标的计算逻辑及方式相同。流动比率、速动比率及现金比率的计算都是以流动负债作为分母的，分子则是流动性各异的三类资产：流动资产、速动资产及现金资产。以全部流动资产作为偿付流动负债的基础，所计算的指标是流动比率；速动比率以扣除变现能力较差的存货和不能变现的待摊费用作为偿付流动负债的基础，它弥补了流动比率的不足；现金比率以现金类资产作为偿付流动负债的基础，但现金持有量过大会对企业资产利用效果产生副作用，这项指标仅在企业面临财务危机时使用，相对于流动比率和速动比率来说，其作用力度较小。速动比率同流动比率一样，反映的都是单位资产的流动性以及快速偿还到期负债的能力和水平。一般而言，流动比率参考值是 2，速动比率参考值为 1。但是实务分析中，往往在不同的行业，指标值差别非常大。速动比率相对流动比率而言，扣除了一些流动性非常差的资产，如待摊费用，这种资产其实根本就不可能用来偿还债务；另外，考虑存货的毁损、所有权、现值等因素，其变现价值可能与账面价值的差别非常大，因此，将存货也从速动资产中扣除。这样的结果是，速动比率非常苛刻地反映了一个单位能够立即还债的能力和水平。

2. 指标差异性

首先，三大比率对不同种类资产流动性、偿债能力进行了划分。在流动资产额与短期需要偿还的债务额之间，要有一个最低的比率。如果达不到这个比率，那么，或者是增加流动资产额，或者是减少短期内需要偿还的债务额。这个比率称为流动比率。流动比率是指流动资产和流动负债的比率，它是衡量企业的流动资产在其短期债务到期前可以变现用于偿还流动负债的能力，表明企业每一元流动负债有多少流动资产作为支付的保障。流动比率是评价企业偿债能力较为常用的比率。它可以衡量企业短期偿债能力的大小，它要求企业的流动资产在清偿完流动负债以后，还有余力来应付日常经营活动中的其他资金需要。

在流动资产的分析基础上又引申出了速动资产的概念。流动资产中有两种资产形态：一种是存货，如原材料、半成品等实物资产；另一种是速动资产，如上面讲到的证券等金融资产。显而易见，速动资产比存货更容易兑现，它的比重越大，资产流动性就越大。所以，拿速动资产与短期需偿还的债务额相比，就是速动比率。速动比率代表企业以速动资产偿还流动负债的综合能力。速动比率通常以"（流动资产－存货）÷流动负债"表示。速动资产是指从流动资产中扣除变现速度最慢的存货等资产后，可以直接用于偿还流动负债的那部分流动资产。但也有观点认为，应以"（流动资产－待摊费用－存货－预付账款）÷流动负债"表示速动比率。这种观点比较稳健。由于流动资产中，存货变现能力较差；待摊费用是已经发生的支出，应由本期和以后各期分担的分摊期限在一年以内的各项费用，根本没有变现能力；而预付账款意义与存货等同。因此，这三项资产不包括在速动资产之内。由此可见，速动比率比流动比率更能表现一个企业的短期偿债能力。一般情况下，把速动比率的参考值确定为 1 : 1 是比较讲得通的。因为一份债务有一份速动资产来保证，就不会发生问题，而且合适的速动比率可以保障企业在偿还债务的同时不会影响生产经营。

其次，为了更加清晰地比较这三大指标运用时的关系，这里举一个例子来说明。假如一个上市公司有 500 万元的资产，一种情况是，资产全部为设备，另一种情况是 70% 的资产为实物资产，其他为各类金融资产。假想，有一天该公司发生资金周转困难，公司急需用一部分资产去兑现偿债时，哪一种情况更能迅速实现兑现呢？理所当然是后一种情况。因为流动资产比固定资产的流动性强，而更重要的是有价证券便于到证券市场上出售，各种票据也容易到贴现市场上去贴现。许多公司倒闭，问题往往不在于公司资产额太小，而在于资金周转不过来，不能及时清偿债务。因此，资产的流动性就带来了资产的安全性问题。

12.6.2　长期偿债能力分析

长期偿债能力分析指标如图 12-6 所示。

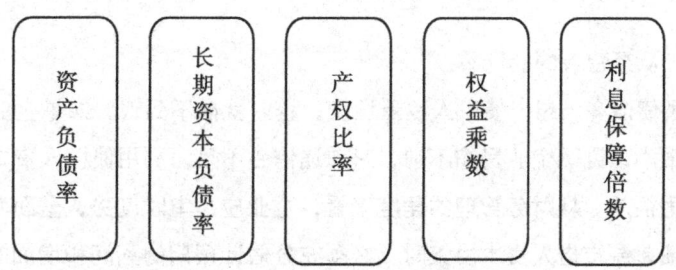

资产负债率　　长期资本负债率　　产权比率　　权益乘数　　利息保障倍数

图 12-6　长期偿债能力分析指标

（一）资产负债率

资产负债率（Debt to Asset Ratio）是期末负债总额占资产总额的百分比，也就是负债总额与资产总额的比例关系。资产负债率反映在总资产中有多大比例是通过借债取得的，也可以衡量企业在清算时保护债权人利益的程度。资产负债率这个指标反映债权人所提供的资本占全部资本的比例，也被称为举债经营比率。

$$资产负债率 = 总负债 \div 总资产$$

资产负债率能表示企业总资产中有多少是通过负债筹集的，该指标是评价企业负债水平的综合指标，同时也是一项衡量企业利用债权人资金进行经营活动能力的指标，也反映债权人发放贷款的安全程度。

要判断资产负债率是否合理，首先要看是站在谁的立场。资产负债率这个指标反映债权人所提供的负债占全部资本的比例，也被称为举债经营比率。

第一，从债权人的立场看。

债权人最关心的是贷给企业的款项的安全程度，也就是能否按期收回本金和利息。如果股东提供的资本与企业资本总额相比，只占较小的比例，则企业的风险将主要由债权人负担，这对债权人来讲是不利的。因此，债权人希望债务比例越低越好，企业偿债有保证，则将款项贷款给企业不会有太大的风险。

第二，从股东的立场看。

由于企业通过举债筹措的资金与股东提供的资金在经营中发挥同样的作用，所以，股东所关心的是全部资本利润率是否超过借入款项的利率，即借入资本的代价。在企业所得的全部资本利润率超过因借款而支付的利率时，股东所得到的利润就会加大。如果相反，运用全部资本所得的利润率低于借款利率，则对股东不利，因为借入资本的多余的利息要用股东所得的利润份额来弥补。因此，从股东的立场看，在全部资本利润率高于借款利率时，负债比例越大越好；否则反之。

第三，从经营者的立场看。

如果举债很多，超出债权人承受程度，企业就借不到钱。如果企业不举债或负债比例很小，说明企业畏缩不前，对前途信心不足，利用债权人资本进行经营活动的能力很差。从财务管理的角度来看，企业应当审时度势，全面考虑，在利用资产负债率制定借入资本决策时，必须充分估计预期的利润和增加的风险，在二者之间权衡利害得失，进行正确决策。

企业股东常常采用举债经营的方式，以有限的资本、付出有限的代价而取得对企业的控制权，并且可以得到举债经营的杠杆利益。

1. 资产负债率的指标分析

长期偿债能力是指企业在较长的期间偿还债务的能力。企业在长期内，不仅需要偿还流动负债，还需要偿还非流动负债。因此，长期偿债能力衡量的是企业对所有负债的清偿能力。企业对所有负债的清偿能力取决于总资产水平，因此长期偿债能力指标考察的是企业资产、负债和所有者权益之间的关系。

资产负债率反映总资产中有多大比例是通过负债取得的，可以衡量企业清算时资产对债权人权益的保障程度。当资产负债率高于50%时，表明企业资产的主要来源是负债，财务风险较大。当资产负债率低于50%时，表明企业资产的主要来源是所有者权益，财务比较稳健。这一比率越低，表明企业资产对负债的保障能力越强，企业的长期偿债能力越强。

2. 资产负债率指标的运用缺陷

需要注意的是，资产负债率作为最主要、最直观反映企业长期偿债能力的指标，在实际使用过程中仍然存在缺陷和不足，具体主要有以下几点。

第一，并非所有的资产都可以作为偿债的物质保证。不仅在清算状态下，待摊费用、待处理财产损失、递延资产等难以作为偿债的保证，即使在企业持续经营期间，上述资产的摊销价值也需要依靠存货等资产的价值才能得以补偿和收回，其本身并无直接的变现能力，相反还要对其他资产的变现能力产生反向影响。至于无形资产当中的商誉、商标权、专利权、非专利技术等能否用于偿债，也存在极大的不确定性。因此，资产负债率在评价企业的长期偿债能力方面存在一定的缺陷。

第二，对资产负债率的理解尚不统一，从不同立场和角度对这一指标的分析内容存在较大差异，在使用中比较容易混淆。从债权人的立场，资产负债率越低越好，该比率越低，即负债总额占全部资本的比例越小，表明企业对债权人的保障程度越高，债权人投入资本的安全性越大。反之，则表明企业对债权的保证程度越低，债权资本的风险较大，对债权人不利。因此，债权人总是希望企业的资产负债率保持在较低的水平。从股东的立场，资产负债率应保持较高的水平。从股东角度分析，企业资产报酬高于借款利息时，资产负债率越大越好。但是，如果企业财务前景欠佳，预期资产报酬率可能小于借款利率，所有者的利益也会受到不良影响。从企业财务的立场，资产负债率应保持适当的水平。企业负债资本的利息支出按税法规定可以从税前利润中抵扣，使企业少纳所得税，资产负债率越高，这种节税收益越大，然而该比率越高，不能偿还到期债务的风险也就越大。因此，企业财务前景较乐观时，应该适当增大资产负债率；反之，应降低资产负债率，以降低风险。

第三，资产负债率不能完全反映企业的偿债风险和能力，仍然存在一些特殊事项是资产负债率无法衡量的。例如，尽管借款金额相同，但若本金偿还的期限不同，其对现金流动的影响作用也不同。同样的贷款 100 万元，本金的还款期限是 10 年还是 5 年，对企业实际的偿债能力的影响效果是不一样的。其次，若借款本息是分期偿还的，会导致资产负债率逐年下降，但每年所需支付的利息及本金的金额并未发生变化，因此企业的偿债风险并没有降低。此外，资产负债率可能会因为资产评估以及会计政策如折旧政策的变更而发生变化，但由此引起的变化并不代表企业实际财务风险有所变化。

3. 资产负债率指标缺陷的改进方法

由于资产负债率使用中存在一些问题和缺陷，因此在对指标进行分析时，应综合考虑影响资产负债率准确性的几个因素。（1）结合营业周期分析：营业周期短的企业，资产周转速度快，可以适当提高资产负债率。（2）结合资产构成分析：流动资产占的比重比较大的企业可以适当提高资产负债率。（3）结合企业经营状况分析：发展扩张期的企业可适当提高资产负债率。（4）结合宏观经济环境分析，如利率和通货膨胀水平：当利率提高时，会加大企业负债的实际利率水平，增加企业的偿债压力，这时企业应降低资产负债率。（5）结合资产质量和会计政策分析：利息抵税等会计政策的调整也会影响企业对资产负债率的调整。（6）结合行业差异分析：不同行业资产负债率有较大差异。

（二）长期资本负债率

长期资本负债率（Long – term Capital to Debt Ratio），是指非流动负债占长期资本的百分比，其中长期资本为非流动负债与所有者权益的加总额。

长期资本负债率 = [非流动负债 ÷（非流动负债 + 所有者权益）] × 100%

1. 长期资本负债率的指标意义

长期资本负债率反映企业的长期资本结构，企业的长期资金（长期资本）来源包括非流动负债和所有者权益，因此本指标的含义就是长期资本中非流动负债所占的比例。企业在资本结构管理中经常会使用长期资本负债率，由于流动负债的金额长期变化，本指标剔除了流动负债的影响。

2. 长期资本负债率与资产负债率的关系

对比长期资本负债率与资产负债率的计算公式，长期资本负债率中的分子分母同时加上流动负债后即为资产负债率。同理，可想象一种极端的情况，即企业没有流动负债，此时长期资本负债率与资产负债率相同。此外，因为长期资本负债率剔除了流动负债的影响，因此相比资产负债率，在一定程度上更能反映企业的长期偿债能力。

（三）产权比率

产权比率（Debt to Equity Ratio），是负债总额与所有者权益总额的比率。在股份制企业中，产权比率也可以称为负债总额与股东权益总额的比率，是为评估资金结构合理性的一种指标。

产权比率 = 负债总额 ÷ 所有者权益总额 × 100%

1. 产权比例的指标意义

产权比率中分子负债总额其实代表的是企业的债权人权益，而分母所有者权益总额则反映的是企业所有者权益。因此产权比率指标将企业债权人权益与所有者权益结合起来，通过两项权益比较，衡量企业的偿债能力。

这一比率越低，表明企业的长期偿债能力越强，债权人权益的保障程度越高，承担风险越小，但企业不能充分地发挥负债的财务杠杆效应。所以企业在评价产权比率适度与否时，应从提高获利能力与增强偿债能力两个方面综合进行，即在保障债务偿还安全的前提下，应尽可能提高产权比率。

一般认为产权比率为 1:1（即 100%）以下时，表明企业是有偿债能力的，但还应该结合企业的具体情况加以分析。当企业的资产收益率大于负债成本率时，负债经营有利于提高资金收益率，获得额外的利润，这时产权比率可以适当高一些。

2. 产权比率与资产负债率的关系

资产负债率与产权比率都是反映企业长期偿债能力的指标，从计算公式中可以得出它们之间可以相互转化。

$$产权比率 = 负债总额 \div 所有者权益总额 \times 100\%$$
$$= 负债总额 \div (资产总额 - 负债总额) \times 100\%$$
$$= 资产负债率 \div (1 - 资产负债率) \times 100\%$$

资产负债率与产权比率二者的联系为：产权比率与资产负债率对评价企业偿债能力的作用基本相同，两者的经济利益有相同之处，具有互为补充说明的作用。

资产负债率与产权比率的区别为：资产负债率侧重于揭示总资产中有多少是靠负债取得的，分析说明企业债务偿付安全性的物质保证程度；产权比率侧重于揭示债务资本与权益资本的相互关系，说明财务结构的稳健程度以及所有者权益对偿债风险的承受能力。

3. 指标运用存在的缺陷

由于所有者权益是企业的一种净资产，也就是说产权比率最终以资产为物质保证而使所有者权益对偿债风险具有承受能力，而资产中有些项目，如无形资产、递延资产、待摊费用、待处理财产损溢等，其价值存在极大的不确定性，因此，在企业陷入财务危机或面临清算等特殊情况下，强调对债权人有形财产的保障，需要对产权比率进行必要的调整和补充，即计算、分析有形净值债务率。

（四）权益乘数

权益乘数即资产总额是所有者权益总额的多少倍，权益乘数反映了企业财务杠杆的大小，权益乘数越大，说明所有者投入的资本在资产中所占的比重越小，财务杠杆越大。

$$权益乘数 = 资产总额 \div 所有者权益总额 = 1 \div (1 - 资产负债率)$$

$$权益乘数 = 1 + 产权比率$$

权益报酬率是净利润与平均净资产的百分比，也叫净值报酬率、权益净利率或净资产收益率。

1. 指标意义

权益乘数越大，表明所有者投入企业的资本占全部资产的比重越小，企业负债的程度越高，即一般会导致企业财务杠杆率较高，财务风险较大。但是，若企业营运状况刚好处于向上趋势中，较高的权益乘数反而可以创造更高的利润，通过提高企业的权益乘数，对企业的股票价值产生正面激励效果。反之，该比率越小，表明所有者投入企业的资本占全部资产的比重越大，企业的负债程度越低，债权人权益受保护的程度越高。

2. 权益乘数与杜邦分析体系

权益乘数是杜邦分析体系中的重要指标。杜邦分析法，又称杜邦财务分析体系，简称杜邦体系，是利用各主要财务比率指标间的内在联系，对企业财务状况及经济效益进行综合系统分析评价的方法。该体系是以净资产收益率为龙头，以资产净利率和权益乘数为核心，重点揭示企业获利能力及权益乘数对净资产收益率的影响，以及各相关指标间的相互影响。在杜邦分析体系中，销售净利率是对企业盈利能力的衡量，总资产周转率是对企业营运能力的衡量，权益乘数是对企业偿债能力的衡量。杜邦分析法中几种主要的财务指标关系如下。

$$净资产收益率 = 资产净利率 \times 权益乘数$$

$$资产净利率 = 销售净利率 \times 总资产周转率$$

$$净资产收益率 = 销售净利率 \times 总资产周转率 \times 权益乘数$$

杜邦分析法有助于企业管理层更加清晰地看到净资产收益率的决定因素，以及销售净利率与总资产周转率、债务比率之间的相互关联关系，给管理层提供一张明晰的考察企业资产管理效率和是否最大化股东投资回报的路线图。

如果只用一个指标来衡量企业的优劣，净资产收益率是个不错的选择，也就是股东每投入一元资本在某一年里能赚取的利润，这个数值当然越高越好。那么，如何提高净资产收益率呢？常规想法无非是提高净利润或者减少净资产，但这都太过笼统，不宜付诸实践。

在这种情况下，杜邦公司开创性地提出了一种全新的思路，那就是寻找净资产收益率的驱动因素。通过简单的因式分解，就得到了传统的杜邦公式，即净资产收益率 = 销售净利率 × 总资产周转率 × 权益乘数。三个驱动因素中，销售净利率是利润表的总结，代表了企业的盈利能力；总资产周转率是资产负债表的概括，反映了企业的营运能力；权益乘数是资产负债表的概括，代表了企业的财务状况。

有了杜邦公式，就能轻易地分清企业的优势和劣势，就能找出股东回报率低的原因，然后对症下药。比如，如果销售净利率比较低，说明企业的盈利能力不强，如果总资产周转率很高，说明企业的营运能力很强，产品从销售到收回现金的时间较短，产品属于薄利多销型；如果销售净利率比较高，说明企业的盈利能力很强，如果总资产周转率很低，说明企业的营运能力很弱，产品从销售到收回现金的时间较长，产品属于厚利少销型；如果权益乘数较低，说明企业没有充分利用财务杠杆的作用，因为权益乘数 = 1 + 负债 ÷ 所有者权益，这个时候增加借款会提高净资产收益率。但权益乘数的提高不是无限制的，负债一多，企业的财务风险就会增大，因为每年需要偿还大量的固定利息。企业的资产负债率一高，再借款时的利率会很高，有可能会超过企业资产的收益率，这时再增加借款就得不偿失了。

（五）利息保障倍数

利息保障倍数，又称已获利息倍数（或者叫作企业利息支付能力比较容易理解），是指企业生产经营所获得的息税前利润与利息费用的比率（企业息税前利润与利息费用之比）。它是衡量企业支付负债利息能力的指标（用以衡量偿付借款利息的能力）。企业生产经营所获得的息税前利润与利息费用相比，倍数越大，说明企业支付利息费用的能力越强。因此，债权人要分析利息保障倍数指标，以此来衡量债权的安全程度。

利息保障倍数 = 息税前利润 ÷ 利息费用

息税前利润 = 净销售额 - 营业费用

息税前利润 = 销售收入总额 - 变动成本总额 - 固定经营成本

利息保障倍数指标反映企业经营收益为所需支付的债务利息的多少倍。只要利息保障倍数足够大，企业就有充足的能力支付利息；反之相反。

利息保障倍数的重点是衡量企业支付利息的能力，没有足够大的息税前利润，利息的支付就会发生困难。

利息保障倍数不仅能反映企业的获利能力，而且能反映获利能力对偿还到期债务的保证程度，它既是企业举债经营的依据，也是衡量企业长期偿债能力的重要标志。要维持正常偿债能力，利息保障倍数至少应大于1，且比值越高，企业长期偿债能力越强。如果利息保障倍数过低，企业将面临亏损、偿债的安全性与稳定性下降的风险。

1. 利息保障倍数的指标意义

对企业长期偿债能力的分析可以分为两个层面。一是对企业还本能力的衡量，这类指标主要包括资产负债率、长期资本负债率、产权比率、权益乘数等；但是企业的长期债务短期内并不需要还本，但是需每期按时付息，因此对企业长期偿债能力分析的另一类指标是对企业付息能力的衡量，利息保障倍数就属于此类指标。

利息保障倍数表明每1元利息支付有多少倍的息税前利润作为保障，它可以反映债务政策的风险大小。如果企业一直保持按时付息的信誉，则长期负债可以延续，举借新债也比较容易。利息保障倍数越大，利息支付越有保障。如果利息支付尚且缺乏保障，归还本金就更难指望。因此，利息保障倍数可以反映长期偿债能力。如果利息保障倍数小于1，表明自身产生的经营收益不能支持现有的债务规模。利息保障倍数等于1也很危险，因为息税前利润受经营风险的影响，很不稳定，而利息支付却是固定的。利息保障倍数越大，企业拥有的偿还利息的缓冲资金越多。

2. 利息保障倍数指标使用的注意事项

为了考察企业偿付利息能力的稳定性，一般应计算5年或5年以上的利息保障倍数。保守起见，应选择5年中最低的利息保障倍数值作为基本的利息偿付能力指标。

关于该指标的计算，须注意以下几点：（1）根据利润表对企业偿还债务的能力进行分析，作为利息支付保障的"分子"，只应该包括经常收益。（2）考虑特别项目（如火灾损失等）、停止经营、会计方针变更的累计影响。（3）利息费用不仅包括作为当期费用反映的利息费用，还应包括资本化的利息费用。（4）未收到现金红利的权益收益，可考虑予以扣除。（5）当存在股权少于100%但需要合并的子公司时，少数股权收益不应扣除。

12.7　营运能力分析

营运能力分析指标如图 12-7 所示。

存货周转率
应收账款周转率
应收账款平均占用变动率
营运资本周转率
流动资产周转率
流动资金产值率
不良资产比率
资产现金回收率
固定资产周转率
总资产周转率

图 12-7　营运能力分析指标

（一）存货周转率

存货周转率是企业一定时期销货成本与平均存货余额的比率，是分析企业营运能力的重要指标之一。它用于反映存货的周转速度，即存货的流动性及存货资金占用量是否合理，促使企业在保证生产经营连续性的同时，提高资金的使用效率，增强企业的短期偿债能力。存货周转天数是指企业从取得存货开始，至存货消耗、销售为止所经历的天数。存货周转天数越少，说明存货变现的速度越快。

存货周转率不仅可以用来衡量企业生产经营各环节中存货运营效率，而且还被用来评价企业的经营业绩，反映企业的绩效。计算公式如下。

$$\text{成本基础的存货周转率} = \text{销售成本} \div \text{平均存货余额}$$

$$\text{收入基础的存货周转率} = \text{销售收入} \div \text{平均存货余额}$$

$$\text{存货周转天数} = 360 \div \text{存货周转率}$$

$$\text{平均存货余额} = (\text{期初存货总额} + \text{期末存货总额}) \div 2$$

计算存货周转率时，使用“销售收入”还是“销售成本”作为周转额，是根据分析目的来区分的。如果分析目的是判断企业的短期偿债能力，应采用销售收入。如果分析目的是评估存货管理业绩，应当使用销售成本。

1. 存货周转率指标的评价

存货周转率指标的好坏反映企业存货管理水平的高低，影响企业的短期偿债能力，是整个企业管理的一项重要内容。一般来讲，存货周转速度越快，存货的资金占用水平越低，企业资金的流动性越强，存货转换为现金或者应收账款的速度越快。因此提高存货周转率可以提高企业的变现能力。但是存货周转率过高，也可能说明企业管理方面存在其他的一些问题，如存货水平太低，甚至经常缺货，或者采购次数过于频繁、采购批量太小等。存货周转率低说明企业存货管理不良，存货的流动性弱以及存货资金占用量不合理，存货的利用效率较低等问题。存货周转率低反映出以下问题。

（1）存货的储量不合理，资金占用过多。

因库存量大，导致流动资金占用额高，使得企业存货储备占用流动资金的额度明显高于其他的企业，无形中会积压大量资金，这会给企业流动资金周转带来较大的困难。

（2）存货管理不规范。

存货管理直接关系到企业的资金占用水平以及资产运作，不断提高企业存货管理水平，有助于提高企业的竞争力，在企业生存、发展、获利等方面起到重大作用。存货管理中缺乏科学的存货采购计划，即购货的时点和最佳存货储存量是模糊的，会出现采购频繁，存货积压过多，从而库存成本和资金占用都会较高。

（3）存货内部控制不健全。

企业的内部控制不健全会出现领用原材料的时候缺乏相关的审批手续，在进行定期或者不定期的存货清查盘查时，未对亏损或者报废的情况及时提出处理意见，就会导致账实不符，采购部门就不能很好地了解企业的存货情况，无法做出正确的采购计划。

（4）企业各部门之间缺乏合作交流。

企业各部门对存货的库存有不同的要求，较难调节，往往存在一定的冲突。再加上企业各部门之间有时又缺乏必要的交流，导致信息不通，不能及时对存货库存进行合理调整。

存货周转率在不同行业之间可能有较大的差别，合理的存货周转率应视产业特征、市场行情以及企业自身特点而定，进行财务分析时要将本企业的存货周转率与同行业的平均数进行对比，以衡量存货管理的效率。

2. 存货周转率指标在运用过程中应注意的问题

（1）在计算存货周转率时，要区分使用"销售收入"还是"销售成本"作为周转额。如果旨在分析企业的短期偿债能力，则采用销售收入；如果旨在分析评估企业的存货管理水平，则应采用销售成本。

（2）存货周转率并不是越低越好，而是应当保持在一个合理的范围内。如果企业的存货周转率比较高，可能是因为存货储备过低造成的，而存货储备不足会影响企业的正常生产销售活动，导致企业丢失潜在客户，或者因为增加存货的采购批量和生产批量造成存货订货成本和生产准备成本的上升。因此，企业需要在保持足够的存货储备与减少存货积压成本之间进行权衡，确定较为合理的存货储备水平。

（3）根据企业的生产经营性质来调整计算处理的方法。如果企业生产经营活动有较强的季节性，则年度内季度的销售成本与存货会有较大幅度的波动，因此，可以通过先计算各月份或者各季度的平均存货，然后再计算全年平均存货的方式以消除生产经营的季节性对存货周转率的影响。

（4）不同企业之间期末结存存货的会计处理方法会有所不同，如采用先进先出法、加权平均法的影响等，在将企业之间的存货周转率进行比较时应当考虑这一因素的影响。

（5）应当关注存货的结构变化。正常情况下，企业的产成品、自制半成品、原材料、在产品和低值易耗品之间是存在某种比例关系的。如果企业存货中某一类的比重发生了大幅度的变化，可能就会存在某种问题。比如，产成品的比重大幅度增加，其他项目减少，很可能是销售不畅，进而企业被迫放缓了生产节奏造成的。此时，总的存货余额可能并没有显著变化，甚至尚未引起存货周转率的显著变化。

3. 存货周转率的意义

存货周转率是反映企业销售能力和流动资产流动性的一个指标，也是衡量企业生产经营各个环节中存货运营效率的一个综合性指标。

（1）存货周转率不仅可以反映企业的销售能力，而且能用以衡量企业生产经营中的各有关方面运用和管理存货的工作水平。在存货平均水平一定的条件下，存货周转率越高，表明企业的销售成本越高，产品销售的数量增加，企业的销售能力加强。反之，则销售能力不强。企业要扩大产品销售数量，增强销售能力，就必须在原材料购进、生产过程中的投入、产品的销售、现金的收回等方面做到协调和衔接。

（2）存货周转率可以衡量存货的储存是否适当，是否能保证生产的不间断进行和产品的有序销售。存货既不能储存过少，造成生产中断或销售紧张，又不能储存过多，形成积压。

（3）存货周转率也可以反映存货结构合理和质量合格的状况。因为只有存货结构合理，才能保证生产和销售任务正常、顺利地进行；只有质量合格，存货才能有效地流动，从而达到提高存货周转率的目的。

（4）存货周转率还能间接反映企业的短期偿债能力。存货是流动资产中的重要的组成部分，在有的企业会达到流动资产总额的一半以上。因此，存货的质量和流动性对企业的流动比率具有举足轻重的影响并进而影响企业的短期偿债能力。

4. 案例分析

【例12-2】甲公司2×12年的销售成本为210 000万元，平均存货余额为30 000万元，2×11年的销售成本为180 000万元，平均存货余额为60 000万元，2×10年的销售成本为150 000万元，平均存货余额为40 000万元，计算甲公司存货周转率。

甲公司2×10—2×12年的财务数据如表12-8所示。

表12-8　甲公司2×10—2×12年的财务数据

单位：万元

项目	2×12年	2×11年	2×10年
销售成本	210 000	180 000	150 000
平均存货余额	30 000	60 000	40 000

甲公司2×10年存货周转率=150 000÷40 000=3.75（次）；甲公司2×11年存货周转率=180 000÷60 000=3（次）；甲公司2×12年存货周转率为210 000÷30 000=7（次）。

通过计算结果可以看出，2×12年的存货周转率比2×11年增加了4次，2×11年存货周转率比2×10年减少了0.75次。

甲公司2×11年的存货周转率比2×10年减少了0.75次，主要是因为2×11年的存货水平相对于2×10年有了较大幅度的增加，而销售成本的增加幅度较小，所以导致了2×11年的存货周转率比2×10年下降。2×12年存货比2×11年下降了50%，导致存货周转率大幅度增加，但是同时也应当注意平均存货余额的下降幅度过大，是否存在问题。因为存货太少而造成缺货，或者因为采购次数过于频繁等问题影响公司的正常生产，这样的状况也是不可取的。总之，存货周转率应当处于一个合理的范围，不能过高也不能过低，应该依据产业特征、市场行情以及企业自身的特点来决定。

（二）应收账款周转率

应收账款在流动资产中具有举足轻重的地位。企业的应收账款如能及时收回，企业的资金使用效率便能大幅提高。应收账款周转率就是反映企业应收账款周转速度的比率。它说明一定期间内企业应收账款转为现金的平均次数。用时间表示的应收账款周转速度为应收账款周转天数，也称平均应收账款回收期或平均收现期，它表示企业从获得应收账款的权利到收回款项、变成现金所需要的时间。

应收账款周转率是企业一定时期内主营业务收入净额同应收账款平均余额的比率。

$$应收账款周转率 = 主营业务收入净额 \div 应收账款平均余额$$

其中，主营业务收入净额是指企业当期主要经营活动所取得的收入减去折扣与折让后的数额。

$$应收账款平均余额 = （应收账款余额年初数 + 应收账款余额年末数） \div 2$$

$$应收账款余额 = 应收账款账面净值 + 坏账准备$$

一般来说，应收账款周转率越高越好，表明企业收账速度快，平均收账期短，坏账损失少，资产流动快，偿债能力强。与之相对应，应收账款周转天数则是越短越好。如果企业实际收回账款的天数超过了企业规定的应收账款天数，则说明债务人拖欠时间长，资信度低，增大了发生坏账损失的风险；同时也说明企业催收账款不力，使资产形成了呆账甚至坏账，造成了流动资产不流动，这对企业正常的生产经营是很不利的。但是，如果企业的应收账款周转天数太短，则表明企业奉行较紧的信用政策，付款条件过于苛刻，这样会限制企业销售量的扩大，特别是当这种限制的代价（机会收益）大于赊销成本时，会影响企业的盈利水平。

在分析企业应收账款周转率的过程中应当注意以下几个问题。首先，由于企业生产经营的季节性原因，使应收账款周转率不能正确反映企业销售的实际情况。其次，某些上市公司在产品销售过程中大量使用分期付款方式。再次，有些企业采取大量收取现金方式进行销售。最后，有些企业年末销售量大量增加或年末销售量大量减少。这些因素都会对应收账款周转率或周转天数造成很大的影响。投资者在分析这两个指标时应将企业本期指标和企业前期指标、行业平均水平或其他类似企业的指标相比较，判断该指标的高低。

但是应收账款周转率指标也存在一些不可避免的问题。

第一，分子的缺陷。应收账款周转率反映的是本年度应收账款转为现金的次数，那么公式中的分子应该是本年应收账款不断收回现金所形成的周转额，而把主营业务收入净额作为分子有失偏颇。笔者认为，主营业务收入净额既包括赊销额也包括现销额，实质上现销额与应收账款毫不相干，但企业为保守商业机密，会计报表上通常不提供现销、赊销金额。因此，为方便取数，把整个主营业务收入净额（不管是现销、赊销）列为分子未尝不可。但关键是主营业务收入净额（即便全是赊销）也仅仅是一年（一定时期）的经营成果，而一般很难在同一年（同一时期）全部收回现金。而且把主营业务收入净额列为分子还暗含一种前提假设，即本年（本期）的销售，无论哪家企业、无论何种经营状况、无论销售何时发生，本年（本期）都必须全部收回现金，只有这样应收账款周转率才能反映本年度或一定时期应收账款转为现金的次数。这种前提假设与实际不相符，因此，主营业务收入净额绝不是应收账款收回现金的周转额，其作为计算应收账款周转率的分子是不严谨的。

第二，分母的缺陷。应收账款周转率的分母是应收账款平均余额，即（上期数＋本期数）÷2，这里同样存在着一种假设，计算结果实际意义不大。如某企业上年底应收账款为100万元，至本期应收账款余额仍为100万元，（且不说主营业务收入多少，分子越大越失真），能说明什么情况呢？第一种假设，应收账款根本就没有发生额，这是很有可能的；第二种假设，应收账款发生多次周转，恰好与年初数相同。如第一种假设成立的话，应收账款作为分母计算的结果就根本没有意义，所以采用（上期数＋本期数）÷2的计算方式是不严谨的。

（三）应收账款平均占用变动率

应收账款平均占用变动率是将本期应收账款平均占用额与上期应收账款平均占用额相比。

应收账款平均占用变动率＝本期应收账款平均占用额÷上期应收账款平均占用额

该指标反映应收账款占用的变化情况，可用于对应收账款周转率的补充说明。如果该指标大于1，说明企业本期应收账款实际资金平均占用额大于上期；如果该指标小于1，则说明相反的情况。如果该指标过大，说明企业应收账款资金占用明显大于上期，假定企业销售额没有明显增长，也说明企业应收账款资金利用效率较差，需要查明原因。

【**例 12-3**】甲公司 2×10—2×12 年应收账款的年末余额分别为 3 559.69 万元、3 278.07 万元和 3 845.80 万元，试计算分析甲公司 2×12 年的应收账款平均占用变动率。

应收账款平均占用变动率 = [（3 278.07 + 3 845.80）÷ 2] ÷ [（3 559.69 + 3 278.07）÷ 2] = 1.04

应收账款平均占用变动率为 1.04，说明 2×12 年应收账款平均占用额大于 2×11 年度，但是变化并不大。

（四）营运资本周转率

营运资本周转率是比较一段期间营运资金的消耗相对产生销售的指标。

营运资本周转天数 = 存货周转天数 + 应收账款周转天数 − 应付账款周转天数

+ 预付账款周转天数 − 预收账款周转天数

营运资本周转率 = 计算期（360）÷ 营运资本周转天数

营运资本周转率表明企业营运资本的经营效率，反映企业每投入 1 元营运资本所能获得的销售收入，同时也反映每年每 1 元销售收入需要配备多少营运资金。一般而言，营运资本周转率越高，说明每 1 元营运资本所带来的销售收入越多，企业营运资本的运用效率也就越高；反之，营运资本周转率越低，说明企业营运资本的运用效率越低。营运资本周转率还是判断企业短期偿债能力的辅助指标。一般情况下，企业营运资本周转率越高，所需的营运资本水平也就越低，此时会观测到企业的流动比率或速动比率等可能处于较低的水平，但是由于营运资本周转速度快，企业的偿债能力仍然能够保持较高的水平。因此在判断企业短期偿债能力时也需要对营运资本的周转情况进行分析。

营运资本周转率不存在通用的衡量标准，只有将这一指标与企业的历史数据或者同行业其他企业的平均水平相比才有意义。如果营运资本周转率过低，表明营运资本使用率太低，即相对营运资本来讲，销售不足，有潜力可挖；如果营运资本周转率过高，则表明资本不足，处于业务清偿债务危机之中。

但是，营运资本周转率也是具有局限性，比如，营运资本周转率的影响因素是很复杂的，不能根据营运资本周转率的高低直接得出相关结论，而需要进行具体分析。比如，较低的营运资本周转率可能是企业所拥有的高额存货或者高额应收账款所导致的，也有可能是大额现金余额造成的；较高的比率可能是企业加强了应收账款和存货的管理，也有可能是企业投放于日常生产经营的资金不足。

（五）流动资产周转率

流动资产周转率指企业一定时期内主营业务收入净额同平均流动资产总额的比率，流动资产周转率是评价企业资产利用率的一个重要指标。

$$流动资产周转率 = 主营业务收入净额 \div 平均流动资产总额$$

$$平均流动资产总额 = （流动资产年初数 + 流动资产年末数）\div 2$$

$$流动资产周转天数 = 360 \div 流动资产周转率$$

主营业务收入净额是指企业当期销售产品或商品、提供劳务等主要经营活动取得的收入减去销售折扣与折让后的数额。

1. 流动资产周转率的指标评价及意义

流动资产周转率反映了企业流动资产的周转速度，是从企业全部资产中流动性最强的流动资产角度对企业资产的利用效率进行分析，以进一步揭示影响企业资产质量的主要因素。一般情况下，该指标越高，表明企业流动资产周转速度越快，利用越好。在一定时期内，流动资产周转次数越多，表明以相同的流动资产完成的周转额越多，流动资产利用的效果越好。流动资产周转速度用周转天数表示时，周转一次所需要的天数越少，表明流动资产在经历生产和销售各阶段时占用的时间越短，周转越快。

在较快的周转速度下，会相对节约流动资产，相当于流动资产投入的增加，在一定程度上增强了企业的盈利能力；而周转速度慢，则需要补充流动资金参加周转，会形成资金浪费，降低企业盈利能力。生产经营任何一个环节上的工作得到改善，都会反映到流动资产周转天数的缩短上来。按天数表示的流动资产周转速度能更直接地反映生产经营状况，便于比较不同时期的流动资产周转速度，应用较为普遍。

要实现该指标的良性变动，应以主营业务收入增幅高于流动资产增幅做保证。对该指标的对比分析，可以促进企业加强内部管理，充分有效地利用流动资产，如降低成本、调动暂时闲置的货币资金用于短期投资创造收益等，还可以促进企业采取措施扩大销售，提高流动资产的综合使用效率。

2. 分析流动资产周转率指标的注意问题

流动资产周转率作为反映流动资产周转情况的基本指标，并不存在绝对合理的标准，通常需要结合行业或者地区同时期数值考虑。在分析流动资产周转状况时，可以从流动资产周转率开始，并将应收账款周转率、存货周转率、营运资本周转率作为流动资产周转率的补充，综合分析。

（六）流动资金产值率

流动资金产值率是指一定时期内已完成的产值与流动资金平均占用额的比率，用以反映流动资金的利用效果，通常按年度计算。

$$流动资金产值率 = 年度产值 \div 年度流动资金平均占用额$$

其中，年度产值，在工业企业是按照"工厂法"计算的工业总产值，包括验收入库的成品价值、工业性作业价值，以及自制半成品、在制品的期初期末差额价值。在施工企业，年度产值为建筑业总产值，包括施工产值和附属生产企业外销构件产值。

流动资金产值率指标的含义是：企业使用一定量的流动资金为社会提供多少产品和工程。使用同量的流动资金所完成的产品或工程越多，产值越高，表明企业的流动资金的利用效果越好；反之，则越差。在计划或核算的工作中，流动资金的利用效果往往用流动资金产值率的倒数，即产值流动资金率来表示。它的计算公式如下。

$$产值流动资金率 = 年度流动资金平均占用额 \div 年度产值$$

该指标表示的是：企业完成一定产值所占用的流动资金越少，流动资金利用效果越好；反之，则越差。

（七）不良资产比率

不良资产比率是指企业年末不良资产总额占年末资产总额的比率。它是从企业资产管理角度对企业资产营运状况进行的修正。

$$不良资产比率 = 年末不良资产总额 \div 年末资产总额 \times 100\%$$

年末不良资产总额是指企业资产中存在问题、难以参加正常生产经营运转的部分，主要包括三年以上应收账款、其他应收款及预付账款，积压的存货、闲置的固定资产和不良投资等的账面余额，待处理流动资产及固定资产净损失，以及潜亏挂账和经营亏损挂账等。

企业的不良资产是指企业尚未处理的资产净损失和潜亏（资金）挂账，以及按财务会计制度规定应提未提资产减值准备的各类有问题资产预计损失金额。

银行的不良资产主要是指不良贷款，俗称呆坏账。也就是说，银行发放的贷款中不能按预先约定的期限、利率收回本金和利息的部分。银行的不良资产主要是指不良贷款，包括逾期贷款（到期未还的贷款）、呆滞贷款（逾期两年以上的贷款）和呆账贷款（需要核销的收不回的贷款）三种情况。

一般意义而言，不良资产是不能参与企业正常资金周转的资产，如债务单位长期拖欠的应收款项、企业购进或生产的呆滞积压物资以及不良投资等。

（1）不良资产比率着重从企业不能正常循环周转以谋取收益的资产角度反映了企业资产的质量，揭示了企业在资产管理和使用上存在的问题，用以对企业资产的营运状况进行补充修正。

（2）该指标在用于评价工作的同时，也有利于企业发现自身不足，改善管理，提高资产利用效率。

（3）一般情况下，本指标越高，表明企业沉积下来、不能正常参加经营运转的资金越多，资金利用率越差。该指标越小越好，0是最优水平。

（八）资产现金回收率

资产现金回收率是经营活动现金净流量与全部资产的比率。

$$资产现金回收率 = 经营活动现金净流量 \div 企业资产总额 \times 100\%$$

资产现金回收率旨在考评企业全部资产产生现金的能力，该比值越大，说明企业利用资产创造的现金流入越多，整个企业获取现金能力越强，经营管理水平越高。反之，则企业经营管理水平越低，经营者有待提高管理水平，进而提高企业的经济效益。

需要说明的是，将上述公式求倒数，可以分析全部资产用经营活动现金收回需要的期间长短。因此这个指标体现了企业资产的收回的含义。回收期越短，说明资产获现能力越强。

（九）固定资产周转率

固定资产周转率有几种情况。

$$固定资产周转率 = 销售收入 \div 平均固定资产净值$$

$$平均固定资产净值 = （期初固定资产净值 + 期末固定资产净值）\div 2$$

$$固定资产周转天数 = 360 \div 固定资产周转率$$

$$固定资产与收入比 = 平均固定资产净值 \div 销售收入$$

注意固定资产原价、固定资产净值和固定资产净额的区分：固定资产原价是固定资产的历史成本（通常为购入时的入账价值）；固定资产净值 = 固定资产原价 - 累计折旧；固定资产净额（又称固定资产账面价值）= 固定资产原价 - 累计折旧 - 已计提减值准备。

固定资产周转率表示在一个会计年度内，固定资产周转的次数，或表示每1元固定资产支持的销售收入。

固定资产周转天数表示在一个会计年度内，固定资产转换成现金平均需要的时间，即平均天数。固定资产的周转次数越多，则周转天数越短；周转次数越少，则周转天数越长。

固定资产与收入比表示每 1 元销售收入需要的固定资产。

固定资产周转率主要用于分析对厂房、设备等固定资产的利用效率，比率越高，说明利用率越高，管理水平越高。如果固定资产周转率与同行业平均水平相比偏低，则说明企业对固定资产的利用率较低，可能会影响企业的获利能力。它反映了企业资产的利用程度。

（十）总资产周转率

$$总资产周转率 = 营业收入净额 \div 平均资产总额 = 销售收入 \div 总资产$$

$$总资产周转天数 = 360 \div 总资产周转率$$

营业收入净额是减去销售折扣及折让后的净额；平均资产总额是指企业资产总额年初数与年末数的平均值。

总资产周转率是综合评价企业全部资产的经营质量和利用效率的重要指标。总资产周转率越大，说明总资产周转越快，企业销售能力越强。企业可以通过薄利多销的办法，加速资产的周转，带来利润绝对额的增加。

总资产周转率综合反映了企业整体资产的营运能力，体现了企业经营期间全部资产从投入到产出的流转速度，反映了企业全部资产的管理质量和利用效率。一般来说，资产的周转次数越多或周转天数越少，表明其周转速度越快，企业营运能力也就越强。对该指标的对比分析，可以反映企业本年度以及以前年度总资产的运营效率和变化，发现企业与同类企业在资产利用上的差距，促进企业挖掘潜力、积极创收、提高产品市场占有率、提高资产利用效率。

1. 不同使用者对该指标的运用

（1）股东通过资产运用效率分析，可以判断企业财务安全性及资产的收益能力，以进行相应的投资决策。

（2）债权人通过资产运用效率分析，可以了解其债权的物质保障程度或其安全性，从而进行相应的信用决策。

（3）管理者通过资产运用效率的分析，可以发现闲置资产和利用不充分的资产，从而处理闲置资产以节约资金，或提高资产利用效率以改善经营业绩。

2. 指标分析要点

（1）由于年度报告中只包括资产负债表的年初数和年末数，外部报表使用者可直接用资产负债表的年初数来代替上年平均数进行比率分析。这一代替方法也适用于其他利用资产负债表数据计算的比率。

（2）如果企业的总资产周转率突然上升，而企业的销售收入却无多大变化，则可能是企业本期报废了大量固定资产造成的，而不是企业的资产利用效率提高。

（3）如果企业的总资产周转率较低，且长期处于较低的状态，企业应采取措施提高各项资产的利用效率，处置多余、闲置不用的资产，提高销售收入，从而提高总资产周转率。

（4）如果企业资金占用的波动性较大，总资产平均余额应采用更详细的资料进行计算，如按照月份计算。

3. 指标运用存在的缺陷

总资产周转率公式中的分子是指扣除折扣和折让后的销售净额，是企业从事经营活动所取得的收入净额；而分母是指企业各项资产的总和，包括流动资产、长期股权投资、固定资产、无形资产等。众所周知，总资产中的对外投资，给企业带来的应该是投资损益，不能形成销售收入。可见公式中的分子、分母口径不一致，进而导致这一指标前后各期及不同企业之间会因资产结构的不同失去可比性。

4. 影响总资产周转率的因素

一般而言，影响总资产周转率的因素包括：企业所处的行业以及经营背景、企业经营周期的长短、企业资产构成以及质量、资产管理的力度以及企业所采取的财务政策等。

（1）企业所处的行业以及经营背景不同会影响总资产周转率。

不同的行业有不同的资产，比如制造业可能需要占用大量的原材料、在产品、产成品及设备等，其资产占用量越大，资产周转相对越慢；而服务业，尤其是劳动密集型和知识型的服务业，企业除了人力资源，几乎很少有其他资产，按照当前的会计制度，人力资源没有作为资产进行处理，因此这类企业资产占用非常少，其资产周转较快。企业的经营背景不同，其资产周转也会呈现不同的趋势。在落后的经营管理中，企业资产周转一般较慢；相反，在现代经营和管理背景下，各种先进的技术手段和理念的运用可有效地提高资产运用效率，提高资产周转率。

（2）企业经营周期的长短不同会影响总资产周转率。

经营周期的长短可以通过应收账款周转天数和存货周转天数近似地反映出

来，因此可由应收账款周转天数和存货周转天数之和简化经营周期。经营周期长短对资产周转有重大影响：经营周期越短，资产流动性越强，在同样的期间内实现的销售次数越多，销售收入的累计额越大，资产周转越快。

（3）企业资产构成以及质量的不同也会影响总资产周转率。

企业资产可以分为流动资产和非流动资产，流动资产的数量和质量决定了企业的流动性，而非流动资产的数量和质量决定了企业的生产经营能力。在一定时间内，固定资产或者不良资产比例较高时，往往造成资产流动性不足，资金积压，影响资产周转效率。

（4）资产管理的力度以及企业所采取的财务政策不同，也会影响总资产周转率。

资产管理力度越大，拥有越合理的资产结构和越优良的资产质量，资产周转越快；反之则越慢。不同的财务政策会导致资产账面价值的不同，比如企业财务快速折旧政策可以减少固定资产账面净值，从而提高资产周转率；又比如企业采取比较宽松的信用政策时，会导致应收账款的占用增加，资产的周转速度相应变慢。

13.1 收入、成本分析

13.1.1 收入构成分析

（一）主营收入与其他收入分析

企业的收入分析不仅应该包括量的分析，也要重视在质这一层面的分析。企业的收入包括主营业务收入、其他业务收入、营业外收入等。对企业现有的收入构成状况进行相关分析，不仅可以对企业现有的收入情况进行分析，了解企业的经营方针、方向，还有助于对企业未来进行长期发展规划，制定相应战略目标。

（二）现销收入与赊销收入分析

对于企业而言，经营现金流的稳定与可持续是非常重要的。企业销售商品、提供劳务所获得的收入总额与企业所能获得的现金流并不一定相等。企业的现销收入与赊销收入的占比受企业的销售策略、企业的市场份额、商品的适销程度的影响较大。在市场经济条件下，赊销作为商业秘密并不要求企业披露其赊销收入情况。所以，这种分析方法更适用于企业内部财务分析。

13.1.2 成本构成分析

（1）全部销售成本完成情况分析。

全部销售成本分析，是根据企业本年度产品生产、销售成本表的相关资料，对企业全部销售成本的本年实际完成情况与上年度实际情况进行对比分析，从产品种类角度出发找出各类产品或各主要主营业务成本升降的幅度，以及对全部销售成本的影响程度。全部销售成本分析的一般步骤如下：将本年度全部产品销售总成本与按本年度实际销售量计算的上年实际销售总成本进行对比，求出销售成本的增减额和增减率。计算公式如下。

全部销售成本降低额 = 本年度实际销售成本 − 按本年度实际销售量计算的上年实际销售总成本

全部销售成本降低率 = 全部销售成本降低额 ÷ 按本年度实际销售量计算的上年销售总成本

（2）计算主营业务成本和非营业务成本降低额和降低率，以及主营业务成本与非主营业务成本降低对全部销售成本降低的影响。主营业务成本和非营业务成本降低额和降低率可用（1）中公式计算，只是计算范围不同。主营业务成本与非主营业务成本降低对全部销售成本降低的影响的计算公式如下。

主营业务成本降低对全部销售成本降低的影响 = 主营业务成本降低额 ÷ 按本年度实际销售量计算的上年销售总成本

非主营业务成本降低对全部销售成本降低的影响 = 非主营业务成本降低额 ÷ 按本年度实际销售量计算的上年销售总成本

通过以上方面的分析，可以对企业的全部成本支出进行全面的了解，分析了企业所有销售成本的本年完成情况，而且从产品类别上找出了销售总成本增减变动的原因，为加强成本管理指明了方向。

13.1.3 费用构成分析

（一）三大期间费用构成分析

与财务成果直接相关的三大期间费用有销售费用、管理费用和财务费用。对各项期间费用进行分析可采用水平分析法和垂直分析法。运用水平分析法可将各费用项目的实际数与上期数或预算数进行对比，以揭示各项费用的完成情况及产生差异的原因。运用垂直分析法则可揭示各项费用的构成变动，说明费用构成变动的特点。

（二）单项费用数额较大项目分析

财务费用、管理费用、销售费用共同构成企业的期间费用，这三项费用对于衡量企业的日常经营管理的效率非常重要。企业可以通过加强对日常经营管理，来降低企业的期间费用。对于单项费用数额较大的项目，企业可以通过加强企业的内部控制，来降低企业的经营成本，通过有针对性的专业分析，加强企业的成本管理。

13.1.4 费用控制分析

企业费用在一定时期内会保持相对稳定的状态，企业通过比较近两年的会计账簿及相关的凭证可以了解企业近两年的费用变化情况，借此分析费用的变动、企业本年度的经营管理效率、企业是否通过合理的改善措施使得自身的效率得到有效提高，进一步揭示企业的管理空间。

13.2 利润状况分析

13.2.1 利润贡献度分析

主营业务与其他业务利润贡献分析：与收入、成本情况分析相对应，企业的利润分析也应该包括主营业务利润分析、其他业务利润分析，以衡量企业经营方针的制定是否正确，分析企业是否具备核心竞争力，以及企业今后发展方向如何。

13.2.2 利润质量分析

（一）利润构成角度分析

利润总额构成来源主要有主营业务利润、其他业务利润、投资净额、营业外收支净额等。其中，主营业务利润是企业经营活动的基本成果，它是企业在一定会计期间所获得的最主要、最稳定的利润来源。企业应该对主营业务利润在企业利润总额中所占的比重大小进行分析，进而看出企业的日常经营是否合理。投资者通过对该部分利润的分析，可以看出企业的长期发展潜力与企业的市场占有状况，进而做出合理的选择。

（二）现金流量角度分析

财务理论的一个重要结论是：资产的内在价值是其未来现金流量的现值。现金流量表的主要作用在于提供评价企业支付能力和偿债能力、企业本期现金流量的实际数据和企业本期收益质量的信息，预测企业未来的现金流量。因此，现金流量体现的是企业财务状况的动态方面。利润表中的净利润反映的是权责发生制下的盈利水平，而现金流量表中的经营活动现金流量反映的是收付实现制下的盈利水平，是实实在在的现金利润。将两者相比，可以看出企业净利润是否有足够的现金保障。

13.3　业绩分析

13.3.1　成本中心业绩分析

成本中心是成本（费用）发生的主要责任中心，是对企业日常经营过程中发生的成本（费用）解析控制的责任中心。因为它只能控制企业的经营成本（费用），而无法控制企业的销售和净收益，因而只需对成本（费用）负责。为此，成本中心业绩分析的主要指标是成本（费用）增减额、成本（费用）增减率以及与其作业相关的非财务指标等。

成本（费用）增减额 ＝ 实际成本（费用）额 － 预算成本（费用）额

成本（费用）增减率 ＝ 成本（费用）增减额 ÷ 预算成本（费用）额

运用该指标对成本中心进行评价时，必须注意区分企业的可控成本（费用）和不可控成本（费用）。对于企业而言，只有可控成本（费用）才能作为评价的内容。可控成本（费用）是指能为责任中心所控制、为其工作好坏所影响的成本，否则即为不可控成本（费用）。成本（费用）可控还是不可控，是相对于某一特定责任中心而言的。通常情况下，此成本中心的可控成本（费用）应该是彼责任中心的不可控成本（费用）。各责任中心只应对其可控成本（费用）负责任，因而对各成本中心的财务业绩分析只能限于其可控成本（费用）。

对企业的成本中心进行业绩分析的另一个关键点在于对非财务指标的运用。

成本中心通常运用于较低层的组织，而财务业绩指标的综合性特征使其在成本中心的运用非常有限，非财务指标更普遍适用于成本中心。因此，在对成本中心业绩分析指标的设计中，应特别重视非财务指标在其中的运用。比较而言，非财务指标对成本中心的业绩分析更为重要。当然，不同成本中心的作业性质、作业内容不同，其非财务指标也不尽相同，必须针对每一企业的具体情况具体确定。

13.3.2　利润中心业绩分析

利润中心与成本中心的不同点在于它需要对成本与收入中心负责，而且要将收入与成本对比考核其利润。由于利润是综合因素作用的结果，因此在企业经营中对利润中心的业绩分析应以收益指标为主要考虑因素。由于不同的利润中心的可控范围不同，因此用于评价其收益的指标亦不相同，一般可包括毛利、贡献毛益、营业利润三个不同层次的收益指标。

（一）毛利

毛利等于销售收入与销售成本的差。作为利润中心的考核指标，毛利包含了利润中心管理者所能控制的销售收入和销售成本两个因素，满足了责任会计制度的基本要求，有利于各部门进行成本分析与控制。此外，由于这一指标不包含销售费用因素，能促使各部门管理者调整产品结构，以获取最大毛利。但正由于毛利没有包含销售费用的因素，在采用这一考核指标时，必须注意由于毛利增加所引起的销售费用的增加。如果毛利增加导致销售费用的更大增加，从而使企业净收益减少，这就违背了目标一致性原则，是不可取的。

（二）贡献毛益

贡献毛益是毛利总额减去直接费用后的差额。计算各部门贡献毛益首先要区分直接费用和间接费用。直接费用是指那些由于特定部门的业务所引起、能直接归属于该部门并能为该部门所控制的费用，如按部门、产品分工的推销员工资等。间接费用是指那些由企业整体受益，不能直接归属于某一部门的费用，如企业管理人员工资等。用某一部门毛利减去其直接费用即是该部门的贡献毛益。至于间接费用，则作为一个单独的项目列在贡献毛益之下，不再在各部门间分配。采用贡献毛益指标对利润中心进行业绩分析，有其明显的优越性。

（三）营业利润

营业利润是企业在上述毛利额基础上减去各部门应负担的销售费用（包括推销费用和管理费用）后的余额。采用营业利润作为评价指标，克服了上述毛利指标带来的利润中心目标和企业目标不一致的问题。但是，由于企业发生的间接费用都是间接地为各部门产品生产和销售服务的，而这些间接费用中通常属于共同费用，它们不能直接确认归属于某一部门，只能根据企业具体情况，分别采用适当的比例加以分配。共同费用的分配必须公平合理，这是保证营业利润可控及保护各部门积极性的关键。

13.3.3　投资中心业绩分析

投资中心是具有项目、业务投资决策权的中心，与利润中心相比，投资中心的权利与责任都比较大，它不仅要对企业的成本、利润负责，而且必须对资金的投资效益负责。在进行投资中心的业绩评价时，既要评价其运营成本和收益状况，更要结合其投入占用资金的状况，全面衡量其投资报酬率的高低和投资效果的好坏。一般来说，投资中心的业绩分析有两个重要财务指标，即投资报酬率与剩余收益。

（一）投资报酬率

投资报酬率是投资中心一定时期内的营业利润和该期的投资占用额之比。计算公式如下。

$$投资报酬率 = 营业利润 \div 投资占用额 \times 100\%$$

在实务中，为了解更详细的情况，投资报酬率公式通常还可扩展如下。

$$投资报酬率 = 销售利润率 \times 投资周转率$$

其中：

$$投资周转率 = 销售收入 \div 投资占有率$$

投资报酬率包含了投入、产出两大因素及其相互关系，从而较为全面地反映了投资中心的绩效。销售利润率和投资周转率二者的侧重点不一致：销售利润率表示销售收入能给企业带来的利润，关注的是产品的盈利能力；投资周转率表示每 1 元投资所能产生的销售收入，其着眼点在于资产利用效率。投资周转率越大，意味着资产利用效率越高。在投资占用额一定的情况下，要提高投资周转率就要采用各种方式促进销售。对投资报酬率的分解分析，有助于了解投资报酬率高低的原因，寻找提高投资报酬率的正确途径。投资报酬率综合反映了投资中心的经营业绩。作为评价指标，它主要有两方面的作用：它考虑了投资规模，是一个相对数指标，可用于不同投资中心，对不同企业、不同时期的比较具有广泛的用途；它可以用于扩充业务的投资决策。

（二）剩余收益

剩余收益是一个部门的营业利润超过其预期最低收益的部分。一个部门的预期最低收益是该部门的投资占用额与企业最高管理层所确定的预期最低投资报酬率的乘积。

$$剩余收益 = 营业利润 - 预期最低收益$$
$$= 营业利润 - 投资占用额 \times 预期最低报酬率$$

剩余收益和投资报酬率起互补作用。剩余收益弥补了投资报酬率的不足，用该指标评价业绩有助于在投资决策方面使投资中心利益和企业整体利益取得一致。一项投资，只要其报酬率高于预期报酬率，就能带来剩余收益，为投资中心所接受，这也将有益于企业整体效益的提升；反之，该投资项目不利于企业时，也将减少投资中心的剩余收益，从而约束投资中心对其选择。再次强调的是：责任业绩分析并非只有上述财务指标基础上的评价，所有的责任中心均会有重要的非财务指标，如产品或劳务的质量、经营周期、顾客满意度及员工满意度等。特别是在作业中心、职能部门等成本、费用中心这样一些低层次的责任中心中，非财务指标远比财务指标更为重要。

13.3.4 企业整体业绩分析

如前所述，对企业整体业绩分析可以是多角度、多方向的。从管理控制系统的观点出发，可将企业整体业绩分析视为企业管理层对企业自身绩效进行的客观整体评价，其主要意义在于：对于企业在整个市场和行业中的地位，或者说是对企业的未来发展潜力进行客观的自我评价，并结合对企业的关键成功因素的相关分析，最终达到提升企业价值、巩固企业地位的目的。常用于企业整体业绩分析的单一财务指标主要有利润、股价、经济增加值等。

（一）利润

用利润作为单一的业绩分析指标，是许多企业的现实做法。用于业绩分析的利润既可以是利润的绝对数，如净利润、利润总额、息税前利润等；也可以是利润的相对数，如投资报酬率、每股收益等。两种形式各有利弊。

（二）股价

以股价作为业绩分析指标，是从外部资本市场角度对企业经营业绩进行判断。股价作为市场指标，其波动完全由外部自由市场机制所决定，没有企业管理层主观能动性的参与。从理论上说，股价是长期业绩和短期业绩相互作用所产生的结果，从而具有更全面、更长远、更完整的参考价值。首先，股价高低既反映了股东的经济利益，又反映了企业价值。其次，股价反映的是企业未来期间的发展潜力，而不仅仅是当前已获取的经济利益，特别是在新的科技环境中，股价比会计利润更能反映企业的真实价值。

（三）经济增加值

经济增加值是从企业内外部评价趋同的角度来考虑设计的指标，近年来受到经济学界的普遍重视。经济增加值在经济学中又被定义为经济利润，它是企业税后营业利润减去资本成本总额后的余额，用公式表示如下。

$$经济增加值（EVA）＝税后营业利润 - 加权资本成本 × 占用的资本额$$
$$＝（投资资本收益率 - 加权资本成本）× 占用的资本额$$

经济增加值将会计利润与经济利润相联系，能准确衡量任何给定的会计期间的企业的经营业绩。经济增加值以会计利润为起点，但有两个方面不同于会计利润：经济增加值是减去资本成本后的剩余收益；经济增加值是对营业利润进行相应调整后的结果。以经济增加值为目标导向的管理涵盖了企业经营管理决策的所有方面，从战略计划、资源分配、兼并与分立、确定年度目标，一直到日常经营决策等，而所有这些活动的最终目标都是增加经济增加值。这种使业绩分析与业绩管理紧密结合的方式是经济增加值指标区别于传统的剩余收益及其他业绩分析指标的重要特点。而且，经济增加值的评价方法通过指标设计，以及和业绩分析其他环节的配合，有效地控制了对指标的人为操纵和企业经营者的短期行为，促进了目标一致，这也是其他业绩分析指标所不及的。所有这些均使得在进行业绩分析时经济增加值指标越来越得到许多大公司的青睐。但是，经济增加值也存在一些误导使用者的缺点。例如，处于成长阶段的公司经济增加值可能较少，而处于衰退阶段的公司经济增加值可能较高。同时，这种业绩分析方式相对更适用于以股东利益至上为经营目标、处于发展成熟期的大型公司等。

13.4　利润表的整体分析

13.4.1　比率分析

利润表能够提供许多对企业而言具有参考价值的比率指标，如盈利能力指标、发展能力指标、偿债能力指标、成本费用指标等。分析这些指标，需要结合资产负债表、现金流量表和与表外信息有关的指标。企业盈利能力的大小及盈利水平的高低直接关系到投资者的投资回报率高低。利润表中各项目之间的关系有一个重要作用，就是反映企业的盈利能力。具体来说，与利润表相关的财务比率如图 13-1 所示。

图 13-1　与利润表相关的财务比率

（一）销售毛利率

毛利是指销售收入与销售成本之差，销售毛利率是指毛利占销售收入的百分比。计算公式如下。

$$销售毛利率 = （营业收入 \div 营业成本）\div 营业收入 \times 100\%$$

销售毛利率表示每 100 元销售收入在扣除销售成本之后，有多少钱可以用于弥补各项期间费用和形成盈利。如果企业的销售毛利率很高，即使净利润很小，但其增长空间很大，可以通过加强管理提高利润。

（二）主营业务利润率

主营业务利润率是指企业的主营业务利润与主营业务收入的比率。该指标反映企业每 100 元主营业务收入为企业带来的主营业务利润，说明企业在增加收入、提高经营业绩方面的管理绩效，是企业销售的最终盈利能力指标。该指标越大，说明企业的主营业务盈利能力越强，企业的发展前景越好。计算公式如下。

$$主营业务利润率 = 主营业务利润 \div 主营业务收入 \times 100\%$$

（三）营业增长率

营业增长率是指企业在本年营业收入增长额同上年同期间营业收入总额的比率。该指标反映企业业务的增长情况，反映企业的发展能力与市场前景。该指标越大，说明企业业务发展越快，企业市场前景与发展能力越好。计算公式如下。

$$营业增长率 = 本年营业收入增长额 \div 上年营业收入总额 \times 100\%$$

（四）销售净利率

销售净利率是指净利润与营业收入的百分比，表明企业每 100 元产品或商品销售收入净额带来的净收益。计算公式如下。

$$销售净利率 = 净利润 \div 营业收入 \times 100\%$$

销售净利率与净利润成正比关系，与营业收入成反比关系。企业在提高销售收入的同时，必须更多地增加净利润，才能提高销售净利率。销售净利率越高，说明企业的活力越强，发展前景越好；反之，若销售净利率降低，说明企业的成本费用上升，会影响企业的长期发展。分析销售净利率时，可以将连续几年中企业该项指标的变化进行纵向比较，从而确定销售净利率的发展变化趋势，同时也可以与同行业平均水平进行横向比较，以具体评价企业盈利能力的高低。

（五）成本费用利润率

成本费用利润率是指企业一定时期的利润总额与企业成本费用总额的比率。该指标反映企业发生每 100 元耗费给企业带来的利润额。成本费用利润率越大，说明同样的成本费用能取得更多的利润，或者取得同样的利润只要花费更少的成本费用，表明企业的盈利能力越强，管理的绩效越好。计算公式如下。

$$成本费用利润率 = 利润总额 \div 成本费用总额 \times 100\%$$

公式中的成本费用总额提指企业本年度所发生的营业成本、销售费用、管理费用和财务费用之和。

（六）总资产利润率

总资产利润率是指企业利润总额与企业平均资产总额的比率，是反映企业资产综合利用效果的指标，也是衡量企业利用债权人和所有者权益总额所取得的盈利的重要指标。该比率越高，表明资产利用的效果越好，整个企业盈利能力越强，经营管理水平越高。计算公式如下。

$$总资产利润率 = 利润总额 \div 平均资产总额 \times 100\%$$

其中，平均资产总额是资产总额年初与年末数的算术平均数。

（七）资本净利润率

资本净利润率是企业净利润与平均资本总额（所有者权益）的比率，是反映投资者资本的盈利能力的指标。该比率越高，说明企业运用资本创造利润的效果越好；反之，则说明资本的利用效果不佳。计算公式如下。

$$资本净利润率 = 净利润 \div 平均所有者权益 \times 100\%$$

其中，平均所有者权益是所有者权益的期初与期末总额的算术平均数。

（八）资本保值增值率

资本保值增值率是指所有者权益的期末总额与期初总额之间的比率，是考核企业的经营管理者对投资者投入资本的保值、增值能力的重要指标。该指标大于 100% 时表明所有者权益增加，该指标小于 100% 时表明所有者权益减少。计算公式如下。

$$资本保值增值率 = 期末所有者权益总额 \div 期初所有者权益总额 \times 100\%$$

（九）资本金利润率

资本金利润率是指企业利润总额除以平均实收资本或资本金的比率，利用该指标可以判断企业的投资效益。计算公式如下。

$$资本金利润率 = 利润总额 \div 平均资本金 \times 100\%$$

（十）销售增长率

销售增长率是指企业本年营业收入增长额同上年度营业收入的比率。计算公式如下。

$$销售增长率 = （本年营业收入 - 上年营业收入）\div 上年营业收入 \times 100\%$$

销售增长率如果为正数，说明企业本年销售收入较上年有所增长，销售增长率越大，说明增长速度越快，企业的市场前景越好；若销售增长率为负数，则说明企业产品销路不畅，或是在售后服务上存在问题。不断增加的销售收入是企业生存和发展的基础和条件。

13.4.2 利润表水平分析

（一）利润表水平分析的目的

利润表水平分析，就是将利润表的实际数与对比标准或基数进行比较，以揭示利润变动差异。由此可见，利润表水平分析的目的在于揭示利润额的差异及产生原因。由于利润对比标准或基数不同，其分析目的或作用也不同。当以利润表预算为对比基数时，分析的目的在于评价利润预算完成情况，揭示影响利润预算完成情况的原因；当以上年利润表为对比基数时，分析的目的在于评价利润增减变动情况，揭示本年利润与上年对比产生差异的原因。

（二）利润表主表分析评价

（1）各项利润分析：从利润形成角度看，通常进行以下分析。

①净利润或税后利润分析：净利润是指企业所有者最终取得的财务成果或可供企业所有者分配或使用的财务成果。

②利润总额分析：利润总额是反映企业全部财务成果的指标，它不仅反映企业的营业利润，而且反映企业的对外投资收益，以及营业外收支情况。

③营业利润分析：营业利润是指企业营业收入与营业成本及税金等之间的差额。它既包括主营业务利润，也包括其他业务利润，并在两者之和基础上减去销售费用、管理费用与财务费用等。它反映了企业自身生产经营业务的财务成果。

④主营业务利润分析：主营业务利润是企业主营业务收入扣除主营业务成本、主营业务税金及附加后的利润得来的，不包括其他业务利润、投资收益、营业外收支等因素。

（2）主要项目变动原因分析。

①财务费用与补贴收入的变动分析：财务费用的变动可由以下方面引起：第一，利息支出，指企业短期借款利息、长期借款利息、应付票据财务费用资金流动利息、票据贴现利息、应付债券利息、长期应付引起国外设备款利息等利息支出（除资本化的利息外）减去银行存款等的利息收入后的净额。第二，汇兑损失，指企业因向银行结售或购入外汇而产生的银行买入、卖出价与记账所采用的汇率之间的差额，以及月度（季度、年度）终了，各种外币账户的外币期末余额按照期末规定汇率折合的记账人民币金额与原账面人民币金额之间的差额等。第三，相关的手续费，指发行债券所需支付的手续费（需资本化的手续费除外）、开出汇票的银行手续费、调剂外汇手续费等，但不包括发行股票所支付的手续费等。第四，其他财务费用，如融资租入固定资产发生的融资租赁费用等。补贴收入是指国有企业得到的各级财政部门给予的专项补贴收入，其变动项目主要包括：企业实际收到的先征后返的增值税款；企业实际收到的按销量或工作量等，依据国家规定的补助定额计算并按期给予的定额补助；属于国家财政扶持的领域而给予的其他形式的补助。

②非经营因素对净利润的影响分析：根据利润表补充资料，可以获得企业出售、处置部门从被投资单位所得收益，自然灾害发生的损失；会计政策变更增加（或减少）的利润总额，会计估计变更增加（或减少）的利润总额以及债务重组损失等信息。这些分析对评价经营业绩是十分必要的。

（三）利润表附表分析评价

（1）利润分配表分析：对利润分配表进行分析，可以反映企业利润分配的数量与结构变动，揭示企业在利润分配政策、会计政策以及国家有关法规变动方面对利润分配的影响。

（2）分部报表分析：分部报表是从企业（集团）各行业、各地区方面研究其经营业务的收入、成本、费用、营业利润、资产总额和负债总额等情况的报表。分部报表可分为地区分部报表和行业分部报表两类。分部报表本身可以被看作分析表，可直接根据分部报表进行分地区和分行业的经营评价。另外，也可以通过分部报表水平分析，揭示各行业和地区经营状况与标准对比的差异程度。

（四）利润表附注分析

利润表附注分析主要是根据利润表附注及财务情况说明书等相关详细信息，分析说明企业利润表及附表中的重要项目的变动情况，深入揭示利润形成及分配变动的主观原因与客观原因。

13.4.3 利润表垂直分析

（一）利润表垂直分析的目的

利润表垂直分析是通过计算利润表中各项目或各因素在主营业务收入中所占的比重，分析说明各项财务成果及成本费用的结构及其增减变动的合理程度。利润表垂直分析，既可从静态角度分析评价实际（报告期）利润构成状况，也可从动态角度，将实际利润构成与标准或基期利润构成进行分析评价。对于标准与基期利润构成，既可用预算数，也可用上期数，还可用同行业可比企业数。利用不同的比较标准将实现不同的分析评价目的。

（二）利润表垂直分析的评价

对利润表垂直分析的评价可按以下几个方面进行。

（1）通过对净利润、利润总额、营业利润和主营业务利润占主营业务收入比重的相关分析，明确100元收入净利润形成中各环节的贡献或影响程度。

（2）通过对销售成本占主营业务收入的比重分析评价，揭示企业成本水平。

（3）通过对期间费用占主营业务收入的比重分析评价，揭示企业期间费用管理水平。

（4）通过对利润表附表的结构分析，特别是对分部报表的结构分析，评价企业在不同行业、不同地区的经营业绩和管理水平。

13.4.4 利润表趋势分析

（一）利润表趋势分析的目的

利润表趋势分析是通过计算利润表中各项目在一个较长时期的变动情况，观察各项利润及其影响因素的变动趋势。利润表趋势分析，既可揭示企业经营活动业绩与特征，又可为企业利润预测、决策及预算指明方向。

（二）利润表趋势分析的内容

利润表趋势分析，既可对利润表全部项目进行变动情况计算与分析，也可对利润表中主要项目进行趋势计算与分析。分析期的确定应能体现趋势特点，通常不少于 5 年。

13.4.5　利润表分析的类型

（1）总体分析：分析企业的盈利状况和变化趋势。

（2）结构分析：通过利润构成的结构分析，分析企业持续产生盈利的能力、利润形成的合理性。

（3）财务比率分析：利用财务比率指标分析。

（4）项目分析：对企业经营成果产生较大影响的项目和变化幅度较大的项目进行具体分析。主要的项目有：营业收入、营业成本、销售费用、管理费用、财务费用、投资收益、所得税费用等项目。

现金流量表分析主要是通过对现金流量表内不同项目的比较，发现相同项目或不同项目之间的数量关系。本章主要从现金流量充足性分析、现金流量有效性分析、现金流量收益质量分析、现金流量表比率分析、现金流量表趋势分析这五个方面来介绍。

14.1 现金流量充足性分析

所谓现金流量充足性，是指企业现时获得现金收入是否能够满足企业现时投资所需要投入的现金、是否能够满足日常产品生产所需资金、是否能够满足偿还债务所需资金、是否能够满足企业支付股利所需现金等。下面将重点介绍有关现金流量充足性的比率指标：现金流量满足率、固定资产再投资率、债务保障率、股利支付率，如图 14-1 所示。

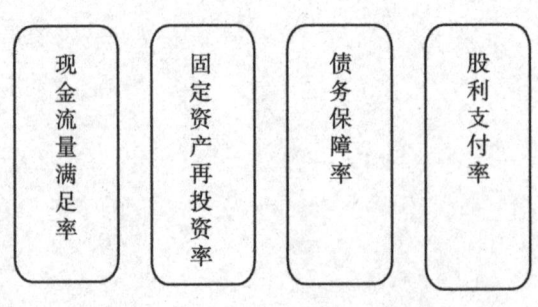

图 14-1　现金流量充足性指标

14.1.1　现金流量满足率

现金流量满足率是指企业经营活动现金流量净额与投资活动现金流量净额的比率，计算公式如下。

现金流量满足率 = 经营活动现金流量净额 ÷ 投资活动现金流量净额 × 100%

现金流量满足率反映了企业利用经营活动产生的现金流量净额来满足企业的投资活动资金需求的能力。如果该指标大于 100%，表明企业通过经营活动创造的现金流量净额能够满足企业投资活动的资金投入需求；如果该指标小于 100%，则表明企业仅通过经营活动获得的现金流量净额不能满足投资活动所需资金投入需求，而必须通过其他渠道来进行融资。

14.1.2　固定资产再投资率

固定资产再投资率是指企业购置固定资产的支出总额与经营活动的现金流量净额的比率，计算公式如下。

固定资产再投资率 = 购置固定资产支出总额 ÷ 经营活动现金流量净额 × 100%

该指标反映了企业在经营活动所获得的现金流量净额用于再投资固定资产的比率。

14.1.3　债务保障率

债务保障率是负债总额与经营活动现金流量净额之间的比率，计算公式如下。

债务保障率 = 负债总额 ÷ 经营活动现金流量净额 × 100%

该指标反映了企业的现时偿债能力。比率越高，表明企业经营活动产生的现金流量净额对负债总额的偿还的保障能力越差；比率越低，表明企业现时偿债的保障能力越强。

14.1.4　股利支付率

股利支付率是企业股利支付额与经营活动现金流量净额的比率，计算公式如下。

股利支付率 = 股利支付额 ÷ 经营活动现金流量净额 × 100%

该指标反映了企业经营活动产生的现金流量净额用于支付股东股利的比例高

低。该指标越高，表明企业经营活动产生的现金流量净额用于支付股东股利的比例越大；该指标越低，表明企业经营活动产生的现金流量净额用于支付股利的比例越小。

14.2　现金流量有效性分析

现金流量的有效性是指企业的现金流量为企业创造利润的能力。如何评价企业的现金流量是否有效呢？可以从以下三个方面来进行分析。

第一，企业日常经营业务的含金量如何，也就是说企业通过销售最终获得的现金比例是否足够大。企业在销售收入增长较快、利润增长较快的情况下，如果不能同时获得相应的现金收入，那说明企业经营的含金量是比较低的。

第二，企业现金流动的速度。现金流动的速度是指企业的资产转变成现金的速度，也可以说是企业营业周期的长短。企业从投入资金购买原材料，到生产加工、生产出产成品，然后通过销售最终获得现金，这一个过程的长短就是现金流动的速度。很显然，现金从投入到再次获得现金，这个速度越快表明企业的经营状况越好，企业的现金创造能力越强，资产的利用效率越高。

第三，现金流动的获利能力，即现金流动是否带来了现金回报，使企业的经营实力增强。也就是说，企业的现金流动是否创造出了新的现金，从而改善了企业的财务状况。假如企业现金流动的过程中新增了现金，那么表明企业的经营业务是高质量的；假如现金流动的过程中不但没有新增现金，而且导致流动现金减少，就表明企业的经营业务是存在问题的。

反映企业经营业务含金量的指标如下。

（1）销售收现率。

（2）盈余现金保障倍数。

反映企业现金流动速度的指标如下。

（1）现金周转次数。

（2）流动资产现金周转次数等。

反映企业现金流动盈利能力的指标如下。

（1）销售净现率。

（2）资产现金报酬率。

（3）资本现金收益率等。

现金流量有效性指标如图 14-2 所示。

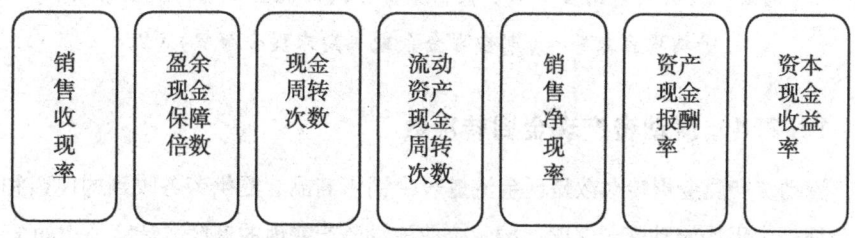

图 14-2 现金流量有效性指标

14.2.1 销售收现率

销售收现率是现金流量表中销售商品、提供劳务收到的现金与利润表中营业收入的比值，反映当期销售收入中现金的收回程度。计算公式如下。

$$销售收现率 = 销售商品、提供劳务收到的现金 ÷ 营业收入 × 100\%$$

该指标越大，表明企业的营业收入转换为现金的能力就越强，以应收账款形式存在的销售收入占比相对较小，企业的营业收入的质量也就越高。企业的销售收现率指标大于 100%，表明企业本期的现金收入中有一部分现金来自收回上年度营业收入或是企业预收的下年度款项；该指标小于 100%，说明企业本期的营业收入中有一部分并未收回现金。销售收现率越高，销售所取得的现金越多。

14.2.2 盈余现金保障倍数

盈余现金保障倍数是现金流量表中经营活动产生的现金流量净额与利润表中净利润之间的比率，计算公式如下。

$$盈余现金保障倍数 = 经营活动现金流量净额 ÷ 净利润 × 100\%$$

该指标反映了企业经营活动创造现金收入的能力，反映了企业当期每 1 元的净利润中，有多少属于现金利润。该指标越高，表明企业经营活动创造现金收入的能力越强，企业经营活动的经营绩效越好。

14.2.3　现金周转次数

现金周转次数是现金流量表中销售商品、提供劳务收到的现金和企业平均现金余额的比率，反映企业现金流的周转速度。计算公式如下。

$$现金周转次数 = 销售商品、提供劳务收到的现金 ÷ 平均现金余额$$
$$平均现金余额 = (期初现金余额 + 期末现金余额) ÷ 2$$

14.2.4　流动资产现金周转次数

流动资产现金周转次数是现金流量表中销售商品、提供劳务收到的现金和资产负债表中平均流动资产之比，揭示企业流动资产变现的速度。计算公式如下。

$$流动资产现金周转次数 = 销售商品、提供劳务收到的现金 ÷ 平均流动资产$$
$$平均流动资产 = (期初流动资产 + 期末流动资产) ÷ 2$$

该指标与销售收现率的区别，主要在于该指标能够更加准确地揭示企业存货转化为现金的速度和能力；而销售收现率分母用的是营业收入，存在赊账销售的影响，即存货已经销售出去但并没有收回现金的影响。

14.2.5　销售净现率

销售净现率是现金流量表中经营活动产生的现金流量净额与利润表中营业收入的比值，表示每1元销售收入当期能够带来多少的当期现金利润，反映经营业务的收现能力及造血功能。计算公式如下。

$$销售净现率 = 经营活动现金流量净额 ÷ 营业收入 × 100\%$$

销售净现率越高，说明企业销售的现金收益越高，企业的造血能力越强，企业的盈利水平越高，企业的财务状况就会得到改善。与销售净利率或销售利润率指标相比，该指标是从现金角度反映企业经营业务的盈利能力，是对从利润角度所反映的企业盈利能力的一种补充或修正。

14.2.6　资产现金报酬率

资产现金报酬率是现金流量表中经营活动产生的现金流量净额与资产负债表中年平均资产总额的比值，从现金净收益的角度反映了企业资产的经营收现水平或资产的现金报酬率。计算公式如下。

$$资产现金报酬率 = 经营活动现金流量净额 ÷ 平均资产总额 × 100\%$$

$$平均资产总额 = （期初总资产 + 期末总资产）\div 2$$

该指标与资产报酬率的区别主要在于：资产报酬率是从利润角度出发计算的资产收益能力，该指标是从现金角度出发计算的资产收益能力，应该说该指标比资产报酬率更加严格、更可靠，它揭示了企业资产的综合管理水平和造血功能。一般来说，该指标越高，表明企业资产的利用效率越高，经营管理水平越高。

14.2.7　资本现金收益率

资本现金收益率是企业现金流量表中经营活动产生的现金流量净额与资产负债表中年平均净资产之比，反映了投入企业资本的现金盈利能力。计算公式如下。

$$资本现金收益率 = 经营活动现金流量净额 \div 平均净资产$$
$$平均净资产 = （期初净资产 + 期末净资产）\div 2$$

与净资产收益率相比，该指标不考虑企业非经常性损益的影响，也不考虑企业相互之间信用关系的影响，揭示了企业当期经营活动取得的现金收益的能力。该指标是对净资产收益率的有效补充。对那些提前确认收益而长期未收现的企业，可以用资本现金收益率与净资产收益率进行对比，从而发现净资产收益率中的一些水分。

14.3　现金流量收益质量分析

收益质量是指实现利润的优劣程度，即报告利润与企业业绩之间的相关性。若利润能够如实反映企业业绩，则其收益质量较高，否则较低。从广义上讲，收益质量主要包括利润的真实性和收益的稳定性。现行的现金流量分析局限于企业的获利能力、偿债能力和支付能力等方面，不仅对企业利润质量的分析不够系统、全面，而且也远远满足不了新经济的发展。笔者认为，从现金流量角度对收益质量进行分析，只有在现金流量表、利润表和资产负债表之间进行比率分析和对现金流量表进行表内的结构分析，才能剔除现行相关利润质量指标评价体系的弊端。

14.3.1　收益真实性分析

利润的真实性是企业利润质量的基础。因此，利润质量分析应以利润真实程度分析为前提。主要指标如下。

$$收益现金比率 = 每股现金流量 \div 每股收益$$

$$每股现金流量 = 经营活动现金净流量 \div 流通的普通股股数$$

$$每股收益 = 净利润 \div 流通的普通股股数$$

仅就某一个会计期间而言，当期实现利润中可能有相当部分未收回现金，该比率会出现小于 1 的情况；但从企业可持续经营角度分析，本期收入中的一部分会递延到以后各期才能收回现金，同时，本期收到的现金中也会包含一部分以前期间的应收款项，企业的销售业务通常不会出现大起大落的情形，经营性现金流量中也未减去折旧等项目，因此，正常情况下的每股现金流量应高于每股收益，即收益现金比率通常应该大于 1。因此判断企业是否具备投资价值不仅要看其账面盈利，更要看它能创造多少实实在在的现金流量。另外，需要特别提及的是，要进一步明确利润的真实水平，还应当考虑企业的销售方式（是否存在大规模分期收款发出商品）、相关的信用政策（是否存在重大政策事项的调整）以及所属行业的具体特征（是否属于房地产等一次投资分期收回现金的行业），才能得出比较正确的结论。

14.3.2　收益稳定性分析

企业管理当局可以通过造假、隐匿等手段来粉饰财务报表，选择披露较高的收益，但却很难在长时期内保持这一较高的收益水平。因此，在评价企业的收益质量时，必须考察利润的发生或增长是否具有稳定性与可持续性。主要指标如下。

$$现金流入量结构比率 = 经营活动现金流入量 \div 现金流入总量$$

该指标可用于评价企业自身经营创造现金的能力。该指标较高，说明企业的财务基础稳固，经营及获利的持续稳定性程度较高，利润质量较好；反之，说明企业的现金获得在很大程度上依赖投资和筹资活动，财务基础和获利能力的持续稳定性程度较低，利润质量较差。

14.4　现金流量表比率分析

14.4.1　现金流量表偿债能力分析

关于企业的偿债能力分析，我们在资产负债表指标分析中有过详细介绍，如流动比率等。但是，流动比率是企业的流动资产与流动负债之比，而流动资产体现的是能在一年或一个正常的营业周期内变现的资产，包括了许多流动性不强的项目，如呆滞的存货、有可能收不回的应收账款，以及本质上属于费用的待摊费用、待处理流动资产损失和预付账款等。它们虽然具有资产的性质，但事实上却不能在短时间内再次转变为现金，不再具有偿付债务的能力。而且，不同企业的流动资产结构差异较大，资产质量各不相同，因此，仅用流动比率等指标来分析企业的偿债能力，往往有失公允。运用经营活动现金流量净额与资产负债表相关指标进行对比分析，作为流动比率等指标的补充，能更好地分析企业的偿债能力。事实上，企业举债来弥补自有资金的不足，最终用于偿债的直接资产就是现金。因此用现金流量来衡量企业的偿债能力更加直观和保险。利用现金流量表对企业偿债能力进行分析，主要是用现金与债务进行比较，常用的指标主要有现金流动负债比、现金比率、现金债务总额比、现金到期债务比，如图 14-3 所示。

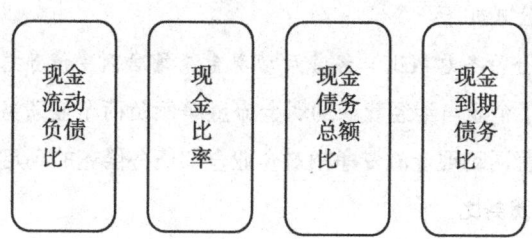

图 14-3　现金流量表偿债能力指标

1. 现金流动负债比

现金流动负债比，是用现金流量表中经营活动现金流量净额与资产负债表中流动负债进行比较，其公式如下。

$$现金流动负债比 = 经营活动现金流量净额 \div 流动负债总额$$

由于企业的流动负债大多来源于企业的经营活动，所以用该指标能很好地反映企业偿还实际流动负债的能力。

2. 现金比率

企业真正能提供现金偿还流动负债的，不单单是经营活动现金流量净额。所以财务分析中考虑了企业现金资产与流动负债的比较，这就是现金比率。现金资产包括货币资金、交易性金融资产等。现金比率的公式如下。

$$现金比率 = (货币资金 + 交易性金融资产) \div 流动负债总额$$

如果该指标偏低，说明企业依靠目前现金偿还债务的压力比较大；如果该指标较高，则说明企业能比较轻松地依靠目前的现金偿还当前债务。计算现金比率对于分析企业的短期偿债能力具有十分重要的意义，因此现金比率是衡量企业短期偿债能力的一个重要指标。因为流动负债不同于长期负债，长期负债最起码也得一年后才偿还，企业有较充裕的时间来筹集偿债资金，以还本付息。而流动负债期限很短（一般都不超过 1 年），很快就需要用现金来偿还。如果企业手中没有一定储备现金，而需要等到债务到期临时筹资去偿还债务，就容易出问题。对于债权人来说，现金比率总是越高越好。现金比率越高，说明企业的短期偿债能力越强；现金比率越低，企业的短期偿债能力越弱。

3. 现金债务总额比

不管是流动负债还是长期负债，都是需要企业用现金实际偿还的债务。所以，仅仅考虑企业偿还流动负债的能力是不全面的，还需要衡量企业偿还所有债务的能力，这就涉及现金债务总额比。该指标用经营活动现金流量净额与债务总额进行比较，其公式如下。

$$现金债务总额比 = 经营活动现金流量净额 \div 债务总额$$

该指标反映了企业当年经营活动现金流量净额负荷企业债务总额的能力，可用于衡量当年经营活动现金流量净额对企业全部债务偿还的满足程度。

4. 现金到期债务比

现金到期债务比即经营活动现金流量净额与本期将到期债务的比值。公式如下。

$$现金到期债务比 = 经营活动现金流量净额 \div 本期到期债务$$

本期到期债务是指企业将到期的长期债务和应付票据，不包括企业的短期借款和应付账款。对这一指标进行考察，可根据该指标大小直接判断企业的即时偿债能力，可帮助报表使用者对企业即将到期且不能展期的债务偿还能力予以衡量。

5. 现金流量表偿债能力分析小结

对企业管理层来说，通过现金流量与企业负债的比较分析，可以测定企业的偿债能力，这就有利于做出相应决策：企业是扩大融资还是缩减融资，是马上归还借款还是尽早申请借款展期等措施。而对债权人来讲，企业与现金相关的偿债能力的强弱，是他们做出放贷决策，或决定何时收回贷款的基本依据。

14.4.2　现金流量表盈利能力分析

关于企业的获利能力，我们在相关利润表指标分析时有过详细介绍，但是，企业经营的成绩除了在利润表中有所体现，同时也可以通过现金流量的分析来衡量。对于一个企业来说，评价其盈利能力最终要落实到现金流入能力上，即通过对企业现金流量的分析来对企业的盈利能力进行客观分析。利用现金流量表分析企业的盈利能力，就是把企业经营活动产生的现金流量净额与净利润、总资本等进行比较，从而揭示企业保持现有经营水平、创造未来利润的能力。与现金流量表项目相关，用于反映企业盈利能力的指标主要有销售现金比率、总资产净现率、盈利现金比率、现金获利指数等，如图 14-4 所示。

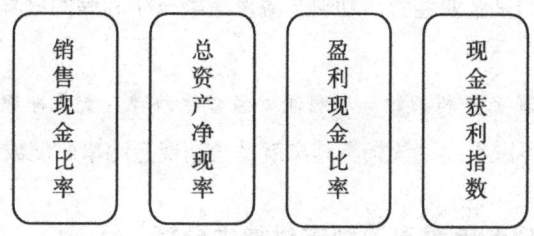

图 14-4　现金流量表企业盈利能力指标

1. 销售现金比率

销售现金比率，即经营活动现金流量净额与同期销售收入总额的比值，它能够准确地反映企业每实现 100 元的销售收入，收到的净现金是多少。计算公式如下。

$$销售现金比率 = 经营活动现金流量净额 \div 销售收入总额 \times 100\%$$
$$销售收入总额 = 主营业务收入 + 其他业务收入$$

2. 总资产净现率

总资产净现率，即经营活动现金流量净额与平均资产总额的比值。它用来衡量每 100 元的资产，本年内通过经营带来了多少现金。计算公式如下。

$$总资产净现率 = （经营活动现金流量净额 + 分得股利或利润所收到现金$$
$$+ 现金利息支出 + 所得税付现）÷ 平均资产总额 × 100\%$$

$$平均资产总额 = （期初资产总额 + 期末资产总额）÷ 2。$$

3. 盈利现金比率

盈利现金比率，即经营活动现金流量净额与净利润的比值。它用来衡量企业每获得的 100 元利润中，有多少是从经营活动中获得的可以随时使用的现金。计算公式如下。

$$盈利现金比率 = 经营活动现金流量净额 ÷ 净利润 × 100\%$$

总之，盈利现金比率从现金流入和流出的角度，对企业盈利的质量进行评价。一般来说，盈利现金比率越大，企业的盈利能力与质量就越高。在企业净利润大于 0 的情况下，如果该比率小于 1，说明企业本期净利润中存在未实现的现金收入，即使企业本期盈利，也可能发生现金短缺。

4. 现金获利指数

考核企业经营活动现金流量净额与净利润的关系，有时会用到现金获利指数，该指标反映的是企业经营活动现金流量净额与净利润的差异程度，计算公式如下。

$$现金获利指数 = 净利润 ÷ 经营活动现金流量净额$$

从计算公式可以看出，该指标其实就是盈利现金比率的倒数。

14.4.3 现金流量表股利支付能力分析

企业的股利支付能力分析主要是通过将其当期业务取得的现金收入特别是经营活动产生的现金收入，同企业各种日常开支相比来进行的。按企业经营和分配的正常程度，当企业将本期经营活动现金收入同本期偿还的债务、发生的支出进行配比后，其余额即为可用于投资及分配的现金。在不考虑筹资活动的情况下，它们的关系是：可用于投资、分配股利（利润）的现金 = 本期经营活动现金收入 + 投资活动现金收入 - 偿还债务现金支出 - 经营活动现金支出。一般来讲，若企业本期可用于投资、分配股利（利润）的现金大于零，说明企业当期经营活动现金收入加上投资活动现金收入足以支付本期债务及日常活动支出，且尚有结余用于再投资或利润分配；反之，则说明企业尚需通过筹资来弥补支出的不足。关于企业股利支付能力的指标主要有每股经营现金流量净额、现金股利比率和经营活动现金流量净额与股本之比等。

1. 每股经营现金流量净额

每股经营现金流量净额，即企业经营活动现金流量净额与普通股股数的比值，它反映的是企业对股东进行现金股利分配的最大能力。计算公式如下。

$$每股经营现金流量净额 = 经营活动现金流量净额 \div 普通股股数$$

这一指标说明了企业每一份普通股股本拥有的经营活动现金流量净额。普通股股东要想分得现金股利，最基本的条件是企业有可以用于分派现金股利的现金，企业的投资活动和筹资活动取得的现金都不能用于分配股利。只有经营性现金净收入才可以真正用来分派股利。该指标越高，说明企业可以用于分派普通股股利的现金越充足。

2. 现金股利比率

现金股利比率，即企业经营活动现金流量净额与现金股利的比率，该指标表示的是：企业用当期正常经营活动所产生的现金流量净额来支付股利的能力程度。计算公式如下。

$$现金股利比率 = 经营活动现金流量净额 \div 现金股利总额$$

一般认为，现金股利比率越大，表明企业支付股利的能力越强，因为企业有足够的现金流可以保证现金股利的支付。但事实并非完全如此，其原因是：企业的股利分配政策有很多种，如果当年企业采用了保守的股利分配政策，即基本不分派股利，或者很少比率地分派股利，在这样的情况下，计算出来的现金股利比率很高，却在企业间缺乏可比性。

3. 经营活动现金流量净额与股本之比

企业经营活动现金流量净额与股本之比，即对企业本期经营活动现金流量净额给股本的回报程度的考核，表示的是股东投入的每 100 元股本，在本期产生的经营活动现金流量净额有多少。计算公式如下。

$$经营活动现金流量净额与股本之比 = 经营活动现金流量净额 \div 股本总额 \times 100\%$$

这一指标虽然不能直接说明企业的实际股利支付能力，却也从股东权益的角度说明了企业在多大程度上能够产生对股东权益形成保障的现金流量，进而有利于股东考核企业未来支付股利的能力。

14.4.4 现金流量表企业发展能力分析

企业要实现自身规模的不断扩大，就必须追加大量长期资产，反映在现金流量表中即投资活动中的现金流出量要大幅度增加。无论是对内投资的现金流出量，还是对外投资的现金流出量，它们的大幅度增加，往往意味着一个新的投资机会和发展机遇的到来。在对企业的发展能力进行分析时，需要将投资活动与筹资活动产生的现金流量联系起来，才能分析出企业未来可能的发展状况。

（1）当投资活动中的现金净流出量与筹资活动中的现金净流入量在本期的数额都相当大时，说明该企业在保持内部经营稳定进行的前提下，从外部筹集了大笔资金用于扩大生产经营规模，其未来的发展能力应该是较强的。

（2）反之，当投资活动中的现金流入量与筹资活动中的现金流出量在数额上比较接近且都较大时，则说明企业在保持内部经营稳定进行的前提下，将大笔对外投资的资金收回（主要通过收回投资、处置固定资产等方式），用于支付到期债务。在这种情况下，企业就难以产生扩张的动机，其自我发展能力也较弱。

14.5 现金流量表趋势分析

现金流量表趋势分析，主要是通过观察连续几个报告期的现金流量表，对报表中的全部或部分重要项目进行对比，比较分析各期指标的增减变化，并在此基础上判断企业发展趋势，进而对企业未来发展趋势做出预测的一种方法。

现金流量表趋势分析的特点如下。

（1）现金流量表趋势分析可以帮助报表使用者了解企业财务状况的变动趋势，分析企业财务状况变动的原因，并在此基础上预测企业未来财务状况，从而为决策提供依据。在运用趋势分析法时，一般需要注意以下细节：趋势分析注重可比性，具体问题具体分析。例如，正常经营的同一企业在不同时期如果采用不同的会计政策，则现金流量表的变化就不能完全说明其财务状况的变化趋势。也就是说，在进行趋势分析的若干年数据中，如果某年的编制条件或企业的重大外部因素改变，其数据在趋势分析中就不再具有可比性，也就不能反映企业的发展趋势。这就如同赛车比赛，一旦赛车出现故障，或者速度太慢，就不能加入相应级次的比赛，因为该选手不再是这一级次的选手，和别人没有可比性。

（2）趋势分析需要分析的报告期比较长，既然是趋势分析，1 年的数据分析就无所谓趋势，至少是 2 年，而且比较期越长，越能客观反映情况及趋势。这就好比吹气球，气球口就那么大，打气筒是安在上面的，但到底是在放气还是在吹气，在瞬间是看不出来的，需要观察数秒，甚至数分钟，你发现气球是不断鼓起来的，那就证明是在往里吹气，如果看到气球越来越小，那就是在放气。趋势分析也一样，认定了某一比率，如通过总资产净现率来衡量企业的盈利能力，可能需要分析连续 5 年的变化才能判断企业的盈利能力变化。

（3）在实际操作中，现金流量表趋势分析常常与资产负债表和利润表等财务报表分析相结合。只有将不同报表资料结合起来，才能更清晰、全面地了解企业的财务状况及发展趋势，了解其与同行的差距，正确评价企业当前、未来的偿债能力、盈利能力和发展能力，以及企业当前和前期所取得的利润的质量，从而科学地预测企业未来财务状况，为报表使用者做出决策提供正确的依据。

第 15 章
所有者权益变动表分析

所有者权益变动表是指反映构成所有者权益各组成部分当期增减变动情况的报表。所有者权益变动表应当全面反映一定时期所有者权益变动的情况，不仅包括所有者权益总量的增减变动，还包括所有者权益增减变动的重要结构性信息，让报表使用者准确理解所有者权益增减变动的根源。

在所有者权益变动表中，综合收益和与所有者（或股东）的资本交易导致的所有者权益的变动，应当分别列示。企业至少应当单独列示反映下列信息的项目：（1）综合收益总额；（2）会计政策变更和差错更正的累积影响金额；（3）所有者投入资本和向所有者分配利润等；（4）提取的盈余公积；（5）所有者权益各组成部分的期初和期末余额及其调节情况。

为了清楚地表明构成所有者权益的各组成部分当期的增减变动情况，所有者权益变动表应当以矩阵的形式列示：一方面，列示导致所有者权益变动的交易或事项，改变了以往仅仅按照所有者权益的各组成部分反映所有者权益变动情况，从所有者权益变动的来源对一定时期所有者权益变动情况进行全面反映；另一方面，按照所有者权益各组成部分（包括实收资本、资本溢价、其他综合收益、盈余公积、未分配利润和库存股等）及其总额列示交易或事项对所有者权益的影响。此外，企业还需要提供比较所有者权益变动表，所有者权益变动表还就各项目再分为"本年金额"和"上年金额"两栏分别填列。

所有者权益变动表的格式如表 15-1 所示。

表 15－1　所有者权益变动表

编制单位：　　　　　　　　　年度　　　　　　　　　　　　　　　　　　会企 04 表

单位：元

项目	本年金额										上年金额									
	实收资本（或股本）	其他权益工具			资本公积	减：库存股	其他综合收益	专项储备	盈余公积	未分配利润	所有者权益合计	实收资本（或股本）	其他权益工具			资本公积	减：库存股	其他综合收益	专项储备	盈余公积	未分配利润	所有者权益合计
		优先股	永续债	其他									优先股	永续债	其他							
一、上年年末余额																						
加：会计政策变更																						
前期差错更正																						
其他																						
二、本年年初余额																						
三、本年增减变动金额（减少以"－"号填列）																						
（一）综合收益总额																						
（二）所有者投入和减少资本																						
1. 所有者投入的普通股																						

417

续表

项目	本年金额										上年金额									
	实收资本（或股本）	其他权益工具			资本公积	减：库存股	其他综合收益	专项储备	盈余公积	未分配利润	所有者权益合计	实收资本（或股本）	其他权益工具			资本公积	减：库存股	其他综合收益	专项储备	盈余公积	未分配利润	所有者权益合计
		优先股	永续债	其他									优先股	永续债	其他							
2. 其他权益工具持有者投入资本																						
3. 股份支付计入所有者权益的金额																						
4. 其他																						
（三）利润分配																						
1. 提取盈余公积																						
2. 对所有者（或股东）的分配																						
3. 其他																						
（四）所有者权益内部结转																						
1. 资本公积转增资本（或股本）																						

续表

项目	本年金额											上年金额										
	实收资本（或股本）	其他权益工具			资本公积	减:库存股	其他综合收益	专项储备	盈余公积	未分配利润	所有者权益合计	实收资本（或股本）	其他权益工具			资本公积	减:库存股	其他综合收益	专项储备	盈余公积	未分配利润	所有者权益合计
		优先股	永续债	其他									优先股	永续债	其他							
2. 盈余公积转增资本（或股本）																						
3. 盈余公积弥补亏损																						
4. 设定受益计划变动额结转留存收益																						
5. 其他综合收益结转留存收益																						
6. 其他																						
四、本年年末余额																						

所有者权益变动表分析涉及的指标主要有资本保值增值率、所有者财富增长率、股利分配率和留存收益比率等。

15.1 企业资本保值增值指标分析

所有者权益变动表分析中用来考核企业的资本保值和增值情况的指标主要是资本保值增值率和所有者财富增长率。

15.1.1 资本保值增值率

资本保值增值率是指企业期末所有者权益与期初所有者权益的比率，该比率是反映企业在一定会计期间内资本保值增值水平的指标，也是考核、评价企业经营效绩的重要依据。计算公式如下。

$$资本保值增值率 = 期末所有者权益 \div 期初所有者权益 \times 100\%$$

对于一个正常经营的企业而言，此比率应该大于 1。也就是说，企业的所有者权益每年应该都有适量的增长，企业才能不断发展。

15.1.2 所有者财富增长率

所有者财富增长率是指在企业实收资本或股本一定的情况下，其余附加资本的增长水平。计算公式如下。

$$所有者财富增长率 = [（期末每元实收资本净资产 - 期初每元实收资本净资产）$$
$$\div 期初每元实收资本净资产] \times 100\%$$
$$每元实收资本净资产 = 净资产 \div 实收资本总额$$

所有者财富增长率是企业投资者或潜在投资者最为关心的指标，与每股收益一样，该指标集中体现了所有者的投资效益，也可作为对经营者的考核指标。

15.2　企业股利分配指标分析

企业在获得了净利润后，就需要向其所有者派发股利，这也是所有者投资于企业的根本目的。但是，到底分配多少股利比较合适，或者对于报表使用者而言，企业的股利分配政策如何？常用于衡量企业股利分配政策的指标有股利分配率和留存收益比率。

15.2.1　股利分配率

在股利的分配上，通常有以下四种分配策略。

（1）固定股利，即每年支付给股东的股利是一个固定值。这种股利分配政策不利于企业按其盈利的多少来派发股利，当企业处于亏损状态时，其股利分配压力比较大。

（2）固定股利支付率，即以净利润的一定比例来派发股利。

（3）固定股利增长率，即在一定股利支付率的基数上，每年适量增加股利的分派。

（4）固定股利加额外股利，即在低固定股利的基础上，依据企业的盈利状况，适当增加一些股利。这种分配股利的方式兼备信息传递良好和灵活的优点。每年都有固定股利发放，有利于股价稳定，而一般固定股利数额较低，也不会给企业带来太大的压力。当企业盈利较好时，还可以增加派发股利。

15.2.2　留存收益比率

要评价一个企业的资本积累水平，就要看其利润中有多大的比例用于扩大再生产，通常用留存收益比率指标来反映，其计算公式如下。

$$留存收益比率 = 留存收益 \div 净利润 \times 100\%$$

该指标反映了企业盈利积累的水平和由此产生的发展后劲。由于股利分配率可理解为：股利分配率 = 应付股利 $\div$ 净利润 $\times 100\%$，所以留存收益比率 + 股利分配率 = 1。得出这一等式是因为企业的净利润只有两种去向：要么以股利的形式分配给股东，要么留存在企业内部作为发展资金使用。

一般对于成长初期的企业而言，为了满足扩大生产规模的需要，考虑到外部融资的成本和风险，企业可能会保留较多的留存收益而少分派股利，所以其留存收益比率会比较高；对于稳定发展的企业而言，该比例维持在50%左右；而对于正处于衰退期的企业而言，由于没有好的项目可以用于企业投资，故其留存收益比率可能会比较低，企业可能会倾向于把大部分的净利润直接分配给企业的股东。

16.1　财务报表附注披露的基本要求

财务报表附注应披露财务报表的编制基础，相关信息应与资产负债表、利润表、现金流量表和所有者权益变动表等报表中列示的项目相互参照。财务报表附注一般应按照下列顺序披露。

（1）财务报表的编制基础。

（2）遵循企业会计准则的声明。

（3）重要会计政策的说明，包括财务报表项目的计量基础和会计政策的确定依据等。

（4）重要会计估计的说明，包括下一会计期间内很可能导致资产、负债账面价值重大调整的会计估计的确定依据等。

（5）会计政策和会计估计变更以及差错更正的说明。

（6）对已在资产负债表、利润表、现金流量表和所有者权益变动表中列示的重要项目的进一步说明，包括终止经营税后利润的金额及其构成情况等。

（7）或有和承诺事项、资产负债表日后非调整事项、关联方关系及其交易等需要说明的事项。企业应在财务报表附注中披露在资产负债表日后、财务报告批准报出日前提议或宣布发放的股利总额和每股股利金额（或向投资者分配的利润总额）。

下列各项未在与财务报表一起公布的其他信息中披露的，企业应在财务报表附注中披露。

（1）企业注册地、组织形式和总部地址。

（2）企业的业务性质和主要经营活动。

（3）母公司以及集团最终母公司的名称。

16.2　财务报表附注的特征信息

财务报表附注具有的特征如图 16-1 所示。

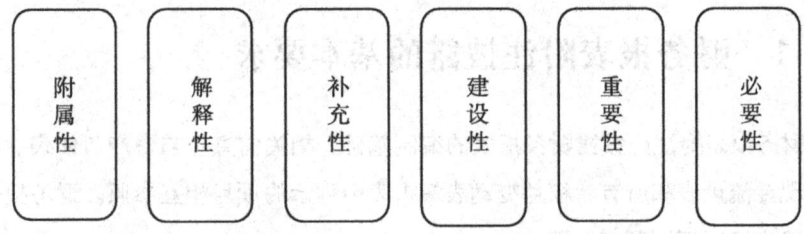

图 16-1　财务报表附注特征

（一）附属性

财务报表与财务报表附注（以下简称"附注"）之间存在一个主次关系：财务报表是根，附注处于从属地位。没有财务报表的存在，附注就失去了依靠，其功能也就无处发挥；而没有附注恰当的延伸、说明，财务报表的功能就难以有效地实现。两者相辅相成，形成一个完善的有机整体。

（二）解释性

财务报表项目是被高度浓缩的会计信息，且由于经济业务的复杂性和企业在编制财务报表时可能选择了不同的会计政策，企业需要通过附注对财务报表的编制基础、编制依据、编制原则和方法及主要事项等进行解释，以此增强会计信息的可理解性，同时使不同企业的会计信息更具可比性，便于进行对比分析。

（三）补充性

附注拓展了企业会计信息的内容，打破了三张主要报表内容必须符合会计要素的定义，又必须同时满足相关性和可比性的限制，突破了揭示项目必须用货币加以计量的局限性。附注的文字说明，加上某些统计资料或定性信息，可弥补财务信息的不足，从而能全面反映企业面临的机会与风险，将企业价值充分体现出来，保证了信息的完整性，从而有助于信息使用者做出最佳的决策。

（四）建设性

附注除了解释和补充说明财务报表内容外，还要对其加以分析、评价，并有针对性地提出一些改进工作的建议、措施。如通过市场占有率、投入产出等信息，管理当局可以了解本企业在同行中的地位，发现自己的优势与不足，从而采取措施改进企业经营管理，提高生产效率和产品质量，扩大产品的市场占有率。此外，在附注中自愿披露企业在安排就业、员工培训、社区服务、环境治理等方面信息，有助于树立企业良好形象，促进企业健康发展。

（五）重要性

附注的重要性主要体现在以下几个方面。

1. 提高会计信息的相关性和可靠性

会计信息既要相关又要可靠，相关性和可靠性是会计信息的两个基本质量特征。由于财务会计本身的局限，相关性和可靠性的选择犹如鱼与熊掌的选择，很多时候都是不可兼得的。但是，附注披露可以在不降低会计信息可靠性的前提下提高信息的相关性，如对或有事项的披露。或有事项由于发生的不确定性而不能直接在主表中进行确认，但等到完全可靠或基本能够预期的时候，又可能因为及时性的丧失而损伤了信息的相关性。为此，可以通过在附注中进行披露，揭示或有事项的类型和影响，以此来提高信息的相关性。

2. 增强不同行业和行业内部不同企业之间信息的可比性

会计信息是由多种因素综合促成的，经济环境的不确定性、不同行业的不同特点，以及各个企业前后各期情况的变化，都会降低不同企业之间会计信息的可比性，以及企业前后各期会计信息的一贯性。通过附注披露企业的会计政策和会计估计的变更等情况，可以向投资者传递相关信息，使投资者能够"看透"会计方法的实质，而不被会计方法误导。

3. 与财务报表的不可分割性

财务报表与附注的关系可概括为：财务报表是根，附注是补充。没有财务报表的存在，附注就失去了依靠；而没有附注恰当的补充，财务报表的功能就难以有效地实现。

（六）必要性

1. 使用者更全面了解企业状况的要求

会计信息应全面充分地反映企业的财务状况、经营成果及现金流量，企业不得有意忽略或隐瞒重要的财务数据，以免令使用者产生误解。由于信息不对称，会计信息使用者想要对企业有所了解，就必须依赖于其所提供的各项资料。因此就对信息披露的充分性提出了较高的要求：从横向来看，只要是反映企业生产经营全貌的信息，不论有利或不利，都应该予以披露；从纵向来看，不应只停留在披露对象的表面，而要进行深层次的揭示。由于成本等多种因素的限制，这些要求财务报表可能无法全部达到，这就使得附注信息的披露显得尤为重要。

2. 基于缓解财务报表信息披露压力的考虑

信息需求方总是希望企业提供尽可能多的信息，以便他们据以做出各项正确决策，这无形当中增加了财务报表信息披露压力。但信息的披露应当是有一定限度的，过多的披露可能会适得其反。这主要基于以下两点考虑。第一，成本效益原则的考虑。只有披露的效益大于成本，企业才有披露信息的动力，过多的披露信息一方面势必增加企业的披露成本，另一方面会有损企业的商业秘密，在竞争中处于劣势，不利于企业的经营运作。第二，重要性原则的考虑。重要性是指当一项会计信息不加以说明，即可能使财务报表使用者产生误解，从而足以影响或改变其决策。因此从披露目的出发，只有重要的信息对于需求者来说才是有用的。信息需求者依赖重要的信息了解企业的财务状况、经营成果等情况，从而为其所用。而过多地披露信息不仅不会起到决策有用的目的，反而会影响使用者的理解、判断和掌握，使其无所适从，甚至产生误导作用，造成使用者的利益损失。附注将那些不符合成本效益原则和重要性原则的信息收纳其中，缓解了财务报表信息披露压力，解决了企业和使用者有关信息提供和需求之间的矛盾和冲突。

3. 增强财务报告体系的灵活性

财务报表由于其固有的格式、项目和填列方法，使得表内信息并不能完整地反映一个企业的综合情况。而附注相对来说比较灵活，可以弥补财务报表信息的局限性，使信息更容易被理解、更加相关。具体说来，由于财务会计在会计确认、计量上有严格的标准，使得一些与决策相关的信息不能进入财务报表，这势必会影响使用者做出正确的决策。而对附注尚无统一的规范，可以借助于多种计量手段、计量属性及不同的格式，将那些无法进入财务报表的信息在附注中适当地披露，这有利于完整反映企业生产经营的全貌，提高财务报告体系的总体水平。

4. 保持原有报告模式的需要

经济环境的日新月异，使得会计标准的制定往往落后于会计实务的发展，原有的财务报表模式也不免过时。为满足人们对决策有用信息的需求，就需要不断对财务报表的内容和体系进行相应的变革。这可以依靠新企业会计制度和企业会计准则的出台予以重新规范和指导，但这一过程往往费时费力，而且不利于保证财务信息的一贯性和可靠性。因此，借助附注和其他报告形式，增加表外信息披露，可以在保持原有报告模式的基础上对信息进行完善和改进，这已成为人们普遍愿意接受的一种改革方式。

16.3　财务报表附注需要关注的内容

附注是财务报告的重要组成部分，企业应按照规定披露附注信息，主要包括下列内容。

1. 企业的基本情况

（1）企业注册地、组织形式和总部地址。

（2）企业的业务性质和主要经营活动。

（3）母公司以及集团最终母公司的名称。

（4）财务报告的批准报出者和财务报告批准报出日。

2. 财务报表的编制基础

财务报表编制基础，是指法律法规要求采用的财务报表编制基础；或者管理层和治理层（如适用）在编制财务报表时，就本单位性质和财务报表目标，采用的可接受的财务报表编制基础。财务报表编制基础分为通用目的编制基础和特殊目的编制基础。

在我国，企业财务报表编制基础一般均是企业会计准则及其相关的配套解释、法规等。

3. 遵循企业会计准则的声明

企业应声明编制的财务报表符合企业会计准则的要求，真实、完整地反映了企业的财务状况、经营成果和现金流量等有关信息。

4. 重要会计政策和会计估计

企业应披露采用的重要会计政策和会计估计，不重要的会计政策和会计估计可以不披露。在披露重要会计政策和会计估计时，应披露重要会计政策的确定依据和财务报表项目的计量基础，以及会计估计中所采用的关键假设和不确定因素。

5. 会计政策和会计估计变更以及差错更正的说明

企业应按照《企业会计准则第 28 号——会计政策、会计估计变更和差错更正》及其应用指南的规定，披露会计政策和会计估计变更以及差错更正的有关情况。

6. 报表重要项目的说明

企业对报表重要项目的说明，应按照资产负债表、利润表、现金流量表、所有者权益变动表及其项目列示的顺序，采用文字和数字描述相结合的方式进行披露。报表重要项目的明细金额合计，应与报表项目金额相衔接。

16.4　会计政策变更、会计估计变更及会计差错更正

附注中应披露会计政策、会计估计的选择及变更的内容和理由，会计估计变更的影响数，以及会计估计变更的影响数不能确定的理由。报表使用者借助附注披露。可以了解该企业在会计政策、会计估计变更的原因及倾向性。

16.4.1　会计政策的概念

会计政策，是指企业在会计确认、计量和报告中所采用的原则、基础和会计处理方法。原则，是指企业按照国家统一的会计准则制度规定的、适合于企业会计核算所采用的特定会计基础，是指为了将会计原则应用于交易或者事项而采取的会计基础；会计处理方法，是指企业在会计核算中从诸多可选择的会计处理方

法中所选择的、适合于本企业的具体会计处理方法。

企业会计政策的选择和运用具有以下特点。

（一）企业应在国家统一的会计准则制度规定的会计政策范围内选择适用的会计政策

企业的会计政策是在允许的会计原则、计量基础和会计处理方法中进行指定或具体选择。由于企业经济业务的复杂性和多样化，某些经济业务在符合会计原则和计量基础的要求下，可以有多种会计处理方法，即存在不止一种可供选择的会计政策。例如，确定发出存货的实际成本时可以在先进先出法、加权平均法或者个别计价法中进行选择。

同时，我国的企业会计准则和会计制度属于部门规章，会计政策所包括的会计原则、计量基础和具体会计处理方法由企业会计准则或会计制度规定，具有一定的强制性。企业必须在法规所允许的范围内选择适合本企业实际情况的会计政策。企业在发生某项经济业务时，必须从允许的会计原则、计量基础和会计处理方法中选择适合本企业特点的会计政策。

（二）会计政策涉及会计原则、会计基础和具体会计处理方法

会计原则包括一般原则和特定原则，会计政策所指的会计原则是指某一类会计业务的核算所应遵循的特定原则，而不是笼统地指所有的会计原则。例如，借款费用是费用化还是资本化，即属于特定会计原则的应用。可靠性、相关性、实质重于形式等属于会计信息质量要求，是为了满足会计信息质量要求而制定的原则，是统一的、不可选择的，不属于特定原则。

会计基础包括会计确认基础和会计计量基础。可供选择的会计确认基础包括权责发生制和收付实现制。会计计量基础主要包括历史成本、重置成本、可变现净值、现值和公允价值等。由于我国企业应当采用权责发生制作为会计确认基础，不具备选择性，所以会计政策所指的会计基础，主要是会计计量基础（即计量属性）。

具体会计处理方法，是指企业根据国家统一的企业会计准则制度允许选择的、对某一类会计业务的具体处理方法进行的具体选择。例如，《企业会计准则第 1 号——存货》允许企业在先进先出法、加权平均法和个别计价法之间对发出存货实际成本的确定方法进行选择，这些方法就是具体会计处理方法。

会计原则、会计基础和会计处理方法三者是一个具有逻辑性的、密不可分的整体，通过这个整体，会计政策才能得以应用和落实。

（三）会计政策应当保持前后各期的一致性

企业通常应在每期采用相同的会计政策。企业选用的会计政策一般情况下不能也不应当随意变更，以便保持企业会计信息的可比性。

企业在会计核算中所采用的会计政策，通常应在附注中予以披露，需要披露的会计政策项目主要有以下几项。

（1）财务报表的编制基础、计量基础和会计政策的确定依据等。

（2）存货的计价，是指企业存货的计价方法。例如，企业发出存货成本的计量是采用加权平均法、先进先出法，还是采用其他计量方法。

（3）固定资产的初始计量，是指对企业取得的固定资产初始成本的计量。例如，企业取得的固定资产初始成本是以购买价款，还是以购买价款的现值为基础（价款的分批支付超过一定期限）进行计量。

（4）无形资产的确认，是指企业对无形项目的支出是否确认为无形资产。例如，企业内部研究阶段的支出计入当期损益，在开发阶段的支出是确认为无形资产，还是在发生时计入当期损益。

（5）投资性房地产的后续计量，是指企业在资产负债表日对投资性房地产进行后续计量所采用的会计处理方法。例如，企业对投资性房地产的后续计量是采用成本模式，还是公允价值模式。

（6）长期股权投资的核算，是指长期股权投资的具体会计处理方法。例如，企业对被投资单位的长期股权投资是采用成本法，还是采用权益法核算。

（7）非货币性资产交换计量，是指非货币性资产交换事项中对换入资产成本的计量。例如，非货币性资产交换是以换出资产的公允价值作为确定换入资产成本的基础，还是以换出资产的账面价值作为确定换入资产成本的基础。

（8）收入的确认，是指收入确认所采用的会计方法。

（9）借款费用的处理，是指专门及一般借款费用的处理方法，即进行资本化还是费用化处理。

（10）外币折算，是指外币折算所采用的方法以及汇兑损益的处理。

（11）合并政策，是指编制合并财务报表所采用的原则。例如，母公司与子公司的会计年度不一致的处理原则、合并范围的确定原则等。

16.4.2　会计政策变更及其条件

（一）会计政策变更的概念

会计政策变更，是指企业对相同的交易或者事项由原来采用的会计政策改用另一会计政策的行为。一般情况下，为保证会计信息在不同企业不同期间的可比性，有助于信息使用者能够正确判断企业的财务状况、经营成果和现金流量的趋势，企业在不同的会计期间应采用一致的会计政策，不应也不能随意变更会计政策；否则，势必会影响会计信息的可比性，使信息使用者在比较企业的经营成果时发生困难。

需要注意的是，企业不能随意变更会计政策并不意味着企业的会计政策在任何情况下均不能变更。

（二）会计政策变更的条件

会计政策变更，并不意味着企业以前期间采用的会计政策是错误的，只是由于企业实际情况发生了变化，或者企业掌握了新的外部信息、积累了更多的经验，使得变更会计政策能够更好地反映企业当前的财务状况、经营成果和现金流量。如果以前期间会计政策的选择和运用是错误的，则属于会计差错，应按会计差错进行处理。符合下列条件之一，企业可以变更会计政策。

1. 法律、行政法规或国家统一的会计制度等要求变更

这种情况是指，按照法律、行政法规以及国家统一的会计准则制度的规定，要求企业采用新的会计政策。在这种情况下，企业应按规定改变原会计政策，采用新的会计政策。例如，《企业会计准则第 16 号——政府补助》发布实施以后，对政府补助的确认、计量和相关信息的披露应采用新的会计政策；再如，实施《企业会计准则第 6 号——无形资产》的企业，对使用寿命不确定的无形资产应按照新准则规定不予摊销。

2. 会计政策的变更能够提供更可靠、更相关的会计信息

这种情况是指，由于经济环境、客观情况的改变，使企业原来采用的会计政策所提供的会计信息，已不能恰当地反映企业的财务状况、经营成果和现金流量等情况。在这种情况下，应改变原有会计政策，按新的会计政策进行核算，以对外提供更可靠、更相关的会计信息。

需要注意的是，除法律、行政法规或者国家统一的会计准则制度等要求变更会计政策应当按照规定执行和披露外，企业因满足上述第 2 条的条件变更会计政策时，必须有充分、合理的证据表明其变更的合理性，并说明变更会计政策后，能够提供关于企业财务状况、经营成果和现金流量等更可靠、更相关会计信息的理由。对会计政策的变更，应经股东（大）会或董事会等类似机构批准。如无充分、合理的证据表明会计政策变更的合理性或者未经股东（大）会等类似机构批准擅自变更会计政策，或者连续、反复地自行变更会计政策，视为滥用会计政策，应按照会计差错进行处理。

（三）不属于会计政策变更的情形

企业对会计政策变更的认定，直接影响会计处理方法的选择。因此，在具体的实务工作中，企业应当分清哪些属于会计政策变更，哪些不属于会计政策变更。下列情况不属于会计政策变更。

第一，本期发生的交易或者事项与以前相比具有本质差别而采用新的会计政策。这是因为，会计政策是针对特定类型的交易或事项的，如果发生的交易或事项与其他交易或事项有本质区别，那么，企业实际上是为新的交易或事项选择适当的会计政策，并没有改变原有的会计政策。例如，将自用的办公楼改为出租，不属于会计政策变更，而是采用新的会计政策。

第二，对初次发生的或不重要的交易或者事项采用新的会计政策。对初次发生的某类交易或事项采用适当的会计政策，并未改变原有的会计政策。例如，企业原在生产经营过程中使用少量的低值易耗品，并且价值较低，故企业在领用低值易耗品时一次计入费用；该企业于近期投产新产品，所需低值易耗品比较多，且价值较大，企业对领用的低值易耗品处理方法改为五五摊销法。该企业低值易耗品在企业生产经营中所占的费用比例并不大，改变低值易耗品处理方法后，对损益的影响也不大，属于不重要的事项，这种情况下的会计政策改变不属于会计政策变更。

16.4.3　会计政策变更的会计处理

（1）企业依据法律、行政法规或者国家统一的会计制度等的要求变更会计政策的，应当按照国家相关规定执行。

（2）会计政策变更能够提供更可靠、更相关的会计信息的，应当采用追溯调整法处理，将会计政策变更累积影响数调整列报前期最早期初留存收益，其他相关项目的期初余额和列报前期披露的其他比较数据也应当一并调整，但确定该项会计政策变更累积影响数不切实可行的除外。

追溯调整法，是指对某项交易或事项变更会计政策，视同该项交易或事项初次发生时即采用变更后的会计政策，并以此对财务报表相关项目进行调整的方法。

追溯调整法的运用通常由以下几个步骤构成。

①计算企业进行会计政策变更的累积影响数。

企业会计政策变更的累积影响数，是指按照变更后的会计政策对以前各期追溯计算的列报前期最早期初留存收益应有金额与现有金额之间的差额。企业会计政策变更的累积影响数，是假设与会计政策变更相关的交易或事项在初次发生时即采用新的会计政策，而得出的列报前期最早期初留存收益应有金额与现有金额之间的差额。这里的留存收益，包括当年和以前年度的未分配利润和按照相关法律规定提取并累积的盈余公积，不需要考虑由于会计政策变更使以前期间净利润的变化而需要分派的股利。

上述变更会计政策当期期初现有的留存收益金额，即上期资产负债表所反映的留存收益期末数，可以从上期资产负债表项目中获得。追溯调整后的留存收益金额，指扣除所得税后的净额，即按新的会计政策计算确定留存收益时，应当考虑由于损益变化所导致的所得税影响的情况。

会计政策变更的累积影响数，通常可以通过以下各步计算获得。

第一步，根据新的会计政策重新计算受影响的前期交易或事项。

第二步，计算两种会计政策下的差异。

第三步，计算差异的所得税影响金额。

第四步，确定前期中每一期的税后差异。

第五步，计算会计政策变更的累积影响数。

②相关的账务处理。

③调整财务报表相关项目。

④财务报表附注说明。

采用追溯调整法时，企业对会计政策变更的累积影响数应包括在变更当期期初留存收益中。但是，如果提供比较财务报表，对于比较财务报表期间的会计政策变更，应调整该期间净利润各项目和财务报表其他相关项目，视同该政策在比较财务报表期间一直采用。对于比较财务报表可比期间以前的会计政策变更的累积影响数，应调整比较财务报表最早期间的期初留存收益，财务报表其他相关项目的数字也应一并调整。

（3）确定会计政策变更对列报前期影响数不切实可行的，应当从可追溯调整的最早期间期初开始应用变更后的会计政策。在当期期初确定会计政策变更对以前各期累积影响数不切实可行的，应当采用未来适用法处理。

①不切实可行的判断。

不切实可行，是指企业在经过所有合理努力后仍然无法采用某项规定。企业在采取所有合理的方法后，仍然不能获得采用某项规定所必需的相关信息，而导致无法采用该项规定，则该项规定在此时是不切实可行的。

对于以下特定前期，对某项会计政策变更应用追溯调整法或进行追溯重述法以更正一项前期差错是不切实可行的。

a. 应用追溯调整法或追溯重述法的累积影响数不能确定。

b. 应用追溯调整法或追溯重述法要求对管理层在该期当时的意图加以假定。

c. 应用追溯调整法或追溯重述法要求对有关金额进行重新估计，并且不可能将提供有关交易发生时存在状况的证据（例如，有关金额确认、计量或披露日期存在事实的证据，以及在受变更影响的当期和未来期间确认会计估计变更的影响的证据）和该期间财务报告批准报出时能够取得的信息这两类信息与其他信息客观地加以区分。

②未来适用法。

未来适用法，是指企业将变更后的会计政策应用于变更日及以后发生的经济交易或者事项中，或者在会计估计变更当期和未来期间确认会计估计变更影响数的方法。

在采用未来适用法下，不需要计算会计政策变更产生的累积影响数，也无须重编以前会计年度的财务报表。对于企业会计账簿记录及财务报表上所反映的金额，在变更日仍保留原有的金额，不因会计政策变更而改变以前年度的会计核算结果，但是以后的会计处理在现有金额的基础上再按新的会计政策进行核算。企业如果因账簿、凭证超过法定保存期限而销毁，或因不可抗力而毁坏、遗失，如火灾、水灾等，或因人为因素，如盗窃、故意毁坏等，也可能使会计政策变更的累积影响数无法计算。在这种情况下，会计政策变更可以采用未来适用法进行处理。

16.4.4　会计估计变更的概念

（一）会计估计的概念

会计估计，是指企业对其结果不确定的交易或事项以最近可利用的信息为基础所作的判断。会计估计具有以下特点。

1. 会计估计的存在是由于经济活动中内在的不确定性因素的影响

企业总是力求保持会计核算的准确性，但有些经济交易或事项本身具有不确定性，因而需要根据会计人员的工作经验进行一定的估计；同时，由于采用权责发生制为基础编制财务报表，也使得有必要充分估计未来交易或事项的影响。可以说，在企业的会计核算和信息披露过程中，会计人员的职业估计是不可避免的，会计估计的存在是由于经济活动中内在的不确定性因素的影响所造成的。例如，对于固定资产折旧，需要根据固定资产消耗方式、性能、技术发展等情况进行估计。

2. 会计估计应当以最近可利用的信息或资料为基础

由于经营活动存在内在不确定性，企业在会计核算中，不得不经常进行估计。有些估计主要用于确定资产或负债的账面价值，例如，企业销售商品的质量保证可能引起的赔偿等；有些估计主要用于确定将在某一期间记录的收入或费用的金额，例如，某一期间的固定资产、无形资产的折旧费用、摊销费用的金额，在某一期间内采用完工百分比法核算建造合同已实现的收入金额等。企业在进行会计估计时，通常应根据当时的实际情况和经验，以最近可利用的信息或资料为基础进行。但是，随着时间的推移、环境的变化，进行会计估计的基础可能会发生变化，因此进行会计估计所依据的信息或资料不得不进行更新。由于最新的信息是最接近目标的信息，以其为基础所作的估计最接近实际，所以，进行会计估计时应以最近可利用的信息或资料为基础。

3. 会计估计并不会削弱会计核算的可靠性

合理的会计估计是会计核算中必不可少的部分，它不会削弱会计核算的可靠性。企业为了定期、及时地提供对利益相关者有用的会计信息，将延续不断的企业的实际经营活动人为划分为一定的期间，并在权责发生制的基础上对企业的财务状况和经营成果进行定期确认和计量。例如，在会计分期的情况下，许多企业的交易持续若干会计年度，并不归属于某一特定的会计期间，以至于需要在一定程度上决定：哪些支出可以在利润表中作为当期损益进行处理，哪些支出符合资产定义可以予以资本化，递延至以后各期等。由于存在会计分期和货币计量的假设，在确认和计量过程中，不得不对许多尚在延续中、其结果不确定的交易或事项予以估计入账。但是，估计是建立在具有确凿证据的前提下，而不是随意的。例如，企业估计固定资产预计使用寿命，应当考虑该项固定资产的技术性能、历史资料、同行业同类固定资产的预计使用年限、本企业经营性质等诸多因素，并掌握确凿证据后确定。企业根据当时所掌握的可靠证据得出的最佳估计，不会削弱会计核算的可靠性。

下列各项属于常见的需要进行估计的项目。

（1）存货可变现净值。

（2）公允价值模式下投资性房地产的公允价值。

（3）固定资产的预计使用寿命与净残值，固定资产的折旧方法。

（4）使用寿命有限的无形资产的预计使用寿命与净残值。

（5）可收回金额按照资产组的公允价值减去处置费用后的净额确定的，确定公允价值减去处置费用后的净额的方法；可收回金额按照资产组预计未来现金流量的现值确定的，预计未来现金流量的确定。

（6）建造合同或劳务合同的完工进度。

（7）公允价值。

（8）预计负债初始计量的最佳估计数。

（9）承租人对未确认融资费用的分摊；出租人对未实现融资收益的分配。

（二）会计估计变更的概念及其原因

由于企业经营活动中内在不确定因素的影响，某些财务报表项目的金额不能精确地加以确认计量，而只能加以估计。如果赖以进行估计的基础发生了变化，或者由于取得新的外部相关信息、积累更多的经验以及后来的发展变化，可能需要对会计估计进行修正。

会计估计变更，是指由于资产和负债的当前状况及预期经济利益和义务发生了变化，而对资产或负债的账面价值或者资产的定期消耗金额进行调整。

通常情况下，企业可能由于以下原因而发生会计估计变更。

（1）赖以进行估计的基础发生了变化。企业进行相关交易与事项的会计估计，总是要依赖于一定的基础，如果其所依赖的基础发生了变化，则会计估计也应相应改变。例如，企业某项无形资产的摊销年限原定为 3 年，以后获得了政策支持，该资产的受益年限已变为 5 年，则应相应调增摊销年限。

（2）取得了新的信息，积累了更多的经验。企业进行会计估计是就现有经济情况对未来所作的判断，随着时间的推移，企业有可能取得新的信息、积累更多的经验，在这种情况下，也需要对会计估计进行修订。例如，企业原对固定资产采用年限平均法按 18 年计提折旧，后来根据新得到的信息——使用 5 年后对该固定资产所能生产产品的产量有了比较准确的证据，企业改按工作量法计提固定资产折旧。

16.4.5　会计估计变更的会计处理

会计估计变更应采用未来适用法处理，即在会计估计变更当期及以后期间，采用新的会计估计，不改变以前期间的会计估计，也不调整以前期间的报告结果。

（1）如果会计估计的变更仅影响变更当期，有关会计估计变更的影响应于当期确认。

（2）如果会计估计的变更既影响变更当期又影响未来期间，有关会计估计变更的影响在当期及以后各期确认。例如，固定资产的使用寿命或预计净残值的估计发生变更，常常影响变更当期及资产以后使用年限内各个期间的折旧费用。因此，这类会计估计的变更，应于变更当期及以后各期确认。

会计估计变更的影响数应计入变更当期与前期相同的项目中。

16.4.6　会计差错的概念

会计差错，通常指前期差错，即由于没有运用或错误运用下列两种信息，而对前期财务报表造成省略或错报。

（1）编报前期财务报表时预期能够取得并加以考虑的可靠信息。

（2）前期财务报告批准报出时能够取得的可靠信息。

前期差错通常包括以下三个方面。

（1）计算错误。例如，企业本期应计提折旧 45 000 000 元，但由于会计人员的计算出现差错，得出错误数据为 50 000 000 元。

（2）应用会计政策错误。例如，按照《企业会计准则第 17 号——借款费用》的规定，为购建固定资产而发生的专门借款的利息费用，在固定资产达到预定可使用状态前发生的，满足一定条件（资产支出已经发生、借款费用已经发生、固定资产的购建或生产活动已经开始）时应予资本化，计入所购建固定资产的成本；在固定资产达到预定可使用状态后发生的，计入当期损益。如果企业固定资产达到预定可使用状态后发生的借款费用，也计入该项固定资产成本，予以资本化，则属于采用法律、行政法规或者国家统一的会计准则制度等所不允许的会计政策。

（3）疏忽或曲解事实以及舞弊产生的影响。例如，企业销售一批商品，商品已经发出，开出增值税专用发票，商品销售收入确认条件均已满足，但企业在期末未未将已实现的销售收入入账。

16.4.7　会计差错更正的会计处理

会计差错可以按照经济事项的重要程度分为重要的前期差错和不重要的前期差错。重要的前期差错，是指足以影响财务报表使用者对企业财务状况、经营成果和现金流量作出恰当判断的会计差错。不重要的前期差错，是指不足以影响财务报表使用者对企业财务状况、经营成果和现金流量作出恰当判断的会计差错。

（一）不重要的前期差错的会计处理

对于不重要的前期差错，企业不需调整财务报表中与之相关项目的期初数，但应调整发现当期与前期相同的相关项目。属于影响损益的，应直接计入本期与上期相同的净损益项目。

（二）重要的前期差错的会计处理

对于重要的前期差错，如果采用一定的方法能够合理确定前期差错累积影响数，则重要的前期差错的更正应采用追溯重述法。追溯重述法是指在发现前期差错时，视同该项前期差错从未发生过，从而对财务报表相关项目进行调整的方法。前期差错累积影响数是指前期差错发生后对差错期间每期净利润的影响数之和。

如果确定前期差错累积影响数不切实可行，可以从可追溯重述的最早期间开始调整留存收益的期初余额，财务报表其他相关项目的期初余额也应当一并调整，也可以采用未来适用法。

重要的前期差错的调整结束后，还应调整发现年度财务报表的年初数和上年数。在编制比较财务报表时，对于比较财务报表期间的重要的前期差错，应调整各该期间的净损益和其他相关项目；对于比较财务报表期间以前的重要的前期差错，应调整比较财务报表最早期间的期初留存收益，财务报表其他相关项目的数字也应一并调整。

16.5 有关关联方及关联方交易的分析

16.5.1 关注关联方的增减变化

附注中应该披露有关企业与关联方关系的相关信息，一般需要披露有关企业与关联方的控股关系、互相持股比例等信息，明确反映出本企业与关联企业的有关状况。投资者可以通过跨年度比较分析同一项目，对企业的发展前景作出明确的判断。

16.5.2 关注关联方交易披露的充分性

在分析披露有关的关联交易时，主要依赖于其充分性表述。对于企业阐述不清的陈述，还要结合其他渠道披露的信息进行比较综合分析。应重点关注以下内容：关联方交易的价格对其经营损益的影响，关联方的债权、债务的真实可靠性，其在公司的同类债权、债务中的占比，与关联方交易的公平合理性，关联方交易销售收入占比。尤其应注意的是，一般不涉及现金收支的较大比例的关联方交易往往是为了美化企业的财务报告，极有可能误导预期报表使用者。

16.5.3 关注关联方交易的性质与金额

如果较大金额的关联方交易是构成企业营业利润的重要组成部分，投资者应进一步根据附注所提示的有关信息，特别关注关联方交易发生的时间、目的及其定价策略等内容。在一定情况下，可以运用关联方交易剔除法来分析上市公司自身经营获取利润的能力，从而判断其营业利润的来源是否稳定且持续、未来的成长性是否可靠，以确定其财务报告的公允程度。观察企业销售及采购部门的进销货交易条件（如价格与收付款期间）、有关资产的交易价格是否偏高或偏低、是否存在短期内买进又卖出同一资产，以分析企业营业利润是否真实可靠。关联方关系及其交易往往是上市公司美化财务报表的重要手段。上市公司与其控股股东和其他关联方之间存在着利益关系，其可以通过关联购销、控制交易价格、出售资产给关联方、相互之间承担债务或费用、相互之间委托及受托经营、相互占用资金等方式和渠道进行有失公允的关联方交易。那么，上市公司就可以利用关联方交易虚增利润少交所得税，以骗取投资者和债权人的信心，或避免被迫退市。

16.6 有关或有事项的分析

或有事项是指由企业过去的交易或事项形成的事项，是在资产负债表日的一种客观存在，其结果须由未来某些事件的发生或不发生予以证实，包括或有资产和或有负债。或有资产不是企业在资产负债表日的真正资产，或有负债也不是企业在资产负债表日的真正负债。根据谨慎性原则，对于或有资产，一般不予确认，很有可能发生时才在附注中披露；而对于或有负债，只要有可能发生则均应在附注中披露。然而，对"可能性"大小的判断具有很大的人为操作嫌疑：不是很可能实现的资产，也可能被管理当局纳入披露范围；很可能发生的或有负债，由于企业从自身利益出发，也可能被判断为不可能发生，甚至不加以披露。在附注中披露有关未决诉讼、仲裁等或有负债，投资者能够从中分析出该项或有负债的最终结果：一是胜诉，二是败诉。但最终会出现哪种结果，取决于某些因素的变化，这是投资者很难控制或预见的，只能依据促成这一层次附注信息形成的各种因素进行综合判断。这些风险如果不充分地披露，或计入资产负债表、利润表，会对投资者产生严重的误导。

17.1　中期财务报告分析

17.1.1　中期财务报告的含义

《企业会计准则第 32 号——中期财务报告》规定：中期财务报告，指以中期为基础编制的财务报告。

中期财务报告具体包括以下两层含义。

第一，中期财务报告涵盖的会计期间是以中期为基础的，因此，中期财务报告可能是月度财务报告，也有可能是季度财务报告或者半年度财务报告，当然也包括年初至本中期末的财务报告。企业以什么中期为基础编制财务报告，应视有关法律、行政法规或者规章的规定，或者会计信息使用者的要求而定。

第二，中期财务报告和年度财务报告一样，作为财务报告的一种，应当能够反映企业中期末的财务状况和中期经营成果及其现金流量。为了达到这一目的，首先，企业应当按照《企业会计准则第 32 号——中期财务报告》的要求编制中期财务报表及其附注，有关规定具体包括中期财务报表的组成（通常，资产负债表可以反映企业中期末的财务状况，利润表可以反映企业中期的经营成果，现金流量表可以反映企业中期的现金流量，所以，在中期财务报告中，至少应当包括上述三张报表），中期财务报表的内容、格式和编制要求，中期财务报表附注应当包括的内容等。尽管财务报表是中期财务报告的主要组成部分，但中期财务报告不应当仅仅包括财务报表，还应包括那些有助于理解中期末财务状况、中期经营成果及其现金流量的、有助于会计信息使用者进行决策的其他相关信息。比如，对于那些享受国家税收优惠政策的企业来讲，在中期财务报告中披露中期发生的税收优惠政策的变化对企业的影响是十分重要的。

17.1.2 中期财务报告的独立观和一体观

关于编制中期财务报告的理论基础问题，目前主要有两种观点：独立观和一体观。

独立观是将每一中期视为一个独立的会计期间，其基本特点是：中期财务报告中所采用的会计政策和确认与计量原则与年度财务报告相一致，其中所应用的会计估计、成本分配和应计项目的处理等也与年度财务报告相一致。应用独立观编制中期财务报告的优点是中期财务报告的编制可以直接采用企业在编制年度财务报告时已有的一套会计政策和确认、计量原则，便于实务操作，而且在中期财务报告中所反映的财务状况和经营业绩等相对比较可靠，不容易被操控；缺点是容易导致各中期收入与费用的不合理配比，一方面会影响企业业绩的评价，另一方面可能会导致各中期列报的收益波动较大，影响会计信息使用者对年度结果的预测。

一体观是将每一中期视为年度会计期间的有机组成部分，是会计年度整体不可分割的一部分而非独立的会计期间，其基本特点是：中期财务报告中应用的会计估计、成本分配、各递延和应计项目的处理必须考虑到全年将要发生的情况，即需要顾及会计年度剩余期间的经营结果，所以，会计年度内发生的成本与费用，需要以年度预计活动水平（如预计受益期间、预计销售量和产量等）为基础，分配至各个中期。应用一体观编制中期财务报告的优点是可以避免因会计期间的缩短而导致的各中期收益的非正常波动，从而有利于年度收益的预测；缺点是许多成本和费用需要以年度结果为基础进行估计，需要依赖于较高的职业判断能力，而且可能所估计的结果因缺乏客观、可靠的依据作为佐证，容易操控收益，影响中期财务报告信息的可靠性。

在《企业会计准则第 32 号——中期财务报告》的制定过程中，基于以下理由，认为我国中期财务报告的编制应当侧重于以独立观作为其理论基础。

（1）从会计信息质量角度来看，我国企业目前的会计信息失真现象不容忽视，强调中期财务报告信息的可靠性，强调在中期财务报告中如实反映中期末的财务状况和中期经营成果及其现金流量，提高会计信息的公信力就显得十分重要。

（2）从我国证券市场的发育程度（如信息使用者的信息需求状况及其对公开信息的反应程度）来看，我国证券市场还处于初创阶段，市场效率还不是很高，说明会计信息使用者"消化""吸收"信息的能力还不强，披露过多的相关信息（尤其是不甚可靠的相关信息）可能会造成信息浪费，得不偿失。

（3）从我国会计人员的职业判断水平来看，广大会计人员职业判断水平的提高还需要一个过程，而在中期财务报告的一体观下，企业在中期财务报告的编制过程中需要考虑全年预计发生的情况，需要较多地依赖于会计人员的估计和职业判断。以我国目前会计人员的职业判断水平来看，一时难以达到这一要求，反而容易增加中期确认和计量的随意性以及企业操控中期损益的余地。相较而言，在采用独立观编制中期财务报告的情况下，比较简便易行，需要会计人员进行职业判断的内容要少些，较为符合我国实际。

（4）从外部监管的角度来看，目前大多数中期财务报告无须经过注册会计师审计，监管部门对企业编制中期财务报告的过程也不甚了解，在这种情况下，采用独立观更有助于保证中期财务报告信息的可靠性，并提高大家对中期财务报告信息的信任度。

基于上述分析，《企业会计准则第 32 号——中期财务报告》在制定时主要采用了独立观，要求企业在尽可能保证中期财务报告信息可靠性的前提下，提高中期财务报告信息的相关性，以满足会计信息使用者的需要。

17.1.3　合理利用比较中期财务报表

独立观的采用相对而言影响了中期财务报告的可比性，而利用比较中期财务报表正是充分解读各期会计信息的有效途径。比较中期财务报表的利用因报表类型不同而有很大的差别，《企业会计准则第 32 号——中期财务报告》对比较中期财务报表的类型做了以下规定。

其中，要求提供的比较中期利润表类型最多。例如，A 企业按季提供中期财务报告，则 2×03 年第二季度 A 企业应提供的比较中期利润表有：（1）2×03 年 4 月 1 日至 2×03 年 6 月 30 日的利润表；（2）2×03 年 1 月 1 日至 2×03 年 6 月 30 日的利润表；（3）2×02 年 4 月 1 日至 2×02 年 6 月 30 日的利润表；（4）2×02 年 1 月 1 日至 2×02 年 6 月 30 日的利润表。其中，第一张报表与第三张报表、第二张报表与第四张报表的核算期间相似，因而可以在一定程度上消除季节性因素的影响，具有较强的可比性。

17.1.4　正确认识中期财务报告

尽管中期财务报告的编制在很多方面与年度财务报告一致，但相对于年度财务报告提供的信息而言，中期财务报告仍然具有一定的有限性。首先，由于存货的盘点不可能根据中期财务报告的要求进行，导致中期财务报告中存货的数量和计价必然与实际存在偏差，这是难以避免的；其次，大量使用估计的方法来确认会计要素，对信息的准确性也会产生影响；最后，由于我国目前对中期财务报告审计的规范性不足，报告受审比例有限，导致社会监控体系无法全面评价信息的合法性、公允性、一贯性，这就对报表使用者的素质提出了更高的要求。认识中期财务报告的有限性，不是要否认中期财务报告的使用价值，而是要加强使用中期财务报告的科学性、准确性。

17.1.5　注重中期现金流量表的分析

由于我国上市公司关联方交易相对较多，信用体系又不够完善，现金流量表的使用就显得十分必要。中期现金流量表能帮助报表使用者了解企业获取现金和现金等价物的能力，有着其他报表不可替代的作用。报表使用者通过中期现金流量表，可以及时得到有关现金收入来源和现金支出用途的信息，以便充分关注企业产生现金净流量能力的变化；同时，从中可以分析在本期内获取的利润总额同经营所得现金数额之间产生差异的原因，以及了解中期筹资与投资活动的现金情况，从而更好地了解企业中期现金运用的总状况。

17.1.6　利用中期财务报告附注资料，加强对信息的理解

中期财务报告表内项目是通过一系列的确认、计量和分类、汇总等程序编制而成的。因此，报表项目本身反映的是总括信息，关于这些项目编制的基础、采用的会计政策、项目金额包含了哪些重大交易或事项等信息，单纯从报表中是无法得到的，而这些信息对于使用者更好地理解表内数据和做出相关投资决策却是重要的。这些都要依赖于中期财务报告附注资料，通过补充说明来弥补报表的不足。《企业会计准则第32号——中期财务报告》在借鉴西方国家经验的基础上，制定了我国中期财务报告附注资料应披露的内容。投资者在阅读财务报表，发现

一些特别的数据、变化异常的金额等情况时，借助附注资料的说明可有效地解读其中的奥秘。

17.2 分部报告分析

17.2.1 分部报告的概念

分部报告是指在企业的财务会计报告中，按照确定的企业内部组成部分（业务分部或地区分部）提供的有关各组成部分收入、资产和负债等信息的报告。

提供分部信息的主要目的，是帮助会计信息使用者评估不同因素对企业的影响，以便更好地理解企业以往的经营业绩，并对其未来的发展趋势进行合理预测和判断。

（一）通过分部报告，可以更好地理解企业以往的业绩

企业生产经营业绩，是企业各项经营活动的综合结果，是由企业生产的各种（或各类）产品，或提供的各种（或各类）劳务的盈亏综合形成的。企业各种（或各类）产品在其整体的经营活动中所占比重各不相同，其收入、成本及其产生的利润也不尽相同。要把握企业的经营业绩，不仅要分析企业的整体情况，而且也有必要分析每一种（或每一类）产品的生产经营情况，才能更全面地理解企业取得的经营业绩。从企业生产经营的地区来说，企业整体的生产经营业绩是由各生产经营地的经营业绩组成的。要准确把握企业取得的经营业绩，则需要分析各生产经营地的经营业绩，分析各生产经营地的资产占用情况、销售情况等。

（二）通过分部报告，可以更好地评估企业的风险和报酬

在市场经济条件下，准确地评估企业的风险和报酬，对于企业经营管理者、投资者、债权人以及社会有关方面进行决策具有重要的意义。企业的整体风险由企业生产经营部分、各生产经营地区的风险和报酬所构成。企业生产的各种产品所具有风险和报酬的程度和性质是不相同的，在不同地区的生产经营也有着不同性质、不同程度的风险和报酬。要具体了解企业的风险和具体的报酬情况，则必

须借助分部报告按不同业务部门或不同地区提供的收入、费用、经营成果以及资产占用等较为详细的分部信息。对分部报告所提供信息进行分析，可以了解各种产品或业务所处的发展阶段、风险的大小、报酬的高低等。

综上所述，通过分部报告所提供的会计信息，可以更好地把握企业的经营业绩，可以更好地对企业的风险和报酬进行评估。分部报告可以为企业的经营管理者、投资者、债权人提供更为有用、更为具体的会计信息，以便于其从整体上对企业进行更有根据、更为准确的判断，为其进行决策提供依据。

17.2.2 分部报告分析的必要性、前提、目的、方法

企业经营管理者、投资者、债权人以及社会有关方面进行决策时，对分部报告进行分析是非常必要的。信息使用者必须十分了解有关报告基础的定义、共同收入与成本的分配方法、内部转移价格的定价方式等情况，否则，就可能得出错误的结论。

分析分部报告的前提是正确理解分部报告。

分析分部报告的目的一般是评价企业的经营和财务风险、利润的来源以及未来的发展前景。

由于对分部报告的分析主要是为了评价企业整体的风险和报酬，分析方法应以比较分析法和因素分析法为主。

具体的分析可以从以下几方面展开。

（1）通过对各报告分部的外销收入与内销收入的比较分析，了解各个分部的收入对外部客户的依赖程度。

（2）计算各个分部的外销收入、外销利润对整个企业销售与利润的贡献大小，以确定各个分部的相对重要性。

（3）计算和比较各个分部的收入、利润及资产增长率水平，揭示整个企业增长率变动原因。

（4）计算和比较各个分部的资产收益率与销售利润率，以确定各分部的相对盈利能力，并同企业整体盈利能力进行比较。

（5）通过计算各个分部资产占企业总资产的百分比及分析各个分部资产变动趋势，更好地了解企业管理层有关的资本配置决策和各分部的重要性。

（6）分析各个分部本年新增的固定资产和无形资产支出，以及计算各分部折旧费、摊销费所占其资本支出的比例，更好地了解企业有关资本的投向情况、企

业对各分部的支持力度和各分部资本支出现状与需求。

（7）计算和比较各分部的资产周转率，以确定每一分部资产管理效率以及各分部对整个企业资产管理效率的影响。

（8）利用因素分析法对分部的资产收益率进行分解，以分别确定分部销售利润率和资产周转率对资产收益率的影响，并解释各分部对企业整体资产收益率的影响。

此外，上述分析还应结合各分部所处行业的发展趋势、区域经济条件、产品生命周期、主要客户财务状况和经营成果，甚至国内外的政治情况等各种因素，以确定这些环境因素对各分部发展前景以及对整个企业的预期报酬与承担的风险产生的影响。仅仅利用企业定期的财务会计报告是不够的。

17.3 合并财务报表分析

合并财务报表是指反映母公司和其全部子公司形成的企业集团整体财务状况、经营成果和现金流量的财务报表。

其中，母公司是指有一个或一个以上子公司的企业（或主体）。子公司是指被母公司控制的企业。母公司应编制合并财务报表。

企业个别财务报表的分析，前面已做过相关介绍。合并财务报表分析与个别财务报表分析的原理是相同的，都是分析企业财务状况、经营成果和现金流量状况。由于合并财务报表本身具有的特点，对其进行分析时应关注以下一些内容。

17.3.1 合并理论对合并财务报表的影响

母公司取得子公司的控股权时，子公司可能为全资子公司，也可能为非全资子公司。在子公司为非全资子公司情况下，其他股东所拥有的股份就称为少数股权。由于对少数股权的处理不同，有三种合并理论，即母公司理论、实体理论和所有权理论，如图 17-1 所示。不同的合并理论，确定的合并范围与选择的合并方法各不相同。

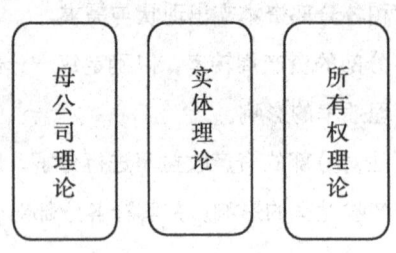

图 17-1　合并理论

（一）母公司理论

母公司理论将合并财务报表视为母公司财务报表的扩充，认为合并财务报表主要应满足母公司本身的股东利益要求，忽视除母公司以外的少数股东的利益，将少数股东视为集团主体的外界债权人。按照母公司理论，合并财务报表的编制方法主要是从母公司权益出发考虑，合并财务报表是为母公司现有的和潜在的股东而编制的。如对于少数股东权益在合并资产负债表中通常将其视为普通的负债处理；对于属于少数股东权益的净收益即少数股东收益则视为费用处理；对于内部销售收入的抵销处理也只抵销多数股权的份额，而对子公司销售收入中相当于少数股东的份额则不进行抵销处理，将其视为已实现销售收入。

（二）实体理论

按照实体理论，在企业集团内把所有的股东同等看待，不论是多数股东还是少数股东，均作为该集团内的股东，并不过分强调控股股东的权益。在运用实体理论的情况下，对于少数股东权益通常也视为股东权益的一部分；对于属于少数股东权益的净收益也视为合并的经济实体的净收益，作为分配给少数股东权益的部分；对于内部销售收入则全部予以抵销处理。按实体理论编制的合并财务报表，能满足企业集团内整个生产经营活动管理的需要。

（三）所有权理论

按照所有权理论，企业集团是指以投资公司为基础，连同在经济活动和财务决策中对另一公司具有重大影响的所有权部分。在合并财务报表中，只应包括投资公司在接受投资公司资产、负债、收入、费用中写其出资比例相适应的部分，即接受投资公司资产负债表和利润表的数额，按照投资公司所占的比例计入合并财务报表；在合并资产负债表中少数股权不予列报，接受投资公司的全部资产不能完整反映。按所有权理论界定合并范围，可以解决隶属于两个或两个以上企业集团的公司合并财务报表的编制问题。

为了规范合并财务报表的编制和列报，根据《企业会计准则——基本准则》，财政部于 2006 年 2 月制定颁布了《企业会计准则第 33 号——合并财务报表》并在 2014 年进行了修订。该准则以国际上现在通行的实体理论为基础、以控制为确定合并范围的依据，对合并财务报表的编制作出了比较全面的规范。

17.3.2 合并财务报表的特点和作用

合并财务报表是以企业集团作为一个会计主体，以组成企业集团的母公司和子公司单独编制的个别财务报表为基础，通过抵销内部交易或事项对个别财务报表的影响后，合并财务报表各项目的数额而编制的。

（一）合并财务报表的特点

合并财务报表是以整个企业集团为一个会计主体，以组成企业集团的母公司和子公司的个别财务报表（指企业单独编制的财务报表，为了与合并财务报表相区别，将其称为个别财务报表）为基础，抵销内部交易或事项对个别财务报表的影响后编制而成的。

1. 与个别财务报表比较

合并财务报表与个别财务报表比较，在以下方面存在区别。

（1）反映的内容和对象。

合并财务报表反映的是母公司和子公司所组成的企业集团整体的财务状况和经营成果，反映的对象是由若干个法人组成的会计主体，是经济意义上的会计主体，而不是法律意义上的主体。个别财务报表反映的则是单个企业法人的财务状况和经营成果，反映的对象是企业法人。对于由母公司和若干个子公司组成的企业集团来说，母公司和子公司编制的个别财务报表分别反映母公司本身或子公司本身各自的财务状况和经营成果，而合并财务报表则反映母公司和子公司组成的集团这一会计主体综合的财务状况和经营成果。

（2）编制人及需编制范围。

合并财务报表由企业集团中对其他企业有控制权的控股公司或母公司编制。也就是说，并不是企业集团中所有企业都必须编制合并财务报表，更不是社会上所有企业都需要编制合并财务报表。与此不同，个别财务报表是由独立的法人企业编制，所有企业都需要编制个别财务报表。

（3）编制基础。

合并财务报表以个别财务报表为基础编制。企业编制个别财务报表，从设置账簿、审核凭证、编制记账凭证、登记账簿到编制财务报表，都有一套完整的会计核算方法体系。而合并财务报表则不同，它是以纳入合并范围的企业个别财务报表为基础，根据其他有关资料，抵销有关交易或事项对个别财务报表的影响后编制的，它并不需要在现行会计核算方法体系之外，单独设置一套账簿体系。

（4）编制方法和程序。

合并财务报表编制有其独特的方法。个别财务报表的编制有其自身固有的一套编制方法和程序。合并财务报表则是在对纳入合并范围的个别财务报表的数据进行加总的基础上，通过编制抵销分录将企业集团内部的经济业务对个别财务报表的影响予以抵销，然后合并财务报表各项目的数额编制。

2. 与汇总财务报表比较

合并财务报表也不同于汇总财务报表。汇总财务报表主要是指由行政管理部门根据所属企业报送的财务报表，对其各项目进行加总编制的财务报表。

（1）编制目的。

合并财务报表与汇总财务报表相比，首先是编制目的不同。

①汇总财务报表的编制目的主要是满足有关行政部门或国家掌握了解整个行业或整个部门所属企业的经营情况的需要。

②合并财务报表的编制目的则主要是满足企业的所有者、债权人以及其他有关方面了解企业集团整体财务状况和经营成果的需要。

（2）确定编报范围的依据。

两者确定编报范围的依据不同。

①汇总财务报表的编报范围，主要是以企业的财务隶属关系作为确定的依据，即以企业是否归其管理、是否是其下属企业作为确定编报范围的依据，凡属于其下属企业，在财务上归其管理，则包括在汇总财务报表的编报范围之内。

②合并财务报表则是以母公司对另一企业的控制关系作为确定编报范围（即合并范围）的依据，凡是通过投资关系或协议能够对其实施有效控制的企业则属于合并财务报表的编制范围。

（3）所采用的编制方法。

两者所采用的编制方法不同。

①汇总财务报表主要采用简单加总方法编制。

②合并财务报表则必须采用抵销内部投资、内部交易、内部债权债务等内部交易或事项对个别财务报表的影响后编制。

（二）合并财务报表分析的作用

对合并财务报表进行分析，可以了解到以下内容。

（1）通过对企业集团财务状况的分析，可以了解其资产的变现能力和支付能力。

企业集团的个别财务报表是从个别企业的角度反映财务状况的，而作为一个集团企业，其总体财务状况不是个别企业财务信息的简单相加。要正确阅读企业集团的会计信息，必须分析合并财务报表，根据合并财务报表中的流动资产的数量和质量状况来判断企业集团的短期资产的变现能力及支付能力。

（2）通过对企业集团财务报表的分析，可以了解其长期偿债能力。

企业集团的长期偿债能力和短期偿债能力不同。短期偿债能力的分析往往注重资产的流动性，而不注重整个企业集团的盈利能力；长期偿债能力的分析则不同，其分析的重点不在于当前资产的流动性，而是关注企业集团的盈利能力。因此，对企业集团的长期盈利能力的分析，可以了解其未来发展趋势和发展方向，为集团外部的投资者提供必要的决策信息。

（3）可以掌握企业集团的盈利能力，为集团管理当局制定发展规划和集团外部的利害关系人提供有用的会计信息。

企业集团的盈利能力是各方利害关系人关心的焦点，个别企业的盈利水平不能说明企业集团的总体盈利状况，因而需要从企业集团的角度分析资金的投资回报。

（4）可以判断企业集团的发展能力。

一个集团的未来发展能力不是由某个具体的企业所决定的，而是集团内部所有成员的有机组合所形成的合力决定的。对企业集团发展能力的分析，应从集团整体资产结构、盈利能力、发展潜力和融资能力等角度进行，以判断企业集团的未来发展。

17.3.3 合并财务报表分析存在的主要问题

（一）常规的比率分析因报表合并而失去意义

分析个别财务报表时，经常会利用一些财务比率。合并财务报表不反映任何现存企业的财务状况、经营成果和现金流量。如果仍利用财务比率对合并财务报表进行分析，将会失去意义。

（二）合并财务报表不能为决策提供重要的参考价值

对个别财务报表，报表使用者和潜在投资者利用报表提供的财务信息，从而做出财务决策，如交易、借贷、投资、租赁决策等。对合并财务报表的信息使用者来讲，由于合并财务报表提供的数据是在个别财务报表基础上经过"加工"的数据，非法律意义上的会计实体的经营数据，所以合并财务报表提供的信息，不能为决策提供重要的参考价值。

17.3.4　合并财务报表分析应注意的问题

由于合并财务报表本身的特殊性，在分析时要注意以下问题。

（一）合并核算基本原则的运用对合并财务报表的影响

合并财务报表将整个企业集团作为一个整体，视同一个会计主体，是实质重于形式原则的典型运用。事实上，如果纳入合并范围的有 10 个子公司，则每个子公司都是一个法律主体，即存在 10 个法律主体。当分析每个子公司的财务状况时，每个子公司的负债就是这一法律主体的负债，所计算的流动比率、速动比率和资产负债率等反映短期和长期偿债能力的指标，就有确切的经济含义。但是，在合并财务报表分析中，因为债务总是与特定的法律主体相联系，如果淡化了这些法律主体，所计算的各种偿债能力指标，其参考价值就会降低。因为，特定的债务总是由特定的法律主体来清偿的，当子公司出现负债后并不是由企业集团本身来偿还债务，其他法律主体并没有偿债的义务，除非是法律上另有规定。这是在合并财务报表分析中应该特别注意的。又如，在合并过程中非常强调重要性原则的运用，对于不重要的内部交易及内部债权债务事项，可以不进行抵销，因此，合并财务报表往往存在一定的资产虚增情况。

（二）合并财务报表与个别财务报表存在着重大差异

合并财务报表虽然提供了资产、利润等方面的资料，但由于运用这些资产是特定法律主体的权利，作为母公司，并不能直接运用和处置这些法律主体的资产，这也与个别财务报表中反映的资产运用能力存在重大差异。同样，合并利润表中的利润也不是母公司的利润，还包括子公司的利润。但子公司的利润在未经股利分配前是不能由母公司支配的，也并非母公司现实拥有的。

（三）合并财务报表附注披露事项

在合并财务报表分析中还应注意合并财务报表附注所披露的事项，这样才能全面、准确地了解集团的生产经营情况，对集团的财务状况和经营成果进行准确判断。

总之，在进行合并财务报表分析时，首先应明确合并范围，并结合各企业集团的背景和社会环境理解和分析合并财务报表，既注意合并财务报表所反映的信息，也充分认识这些信息所具有的局限性，以对企业集团的财务状况、经营成果和现金流量情况有一个较为客观的分析和判断。

第 18 章
企业综合绩效的财务报表分析指标

综合评价企业绩效的财务分析主要服务于企业的外部投资者和企业决策者。一般而言，财务分析指标的设计应避免过度追逐单一领域的财务业绩，所以用以评价企业整体绩效的财务分析指标都应全面反映企业在运营、投资、融资三种业务活动的综合绩效结果。能够综合反映三种业务活动的财务业绩评价体系的关键在于定义受众所关注的领域，最终具体指标的选取也是围绕这些利益相关者关注的领域来识别筛选的。

18.1 反映企业综合绩效的财务分析基本框架

在理论与实务界，一般情况下财务报表分析的关注领域集中在六大方面，如图18-1所示。

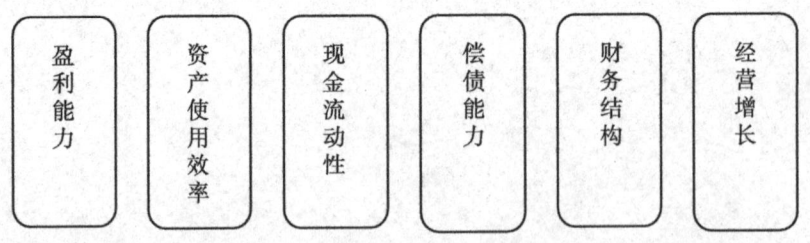

图 18-1 财务报表分析的关注领域

（1）盈利能力：在同等业务量和营业收入水平下，降低成本以产生更多利润，亦即如何最大化利润表的行项"净利润"。

（2）资产使用效率：在同等资源占用和生产能力下，取得更高业务量、营业收入或现金流入的能力，亦即如何最大化利润表的行项"营业收入"，或最大化经营利润的变现速度。

（3）现金流动性：企业的现金流是否足以支付日常运营的支出，以及流动负债是否可由足够的流动资产来偿还，亦即评价企业的短期偿债能力。

（4）偿债能力：企业是否可以偿还长期负债，持续经营假设是否存在以及破产的可能性，亦即评价企业的长期偿债能力。

（5）财务结构：资本结构中不同股权与债权的比例，不同资本结构下的财务杠杆作用及对息税前利润的影响。

（6）经营增长：企业在长期发展中业务量规模的扩张程度，资源投入的增加程度，以及所带来的收入和盈利的增长幅度。

对这六大关注领域的本质和宗旨进行分析可以得出，盈利能力和资产使用效率关注和评价的指标都是通过利润表现的，旨在强调管理盈利的渠道和过程。而现金流动性、偿债能力、财务结构指标更多关注资产负债表，强调企业的偿债能力及财务风险。因此这三个评价维度都在反映企业的财务风险控制能力。最后一个关注领域经营增长主要强调企业的可持续性发展，要求企业业务量规模、利润水平和资本规模等各方面都保持可持续增长，这是成长能力的体现。综上所述，盈利能力、财务风险控制能力和成长能力这三个关键能力成为构建企业综合绩效评价体系的基本框架。

涉及这三个关键能力和六大关注领域的指标很多，由于需要全面衡量企业的绩效，所以在设计适用于本企业的财务分析指标时要注意重视质量，使得设计的每个指标都能发挥其独有的、其他指标不可替代的价值。传统财务报表分析的文献大多只介绍了盈利能力、偿债能力、成长能力等方面的具体指标，但是在财务分析实务中，应充分考虑企业自身的运营特点，先制定财务评价指标的选取标准，并详细阐述筛选指标的过程，充分考虑选与不选的理由。

对于上市公司来说，选择财务分析指标还可以参考同行业可比公司公开的财务报告中对投资者披露的指标。这些指标中的财务类指标也可以用于本公司，作为在同行业内横向比较业绩水平的标准。指标筛选需要考虑以下几个标准。

（1）通用性：该指标需被大多数企业使用，这一点对于上市公司尤为重要。

（2）避免重复：在目标与本质趋同的多个指标间选择最全面的、最能体现本行业与企业特点的，放弃其他变异体指标。

（3）修正作用：如果被选取的某个指标具备行业局限性，则根据上述每一关键能力的关注点选择另一个行业指标来进行补充。

（4）符合本企业的实际运营特点：企业应该基于企业的实际情况，选择最能综合反映本企业业绩的指标。

在挖掘企业需要关注的关键能力点的过程中，可以从以下三个角度对现有的财务分析指标进行归纳总结。

（1）反映企业总体经营状况：该类指标旨在体现企业的盈利水平、财务风险和发展潜力，强调企业财务业绩的数量。

（2）更具财务分析与修正意义：该类指标体现对企业总体经营状况即数量型指标的补充或修正，强调企业财务业绩的质量。

（3）揭示驱动盈利的因素：该类指标反映企业的盈利水平和长期发展的驱动因素，强调财务业绩的原因。

以下将基于上述分析的三个角度分别介绍评价盈利能力、风险控制能力和成长能力的关键点以及选取的财务分析指标。

18.2　评价盈利能力的财务分析指标

盈利能力是一个企业长期发展中最重要的能力，各类衡量指标也层出不穷。根据前面讲述的反映企业总体经营状况、更具财务分析与修正意义和揭示驱动盈利的因素这三个角度，可以将这些评价盈利能力的财务分析指标与这三个角度相匹配。

18.2.1　反映企业总体经营状况

反映企业总体经营状况的指标可分为利润占比和收益率两类。

（一）利润占比

企业收入中的利润占比，是企业在销售商品、提供服务时增值能力的直接体现。反映利润占比的指标的一个常见特点是分子与分母均为利润表项目。

下面根据通用性和避免重复性的原则，对这些利润占比类指标进行筛选。

首先，销售净利率中的销售收入仅由企业日常的运营活动产生，而企业的净利润包括了非经常性损益的影响，将其与销售收入对比并没有太大意义；作为同样衡量利润占收入的比重的指标，营业利润率中的利润和收入都同为经营性所得，比销售净利率更能突出企业日常经营活动的成果。同样，成本费用利润率和营业利润率性质相同，成本费用的总额是由营业收入扣除营业利润所得，从营业利润率可分析得出成本费用利润率，故不必重复选取。

其次，主营业务利润率是对营业利润率的进一步深化，衡量主营业务在整个经营业务中的比重，尽管这个指标在企业的内部分析时也很有意义，但在董事会对企业的经营业绩汇报中无须展现得如此详细。

最后，销售毛利率是被众多行业特别是制造业企业使用的关键财务分析指标，应该沿用。

（二）收益率

企业盈利是对投资活动的经济回报，因此将所获得的盈利与投资资本进行比较，了解企业对这些资源投入的产出效应。反映收益率的指标的一个常见特点是分子为利润表项目，分母是资产负债表项目。

在收益率类的财务指标中，适合企业使用的两个指标是净资产收益率和投入资本回报率两项，理由有如下两个方面。

第一，净资产收益率和总资产报酬率都是衡量企业收益较为综合的指标，但净资产收益率从企业所有者的角度衡量企业盈利水平，更全面地展示了企业的收益来源，同时对董事会汇报而言，从股东角度出发的净资产收益率显然比总资产报酬率更有意义。

第二，投入资本回报率剔除了企业营运资金融资决策造成的影响，计算投入资本时不仅考虑了财务杠杆和资本结构（即考虑了债权资本），而且扣除了无收益回报的闲置流动资金（即无息流动负债和剩余现金），直观展示了投入增值活动资本的收益能力与企业的价值创造能力。

18.2.2　展示更具财务分析与修正意义的盈利

在展示更具财务分析与修正意义的盈利层面，盈利质量是一个企业需要重点考虑的要素。在指标筛选的标准中，盈利质量指标相对反映盈利水平的指标来说具备修正作用。盈利质量可以体现在以下三个方面。

（一）剔除非经常性因素的影响

净利润虽然可以体现企业的总体盈利水平，但并不是最具参考意义的盈利，因为其中掺杂了很多非经常性因素，如政府补助形成的营业外收入，以及债务重组、非货币性资产交换产生的净损益。这些项目都是非常规的一次性事项，如果净利润中这些非经常性损益的占比较大，则证明企业的核心竞争力不强。

（二）修正会计处理对利润的扭曲

权责发生制原则要求会计分期计量，这便使折旧、摊销等非付现成本的不同处理方法对企业的会计利润产生不同的影响，使利润不可避免地有人为操纵的成分。

（三）综合价值评估

由于传统的财务分析方法局限于利用会计调整的方法还原利润，近年来学术界在研究价值管理的过程中强调考虑非会计交易的外部经济因素对盈利水平的影响，如考虑股权融资成本、通货膨胀与投资年限等。由于此类指标调整项目需要引入的外部经济数据无法从财务报表中直接获取，故需要考虑信息获取成本，以及需要严格定义通胀影响、内含报酬率等的计算方法。

结合以上分析，在考核企业的盈利能力时首选息税前利润，因为它的通用性较强，而且剔除了资本结构（债权成本）与所得税政策差异的影响，能更准确地反映不同期间盈利能力的大小。而税后经营净利润的计算公式中的调整项很多，获取数据不易，操作性不强，并且调整项选择存在主观性，不同企业会选择不同的调整项，因此与外部数据可比性低。对于税息折旧及摊销前利润，可选取净现金流量与利润比率的指标代替，更能彻底调整非现金活动对利润的影响和反映利润的质量。

18.2.3 揭示驱动盈利的因素

揭示驱动盈利的因素的财务分析指标是通过挖掘什么原因导致了利润水平的高低，来帮助管理者不仅知其然更知其所以然。例如分析成本的构成和盈亏平衡点、按业务条线分析毛利率、按流程活动分析支出比例、按资产项目分析周转效率等。

在盈利能力分析中，应收账款周转率、存货周转率、总资产周转率都属于资产使用效率类指标，是反映驱动盈利因素的一类指标，指标越大，表明等量的资本投入（资产规模）会产生更高的经营收入或经营现金流量，且这几项指标的计算数据更容易从财务报表中直接获取，同时在与外部其他企业比较时也具备通用性和可比性。考虑到精简指标与减轻工作的需要，一般企业可选择应收账款周转率与总资产周转率这两个指标，前者反映了资产利用效率对经营现金净流量的贡献程度，后者反映了资产利用效率对收入的贡献程度。

18.3　评价财务风险控制能力的财务分析指标

广义的财务风险是指企业在各项财务活动中，由于各种难以预料和无法控制的因素，使企业在一定时期、一定范围内所获取的最终财务成果与预期的经营目标发生偏差，从而使企业蒙受经济损失或得到更大收益的可能性。由于企业的财务活动贯穿生产经营的整个过程，故生产运营、筹措资金、投资活动都可能产生财务风险。狭义的财务风险是指由偿付性、流动性和财务结构引发的财务风险，是因筹资活动产生的风险，即资本结构不合理或融资方式不当造成的无法偿债或预期收益下降，而不包括运营活动产生的经营风险。

对财务风险控制能力的评价主要关注偿债能力。债务一般按到期时间分为短期债务和长期债务，偿债能力分析也由此分为短期偿债能力分析和长期偿债能力分析两部分。偿债能力的衡量方法有两种：一种是比较可供偿债资产与债务的存量，资产存量超过债务存量较多，则认为偿债能力较强；另一种是比较经营活动现金流量和偿债所需现金，如果产生的现金超过需要的现金较多，则认为偿债能力较强。

以下将分别阐述分析短期偿债能力与长期偿债能力可供选择的指标。

18.3.1　短期偿债能力相关指标

（一）可偿债资产与短期债务的存量比较

可偿债资产的存量，是指资产负债表中列示的流动资产年末余额。短期债务的存量，是指资产负债表中列示的流动负债年末余额。流动资产将在一年或一个营业周期内消耗或转变为现金，流动负债将在一年或一个营业周期内偿还，因此两者的比较可以反映短期偿债能力。

流动资产与流动负债的存量比较有两种方法：一种是差额比较，两者相减的差额称为营运资本；另一种是比率比较，两者相除的比率称为短期债务的存量比率。

1. 营运资本

营运资本是指流动资产超过流动负债的部分。计算公式如下。

$$营运资本 = 流动资产 - 流动负债$$

计算营运资本使用的"流动资产"和"流动负债"，通常可以直接取自资产负债表。正是为了便于计算营运资本和分析流动性，资产负债表项目才区分为流动项目和非流动项目，并且按流动性强弱排序。

如果流动资产与流动负债相等，并不足以保证短期偿债能力没有问题，因为债务的到期与流动资产的现金生成，不可能同步同量；而且，为维持经营，企业不可能清算全部流动资产来偿还流动负债，而是必须维持最低水平的现金、存货、应收账款等。

因此，企业必须保持流动资产大于流动负债，即保有一定数额的营运资本作为安全边际，以防止流动负债"穿透"流动资产。

营运资本之所以能够成为流动负债的"缓冲垫"，是因为它是长期资本用于流动资产的部分，不需要在一年内偿还。

$$\begin{aligned}营运资本 &= 流动资产 - 流动负债\\ &= (总资产 - 非流动资产) - (总资产 - 股东权益 - 非流动负债)\\ &= (股东权益 + 非流动负债) - 非流动资产\\ &= 长期资本 - 长期资产\end{aligned}$$

当流动资产大于流动负债时，营运资本为正数，表明长期资本的数额大于长期资产，超出部分被用于流动资产。营运资本的数额越大，财务状况越稳定。简而言之，当全部流动资产没由任何流动负债提供资本来源，而全部由长期资本提供时，企业没有任何短期偿债压力。

当流动资产小于流动负债时，营运资本为负数，表明长期资本小于长期资产，有部分长期资产由流动负债提供资本来源。由于流动负债在一年或一个营业周期内需要偿还，而长期资产在一年或一个营业周期内不能变现，偿债所需现金不足，必须设法另外筹资，这意味着财务状况不稳定。

2. 短期债务的存量比率

短期债务的存量比率包括流动比率、速动比率和现金比率。

（1）流动比率。流动比率是流动资产与流动负债的比值，其计算公式如下。

$$流动比率 = 流动资产 ÷ 流动负债$$

流动比率是相对数，排除了企业规模的影响，更适合同业比较以及本企业不同历史时期的比较。此外，由于流动比率计算简单，因此被广泛应用。

但是，需要注意的是，不存在统一、标准的流动比率数值。不同行业的流动比率，通常有明显差别。营业周期越短的行业，合理的流动比率越低。在过去很长一段时期里，人们认为生产型企业合理的最低流动比率是2。这是因为流动资产中变现能力最差的存货金额约占流动资产的一半，剩下的流动性较好的流动资产至少要等于流动负债，才能保证企业最低的短期偿债能力。这种认识一直未能从理论上证明。最近几十年，企业的经营方式和金融环境发生了很大的变化，流动比率有下降的趋势，许多成功企业的流动比率都小于2。

如果流动比率相对上年发生较大变动，或与行业平均值出现较大偏离，就应对构成流动比率的流动资产和流动负债的各项目逐一分析，寻找形成差异的原因。为了考察流动资产变现能力，有时还需要分析其周转率。

流动比率有其局限性，在使用时注意：流动比率假设全部流动资产都可以变为现金并用于偿债，全部流动负债都需要还清。实际上，有些流动资产的账面金额与变现金额有较大差异，如产成品等；经营性流动资产是企业持续经营所必需的，不能全部用于偿债；经营性应付项目可以滚动存续，无须动用现金全部结清。因此，流动比率是对短期偿债能力的粗略估计。

（2）速动比率。构成流动资产的各项目，流动性差别很大。其中，货币资金、交易性金融资产和各种应收款项等，可以在较短时间内变现，称为速动资产；另外的流动资产，包括存货、预付款项、一年内到期的非流动资产及其他流动资产等，称为非速动资产。

非速动资产的变现金额和时间具有较大的不确定性。第一，存货的变现速度比应收款项要慢得多；部分存货可能已毁损报废，尚未处理；存货估价有多种方法，可能与变现金额相距甚远。第二，一年内到期的非流动资产和其他流动资产的金额有偶然性，不代表正常的变现能力。因此，将可偿债资产定义为速动资产，计算短期债务的存量比率更可信。

速动资产与流动负债的比值，称为速动比率，其计算公式如下。

$$速动比率 = 速动资产 ÷ 流动负债$$

与流动比率一样，不同行业的速动比率差别很大。例如，采用大量现金销售的商店，几乎没有应收款项，速动比率小于1很正常。相反，一些应收款项较多的企业，速动比率可能要大于1。

影响速动比率可信性的重要因素是应收款项的变现能力。账面上的应收款项不一定都能变成现金，实际坏账可能比计提的坏账准备要多；季节性的变化，可能使报表上的应收款项金额不能反映平均水平。这些情况，外部分析人员不易了解，而内部人员则有可能进行估计。

（3）现金比率。速动资产中，流动性最强、可直接用于偿债的资产称为现金资产。现金资产包括货币资金、交易性金融资产等。与其他速动资产不同，它们本身就是可以直接偿债的资产，而其他速动资产需要等待不确定的时间，才能转换为不确定金额的现金。

现金资产与流动负债的比值称为现金比率，其计算公式如下。

$$现金比率 = （货币资金 + 交易性金融资产）÷ 流动负债$$

（二）经营活动现金流量净额与短期债务的比较

经营活动现金流量净额与流动负债的比值，称为现金流量比率。计算公式如下。

$$现金流量比率 = 经营活动现金流量净额 ÷ 流动负债$$

公式中的"经营活动现金流量净额"，通常使用现金流量表中的"经营活动产生的现金流量净额"。它代表企业创造现金的能力，已经扣除了经营活动自身所需的现金流出，是可以用来偿债的现金流量。

一般来讲，该比率中的流动负债采用期末数而非平均数，因为实际需要偿还的是期末金额，而非平均金额。

现金流量比率表明每1元流动负债的经营活动现金流量保障程度。该比率越高，偿债能力越强。

用经营活动现金流量净额代替可偿债资产存量，与短期债务进行比较以反映偿债能力，更具说服力。因为一方面它克服了可偿债资产未考虑未来变化及变现能力等问题；另一方面，实际用以支付债务的通常是现金，而不是其他可偿债资产。

18.3.2 长期偿债能力相关指标

衡量长期偿债能力的财务比率，也分为存量比率和流量比率两类。

（一）总债务存量比率

长期来看，所有债务都要偿还。因此，反映长期偿债能力的存量比率是总资产、总债务和股东权益之间的比例关系。常用比率包括：资产负债率、产权比率、权益乘数和长期资本负债率。

1. 资产负债率

资产负债率是总负债与总资产的百分比，其计算公式如下。

$$资产负债率 = 总负债 ÷ 总资产 × 100\%$$

资产负债率反映总资产中有多大比例是通过负债取得的。它可以衡量企业清算时对债权人利益的保护程度。资产负债率越低，企业偿债越有保证，贷款越安全。资产负债率还代表企业的举债能力。一个企业的资产负债率越低，举债越容易。如果资产负债率高到一定程度，没有人愿意提供贷款了，则表明企业的举债能力已经用尽。

通常，资产在破产拍卖时的售价不到账面价值的 50%，因此如果资产负债率高于 50%，则债权人的利益就缺乏保障。各类资产变现能力有显著区别，房地产的变现价值损失小，专用设备则难以变现。不同企业的资产负债率不同，与其持有的资产类别有关。

2. 产权比率和权益乘数

产权比率和权益乘数是资产负债率的另外两种表现形式，它们和资产负债率的性质一样，其计算公式如下。

$$产权比率 = 总负债 ÷ 股东权益$$

$$权益乘数 = 总资产 ÷ 股东权益$$

产权比率表明每 1 元股东权益借入的债务额，权益乘数表明每 1 元股东权益拥有的资产额，它们是两种常用的财务杠杆比率。财务杠杆表明债务多少，与偿债能力有关。财务杠杆影响总资产净利率和权益净利率之间的关系，还表明权益净利率的风险高低，与盈利能力有关。

3. 长期资本负债率

长期资本负债率是指非流动负债占长期资本的百分比，其计算公式如下。

$$长期资本负债率 = [非流动负债 ÷ (非流动负债 + 股东权益)] × 100\%$$

长期资本负债率反映企业长期资本结构。由于流动负债的金额经常变化，资本结构管理大多使用长期资本结构。

（二）总债务流量比率

1. 利息保障倍数

利息保障倍数是指息税前利润对利息费用的倍数，其计算公式如下。

$$利息保障倍数 = 息税前利润 ÷ 利息费用$$

$$= （净利润 + 利息费用 + 所得税费用）÷ 利息费用$$

分母的"利息费用"是指本期的全部应付利息，不仅包括计入利润表财务费用的利息费用，还应包括计入资产负债表固定资产等成本的资本化利息。

长期债务不需要每年还本，却需要每年付息。利息保障倍数表明每1元利息支付有多少倍的息税前利润作为保障，它可以反映债务政策的风险大小。如果企业一直保持按时付息的信誉，则长期负债可以延续，举借新债也比较容易。利息保障倍数越大，利息支付越有保障。如果利息支付尚且缺乏保障，归还本金就更难指望。因此，利息保障倍数可以反映长期偿债能力。

如果利息保障倍数小于1，表明自身产生的经营收益不能支持现有的债务规模。利息保障倍数等于1也很危险，因为息税前利润受经营风险的影响，很不稳定，而利息支付却是固定的。利息保障倍数越大，企业拥有的偿还利息的缓冲资金越多。

2. 现金流量利息保障倍数

现金流量利息保障倍数，是指经营活动现金流量净额对利息费用的倍数，其计算公式如下。

$$现金流量利息保障倍数 = 经营活动现金流量净额 ÷ 利息费用$$

现金流量利息保障倍数是现金基础的利息保障倍数，表明每1元利息费用有多少倍的经营活动现金流量净额作为保障。它比利润基础的利息保障倍数更可靠，因为实际用以支付利息的是现金，而不是利润。

3. 现金流量债务比

现金流量债务比，是指经营活动现金流量净额与债务总额的比率，其计算公式如下。

$$现金流量债务比 = 经营活动现金流量净额 ÷ 债务总额 × 100\%$$

一般来讲，该比率中的债务总额采用期末数而非平均数，因为实际需要偿还的是期末金额，而非平均金额。

该比率表明企业用经营活动现金流量净额偿付全部债务的能力。该比率越高，偿还债务总额的能力越强。

18.4　评价成长能力的财务报表分析指标

18.4.1　评价企业成长水平的高低

评价企业的成长总体水平由经营业绩的增长和资产规模的增长两方面构成，即考察企业每年的营业收入和资本投入的增长幅度。企业业绩增长需要资本的不断投入，所以资产规模的增长是经营业绩增长的基础，二者相辅相成。评价企业成长水平常用的指标是销售收入增长率和总资产增长率。

18.4.2　评价企业成长水平的质量

在评价企业的成长能力时，还需要关注企业成长的质量，即企业的业绩和资产规模的增长是否会带来盈利以及这种增长是否具备可持续性。对于企业的经营管理者来说，较高的营业收入年增长率不一定最有意义，对于几乎所有行业和所有企业，盈利的可持续增长才是最为关键的，这也是现代企业高级管理层的经营目标。可持续增长是企业长期发展所必然关注的重点，企业需要持续衡量今天的投入是否足以保证未来的增长，如对于技术研发、市场份额分析等重要领域投入的资源。相比净利润增长率，营运利润增长率〔（上期营运利润 − 本期营运利润）÷上期营运利润〕剔除了非经常性损益带来的影响，更能稳定反映企业营运过程中赚取利润能力的增长。

18.4.3　分析企业业绩增长的驱动因素

揭示企业业绩增长的驱动因素需要依靠按多个维度进行经营分析来实现，如按产品、业务线、区域和渠道等多个维度对营业收入进行分解，帮助企业的经营管理者了解高增长的业务、产品、区域、客户，识别低增长甚至负增长的业务、产品、区域、客户，以图改变企业的资源配置和采取恰当的举措提高绩效。

第 19 章
企业财务绩效综合评价方法

19.1　采用一个具备综合性的评价指标

19.1.1　杜邦财务分析法

（一）杜邦分析法基本理论

杜邦财务分析法是利用企业各财务指标间的内在关系，对企业综合理财及经济效益进行系统且全面的分析评价的方法。采用杜邦分析法，以净资产收益率为核心，将其分解为其他若干财务指标，通过分析各分解财务指标的变动对净资产收益率的影响来反映企业真实的获利能力及其变动的有关原因。杜邦分析法中各主要指标之间的关系如下。

$$净资产收益率 = 销售净利率 \times 总资产周转率 \times 权益乘数$$

$$销售净利率 = 净利润 \div 销售收入$$

$$总资产周转率 = 销售收入 \div 平均资产总额$$

$$权益乘数 = 资产总额 \div 所有者权益总额 = 1 \div (1 - 资产负债率)$$

对企业的投资者而言，最重要的是要取得理想的投资报酬率（即净资产收益率），了解和分析所有影响投资报酬率的因素，这不管是对投资者还是对企业管理者而言，都非常重要。从上面的公式来看，杜邦分析法就是通过对指标间的相互关系的分析来研究所有影响所有者权益（即净资产）收益率的因素。

1. 杜邦分析法的思路

杜邦分析法从企业所有者的角度出发，将净资产收益率进行指标分解，这样有助于深入分析及比较一个企业在不同期间取得的经营业绩。该综合分析法提供了分析财务指标变化原因和变动趋势的方法，并为企业今后采取相应的改进措施提供了方向。

2. 指标分解原理

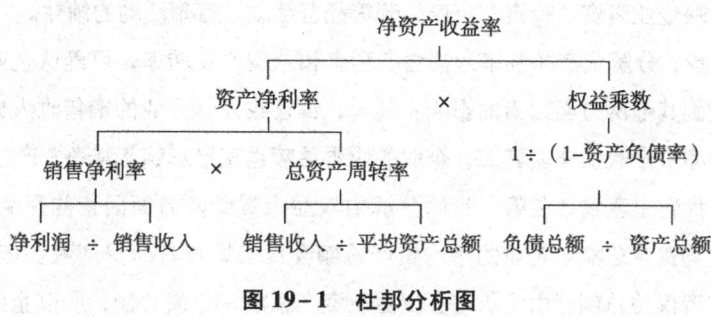

图 19-1　杜邦分析图

（1）销售净利率可以反映企业的销售盈利能力。

（2）总资产周转率可以反映企业资产的使用能力及效率，而且可再将其划分为存货周转率、应收账款周转率等几个指标，从而衡量企业的资产构成是否存在问题。

（3）权益乘数的高低能反映企业的负债程度，企业的负债增加，企业经营的财务风险就会相应提高。

3. 指标分析实现的效果

通过杜邦分析法，能给企业的经营管理层提供考察企业资产管理效率和是否最大化所有者投资回报的思路。

（1）通过销售净利率，全面概括利润表的内容，能说明企业的日常经营管理状况。如果企业想改善其日常经营管理状态，首先需要提高其销售净利率，使收入增长幅度高于成本和费用增长幅度，或者降低企业的成本费用。

（2）通过权益乘数，全面概括资产负债表的内容，表明企业的资产、负债和权益的相互比例关系，以反映企业的基本资本构成状况，也能说明其债务管理的效率。企业在不危及自身财务安全的前提下，可以适当增加债务规模。

（3）通过总资产周转率，把企业的利润表和资产负债表联系起来，能说明企业资产管理状况。如果企业想改善其资产管理状况，可以提高总资产周转率，而要改善企业的总资产周转率，就应该提高企业的存货周转率和应收账款周转率等，进而改善企业的总资产周转率。从杜邦分析图中可以看出，净资产收益率受到三个指标的影响，它们分别是销售净利率、总资产周转率和权益乘数。

可以通过以下步骤对该方法进行分析：

第一步，财务指标的分解，体现出净资产收益率反映了两方面的信息：其一，通过资产净利率，能反映企业资本的正常获利能力。其二，通过权益乘数指标，能反映企业筹资、投资、资产运营等经营活动、管理活动的绩效。

第二步，分解资产净利率为销售净利率和总资产周转率，可确认企业的销售净利率受到其他两方面因素的影响：其一，销售收入，企业的销售收入会直接影响企业的净资产收益率。其二，企业的成本总额也直接影响着其净资产收益率。

同时我们注意到，在第一步的分解中权益乘数受两方面因素的影响。其一，企业的平均资产总额。企业的平均资产总额会直接影响其净资产收益率。其二，企业所有者权益总额。由于所有者权益 = 资产总额 − 负债总额，所以企业的负债比率越高，所有者权益越少，权益乘数越大，净资产收益率也越高，说明企业的财务杠杆作用越强。但是，企业经营需要承担的财务风险也越大。对于一般的企业而言，在企业的总资产需要量既定的前提下，适当开展负债经营，相对减少所有者权益的占比，就可使权益乘数得以提高，这样能给企业带来较大的财务杠杆效应，但同时也需要承受较大的经营风险压力。因此，企业既要合理使用全部资产，又需要妥善安排企业的资金结构。

（二）杜邦分析法的优缺点

1. 杜邦分析法的优点

采用这一方法，可使财务比率分析的层次更清晰、条理更突出，为报表分析者全面仔细地了解企业的经营和盈利状况提供方便。

杜邦分析法有助于企业管理层更加清晰地看到权益基本收益率的决定因素，以及销售净利润与总资产周转率、债务比率相互之间的关联关系，给企业的管理层提供一张明晰的考察企业资产管理效率和是否最大化股东投资回报的路线图。

2. 杜邦分析法的缺点

从企业绩效评价的角度来看，杜邦分析法只包括财务方面的信息，不能全面反映企业的综合行业规模，有很大的使用局限性，在实际运用中需要注意，必须结合企业的其他信息加以综合分析。杜邦分析法的缺点主要表现在：对企业的短期财务指标结果过分重视，有可能助长企业管理层的短期投机行为，从而忽视企业长期的价值创造；在目前的市场环境中，企业的无形资产对提高企业长期竞争力的作用是不言而喻的，杜邦分析法却不能解决企业无形资产的价值评估问题；财务指标反映的是企业过去的经营绩效，衡量工业时代的企业能够满足要求。但在信息时代，顾客、供应商、雇员、技术创新等因素对企业经营业绩的影响越来越大，而杜邦分析法在这些方面是有局限的。

（三）杜邦分析法的应用原因

1. 理财目标

关于企业的理财目标，欧美国家的主流观点是股东财富最大化，日本等亚洲国家的主流观点是企业各个利益群体的利益有效兼顾。

从股东财富最大化这个理财目标，不难看出杜邦公司把股东权益（即净资产）收益率作为杜邦分析法核心指标的原因所在。在美国，股东财富最大化是企业的理财目标，而股东权益收益率又是反映股东财富增值水平最为敏感的内部财务指标，所以杜邦公司在设计和运用这种分析方法时就把股东权益收益率作为分析的核心指标。

2. 有利于委托代理关系

广义的委托代理关系是指财产拥有人（包括投资者和债权人等）将自己合法拥有的财产委托给经营者依法经营而形成的包含双方权责利关系在内的一种法律关系。狭义的委托代理关系仅指投资者与经营者之间的权责利关系。本书将从狭义的委托代理关系来解释经营者为什么也青睐杜邦分析法。首先，由于存在委托代理关系，无论是在法律上还是在道义上，经营者都应该优先考虑股东的利益这一点与股东的立场是一致的。其次，由于存在委托代理关系，委托人（即投资者或股东）和代理人（即经营者）之间就必然会发生一定程度的委托代理冲突。为了尽量缓解这种委托代理冲突，委托人和代理人之间就会建立起一种有效的激励与约束机制将经营者的收入与股东利益挂钩，在实现股东利益最大化的同时也能实现经营者的利益最大化。在这种机制的影响下，经营者必然会主动地去关心股东权益收益率及其相关的财务指标。

股东（即投资者）使用杜邦分析法的侧重点主要在于：权益收益率为多少；权益收益率的升降；影响权益收益率升降的原因；相关财务指标的变动对权益收益率将会造成什么影响；应该怎么样去激励和约束经营者的经营行为才能确保权益收益率达到要求；如果确信无论怎样激励和约束都无法使经营者的经营结果达到所要求的权益收益率将如何控制；等等。而经营者使用杜邦分析法的侧重点主要在于：经营结果是否达到了投资者对权益收益率的要求；如果经营结果达到了投资者对权益收益率的要求，经营者的薪金将会达到多少、职位是否会稳中有升；如果经营结果达不到投资者对权益收益率的要求，经营者的薪金将会降为多少、职位是否会被调整；应该重点关注哪些财务指标、采取哪些有力措施才能使经营结果达到投资者对权益收益率的要求，从而使经营者薪金和职位都能够稳中有升；等等。

（四）运用杜邦分析法的建议

首先，深刻理解杜邦分析法与企业理财目标、委托代理关系以及企业金字塔风险之间的内在联系，充分认识杜邦分析法对实现企业理财目标、缓解委托代理冲突、化解企业金字塔风险所具有的重要作用，只有深刻理解这种内在联系并充分认识这种重要作用，企业才有可能会想方设法去用足、用好杜邦分析法。其次，完善财务与会计的各项基础工作，建立健全财务与会计的各种规章制度，保证财务与会计信息的真实性、完整性、可靠性、及时性。再次，加强杜邦分析法与企业长期战略目标以及近期目标之间的联系，把杜邦分析法的功能从事后财务分析延伸到事前战略规划，最大限度地用足、用好杜邦分析法。最后，注意杜邦分析系统中各项财务指标的递进影响关系和动态发展趋势，根据这种递进影响关系来平衡影响某一财务指标变动的各个要素之间的关系，使之协调发展。同时，根据这种动态发展趋势来观测企业近期目标的落实情况和长期战略目标的实施情况，并适时对其进行合理调整，使近期目标和长期战略目标之间形成一个和谐统一、相互支持、相互促进、共同实现的经营管理目标体系。

19.1.2 经济增加值法

经济增加值法是以经济增加值理念为基础的财务管理系统、决策机制及员工的激励报酬制度。它是基于企业的税后营业净利润和产生利润所需资本总成本的一种企业绩效评价方法。经济增加值的基本计算公式如下。

$$经济增加值 = 税后净营业利润 - 总资本成本$$

计算经济增加值的难点有两个。第一个难点是计算税后净营业利润和总资本成本时，需要对某些财务报表项目的会计处理方法进行调整，以消除根据通用企业会计准则编制的财务报表对企业的真实盈利情况的扭曲。因此，如果选择采用经济增加值作为企业业绩的评价方法，企业管理者需要慎重选择调整方法，在保证精确性的前提下顾及简单易行。对选择何种调整方法的基本评判标准包括：调整能产生重大变化、有确切的可得数据、这些变化可被非财务主管理解，最重要的一条是这些会计的调整变化能够对企业的经营决策起到良好的作用，并且节省成本。计算经济增加值的第二个难点是，企业总资本成本的确定需要参考资本市场的历史数据。我国目前的资本市场并不成熟，信息存在严重的不对称及失真情况，这造成在经济增加值的计算中不易确定企业的股权资本成本，其根源在于资本资产定价模型中的贝塔系数不能准确计量。在我国，经济增加值计算公式以及税后净营业利润与资本成本的调整项可以参考国务院国有资产监督管理委员会（以下简称"国资委"）颁布的《中央企业负责人经营业绩考核暂行办法》的经济增加值计算细则。

经济增加值 = 税后净营业利润 − 调整后资本 × 平均资本成本率

税后净营业利润 = 净利润 + （利息支出 + 研究开发费用调整项）× （1 − 25%）

调整后资本 = 平均所有者权益 + 平均负债合计 − 平均无息流动负债 − 平均在建工程

以上针对税后净营业利润的调整项，均是为了消除会计利润对企业真实价值创造的扭曲。

（1）加回利息支出：它是债务资本的成本，在会计上却作为税前抵扣的费用列支。

（2）加回研发费用：研发费用本来属于收益期超过一个年度的长期性投资，但由于未来收益的不确定和不易计量，在现行企业会计准则中被作为期间费用一次性在税前扣减利润。

对于调整后资本，上述计算公式中使用了资产负债表所有者权益与负债的年初与年末余额的平均值。扣除无息流动负债是因为这部分负债是营运活动自然形成的，而非企业主动融资的结果，并且不需要支付利息；此外，如果长期负债里有因承担国家任务等原因形成的"专项应付款"和"特种储备基金"的无息负债，也应视同无息流动负债从债务资本中扣除。扣除在建工程的原因是在建工程在转固定资产交付使用前，没有在当期给企业带来利润，如果金额较大会产生较大资本成本导致当期经济增加值偏低，挫伤管理者对建设周期长但有利于企业价值增加的项目的投资积极性。将在建工程从总资本中扣除与将研发费用从净利润中加回，都是为了消除短期效应的影响，引导管理者从长远利益出发进行经营决策。关于资本成本率，由于难点在于计算权益资本的成本，所以国资委经济增加值考核办法没有采用以市场基础计算，而是参考了长期贷款利率统一规定了中央企业资本成本率为 5.5%，承担国家任务重且资产通用性差的企业（例如发电企业）资本成本率为4.1%，资产负债率在75%以上的工业企业和80%以上的非工业企业，资本成本率上浮0.5%。

对于除中央企业之外的其他企业，一般会在相关咨询公司的帮助下确定经济增加值的会计利润调整项，除了国资委对中央企业规定的那几项，还涉及与研发支出性质类似的大型广告费（受益期较长）、营业外收支、各类为资产减值提取的会计准备、商誉摊销、投资和期货收益、递延税金。

对于除中央企业之外的其他企业的权益资本成本率的计算，上市公司与非上市公司计算方法不同。上市公司的股权资本成本可以采用资本资产定价模型（Capital Asset Pricing Model，CAPM）计算：

权益资本成本率 = 无风险收益率 + 贝塔系数 × 市场风险溢价

CAPM中的无风险收益率可参考上海证券交易所交易的当年最长期的国债年收益率，市场风险溢价按4%计算，贝塔系数可通过公司股票收益率对同期股票市场指数（上证综指）的收益率回归计算，也可以从各大投资银行或证券机构处获取。

非上市公司股权资本成本率的计算也可以采用CAPM，但由于系数无法从市场数据直接测算，一些公司采取了对标方式，即选择一些可供对标的上市公司，计算这些对标公司的平均无杠杆（无杠杆即剔除不同公司资本结构的影响）贝塔系数来模拟其业务风险，再根据自身的资本结构计算自身的贝塔系数。

（一）经济增加值指标的优点

1. 经济增加值为企业经营者明确目标

传统的财务指标从不同角度考察企业业绩，使得复杂多样的数据让人忘记了股东财富最大化才是企业经营的最终目的，而经济增加值的提出明确了企业的根本目的，即为股东创造最大的经济价值。经济增加值指标数据单一、目标明确，直接反映企业为股东创造的财富，这为企业的经营管理活动设定了目标并提供了衡量尺度。

2. 企业管理层可以运用经济增加值制定激励体系

经济增加值的计算更真实地反映了企业经营的经济效益好坏，通过经济增加值管理系统可以设计一整套真正有效的激励机制，把企业经营者、员工利益、股东利益完全统一起来，使员工能够分享他们创造的财富，培养良好的团队精神和主人翁意识，从企业的"内部人"变成"自己人"，对企业各层次人员起到良好的激励作用。经济增加值在个人绩效和企业收入之间架起了一座桥梁，有助于企业的价值增长从最基本开始，为实现最终目标打下良好的基础。

3. 经济增加值能尽量剔除会计失真的影响，真实反映企业价值

通常净利润作为企业业绩评价的基本指标，而会计收益计算忽略了权益资本成本，将净利润作为企业业绩评价指标会使企业业绩产生偏差，从而歪曲企业的真实价值。并且以净利润作为企业业绩评价指标，容易导致企业操作利润。但对于经济增加值来讲，在计算前对会计信息来源进行调整，减少管理者操控财务数据的空间，尽量消除失真的会计信息，从而客观、公正地反映企业的真实业绩，更真实、更完整地评价企业价值。

4. 让资本成本得到有效利用

经济增加值中资本成本概念的引入使管理者能更理智地使用资本，管理者乐于提高资本的利用效率，因为资本利用是有成本的。管理者认识到，如果他们不能达到预期的经济增加值目标，吃亏的是自己。他们不会对增长目标讨价还价，同时由于资本成本的问题，管理者将更为精明审慎地利用资本，因为资本费用直接和他们的收入挂钩，而这对每次决策都会产生影响。

5. 优化企业文化，促进企业发展

作为一种经营理念，经济增加值为企业文化注入新的活力。一直以来，企业内部各部门之间由于职能、目标、利益等方面的分歧，存在有功一起争、有问题就互相推卸责任的情况，使得相互之间缺乏信任，难以很好地合作。经济增加值在统一各部门利益的同时也明确了目标，人人关注经济增加值，促使全体员工团结一致、协作分工，不仅能优化企业的内部管理，而且能够促进企业良好发展。

（二）经济增加值的局限性

1. 经济增加值的调整复杂，难度大

经济增加值是在一定的会计制度和核算方式的基础上运用的，且该指标值的计算是以现有的资产负债表和损益表为基础，对有关会计项目进行调整。调整的项目达 200 多项，范围比较广，调整的过程复杂繁琐，而且没有统一标准，需要根据企业的不同性质和从事的业务进行调整，某个指标可能在甲企业需要调整，但是在乙企业可能就不需要调整，因为调整的项目比较多，对调整项目目前还没有形成比较成熟的系统的规定，带来了很大的随意性。为了提高企业的经济附加值，经营者可能会通过各种方法操纵会计数字，比如提高收入、降低费用、降低资产，达不到调整的预期要求，最后得出的经济附加值指标不是很准确。

财务转换比较困难，因为经济附加值是一套财务管理系统、决策机制及激励

报酬制度，所以从已有制度转变成经济附加值的过程不仅改变的是一套制度，也改变了企业的整体架构和企业文化，同时也影响着企业中个人的行为，所以转换成本还是比较高的。

2. 不利于横向比较

经济附加值假定的是资产规模相同情况下，企业不同时期的经营业绩，对于不同的资产规模，该指标体系就失去了可比性。经济附加值是一个绝对数指标，而不是相对数指标。规模不同资产基数就不同，会造成两部门经济附加值结果的差距。这就导致大规模企业由于资产基数大，相应的经济附加值的绝对值也比较大，而小规模企业则由于资产基数小，所以经济附加值的绝对值就比较小。此外，不同行业的经济附加值也存在明显的差异。所以经济附加值只能大体反映企业或部门之间的规模差异，不能准确的反映出企业或者部门之间的差异，那么行业的企业之间业绩比较也不能解决，所以不能由经济附加值来有效控制部门之间的规模差异因素对评价结果的影响。

（三）针对经济增加值的局限性提出以下建议

1. 结合作业成本法，解决经济增加值调整项目不准确问题

企业可以通过结合作业成本法来解决经济增加值在实施过程中进行成本分摊的问题，这样可以减少经济增加值的计算与传统会计计算不一致的项目，计算经济增加值时可减少调整项目。作业成本法不以规模的大小作为分摊的基础，可以更好地反映企业经营和间接费用分摊问题，并且还能够用于确定如何将各部门资产分摊到独立的部门，以提高用于计算部门资本成本投入测算方法的精确性，从而更可靠地估算经济增加值。

2. 经济增加值与企业资产规模对比，解决横向比较问题

用计算出来的经济增加值与企业的资产规模进行对比，例如将经济增加值与企业的净资产或投入资产进行对比，得出一个相对数，再进行不同行业、不同规模、不同时期的对比，解决因为经济增加值是绝对数而无法横向对比的问题。

实践证明，经济增加值并不是完美无缺的，它存在的问题与传统体系的主要缺陷是一脉相承的，不能解决整个企业经营决策与业绩评价之间的不协调。所以单独运用经济增加值评价企业依然存在较大偏差。目前有效的业绩评价方法应当是财务指标与非财务指标相结合，多种方法结合使用，互相弥补各自的局限，才能最大限度地发挥效用。

19.1.3　数据包络分析

数据包络分析是一种较为广泛的用于多投入和多产出的组织的最优绩效评估分析技术，它以多个相似决策单元的投入、产出指标的权重系数为优化变量。它集数学、经济学、管理学概念与方法于一体，可以用来研究具有相同类型的部门间的相对有效性。

（一）**定义**

DEA 是一个线性规划模型，表示为产出对投入的比率。利用 DEA，通过对一个特定单位的效率和一组提供相同服务的类似单位的效率的比较，试图使服务单位的效率最大化。在这个过程中，获得 100% 效率的一些单位被称为相对有效率单位，而另外的效率评分低于 100% 的单位被称为无效率单位。

这样，企业管理者就能运用 DEA 来比较一组服务单位，识别相对无效率单位，衡量无效率的严重性，并通过对无效率单位和有效率单位的比较，发现降低无效率的方法。

（二）**使用 DEA 的程序**

使用 DEA 应该遵循一定的程序，首先应该确定评价的目的，根据评价的目的去选择适当的决策单元，之后选择输入和输出指标体系，之后建立最优的 DEA 模型，最后根据评价的目的，利用最优的 DEA 模型对决策单元的财务绩效进行计算，之后根据计算结果进行分析。

1. 确定研究目的

明确研究目的是应用 DEA 的首要前提，因为 DEA 的基本作用就是作为评价指标出现，尤其是评价多个相同类型样本间的相对好坏。因此就需要先对一连串问题进行明确。首先，决定什么样的决策单元用于进行对象评价；其次，选择确定输入和输出指标；再次，选择 DEA 模型来对绩效进行评价等。为了使 DEA 评价具有科学性，上述问题就应该服从一个具体目的。同时目的也促进着事情的发展和进步，通过评价企业财务绩效从而从中发现问题并解决问题，进而促进企业的竞争和发展。

2. 确定决策单元

在确定了研究目的之后，就应该选择所需要的研究对象，即所需要研究的对象就是评价对象的决策单元。

3. 选择输入和输出指标

指标的选择会影响 DEA 的计算结果，直接作用于对象的评价过程，当然指标的选择很重要。

4. DEA 模型的选择

不同的评价目的对应不同的 DEA 模型，为了达到评价目的也需要建立最优化的 DEA 模型。而 DEA 模型种类众多，不同的模型有不同的约束条件，适用于不同的方面，所以在选择 DEA 模型时既要遵循评价的目的也要遵循相关的选择原则。

5. 对模型分析、求解，讨论分析结果

通过对 DEA 模型求解，可以得到相关的决策信息，这些决策信息包括决策单元的效率值、决策单元的有效生产前沿面及决策单元有效生产前沿面的投影值；通过投影分析改变松弛变量值来改善无效决策单元的效率值，从而使无效决策单元转变为有效决策单元。借助上述信息，决策者可以分析影响决策单元效率和输入输出指标之间关系的因素及影响原因，进而得出改善经营的方案。

（三）DEA 的优点

（1）DEA 模型采用最优化方法来决定指标对象的权重，而其他的方法则需要事先通过人们主观判断来确定权重，并且在不同企业的评价当中，权重都是使用同一套标准，这使得权重赋值显得刻板和主观化。DEA 的出现可以缓解这一局面，通过数据规划确定权重使评价结果消除主观性。

（2）投入与产出属性的测量单元变动，并不会影响评估的结果，只会让各决策单元的属性值在同时间有相同位数的变化。

（3）DEA 模型可以同时处理不同属性特征指标，包括比率数据及非比率数据，即应用 DEA 进行绩效评价时建立的指标体系所选取的指标可以将具有不同单元属性的指标结合起来评价，而其他的方法则需要指标单元属性的统一。

（4）DEA 模型对多投入、产出指标评价单元进行分析较为便捷有效，同时评价结果包括技术效率、规模效率及综合效率等，更为客观和全面。

（5）对非 DEA 有效的决策单元，该方法能指出相关需要改进指标的改进方向，而且还能通过投影分析得出具体调整量，比如通过减少具体数量的投入量来达到既定的生产量，或者在保持一定的投入量的同时来提高生产量，这些调整都可以通过 DEA 模型的投影分析得出一个确切的调整量，为企业经营决策提供参考。

（6）既然 DEA 用于解决多个输入和输出指标的决策问题，如果输入指标和输出指标之间存在关联关系，使用其他的方法则需要考虑这些指标之间的关联，并通过一定的表达式进行表达，而使用此法可以将关联关系用显示表达式表达出来。

19.2　采用多个评价指标进行综合评分

19.2.1　沃尔评分法

1928 年，亚历山大·沃尔出版的《信用晴雨表研究》和《财务报表比率分析》中提出了信用能力指数的概念，他选择了 7 个财务比率，即流动比率、产权比率、固定资产比率、存货周转率、应收账款周转率、固定资产周转率和自有资金周转率，分别给定各指标的比重，然后确定标准比率（以行业平均数为基础），将实际比率与标准比率相比，得出相对比率，将此相对比率与各指标比重相乘，得出总评分。他提出了综合比率评价体系，把若干个财务比率用线性关系结合起来，以此来评价企业的财务状况。后人在他的理论基础上，总结出一套较为完善的综合评价方法——新沃尔评分法。

沃尔评分法的基本步骤如下。

（1）选择评价指标并分配指标权重。

盈利能力指标：资产净利率、销售净利率、净值报酬率。偿债能力指标：自有资本比率、流动比率、应收账款周转率、存货周转率。发展能力指标：销售增长率、净利增长率、资产增长率。按重要程度确定各项比率指标的评分值，评分值之和为 100。三类指标的评分值约为 5 : 3 : 2。盈利能力指标三者的比例约为 2 : 2 : 1，偿债能力指标和发展能力指标中各项具体指标的重要性大体相当。

（2）确定各项比率指标的标准值，即各指标在企业现时条件下的最优值。

（3）计算企业在一定时期各项比率指标的实际值。

$$资产净利率 = 净利润 \div 资产总额 \times 100\%$$

$$销售净利率 = 净利润 \div 销售收入 \times 100\%$$

$$净值报酬率 = 净利润 \div 净资产 \times 100\%$$

$$自有资本比率 = 净资产 \div 资产总额 \times 100\%$$

$$流动比率 = 流动资产 \div 流动负债$$

$$应收账款周转率 = 企业的赊销净额 \div 平均应收账款余额$$

$$存货周转率 = 产品销售成本 \div 平均存货成本$$

$$销售增长率 = 销售增长额 \div 基期销售额 \times 100\%$$

$$净利增长率 = 净利增加额 \div 基期净利 \times 100\%$$

$$资产增长率 = 资产增加额 \div 基期资产总额 \times 100\%$$

（4）形成评价结果。

沃尔评分法的公式为：

$$实际分数 = 实际值 \div 标准值 \times 权重$$

当实际值 > 标准值为理想时，此公式正确，但当实际值 < 标准值为理想时，实际值越小得分应越高，用此公式计算的结果却恰恰相反。

另外，当某一单项指标的实际值畸高时，会导致最后总分大幅度增加，掩盖情况不良的指标，从而给管理者造成一种假象。

沃尔评分法最主要的贡献为将互不关联的财务指标按照权重予以综合联动，使得综合评价成为可能。

在财务分析中，"沃尔评分法"颇有名气，被广泛使用，我国国资委 2006 年颁布的《中央企业综合绩效评价暂行办法》和《中央企业综合绩效评价实施细则》也是在这种方法的基础上衍变而成的，但是，这种方法也是有缺陷的，以下对该方法的局限性进行分析：

亚历山大·沃尔在其《信用晴雨表研究》和《财务报表比率分析》中提出了"信用能力指数"的概念，并成为"沃尔评分法"的雏形，其基本思路是：首先选择若干财务比率，并分别赋予一定的分数或权重；然后确定各个比率的标准值，并用比率的实际值与标准值相除得到的相对值乘以权重，计算出各项比率的得分；最后将各个比率的得分加总即得到评价对象的总分数，如表 19-1 所示。

表 19-1　沃尔评分法雏形

财务比率	权重 （1）	标准值 （2）	实际值 （3）	相对值 （4）=（3）÷（2）	评分 （5）=（1）×（4）
流动比率	25	2.00			
净资产÷负债	25	1.50			

财务比率	权重 (1)	标准值 (2)	实际值 (3)	相对值 (4) = (3) ÷ (2)	评分 (5) = (1) × (4)
资产 ÷ 固定资产	15	2.50			
销售成本 ÷ 存货	10	9.00			
销售额 ÷ 应收账款	10	6.00			
销售额 ÷ 固定资产	10	4.00			
销售额 ÷ 净资产	5	3.00			
合计	100				

沃尔评分法的局限性体现在以下几个方面。

（1）为什么（只）选择这几个财务比率？为什么不选择更多的或其他的财务比率？表 19-3 这些比率主要是衡量企业短期的流动性（周转速度是其重要影响因素），用其来评价企业短期的偿债能力尚可，但若用于更广泛或更综合的财务分析则显然不够。即便在后来的应用中增加了其他的比率项目，仍然不能很好地解决比率选择上主观随意性较强的问题。

（2）这些比率的权重赋予具有更大的主观随意性：为什么给流动比率 25 分，而销售额/净资产只给 5 分呢？实际上，后者衡量的周转速度是决定前者中流动资产质量（流动性强弱）的重要因素，为什么要厚此薄彼？

（3）财务比率标准值的确定显然也是经验性的，不同行业、不同规模的企业，甚至同一企业的不同时期，对各个财务比率所要求的"合理状态"也是千差万别的。既然如此，为什么要选择一个唯一性的数值作为标准呢？

（4）评分规则也很不合理。从该方法的评分规则看，比率的实际值越高，其单项得分就越高，企业的总体评价就越好，这并不符合企业的实际与常识。比如，流动比率就并非越高越好，因为这将对企业的盈利能力与发展能力造成不利影响，并削弱其长期偿债能力。

针对沃尔评分法的相应缺陷，为了使沃尔评分法能更加科学合理地反映企业的绩效，提出了下列改进建议。

（1）财务比率的选择要有相对系统、全面、灵活而有针对性的框架。系统要兼顾企业的偿债能力、营运能力、盈利能力、发展能力等几个基本方面；全面是在这几个基本方面要选择足够的、能较充分地衡量它的财务比率；灵活性与针对性是指可以根据不同的分析目的对这几个基本方面所赋予的权重进行调整。

（2）各财务比率权重的赋予要更谨慎、更合理地在以上几个基本方面进行分配，还要注意财务比率之间的联系，越是基础的比率应赋予越高的权重。比如在反映企业短期偿债能力的财务比率中，速动比率就应被赋予比流动比率更高的权重。

（3）财务比率的标准值既然是经验性的，也就不存在绝对准确、唯一性的"标准答案"，因而用一个合理的区间来代替某个具体的孤值显然要更合理也更稳健。

（4）改进评分规则，使理论得分值能更符合企业的实际状况。比如表 19-3 对流动比率的评分，既然流动比率不能过低（会危及偿债能力），也不能过高（会削弱盈利能力与发展能力），那么合理的评分规则就应改进如下：设实际值为 r，得分为 S，权重为 w，那么当 $r<2$ 时，$S=w\times(r\div2.5)$，即此时实际值越低越不好；当 $r>3$ 时，$S=w\times(2.5\div r)$，即此时实际值越高越不好。其中，2.5 是 2.00~3.00 这个区间的平均值。

19.2.2　阿特曼 Z 值分析法

阿特曼 Z 值分析法的产生源于对企业破产的可能性的诊断与预警。最早采用统计学方法研究证券市场中的财务失败问题的是美国的比佛。他提出了单变量判定模型，首先使用 5 个财务比率作为变量，对 79 家经营失败的企业和 79 家经营未失败的企业进行一元判定预测分析，发现用现金流量与负债总额的比率能够最好地判定企业的财务状况（误判率最低），其次是资产负债率，并且离经营失败日越近，误判率越低，预见性越强。然而，该方法因不同财务比率的预测方向和判定标准不同而使预测结果互相矛盾，从而招致了批评，逐渐被多变量方法替代。多变量方法中以阿特曼 Z 值分析法最为有名，并且应用最为广泛。

纽约大学斯特恩商学院教授、金融经济学家爱德华·阿特曼在 1968 年就对美国破产和非破产生产企业进行观察，采用了 22 个财务比率经过数理统计筛选，建立了著名的 5 变量 Z 值模型，这个模型是一个多变量财务公式，用以衡量一个企业的财务健康状况，并对企业在 2 年内破产的可能性进行诊断与预测。该模型函数如下。

$$Z=0.012X_1+0.014X_2+0.033X_3+0.006X_4+0.999X_5$$

其中：$X_1=$ 流动资本÷总资产 =（流动资产 - 流动负债）÷总资产

这一指标反映企业的流动性和规模的特点。流动资本 = 流动资产 − 流动负债，流动资本越多，说明不能偿债的风险越小，并可反映短期偿债能力。

$$X_2 = 留存收益 \div 总资产$$

这一指标衡量企业积累的利润，反映企业的经营年限。

$$X_3 = 息税前利润 \div 总资产 = （利润总额 + 财务费用） \div 总资产$$

这一指标衡量企业在不考虑税收和融资影响的情况下，其资产的生产能力情况，是衡量企业利用债权人和所有者权益总额取得盈利的指标。该指标越高，表明企业的资产利用效果越好，经营管理水平越高。

$$X_4 = 优先股和普通股市值 \div 总负债 = （股票市值 \times 股票总数） \div 总负债$$

这一指标衡量企业的总价值在资不抵债前可下降的程度，反映股东所提供的资本与债权人提供的资本的相对关系，反映企业基本财务结构是否稳定。该指标高，企业拥有低风险低报酬的财务结构，同时这一指标也反映债权人投入的资本受股东资本的保障程度。

$$X_5 = 销售额 \div 总资产$$

这一指标衡量企业产生销售额的能力，表明企业资产利用的效果。该指标越高，表明资产的利用率越高，说明企业在增加收入方面有良好的效果。

判断准则：$Z < 1.8$，破产区；$1.8 \leqslant Z < 2.99$，灰色区；$Z \geqslant 2.99$，安全区。

爱德华·阿特曼对该模型的解释是：Z 越小，企业失败的可能性越大，Z 小于 1.8 的企业很可能破产。

阿特曼 Z 值分析法的局限性体现在以下几个方面。

（1）仅仅考虑指标的两个极端情况（违约与没有违约），对于负债重整或是虽然发生违约但是收回率很高的情况就没有做另外较详细的分类。

（2）指标的权数未必一直是固定的，必须经常调整。

（3）并未考虑景气循环效应因子的影响。

（4）企业违约与否与风险特性的关系实际上可能是非线性的。

（5）缺乏经济的理论基础，也就是为什么就这几个变量值得考虑，难道其他因素（例如企业治理变量）就没有财务预测能力吗。

（6）对市场的变化不够灵敏（运用的会计资料更新太慢）。

（7）无法计算整个投资组合的信用风险，因为 Z 值模型主要是针对单个资产的信用风险进行评估，无法对整个投资组合的信用风险进行准确衡量。

19.2.3　我国中央企业综合绩效评价

为加强对国务院国资委履行出资人职责企业（以下简称企业）的财务监督，规范企业综合绩效评价工作，综合反映企业资产运营质量，促进提高资本回报水平，正确引导企业经营行为，根据《企业国有资产监督管理暂行条例》和国家有关规定，我国制定了《中央企业综合绩效评价管理暂行办法》。综合绩效评价，是指以投入产出分析为基本方法，通过建立综合评价指标体系，对照相应的行业评价标准，对企业特定经营期间的盈利能力、资产质量、债务风险、经营增长以及管理状况等进行的综合评判。通过建立综合评价指标体系，对照相应行业评价标准，对企业特定经营期间的盈利能力、资产质量、债务风险、经营增长以及管理状况等进行综合评判，其具体评价指标如表 19-2 所示。

表 19-2　我国中央企业综合绩效评价指标

评价内容及权数		财务绩效（70%）				管理绩效（30%）	
		基本指标	权数	修正指标	权数	评议指标	权数
盈利能力状况	34	净资产收益率 总资产报酬率	20 14	销售利润率 盈余现金保障倍数 成本费用利润率 资本收益率	10 9 8 7	战略管理 发展创新 经营决策 风险控制 基础管理 人力资源 行业影响 社会贡献	18 15 16 13 14 8 8 8
资产质量状况	22	总资产周转率 应收账款周转率	10 12	不良资产比率 流动资产周转率 资产现金回收率	9 7 6		
债务风险状况	22	资产负债率 已获利息倍数	12 10	速动比率 现金流动负债比率 带息负债比率 或有负债比率	6 6 5 5		
经营增长状况	22	销售增长率 资本保值增值率	12 10	销售利润增长率 总资产增长率 技术投入比率	10 7 5		

中央企业综合绩效评价体系是最综合全面的对中央企业绩效进行评价的分析方法，同时克服了前面几个分析方法的不足之处，如加入了非财务指标的管理绩效的评价和现金流量的表现。它较全面地反映了评价财务业绩的关键能力，并且长短期分析相结合。它采用了基本指标分析与修正指标分析相结合的方式，考虑

了传统财务报表分析中某一个分析指标的不足，设计了相应的修正指标来补充和矫正。在四个财务评价领域的修正指标中，加入了对企业现金流量的分析，弥补了传统财务报表分析中会计处理方法对真实财务绩效的扭曲。然而，中央企业综合绩效评价的这套体系也有不足，该评价体系对管理绩效完全采用定性评分法，很大程度受制于聘请的专家团队的专业判断；并且专家评审基于企业提供的资料和文档，缺乏企业内部各职能专家的参与，对文档外的企业经营情况缺乏深入了解，难以全面客观评价企业的管理水平。

19.3　企业内部多个业务单元的绩效评价

随着现代公司股份制形式的不断完善，企业的经营范围日益扩大，在实现横向一体化与纵向一体化的同时，形成了很多实行多元化经营和跨国化经营的大型企业集团。在这种大型的企业集团不可避免地需要实行分权的经营管理模式，把经营决策权在不同层级的管理人员之间进行适当划分，并将相匹配的经济责任下放给不同层次的管理人员，使其对日常经营活动及时做出科学有效的决策，迅速适应所辖市场需求变化的要求。业务单元是分权管理模式的产物，有的企业也称其为"事业部"，这种事业部受集团总公司控制，但每个事业部都有自己的经营管理机构与管理团队，属于一个相对独立的主题。不同的集团会有不同的划分业务单元的方法。第一种是按产品的目标市场或产品受众划分；第二种是按地理区域划分；第三种是按职能划分；第四种是跨行业经营的多元化集团，会按经营业务所属的行业建立事业部、业务板块或子集团。

19.3.1　平衡计分卡

在企业拥有多个内部经营业务单元的管理模式下，集团的经营财务分析报告中会有一项重要的内容就是业务单元的经营绩效评价。不同的业务单元如果经营业务范围不同、行使职能的权限不同、发展的阶段不同，集团都需要为不同业务单元设计不同的业绩指标体系。平衡计分卡是现代最有影响的企业绩效评价方法之一，它最大的优势在于打破了传统的只注重财务指标的业绩管理方法，从财务、客户、内部流程和学习与成长四个维度综合衡量一个企业的期间绩效，从而实现企业的长期目标和短期目标、财务与非财务指标、结果性指标与动因性指标，以及企业组织内部群体与外部群体之间的平衡。

（一）平衡计分卡的特点

（1）平衡计分卡可以为企业战略管理提供强有力的支持。随着世界经济一体化进程的不断发展，市场竞争不断加剧，管理层的战略管理对企业持续发展而言更为重要。平衡计分卡的评价内容与相关指标和企业战略目标紧密相连，企业战略的实施可以通过对平衡计分卡的全面管理来完成。

（2）利用平衡计分卡可以提高企业整体管理效率。平衡计分卡所涉及的四项内容，都是企业未来发展取得成功的关键要素，平衡计分卡所提供的管理报告，将看似不相关的要素有机地结合在一起，可以大大节约企业管理者的时间，提高企业管理的整体效率，为企业未来成功发展奠定坚实的基础。

（3）注重团队合作，防止企业管理机能失调。团队精神是一个企业文化的集中表现，利用平衡计分卡将企业各要素组合，管理者能同时考虑企业各职能部门在企业整体中的不同作用与功能，认识到某一领域的工作改进可能是以其他领域的退步为代价换来的，促使企业管理部门考虑决策时要从企业出发，慎重选择可行方案。

（4）利用平衡计分卡可提高企业激励作用，扩大员工的参与意识。传统的业绩评价体系强调管理者希望（或要求）下属采取什么行动，然后通过评价来证实下属是否采取了行动以及行动的结果如何，整个控制系统强调的是对企业的行为结果的控制与考核。而平衡计分卡则强调目标管理，鼓励下属创造性地（而非被动）完成业绩目标，这一管理系统强调的是激励动力。因为在具体管理问题上，企业高层管理者并不一定会比中下层管理人员更了解情况，所做出的经营决策也不一定比下属更明智。所以由企业高层管理人员规定企业下属的行为方式是不恰当的。另外，企业业绩评价体系大多是由财务专业人士设计并监督实施的，但是，由于从事专业领域的差别，财务专业人士并不清楚企业经营管理、技术创新等方面的关键性问题，因而无法对企业整体经营的业绩进行科学合理的计量与评价。

（5）平衡计分卡可以使企业信息负担降到最少。在当今信息时代，企业很少会因为信息过少而苦恼，随着全员管理的引进，当企业员工或顾问向企业提出建议时，新的信息指标总是不断增加。这样，会导致企业高层决策者处理信息的负担大大加重。而平衡计分卡可以使企业管理者仅仅关注少数而又非常关键的相关指标，在保证满足企业管理需要的同时，尽量减少信息负担成本。

（二）平衡计分卡的优点

（1）将企业战略目标分解，形成具体可测的指标。企业战略目标听起来比较抽象，也是一个比较宏观的目标，如何把它细化、具体化、内化，把它落实至具体的工作行为当中，平衡计分卡帮忙解决了这个问题。

（2）平衡计分卡考虑了企业财务和非财务的考核因素，也考虑了内部和外部客户，也有短期利益和长期利益的相互结合，更为客观、全面。

以往的绩效考核工具和手段往往考虑财务的、内部的、短期的利益和考核要素比较多，而忽视了企业长期的、非财务的、外部的考核要素，这种考核是片面的、不完善的，也存在一定的不公平性，采集的考核信息也是并不完全对称的。

（三）平衡计分卡存在的问题

1. 沟通与共识上的障碍

根据 Renaissance 与 CFO Magazine 的合作调查，企业中少于十分之一的员工了解企业的战略及战略与其自身工作的关系。尽管高层管理者清楚地认识到达成战略共识的重要性，但少有企业将战略有效地转化成被基层员工能够理解且必须理解的内涵，并使其成为员工的最高指导原则。

2. 组织与管理系统方面的障碍

据调查，企业的管理层在例行的管理会议上花费近 85% 的时间，以处理业务运作的改善问题，却以少于 15% 的时间关注战略及其执行问题。过于关注各部门的职能，却没能使组织的运作、业务流程及资源的分配围绕着战略而进行。

3. 信息交流方面的障碍

平衡计分法的编制和实施涉及大量的绩效指标的取得和分析，是一个复杂的过程，因此，企业对信息的管理及信息基础设施的建设不完善，将会成为企业应用平衡计分卡的又一障碍。这一点在我国的企业中尤为突出。我国企业的管理层已经意识到信息的重要性，并对此给予了充分的重视，但在实施的过程中，信息基础设施的建设受到部门的制约，部门间的信息难以共享，只是在信息的"海洋"中建起了座座"岛屿"。这不仅影响到了业务流程，也是应用平衡计分卡的障碍。

4. 对绩效考核认识方面的障碍

如果企业的管理层没有认识到现行的绩效考核的观念、方式有不妥当之处，平衡计分卡就很难被接纳。长期以来，企业的管理层已习惯于仅从财务的角度来测评企业的绩效，并没有思考这样的测评方式是否与企业的发展战略联系在一起、是否能有效地测评企业的战略实施情况。USM&U 常务副总裁对公司 1995 年第一季度的评价："这个季度的情况还不错，尽管财务结果并不尽如人意。但在关键顾客细分市场上的份额上升了。精炼厂运营开支下降了。而且员工满意度调查的结果也很好。在能够控制的所有领域中正向着正确的方向前进。"平衡计分法卡的应用不仅要得到高级管理层的支持，也要得到各自然业务单元管理层的认同。

（四）针对平衡计分卡存在的问题提出的改进建议

（1）增强因果关系的可靠性。企业在实践中应不断积累数据并进行测试，以确保因果关系成立。如果企业完成了对业绩驱动因素的要求而未能实现预期的结果，就应重新审视因果关系的可靠性或考虑对因果关系进行调整。

（2）借助系统工具，进行系统思考，完善因果关系，使之能更好地解决动态性复杂问题。可通过设置反馈环路，使企业预先对其行动的负面影响有所察觉，提前做好预防措施或及时采取应变措施加以纠正。

（3）引入目标指标。EddyCardinals 和 PaulaM. G. vanVeen－Driks（2010）设计了一个实验，对两组志愿者分别使用加入了目标指标的平衡计分卡和未加入目标指标的一般计分卡来评价某企业业绩。例如，设置财务层面投资回报率指标的期望值为 30%，其目标指标分超过指标、低指标和达标等三种类型。实验结果显示，加入目标指标后，平衡计分卡的使用者对各个层面的权重分配都要高于一般计分卡的使用者。也就是说，目标指标的引入使得评估者更加重视非财务指标。所以，对于使用平衡计分卡的企业来说，有意识地加入目标指标可以刺激业绩评价实施者加强对非财务指标的重视。

（4）按行业分类设定指标标准。由于不同企业各自经营状况各不相同，所以在实践中不太可能也没有必要要求所有企业都设立相同的指标标准。但是，可以以行业为依据，根据行业性质设定相对统一的指标标准。相同行业中的企业，面临的外部环境影响相似，企业经营业务相似度也较高，统一的行业业绩标准能增强同行业企业间业绩评价结果的可比性，从而便于企业管理者了解本企业在行业中所处的地位。

（5）对非财务指标进行重点改进，增加一些操作性强的非财务指标。

①改进客户层面指标。可增加重点客户销售比例指标，一般企业都会有客户分类管理（ABC 分类），主要是将企业现有客户进行分类，通过销售额、产品结构、市场占有率、企业整体实力、对品牌的忠诚度等指标来分析与确定。客户分类管理对企业的资源配置和市场政策制定有很大帮助，能避免企业将大部分的时间花在仅为企业创造很少部分利润的客户身上。重点客户销售比例是通过销售金额来衡量重点客户（AB 类客户）的销售贡献，借此发现营销管理人员的资源分配是否合理，工作重心是否偏移等。计算公式为：重点客户销售比例 = AB 类客户销售额 ÷ 企业总体销售额。

②改进内部业务流程层面指标。可增加完美订单率指标。所谓完美订单，就是订单环节要达到以下效果：客户报价准时回复，无差错；客户订单准时发货，无发货差错；客户订单收货时无质量问题或在途损失；客户订货时或收货后的货款支付按时按量，无拖欠；客户订货至收回全部货款过程中无投诉。完美订单率反映企业内部运营管理的整体能力。以客户为中心的服务，实际上就是为客户订单处理的全过程服务，涉及企业各个方面。订单处理的服务是否规范，运营部门工作配合是否协调，都会影响完美订单率。此项指标可以综合地反映企业内部管理能力，利用此指标还可以更细致地分析影响完美订单率的具体项目和原因，找到主要问题。计算公式为：

$$完美订单率 = 完美订单笔数 ÷ 客户订单总笔数$$

另外，还可增加预算达成率指标，用以衡量企业全面预算管理的效果。全面预算管理是企业日常经营运作的重要工具，是企业管理支持流程之一，与其他管理支持流程相互作用，共同支持企业的业务流程。通过实施全面预算管理，可以明确并量化企业的经营目标，规范企业的管理控制，落实各责任中心的责任，明确各级责权，明确考核依据，为企业的成功提供保证。如果企业未实现预算管理，则此项指标较难统计，也从侧面说明企业事前控制方面的管理还很欠缺。

③改进学习和成长层面指标。可增加员工培训满意度指标。加强企业学习能力，提高员工素质，已经成为当今企业在人力资源开发方面的重要内容。企业在培训教育方面的投入越来越高，企业投资者也越来越关注培训效果。如果企业在培训教育方面投入了大量的资金，但员工并未得到应用能力的提升，未给企业带来收入增长或利润增长，就说明培训教育的投入存在问题。因此，员工培训满意度指标的计算需要根据企业自身的状况设计合适的评估内容，可从以下几个方面

考虑：员工对培训课程的效果评估；员工培训考核的平均分数；员工培训需求的完成率；培训对员工提升工作效率的价值评估。将这些方面的情况统计后得到员工培训满意度评价指标结果。计算公式为：员工培训满意度 = Σ（员工培训满意度调查总分数）÷ 被调查员工数。

（6）运用专业方法，对非财务指标进行量化，以便与财务指标一起进入业绩的定量评价分析体系。例如，采用专家意见法，由专家直接对照企业具体情况，赋予各非财务指标以一个等级值（一般按五级标准，如优、良、中、合格、不合格）或绝对值（要限定满分，如10分或100分），然后通过其他方法转换成可与财务指标得分相加的数值，并与企业业绩评价标准相对比（如权威机构发布的标准值、企业事先设定的水平或其他企业参考水平等），得到一个总体的业绩评价。这样可以使量化过程迅速，成本较低；同时在量化过程中，各种不同的观点都可以表达并加以调和；特别是在缺乏基本数据的情况下，这是一种较为有效的方法。

（7）根据企业的具体情况调整平衡计分卡，并做好基础管理工作。企业应该根据自身的特点来选择平衡计分卡中测评的维度和因果关系的走向。必要时，可以对测评的维度适当做选择性增减，还可以制定特定用途（如用于管理审计）的平衡计分卡。企业还应当完善自身的管理体系，做好战略管理、质量管理、成本管理、营销管理等工作，为平衡计分卡顺利制定及应用提供良好的环境。如果企业在资源和成本上受限，无法在短时间内制定出适合自身实际的完整计分卡，也可以循序渐进，根据推行情况有层次地加以改进和补充，但一定要坚持，绝不能半途而废。

（8）加强与员工的充分沟通，做好必要的培训。要让员工理解企业的战略，认同企业的目标，并为之奋斗。平衡计分卡形成的只是一种自上而下的战略下传机制，需要以自下而上的沟通方式来加以补充。可以在企业内建立"战略对话"制度来加强员工的参与意识，并提高他们对外部环境变化和技术发展的迅速反应能力。还可将平衡计分卡与浮动薪酬相联系，激励员工把重点放在平衡计分卡的目标上，促进他们把主要精力放在平衡计分卡目标的实现上，以调动员工积极性，推动企业目标和战略的实施。

19.3.2 分部间业绩比较

在企业的标杆分析中有内部标杆与外部标杆，将企业内部不同业务单元的经营业绩进行综合比较是企业运用"内部标杆"进行经营业绩管理的一个例子。采用企业的内部标杆分析可以促进企业内部的沟通和培养学习气氛，也可以帮助集团总部的管理者根据业务单元经营业绩的表现差异进行集团内部资源的重新配置，对企业的绩效加以辅导与改进。运用内部标杆进行评价的前提是，这些业务单元必须有同质化的经营业务范围和相同的关键业绩指标，并且如果内部各业务单元规模差别大，应避免采用绝对值指标进行比较（如营业收入、净利润等），尽量选取相对值指标（如净利率、费用占比和人均利润等）。如果必须选用绝对值指标，需要根据一定规则将业务单元划分为不同的级别，如根据营业收入额和职工人数将所有业务单元分为若干档次，将业务单元的业绩与其同档次的其他业务单元比较，这个级别又可称为"同类组"。除了比较不同业务单元同一个指标的业绩表现，另一个比较方式是关注不同指标间的联动效应，特别是对于高度相关的两个指标，这种"二维联动比较"的方法更能体现不同业务单元管理能力的侧重，以便集团调整对它们的资源投入策略或扶持发展计划。例如，毛利率优异的业务单元是否净利率高？将每个业务单元的毛利率与净利率放在二维坐标图里比较，可以看出哪个业务单元擅长外延式管理（管理销售与市场），哪个业务单元擅长内生式管理（费用控制及综合创收）。